존 도어의 OKR 레볼루션

전설적인
벤처투자자의
대담하고
파격적인
기후위기 해결
시나리오!

존 도어의
OKR
레볼루션

기 후 변 화 와
새 로 운 부 의 기 회

존 도어 지음 | 김태훈 옮김

Speed
&Scale

비즈니스북스

옮긴이 | **김태훈**

중앙대학교 문예창작과를 졸업하고 현재 전문 번역가로 활동하고 있다. 옮긴 책으로 《마케팅이다》, 《사고의 본질》, 《어떻게 원하는 것을 얻는가》, 《당신이 무언가에 끌리는 이유》 외 다수가 있다.

존 도어의
OKR 레볼루션

1판 1쇄 인쇄   2023년 1월 19일
1판 1쇄 발행   2023년 1월 31일

지은이 | 존 도어
옮긴이 | 김태훈
발행인 | 홍영태
편집인 | 김미란
발행처 | (주)비즈니스북스
등 록 | 제2000-000225호(2000년 2월 28일)
주 소 | 03991 서울시 마포구 월드컵북로6길 3 이노베이스빌딩 7층
전 화 | (02)338-9449
팩 스 | (02)338-6543
대표메일 | bb@businessbooks.co.kr
홈페이지 | http://www.businessbooks.co.kr
블로그 | http://blog.naver.com/biz_books
페이스북 | thebizbooks

ISBN 979-11-6254-324-5   03320

* 잘못된 책은 구입하신 서점에서 바꾸어 드립니다.
* 책값은 뒤표지에 있습니다.

비즈니스북스는 독자 여러분의 소중한 아이디어와 원고 투고를 기다리고 있습니다.
원고가 있으신 분은 ms1@businessbooks.co.kr로 간단한 개요와 취지, 연락처 등을 보내 주세요.

앤, 메리, 에스더 그리고
그들의 경이로운 무조건적 사랑에 이 책을 바친다.

대화를 나눈 사람들

크리스 앤더슨 Chris Anderson, 테드 TED

메리 바라 Mary Barra, 제너럴 모터스 GM

제프 베이조스 Jeff Bezos, 아마존, 베이조스 어스 펀드 Bezos Earth Fund

데이비드 블러드 David Blood, 제너레이션 인베스트먼트 매니지먼트 Generation Investment Management

케이트 브랜트 Kate Brandt, 알파벳 Alphabet

이선 브라운 Ethan Brown, 비욘드미트 Beyond Meat

마고 브라운 Margot Brown, 환경방어기금 Environmental Defense Fund

아몰 데슈판데 Amol Deshpande, 파머스 비즈니스 네트워크 Farmers Business Network

크리스티아나 피게레스 Christiana Figueres, 글로벌 옵티미즘 Global Optimism

래리 핑크 Larry Fink, 블랙록 Blackrock

테일러 프랜시스 Taylor Francis, 워터셰드 Watershed

빌 게이츠 Bill Gates, 획기적 에너지 연합 Breakthrough Energy

조나 골드먼 Jonah Goldman, 획기적 에너지 연합

앨 고어 Al Gore, 기후 현실 프로젝트 The Climate Reality Project

파트리크 그라이헨 Patrick Graichen, 아고라 에네르기벤데 Agora Energiewende

스티브 햄버그 Steve Hamburg, 환경방어기금

할 하비 Hal Harvey, 에너지 이노베이션 Energy Innovation

페르 헤게네스 Per Heggenes, 이케아재단 IKEA Foundation

카라 허스트 Kara Hurst, 아마존

사피나 후사인 Safeena Husain, 에듀케이트 걸스 Educate Girls

린 주리치 Lynn Jurich, 선런 Sunrun

냇 코헤인 Nat Keohane, 환경방어기금

존 케리 John Kerry, 미국 국무부

제니퍼 키트 Jennifer Kitt, 기후 리더십 이니셔티브 Climate Leadership Initiative

바드리 코산다라만 Badri Kothandaraman, 인페이즈 Enphase

프레드 크루프 Fred Krupp, 환경방어기금

켈리 레빈 Kelly Levin, 세계자원연구소 World Resources Institute

린지 레빈 Lindsay Levin, 퓨처 스튜어드 Future Stewards

돈 리퍼트 Dawn Lippert, 엘리멘털 엑셀러레이터 Elemental Excelerator

에이머리 러빈스 Amory Lovins, RMI Responsible Minerals Initiative

메건 마하잔 Megan Mahajan, 에너지 이노베이션

더그 맥밀런 Doug McMillon, 월마트

브루스 닐스 Bruce Nilles, 클라이먼 임페러티브 Climate Imperative

로비 오비스 Robbie Orvis, 에너지 이노베이션

순다르 피차이 Sundar Pichai, 알파벳

라이언 포플 Ryan Popple, 프로테라 Proterra

헨리크 포울센 Henrik Poulsen, 외르스테드 Ørsted

로린 파월 잡스 Laurene Powell Jobs, 에머슨 컬렉티브 Emerson Collective

낸 랜소호프 Nan Ransohoff, 스트라이프 Stripe

카마이클 로버츠 Carmichael Roberts, 획기적 에너지 연합

매트 로저스 Matt Rogers, 인사이트 Incite

아누미타 로이 초두리 Anumita Roy Chowdhury, 과학환경센터 Centre for Science and Environment

조너선 실버 Jonathan Silver, 구겐하임 파트너스 Guggenheim Partners

자그딥 싱 Jagdeep Singh, 퀀텀스케이프 Quantumscape

앤드루 스티어 Andrew Steer, 베이조스 어스 펀드

에릭 툰 Eric Toone, 획기적 에너지 연합

에릭 트루시에비치 Eric Trusiewicz, 획기적 에너지 연합

얀 반 도쿰 Jan Van Dokkum, 임페러티브 사이언스 벤처스 Imperative Science Ventures

브라이언 폰 헤르젠 Brian Von Herzen, 기후재단 Climate Foundation

제임스 와키비아 James Wakibia, 플립플로피 프로젝트 The Flipflopi Project

텐시 웰런 Tensie Whelan, 열대우림동맹 Rainforest Alliance

목차

제1부 배출량을 제로로 만들어라

제1장 교통을 전기화하라

제2장 전력망을 탈탄소화하라

제3장 식량을 바로잡아라

제4장 자연을 보호하라

제5장 산업을 정화하라

제6장 탄소를 제거하라

제2부 전환을 촉진하라

제7장 정치와 정책을 끌어들여라

제8장 운동을 행동으로 옮겨라

제9장 혁신하라!

제10장 투자하라!

Prologue

프롤로그

"무섭고, 화나요."

2006년에 나는 앨 고어 전 부통령이 기후위기를 주제로 만든 획기적인 다큐멘터리 〈불편한 진실〉An Inconvenient Truth을 관람한 후 만찬을 진행했다. 우리는 한 사람씩 돌아가며 이 영화가 전하는 시급한 메시지에 대한 소감을 밝혔다. 열다섯 살 된 딸 메리의 차례가 되었을 때 그녀는 특유의 솔직한 말투로 선언하듯 말했다. "아빠, 아빠 세대가 이 문제를 일으켰어요. 그러니까 해결하세요."

갑자기 대화가 뚝 끊겼다. 모든 시선이 내게로 향했다. 무슨 말을 해야 할지 몰랐다.

창업투자자로서 내가 하는 일은 큰 기회를 찾고, 큰 난관을 겨누고, 큰 해결책에 투자하는 것이다. 나는 구글과 아마존 같은 기업을 일찍이 지원한 것으로 잘 알려져 있다. 하지만 환경 위기는 내가 접한 모든 난관을 압도했다. 내가 40년 동안 일했던 실리콘밸리 기업인 클라이너퍼킨스Kleiner Perkins의 창립자인 유진 클라이너Eugene Kleiner는 오랜 시간 검증한 12가지 법칙을 남겼다. 첫 번째 법칙은 다음과 같다. '획기적인 신기술이라도 고객들이 실제로 원하는지 확인하라.' 이 문제는 내게 덜 알려진 다른 법칙을 상기시켰다. 바로 '패닉이 적절한 반응일 때가 있다'라는 것이다.

그때가 왔다. 우리는 더는 기후 비상사태를 과소평가할 수 없었다. 돌이킬 수 없는 파국을 피하려면 시급하고 단호하게 행동해야 했다. 내게는 그날 저녁이 모든 것을 바꿔놓았다.

나와 파트너들은 기후 문제를 최우선순위로 삼았다. 우리는 깨끗하고 지속가능한 기술(또는 실리콘밸리에서 말하는 '클린테크'cleantech)에 대한 투자를 진지하게 고려했다. 앨 고어를 새 파트너로 초빙하기도 했다. 앨은 훌륭한 동반자가 되어주었다. 그러나 제로 배출 투자의 세계로 향하는 나의 여정은 처음에는 무척 외로웠다. 2007년에 아이폰을 선보인 후 스티브 잡스는 애플 본사로 우리를 초대했다. 거기서 우리는 모바일 앱을 위한 아이펀드iFund를 출범시켰다.[1] 모바일 앱 스타트업들은 뛰어난 사업계획을 발표했다. 기회가 사방에 널려 있었다.

그렇다면 거액의 자금을 태양광 패널, 전기차 배터리, 세포배양육 같은 미개발 분야에 투자할 수 있었던 이유는 무엇일까? 그것이 회사와 지구를 위해 옳은 일처럼 보였기 때문이다. 나는 클린테크 시장이 무서운 속도로 성장할 괴물이라고 생각했다. 나는 옳은 일을 통해 사업도 잘할 수 있다고 믿었다.

우리는 모바일 앱과 기후 벤처라는 두 분야에 대한 회의론에도 불구하고 이를 동시에 추구했다. 우리의 모바일 앱 투자는 일제히 빠르게 성공했다. 반면 기후 투자는 초기에 다소 부진했으며, 대부분 실패했다. 어떤 여건에서도 오래가는 회사를 만들기가 어려웠다. 기후위기에 도전할 회사를 만들기는 더욱 그러했다.

클라이너퍼킨스는 언론에서 호된 비판을 받았다. 그래도 우리는 인내와 끈기로 창업자들을 계속 지원했다. 2019년 무렵 살아남은 클린테크 투자기업들이 연이어 홈런을 날리기 시작했다. 10억 달러의 그린 벤처 투자는 현재 30억 달러의 가치로 불어났다.

하지만 승리에 도취할 여유는 없다. 시간이 흐르는 동안 기후 시계는 계속 돌아간다. 대기 탄소량은 이미 기후 안정성에 필요한 한계치를 초과했다. 현재 속도대로라면 산업화 이전 기온보다 1.5도 높은 임계치를 머지않아 넘어서게 된다. 이 임계치는 지구에 심각한 타격을 가할 것이라고 과학자들이 말하는 수치다. 파괴적인 허리케인, 《성경》에나 나올 법한 홍수, 진압할 수 없는 산불, 살인적인 이상고온, 극단적인 가뭄 등 걷잡을 수 없는 지구온난화의 영향이 이미 분명하게 드러나고 있다.

그러니 경고하지 않을 수 없다. 우리는 피해를 막을 수 있을 만큼 빠르게 탄소 배출량을 감축하지 않고 있다. 나는 이 사실을 2007년에도, 오늘도 말하고 있다.[2] **지금 우리가 하는 일들로는 전혀 충분치 않다.** 시급한 속도와 방대한 규모로 방향을 바로잡지 않으면 멸망의 시나리오에 직면할 것이다. 녹고 있는 극지방의 빙하로 해안 도시가 잠기고, 흉작은 만연한 기아로 이어질 것이다. 이번 세기 중반까지 전 세계에서 10억 명이 기후 난민이 될 것이다.

다행히 우리에게는 이 싸움을 함께할 강력한 우군이 있다. 바로 '혁신'이다. 지난 15년간 태양광과 풍력 발전 비용은 90퍼센트나 감소했다. 청정에너지원은 예상보다 빠르게 늘어나고 있다. 배터리는 갈수록 저렴해지고 전기차의 주행거리를 늘리고 있다. 높아진 에너지 효율은 온실가스 배출량을 크게 줄였다.

이처럼 여러 좋은 해결책이 있지만 그 활용은 필요한 수준에 크게 못 미친다. 이런 혁신을 보다 저렴하게 사용하기 위해서는 방대한 투자와 강력한 정책이 필요하다. 현재 진행 중인 혁신의 규모를 (즉시) 키우고, 필요한 혁신에 계속 투자해야 한다. **요컨대 지금 있는 것은 물론 새로운 것도 필요하다.**

그러면 이러한 일을 하기 위한 계획은 어디에 있는가? 사실 그것이 빠졌다. 실행 가능한 계획 말이다. 물론 문서상으로는 넷 제로net-zero 탄소 배출에 이르기 위한 수많은 방법이 있다. 참고로, '넷 제로'는 대기에서 제거하는 온실가스

보다 더 많은 양의 온실가스를 배출하지 않는 지점을 말한다. 그러나 목표를 나 열해놓은 목록은 계획이 아니다. 수많은 선택지를 담은 긴 메뉴는 아무리 훌륭 해도 계획이 아니다. 분노와 절망은 계획이 아니다. 희망과 꿈도 마찬가지다.

무엇보다 명확한 행동 지침이 필요하다. 내가 이 책을 쓴 이유다. 나는 기후 와 클린테크 분야에서 세계를 선도하는 전문가들의 도움을 받아 이 책을 썼다. 2050년까지 온실가스 배출량을 넷 제로 수준으로 끌어내릴 수 있다는 사실을 분명하게 보여주고자 한다. 이러한 나의 바람을 위해 기후 분야의 선구자와 영 웅들이 힘들게 얻은 성공과 교훈을 발판으로 삼았다. 그들 중 다수는 앞으로 이 책에서 칭송될 것이다. 그들은 더 뛰어나고 현명한 실행을 통해 새로운 길을 개 척한 사람들이다.

계획은 실행되어야 의미가 있다. 이 엄청난 임무를 완수하려면 우리 스스로 모든 단계에 대한 책임을 져야 한다. 나는 반도체 회사 인텔의 전설적 경영자이 자 나의 멘토인 앤디 그로브Andy Grove에게 이 훌륭한 교훈을 배웠다. 나는 이 구 호가 거듭 진실로 증명되는 것을 확인했다. '아이디어는 쉽다. 중요한 것은 실행 이다.'

계획을 실행하려면 올바른 도구가 필요하다. 나는 앞서 펴낸 책《OKR, 전 설적인 벤처투자자가 구글에 전해준 성공 방식》에서 단순하면서도 강력한 목 표 설정 규칙을 제시했다. 이 규칙은 앤디 그로브가 인텔에서 고안한 것이다. OKRObjectives and Key Results 또는 '목표 및 핵심 결과'로 불리는 이 규칙은 조직이 몇 가지 핵심 목표에 집중하고, 모든 직급에서 대열을 맞추고, 야심 찬 결과를 위해 노력하며, 진행 상황을 추적해 중요한 사항들을 측정하도록 이끈다.

여기서 나는 OKR을 활용하여 우리 생애에 가장 큰 난관인 기후위기를 해결 하자고 제안한다. 다만 올인하기 전에(이는 모 아니면 도의 문제다) 세 가지 기본 적인 질문에 답해야 한다.

시간이 충분한가?

그러기를 바라지만 남은 시간이 빠르게 줄고 있다.

실수할 여지가 많은가?

아니다. 더 이상은 그렇지 않다.

자금은 충분한가?

아직은 그렇지 않다. 투자자와 각국 정부가 나서고 있다. 그래도 친환경 경제를 위한 기술을 개발하고 규모화하기 위해 공공 부문과 민간 부문에서 훨씬 많은 투자가 필요하다. 무엇보다 화석에너지에 들어가는 수조 달러를 청정에너지로 돌리고, 그 에너지를 보다 효율적으로 활용해야 한다.

데이터는 명확하다. 때는 지금이다. 나는 여러분과 함께 넷 제로 미래를 건설하기 위해 나의 시간, 자원 그리고 내가 가진 모든 지식을 활용하겠다고 약속한다. 여러분도 우리가 speedandscale.com에서 전개하는 노력에 동참하기를 바란다. 계획을 실행에 옮기려면 모두의 도움이 필요하다. 무엇보다 유례없는 속도와 규모로 계획을 실행해야 한다. 그 점이 가장 중요하다.

어디에 있는 누구든지 상관없다. 다른 사람들을 우리와 같이 행동하도록 이끌 수 있는 모든 리더를 위해 이 책을 썼다. 이 책은 시장의 힘을 동원할 수 있는 창업자와 비즈니스 리더를 위한 것이다. 지구를 위해 기꺼이 싸울 의지가 있는 정치와 정책 분야의 리더는 물론, 공직자들을 압박할 수 있는 시민사회와 공동체의 리더를 위한 것이다. 그리고 그레타 툰베리Greta Thunberg와 바르시니 프라카시Varshini Prakash처럼 2050년 그리고 그 너머까지 우리의 나아갈 길을 보여줄 떠오르는 세대의 리더를 위한 것이다.

이 책은 여러분의 내면에 있는 리더를 위해 쓰였다. 나는 여기서 소비자들의 행동 변화를 부추기려는 게 아니다. 개인적 행동은 필요하기도 하고 또 실제로 이뤄질 것이다. 그러나 이 거대한 목표에 이르는 데는 전혀 충분치 않다. 오직 잘 조율된 집단적이고 세계적인 행동만이 우리를 제때 결승선까지 데려갈 수 있다.

내가 이 같은 호소를 할 만한 사람으로 보이지 않을지도 모른다. 지구 역사상 가장 많은 오염을 저지르는 나라의 시민인 미국인인 데다 부유한 백인이고, 미주리주 세인트루이스에서 태어났으며, 무지 때문에 애초에 이 문제를 초래하는 데 일조한 세대에 속하니까 말이다.

우리 집은 샌프란시스코에서 멀지 않은 곳에 있다. 나는 이 책을 쓰고 있는 서재에서 멀리 산맥 너머 활활 타오르는 산불이 밝은 오렌지색으로 물들인 하늘을 보았다.[3] 그것은 가뭄과 황폐의 표지판과도 같았다. 산불은 캘리포니아에서만 매해 수천 제곱킬로미터의 삼림을 집어삼킨다. 또한 화석연료 소비에 따른 주(州) 전체 배출량보다 많은 이산화탄소를 대기 중에 내뱉는다. 이는 최악의 악순환이다. 나는 가만히 지켜볼 수 없다. 메신저로서 나의 결함이 무엇이든 행동하지 않을 수 없다.

이 길을 15년째 걷는 동안 나는 숱한 상처를 입었다. 클린테크 벤처들은 다른 무엇보다 더 많은 돈, 더 많은 배짱, 더 많은 시간, 더 많은 끈기를 요구한다. 또한 수익 실현 기간은 대다수 투자자가 견딜 수 있는 수준보다 훨씬 길다. 실패는 매우 고통스럽다. 그래도 성공 스토리는(아무리 드물더라도) 그 모든 좌절과 더 많은 시련을 견딜 만한 가치를 지닌다. 이 기업들은 수익만 내는 것이 아니다. 그들은 지구를 치료하는 일을 돕고 있다.

이 책은 대부분 나와 다른 10여 명의 기후 리더들이 이런 지뢰밭을 지나온 이야기로 구성되어 있다. 나는 이 리더들 중 다수를 투자자로서 자랑스럽게 지원했다. 그들이 들려주는 이면의 이야기는 2050년까지 넷 제로에 도달하려는 우리의 계획이 지닌 잠재력과 우리가 뛰어넘어야 할 장애물을 보여준다. 이 이야기가 독자들에게 더 기술적이고 데이터로 가득한 내용에서 한숨 돌릴 수 있는 여지를 제공하기를 바란다. 이 여정을 이어가는 동안 나는 도전 과제와 사람으로부터 영감을 얻었다. 여러분도 그렇게 되기를 바란다.

창업자들은 흔히 가능하다고 생각하는 수준보다 더 적은 것으로 더 많은 일을 이루는 대담한 사람들이다. 게다가 그들은 대부분이 예상하는 시간보다 더 빨리 그 일을 해낸다. 현재 과감한 위험 감수자들은 맹렬한 기세로 혁신을 이루면서 기후 파국을 피하기 위한 규칙을 새로 쓰고 있다. 우리는 이 진취적인 에너지를 모아서 전 세계의 정부, 기업, 공동체로 최대한 넓게 퍼트려야 한다.

계획은 보증이 아니다. 넷 제로 미래로의 시기적절한 전환은 확실한 것이 아니다. 내가 일부 사람들보다 덜 낙관적일지 모르지만 그래도 희망을 품고 조바심을 내고 있다. 올바른 도구와 기술, 정밀하게 가다듬은 정책을 갖추고, 무엇보다 과학을 우리 편에 두면 아직 승산은 있다.

하지만 때는 바로 지금이다.

2021년 7월

존 도어

계획이
무엇인가?

What's the Plan?

계획이 무엇인가?

진주만 공격 석 달 후인 1942년 3월의 어느 쌀쌀한 날, 루스벨트 대통령은 백악관에서 당시 미 육군 항공대 대장인 헨리 아놀드Henry "Hap" Arnold를 만났다. 의제는 하나였다. 바로 제2차 세계대전 승리를 위한 루스벨트의 계획이었다. 그것은 역사적인 도전이었다. 특히 상황이 매우 암울해 보이던 당시에는 더욱 그랬다. 루스벨트는 지정학을 설명하거나 상정할 수 있는 모든 전선을 나열할 수 있었다. 또한 복잡하게 뒤얽힌 세부 내용에 몰두할 수도 있었으나 대신 그는 칵테일 냅킨을 집더니 핵심만 남긴 세 가지 계획을 휘갈겼다.

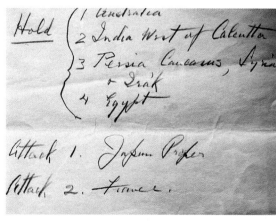

1. 핵심 지역 4곳 방어
2. 일본 공격
3. 프랑스 점령지에서 나치 격퇴

1942년 3월, 루스벨트는 이 칵테일 냅킨에 2차 세계대전 승리를 위한 계획을 제시했다. (냅킨에 쓴 내용은 다음과 같다. '방어 1. 호주 2. 인도 콜카타 서부 3. 페르시아, 캅카스, 시리아 및 이라크 4. 이집트/공격 1. 일본 본토/공격 2. 프랑스')

세 가지 계획은 가치 있고, 행동 중심적이었으며, 명확했다. 루스벨트의 냅킨은 군 지도부에게 절박하게 필요했던 명료함을 제공했다.

우연치 않게 이 계획은 성공으로 끝났다. 회의가 끝난 후 아놀드 장군은 루스벨트의 냅킨을 펜타곤으로 가져갔다. 이 냅킨은 디데이D-Day까지 일급비밀로 보관되었으며, 이후 수십 년 동안 기밀로 유지되었다. 그러다가 2000년에 기업인이자 도서 수집가인 제이 워커Jay Walker가 경매로 매입하여 서재에 전시했다.

워커는 이렇게 말한다. "누군가 분명하고 단순한 계획으로 해결하기에는 문제가 너무 복잡하다고 말할 때마다 그 냅킨을 보여줍니다. 당신이 해결하려는 문제가 정말로 제2차 세계대전보다 더 복잡하다고요?"

온실가스란 무엇인가?

온실가스는 대기층에서 열을 흡수하는 기체다. 태양은 에너지를 발산한다. 그늘에서 빠져나오면 그 에너지를 느낄 수 있다. 그중 일부는 지구에 흡수되었다가 대기 중으로 발산된다.[1]

대기를 구성하는 주된 기체인 질소와 산소는 이 열에너지를 자유롭게 우주로 통과시킨다. 반면 온실가스는 좀 더 느슨하게 얽혀 있는 복합 분자로서 이 에너지의 일부를 가두었다가 다시 지표면으로 발산한다. 그에 따라 태양으로부터 직접적인 가열에 더하여 추가로 온도를 높이는 이른바 '온실효과'가 발생한다.

적절한 수준의 온실가스는 필요하다. 온기는 생명에 필수적이다. 그러나 온실가스가 너무 많으면 문제가 된다. 가장 풍부한 온실가스인 이산화탄소는 냄새가 없고, 보이지 않으며, 끈질기게 오래 남는다. 배기구나 굴뚝을 통해 한 번 배출되면 수 세기 동안 대기에 머문다.

메탄은 성격이 다르다. 천연가스의 주성분인 메탄은 집을 따뜻하게 덥히고, 가스레인지에 불을 붙인다. 소는 많은 양의 메탄을 배출한다. 메탄은 이산화탄소보다 훨씬 짧게 대기에 머문다. 그러나 열을 단기적으로 가두는 힘은 몇 배나 강하다.

다른 기체도 지구를 덥힌다. 거기에는 흔한 일부 냉매뿐 아니라 비료의 부산물인 아산화질소가 포함된다. 이 모든 온실가스는 이산화탄소 등가물 또는 CO_2e(이산화탄소, 메탄, 이산화질소 등 여러 온실가스를 탄소 배출량으로 환산한 이산화탄소 환산량)라는 단일 척도로 측정할 수 있다. 이 포괄적인 척도를 통해 여러 온실가스의 서로 다른 온난화 효과를 보다 의미 있게 비교할 수 있다.

대기에 얼마나 많은 온실가스가 존재할까?

산업화 이전 시대에는 공기 분자 100만 개당 약 283개의 CO_2e 분자가 존재했다.[2] 기후변화에 관한 정부 간 패널Intergovernmental Panel on Climate Change, IPCC은 CO_2e를 485ppm 이하로 유지해야 한다고 엄중히 경고했다. 문제는 우리가 이미 그 임계치를 넘어섰으며, 현재 수치가 500ppm 이상이라는 점이다.[3] (이 데이터는 전 세계에 걸친 80곳의 채집 지점에서 나왔으며, 미 국립해양대기국이 엄격하게 측정하고 있다.)

기후 파국을 막으려면 온실가스가 더는 축적되지 않도록 막는 것을 목표로 삼아야 한다. 그래서 CO_2e를 430ppm 이하로 낮추고 그 수준을 유지해야 한다.

지구 규모로 평가할 때 CO_2e는 대개 기가톤 또는 10억 메트릭톤 단위로 측정된다. 1기가톤은 1만 척의 만재滿載 항공모함에 해당하는 무게다.[4] 배출량 측면에서 약 420리터의 휘발유를 태우면 1톤의 CO_2e가 배출된다.[5] 1년 동안 1만 2,000가구에 화석연료로 전기를 공급하면 10만 톤의 CO_2e가 배출된다. 1대당 평균 약 1만 9,000킬로미터씩 20만 대의 휘발유 차를 운행하면 100만 톤의 CO_2e가 배출된다. 1년 동안 220개의 석탄화력 발전소를 가동하면 1기가톤의 CO_2e가 배출된다. 인간이 초래하는 모든 CO_2e 배출량의 연간 총합은 59기가톤이다.

지난 200년 동안 급증한 대기 중 이산화탄소

백만분율ppm로 측정한 연간 이산화탄소CO$_2$ 축적량

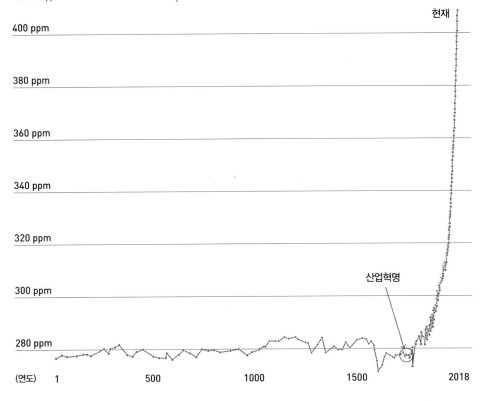

◆ 출처: NOAA/ESRL(2018) 및 아워 월드 인 데이터Our World in Data의 데이터와 그래픽

왜 이 수치들이 중요할까?

줄지 않는 온실가스 배출은 지구에 걷잡을 수 없는 온난화를 일으켰다. 전반적으로 지구의 평균 온도는 1880년 이후 약 1도 상승했다.[6] 이 수치가 커 보이지 않을지 모르나 이 작은 수치가 엄청난 영향을 미친다.

기후위기는 오랫동안 진행되어왔다. 산업혁명이 태동한 이래, 화석연료의 연소와 인간의 활동으로 1조 6,000억 톤 이상의 온실가스가 대기로 배출되었다. 그중 절반 이상의 배출이 1990년 이후 이뤄졌다.[7] 우리 중 다수가 이 문제와 관

26

런 있다. 차나 비행기로 여행하거나 점심으로 치즈버거를 먹거나 따뜻하게 덥혀진 집의 안락함을 즐긴 사람이라면 누구라도 말이다.

온실가스 배출을 극적으로 줄여야만(대기로 진입하기 전에) 생태계 붕괴와 거주 불능 지구를 막을 수 있다.

여러 연구 결과에 따르면 4도의 온난화는 세계 경제, 특히 남반구의 경제를 무너뜨릴 것이다.[8] 이 재난의 규모는 2008년 금융위기를 훌쩍 넘어설 것이며, 오래 파장을 남길 것이다. 결국 세계는 영구적인 기후 불황에 접어들 것이다.

하지만 솔직히 이런 경고를 한다고 우리가 지구를 살리는 길로 갈 가능성은 낮다. 앞으로 80년 후에 닥칠 예측은 너무 멀게 느껴지기 때문이다. 몇 도 정도의 온난화는 불길하다고 하기에는 너무 무해하게 들린다. 이것이 가장 큰 난관이다. 로드맵이 없으면 사람들은 변화에 더디게 임한다. 진정한 변화를 위해서는 분명하고 달성 가능한 계획이 필요하다.

"계획을 보여줄 수 있어요?" 나는 온갖 기후 해결책에 수억 달러의 창업 자금을 투자할 때마다 이 질문을 던진다. 이제 여러분도 알다시피 해결책의 포트폴

우리는 1.5도라는 한계치를 훌쩍 초과할 것이다.

정책 시나리오, 온실가스 배출량 그리고 기온 범위 예측

기후 정책 전무
4.1~4.8℃
현재의 기후 하락
정책이 없을 경우
예측되는 온난화

현행 정책
2.7~3.1℃
현행 정책이 유지
되는 경우 예측되
는 온난화

서약 및 목표
2.4℃
모든 국가가 감소
서약을 지킬 경우
예측되는 온난화

2℃ 경로

1.5℃ 경로

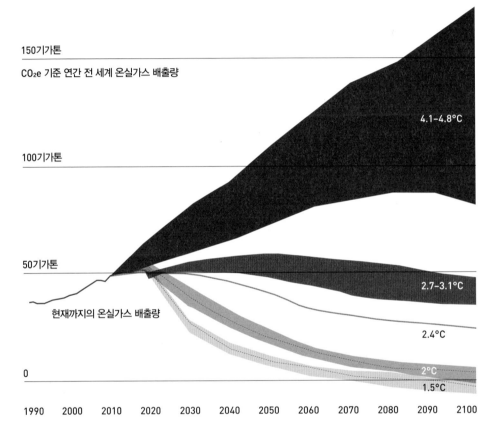

150기가톤

CO₂e 기준 연간 전 세계 온실가스 배출량

4.1-4.8°C

100기가톤

50기가톤

현재까지의 온실가스 배출량

2.7-3.1°C

2.4°C

0

2°C

1.5°C

1990 2000 2010 2020 2030 2040 2050 2060 2070 2080 2090 2100

◆ 출처: 클라이멋 트래커Climate Tracker 및 아워 월드 인 데이터의 데이터와 그래픽

리오는 계획이 아니다. 비틀스는 〈혁명〉Revolution이란 곡에서 그 차이를 지적한다. 그들은 이렇게 노래한다. "당신들은 진짜 해결책이 있다고 말하지. 우리 모두는 계획을 보고 싶어."[9]

그렇다면 어떻게 해야 기후위기가 기후 파국으로 번지지 않도록 막을 수 있을까? **이 임박한 재난을 실제로 피할 수 있을 만큼 분명하고 실행 가능하며 측정 가능한 계획은 무엇일까?** 우리에게 절실히 필요한 칵테일 냅킨은 어디에 있을까?

나는 이 질문들로 한동안 골머리를 앓았다. 지난 15년 동안 한없이 복잡한 이 주제에 대해 읽을 수 있는 글은 모조리 읽었다. 또한 기후변화와 맞서 싸우기 위한 이론과 실천 양쪽의 세계적인 권위자들에게 조언을 구했다. 더 많이 배울수록 나의 걱정은 더 깊어갔다. 2009년에는 미 상원 위원회에 나의 우려를 전달했다. 나는 부실한 연방 정책과 부족한 연구개발비 지원 때문에 에너지 기술 혁명이 부진하다고 말했다.

이듬해, 나는 클린테크 혁신 네트워크를 구축하기 위해 파트너들과 함께 기후위기 워크숍을 주최했다. 우리는 노벨상 수상자이자 당시 에너지부 장관인 스티븐 추Steven Chu를 비롯하여 세계 유수의 기후 및 경제 사상가들을 초빙했다. 거기에는 미국 전 부통령 앨 고어, 스탠퍼드대학 에너지공학 교수 샐리 벤슨Sally Benson, 골드만삭스 선임 전략투자가 애비 코헨Abby Cohen, 칼럼니스트 토머스 프리드먼Thomas Friedman, 에너지 이노베이션의 CEO 할 하비, 에너지 전문가 에이머리 러빈스 등이 포함되었다.

문제의 규모를 파악하기 시작하면서 클라이너퍼킨스는 클린테크 투자를 포트폴리오의 약 10퍼센트에서 거의 절반으로 확대했다. 동시에 나는 새크라멘토Sacramento에서 캘리포니아주의 선도적인 기후와 에너지 정책을 지지했다. 또한 기후변화와 투자에 대한 진심 어린 테드 강연을 통해 기후 운동에 동참해달

라고 촉구했다.[10]

나는 전미에너지혁신위원회American Energy Innovation Council의 창립위원으로서 정부를 향해 기후 관련 연구개발에 대한 지원금을 늘려달라고 요청했다. 또한 생각이 비슷한 다른 후원자들과 함께 브라질의 연구소와 공장을 방문하여 사탕수수를 바이오연료로 만드는 공정을 참관했다. 우리는 모하비 사막에 있는 태양광발전단지를 찾아갔고, 아마존의 열대우림을 걸었으며, 캘리포니아 지역에 설치된 풍력발전기에 올라갔다. 백악관에서 오바마 대통령을 만나기도 했다. 이러한 끈질긴 노력 끝에 에너지고등연구계획국Advanced Research Projects Agency for Energy, ARPA-E이라는 신설 연방기관에 대한 초기 자금 지원과 초기 단계 기업들에 대한 한도 대출 보증이라는 결실을 얻었다.

국제적으로는 2015년에 파리기후협약Paris Agreement이 체결되었다. 이 협약으로 지구 공동체는 각자 탄소 배출 감소 목표를 선언했다. 이는 역사적인 진전이었다. 그러나 미국의 기후특사인 존 케리가 지적한 대로 이런 약속은 과제를 달성하기에 적당치 않다. 설령 파리에서 선언한 내용이 완전하게 충족된다고 해도 세상은 2100년까지 3도나 더 뜨거워질 것이다.[11] 이는 지구적 파국을 초래할 전환점을 훌쩍 뛰어넘는 수치다.

나는 포괄적인 계획을 추구하는 과정에서 우리에게 주어진 선택지들을 분석한 수많은 자료를 살폈다. 거기에는 엄격한 과학적 분석부터 대단히 낙관적인 분석 그리고 심히 어둡고 암담한 분석까지 다양한 내용이 있었다. 하지만 내가 새로운 세대의 기업들이 성공하도록 돕는 과정에서 배운 교훈은 이것이다. **거대한 계획을 실행하려면 명확하고 측정 가능한 목표가 필요하다.** 나의 첫 책은 OKR, 즉 목표 및 핵심 결과가 구글부터 빌&멀린다 게이츠재단Bill and Melinda Gates Foundation까지, 소박한 스타트업부터 《포춘》 500대 기업에 속한 대기업까지 온갖 조직의 성공을 이끌 수 있다는 것을 보여주었다. 나는 OKR 방식이 세계적인 기후 비상사태에도 통하리라 믿는다.

OKR은 목표 및 핵심 결과를 말한다. OKR은 달성할 가치가 있는 모든 목표의 두 가지 측면, 즉 대상what과 방법how을 다룬다. 목표o는 달성하고자 하는 대상을 가리킨다. 핵심 결과KR는 목표를 달성하는 방법을 말해준다. 대개 핵심 결과는 보다 세부적인 과제로 나눠진다.

OKR에 대해 더 알고 싶다면 whatmatters.com에 있는 자료들을 보라.

잘 수립된 목표는 중요하고, 행동 중심적이고, 지속적이며, 고무적이다. 각 목표는 세심하게 선정되고 수립한 핵심 결과로 뒷받침된다. 강력한 핵심 결과는 구체적이고, 시간 제약이 있고, 공격적(하지만 현실적)이며, 무엇보다 측정 및 검증이 가능하다.

OKR은 모든 과제를 모아놓으려는 것이 아니다. 그보다는 가장 중요한 것, 주어진 과업을 위한 소수의 필수 실행 단계에 집중한다. 그래서 그 과정에서 얼마나 진전을 이뤘는지 점검할 수 있도록 한다. 또한 OKR은 야심 차지만 도달 가능한 결승선까지 높이 겨냥하도록 설계되었다.

넷 제로는 우리의 결승선이다. '넷'net 부분은 배출량 감축만으로는 제로까지 가는 타당한 경로가 없음을 나타낸다. 우리는 감축하기 어려운 배출원에서 배출된 온실가스를 자연과 기술을 통해 제거하고 저장해야 한다. 그러나 분명히 말하지만 미래에는 대기를 청소하는 기술이 개발될 것이라는 핑계로 계속 화석 연료를 태울 수는 없다. 우리 앞에 주어진 핵심 과제는 배출량을 줄이는 것이다.

이 책에서 제시하는 최고의 OKR은 2030년까지 넷 제로의 절반, 2050년까지 넷 제로 배출에 이르는 것이다. 이는 매우 중요한 이정표다. 이 거대한 도전에 직면하여 우리가 긍정적인 시각과 실용적인 태도를 갖도록 돕는 것이 OKR이다. 또한 OKR은 우리가 헛된 약속을 하지 않도록 막아줄 것이다. 게다가 명민한 혁신처럼 보이지만 아직 비용 면에서 경쟁할 수 없고 규모를 키울 수 없는 현혹적인 대상에 한눈팔지 않도록 지켜줄 것이다. 우리가 정한 정량적 목표치에 대한 책임을 지움으로써 가냘픈 희망의 갈대에 의지하고 싶은 유혹을 덜어줄 것이다. 우리는 가장 원대하고 큰 결실을 안겨줄 기회, 제때 넷 제로에 이르게 할 기회에 줄기차게 초점을 맞출 것이다.

앞서 언급한 대로 전 세계의 온실가스 배출량은 CO_2e로 환산할 때 연간 59기가톤에 이른다.[12] 현 상태를 유지하면 이 수치조차 뛰어넘어서 65~90기가톤에 이를 것이다. (정상 영업을 계속하면 결국 모두가 망할 것이다.) 논리와 공정성 측면에서 지구 전체 배출량의 다수를 차지하는 국가들이 먼저 적극적인 감축에 나

온실가스 배출량을 구성하는 요소

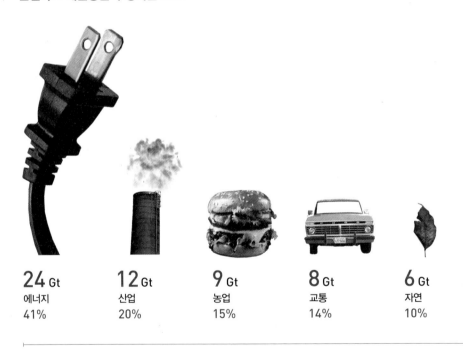

24 Gt	**12** Gt	**9** Gt	**8** Gt	**6** Gt
에너지	산업	농업	교통	자연
41%	20%	15%	14%	10%

59 Gt
총
100%

서야 한다. 선진국이 모범을 보이면 개발도상국이 감당해야 하는 청정에너지 비용도 줄어들 것이다.

우리의 목표치는 기후변화에 관한 정부 간 패널, 유엔환경계획UNEP, 파리기후협약 협상단이 계산한 수치에 부합한다. 이 세 조직이 계산한 배출 기준은 기온이 산업화 이전 수준보다 1.5도, 1.8도, 2도 높아지는 시나리오와 통한다. 목표를 단순화하기 위해 **이 책에서는 핵심 결과를 가장 야심 찬 목표치인 1.5도 이하로 맞춘다.** 그래야 기후 참사를 피하는 최고의 기회가 생긴다. 다만 과학자들은 그래도 확실하지 않다고 입을 모은다. 우리가 더 신속하게 움직여야 하는 이유다.

> 더 낮은 '온실가스 배출 전망치'의 추정치 중 다수는 현행 정책이 유지된다고 가정했을 때이다. 그러나 미국의 경우에서 보았듯이 어떤 보장 정책도 그대로 유지될 수 없다.

따라서 우리의 계획은 바로 기후위기를 해결하기 위한 '속도와 규모 계획'Speed & Scale plan이다. 루스벨트가 연필로 쓴 것처럼 이 계획은 몇 개의 단어로만 되어 있다. 그래서 우리의 목표가 얼마나 달성하기 힘든지 거의 알 수 없다. 대신 칵테일 냅킨에 실제로 다 적어 넣을 수 있다.

앞에 나오는 6개 항목은 늦어도 2050년까지 넷 제로를 달성하여 기후위기를 해결한다는 우리의 최고 목표를 뒷받침한다. 이 항목들은 모두 그 자체로 복잡한 내용을 담고 있으며, 각각의 장章으로 다뤄진다. 6개의 장이 모여서 이 책의 제1부인 '배출량을 제로로 만들어라'를 구성한다. 그 아래에는 기후행동(기후변화의 원인인 지구온난화를 막기 위한 행동)의 속도를 높이기 위한 일련의 '촉진제'들이다. 그것이 제2부 '전환을 촉진하라'다. 제2부는 각각의 촉진제를 다루는 4개의 장으로 구성된다.

우리는 핵심 결과를 정하기 위해 정책 전문가, 기업인, 과학자 그리고 다른 기후 리더들로 팀을 꾸렸다. 그들은 관대하게 시간과 깊이 있는 생각을 제공해주

2050년까지 넷 제로

1. 교통을 전기화하라
2. 전력망을 탈탄소화하라
3. 식량을 바로잡아라
4. 자연을 보호하라
5. 산업을 정화하라
6. 탄소를 제거하라

수단: 정책 및 정치
운동
혁신
투자

었다. 또한 우리는 프로젝트 드로다운Project Drawdown, 환경방어기금, 에너지 이노베이션, 세계자원연구소, RMI(이전의 록키마운틴연구소Rocky Mountain Institute), 획기적 에너지 연합의 권위자들이 제시한 해결책과 경로에서 영감을 얻었다.

우리는 루스벨트의 정신을 기려서 명확하고 간결한 목표를 정하고자 한다.

'교통을 전기화하라'는 휘발유와 경유 엔진을 플러그인 전기 오토바이·승용차·트럭·버스로 바꿔야 한다는 뜻이다(제1장).

'전력망을 탈탄소화하라'는 화석연료를 태양광, 풍력 그리고 다른 제로 배출 에너지원으로 바꿔야 한다는 뜻이다(제2장).

'식량을 바로잡아라'는 탄소가 풍부한 표토表土를 보존하고, 토양의 비옥화를 실천하고, 소비자들이 저탄소 단백질을 더 많이 먹는 동시에 소고기를 더 적게 먹도록 유도하며, 음식물 쓰레기를 줄여야 한다는 뜻이다(제3장).

'자연을 보호하라'는 개입과 보호를 통해 삼림, 토양, 해양을 지켜야 한다는 뜻이다(제4장).

'산업을 정화하라'는 모든 제조업체(특히 시멘트 제조업체와 제철기업)가 탄소 배출량을 크게 줄여야 한다는 뜻이다(제5장).

'탄소를 제거하라'는 자연적 해결책과 공학적 해결책을 모두 동원하여 대기에서 이산화탄소를 제거하고 장기적으로 저장해야 한다는 뜻이다(제6장).

네 가지 촉진제와 관련해서는 다음 활동을 통해 각 해결책의 속도를 높일 것이다.
→ 필수적인 공공 정책을 집행한다(제7장).
→ 의미 있는 기후행동을 통해 운동을 전개한다(제8장).

→ 강력한 기술에 투자하고 규모를 키운다(제9장).
→ 대규모로 자본을 투입한다(제10장).

실패를 용납할 수 없으므로 각 목표는 측정 가능한 나름의 핵심 결과를 수반한다. 우리는 이 이정표들을 향해 얼마나 나아갔는지 점검할 것이다. 그래서 우리가 어떻게 하고 있는지, 속도를 높이거나 경로를 바꿔야 하는지 확인할 것이다.

나는 모든 목표를 달성할 수 있다고 믿지만 확실한 것은 하나도 없다. 어떤 핵심 결과는 초과 달성하고, 다른 핵심 결과는 미달할 수도 있다. 그래도 괜찮다. 2050년까지 넷 제로에 도달하기만 한다면 말이다. 그것은 우리가 미래 세대에게 진 빚이다. 그 전액을 갚아야 한다.

우리의 목표치는 전 세계에 걸친 용기 있는 기후 연구자들의 연구를 바탕으로 한다. 그들은 너무 오랫동안 광야에서 목놓아 소리쳤다. 막바지인 지금에서야 권력, 영향력, 돈을 가진 사람들이 귀를 기울이기 시작했다. 그들의 연구는 어디서 어떻게 감축할 수 있는지 탄소 배출의 원천에 대한 추정치를 안내한다.

공정성을 기하기 위해 단서를 추가해야 한다. 우리는 대기에 온실가스가 얼마나 있는지 상당히 정확하게 안다. 다만 현재의 배출량(국가별 및 산업별) 계산은 약간 불확실하다. 우리의 배출 감소 목표치는 코앞에 닥친 위기에 대처하는 하나의 성실한 시각, 그 이상도 그 이하도 아니다.

속도와 규모 : 넷 제로까지의 카운트다운

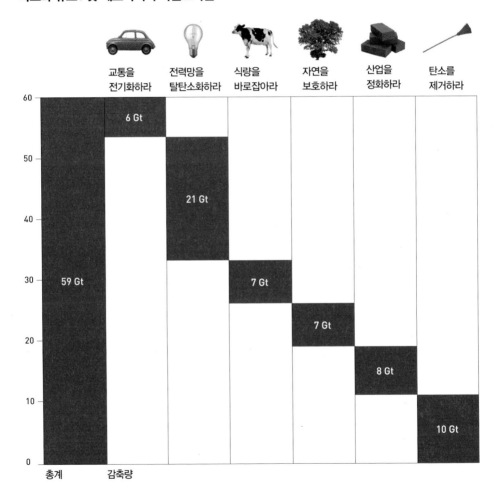

내가 배운 바에 따르면 비즈니스에서는 종종 정답이 여러 개다. 공공 정책과 기후 해결책도 마찬가지다. 속도와 규모 계획은 이 비상사태에 대한 유일한 '옳은' 계획이 아니다. 그래도 현실적인 균형을 맞추었다고 믿는다. 우리의 계획은 매우 야심 차면서도 확고한 현실에 뿌리박고 있다. 또한 많은 측면에서 OKR을 궁극적으로 적용하고 있다. 나는 넷 제로에 이른다는 것보다 더 과감한 목표를 아직 보지 못했다.

우리는 위험에 처해 있다. 정말 화나는 점은 이 지경이 되지 않을 수 있었다는 것이다. 40년 전 제임스 블랙James Black이라는 엑슨Exxon 소속 과학자가 화석연료와 탄소 배출 증가 그리고 지구온난화 사이의 연관성을 발견했다.

뷰그래프VUGRAPH **18**

요약

I. 이산화탄소 배출이 의도치 않은 기후변화의 원인일 가능성이 매우 큼.

II. 화석연료 연소가 이산화탄소 증가의 원인이라는 의견이 지배적임.

III. 이산화탄소 배출량이 두 배로 늘면 2050년까지 지구의 평균 온도가 1도에서 3도까지 상승할 수 있음 (극지방에서는 10도로 예측됨).

IV. 온실효과에 대한 다방면의 추가 연구가 필요함.

V. 필요한 정보를 얻기까지 5~10년의 기간이 소요됨.

VI. 환경부가 대규모 연구 활동을 고려하고 있음.

◆ 엑슨 내부 발표 자료에서 발췌, 1978

당시에는 가령 10년마다 배출량을 약 10퍼센트씩 줄이는 점진적 변화를 통해 이 곤궁에서 빠져나올 수 있었을 것이다. 하지만 이 과학자의 분석은 무시되었고 추가 연구는 저지되었다. 엑슨(그리고 합병 이후의 엑슨모빌Exxon Mobil)은 기후변화 부정론을 이끌었다. 20여 년 후, 앨 고어의 선거 패배 인정으로 조지 부시 George Walker Bush가 대통령이 되었을 때만 해도 10년마다 배출량을 약 25퍼센트씩 줄이는 적극적 행동으로 위기에서 벗어날 수 있었을 것이다.

하지만 지금은 시간이 부족하다. 어중간한 조치로는 어렵다. IPCC에 따르면 불리한 여건을 이겨내고 온난화를 1.5도로 제한하기 위해서는 400기가톤 이상을 배출해선 안 된다. 그것이 우리의 탄소 예산이다. 하지만 현재 속도대로라면 이번 10년 안에 다 쓰게 될 것이다. **극적이고 즉각적인 행동 말고는 어떤 것도 통하지 않는다.** 2030년까지 배출량을 50퍼센트 감축하고, 2050년까지 나머지를 감축해야 한다. 우리가 준비되었든 아니든, 돌이킬 수 없는 기후 피해가 닥쳐오고 있기 때문이다.

오바마 대통령은 우리가 직면한 도전을 이렇게 특유의 달변으로 표현했다. "우리는 기후변화의 영향을 느낀 첫 번째 세대이자 그 문제에 손을 쓸 수 있는 마지막 세대입니다."

넷 제로 미래를 열 수 있는 전략들을 고려해보자. 기후에 미치는 영향력에 따라 나열하면 다음과 같다.

---

1. 감축(배출량 줄이기)

---

2. 보존(효율성 높이기)

---

3. 제거(남은 것 치우기)

예컨대 교통을 전기화하거나 전력망을 탈탄소화함으로써 애초에 온실가스 배출을 피하는 것이 핵심 행동 방침이다. 이는 지금 수 기가톤의 온실가스를 줄이는 가장 빠르고 믿을 만한 방법이다. 그다음은 에너지 효율을 높여서 에너지

투입량 대비 산출량을 늘리는 것이다.

세 번째 전략은 자연적·기술적 방식으로 탄소를 제거하고 장기간 저장하는 것이다. 이는 특히 교통, 산업, 농업 등 배출을 피하기 힘든 분야를 위한 전략이다. 전 세계가 최고의 노력을 집중해도 이들 분야의 배출은 가까운 미래에까지 이어질 것이다. 그래도 이산화탄소 제거는 배출량 감축이나 효율성 제고 전략의 대체재라기보다 필수적인 보완재 역할을 한다. 우리는 이 세 가지 방침을 동시에 추구해야 한다.

'속도와 규모 계획'은 정부와 기업계의 모든 리더에게 기후정의 및 평등에 대한 깊은 인식을 따르도록 요구한다. 올바른 변화를 보장하려면 개도국과 선진국의 차이를 인정해야 한다. 화석연료를 버릴 수 있는 경제적 능력과 변화를 이룰 수 있는 속도는 나라마다 엄청난 격차가 있다. 우리는 화석연료에 생계가 달려 있는 수백만 명의 평범한 노동자들을 염두에 둬야 한다. 그들은 우리의 녹색미래에서 재훈련을 통해 양질의 일자리를 얻을 자격이 있다.

끝으로 국가별 기후 불평등도 인식해야 한다. 화석연료에 따른 오염은 빈곤지역과 유색인종 공동체에 더 큰 영향을 미친다. 그들은 기후위기에 대한 책임이 가장 적으며 그 피해를 막을 수 있는 능력도 가장 부족하다. 탄소집약적 산업으로 큰 피해를 본 사람들은 이미 진행 중인 에너지 전환의 혜택을 받아야 한다.

클린테크는 새로운 출발에 기여할 수 있다. 석탄화력 발전소를 폐쇄해 인근지역을 되살리고 노동자들을 청정에너지 일자리로 전환해야 한다. 우리의 귀중한 대기를 공짜 개방형 하수구처럼 취급해 탄소와 메탄 그리고 다른 온실가스를 마구 내다 버리는 일을 멈춰야 한다.

속도와 규모 계획은 탄소 배출을 철저하게 줄이기 위해 수립되었다는 점을 명심하라. 즉, 우리가 갈수록 더워지는 세상에 적응하도록 돕기 위한 것이 아니다. 그렇다, 기후변화는 이미 진행 중이다. 또한 보다 지독한 허리케인, 태풍, 산불, 홍수, 가뭄에 대비하여 도시와 농지를 보호하는 데 투자해야 한다. 그래도 지금 지구온난화를 억누르기 위해 노력하면 우리가 견뎌야 하는 적응 과정이 덜 힘들 것이다.

미국의 유명한 은행 강도 윌리 서턴Willie Sutton은 왜 은행을 털었느냐는 질문을 받고 "거기에 돈이 있으니까"라고 답했다. 우리는 배출이 이뤄지는 곳을 노려야 한다. **기가톤 단위의 감축을 시도해야 한다.** 그러려면 전 세계 온실가스의 80퍼센트를 차지하는 상위 20개 배출국을 감시해야 한다. 특히 거의 3분의 2를 차지하는 상위 5개국, 즉 중국, 미국, 유럽연합(영국도 포함), 인도, 러시아를 겨냥해야 한다.

2021년 6월 기준으로 최소 14개국(독일, 캐나다, 영국, 프랑스 포함)은 2050년까지 탄소 배출을 넷 제로로 감축하기 위한 법안을 마련했거나 상정했다.[13] 문제는 이 국가들의 배출량을 모두 합쳐도 전 세계 배출량의 약 17퍼센트밖에 안 된다는 것이다.

근래에 들어서야 최다 배출국들이 감축 의지를 드러내기 시작했다. 바이든 행정부의 기후행동 계획은 2050년까지 넷 제로를 달성하라고 요구한다. 이는 미국의 이전 정책 수준을 넘어서는 인상적인 도약이다. 유럽연합도 같은 목표에 대한 의지를 드러냈다. 중국은 국가 차원에서 2060년까지 넷 제로를 달성하겠다고 선언했다. 우리가 보기에는 10년이나 뒤처진 목표지만 적어도 협상의 기반은 갖추어졌다. 인도와 러시아는 아직 확실하게 넷 제로를 추구하겠다는 약속을 하지 않았다. 그래도 마침내 국제적 차원에서 희망을 품을 만한 약간의 토대가 마련되었다. 남은 것은 너무나 중요한 후속 조치의 문제다.

수십 년 동안 무분별하게 저질러진 탄소 배출의 피해를 완화하는 비용은 저렴하지 않을 것이다. 하지만 지금 시작하는 것보다 적극적인 행동을 연기하는 데 따른 비용이 훨씬 많이 든다. 세계적으로 유명한 기후 정책 전문가인 할 하비의 설득력 있는 표현을 빌리면, **지금은 지구를 망치기보다 살리는 쪽이 더 저렴하다.** 이전에는 클린테크에 베팅하는 것이 위험하거나 무모하게 보였다. 그러나 지금은 그 편이 경제성장으로 가는 고속도로처럼 보이기 시작했다.

이 글을 쓰는 현재 코로나19 사태가 여전히 진행 중이다. 전 세계의 많은 지역에서 끔찍하고 받아들일 수 없는 수준의 사망자가 나오고 있다. 이 팬데믹은 재난이 닥치기 전에 행동하는 것이 얼마나 중요한지 말해준다. 기후위기도 마찬가지다. 모든 예방 조치는 상상할 수 없는 고통을 막아줄 것이다.

팬데믹이 한창 진행되던 2020년에 우리가 알던 일상은 말 그대로 정지되었다. 코로나19로 인한 모든 제한 조치에도 탄소 배출량은 2.3기가톤밖에 줄지 않았다. 이는 전 세계 연간 온실가스 배출량의 약 6퍼센트에 해당한다. 그리고 이 미미한 감소조차 곧 사라졌다. 탄소 오염은 바로 되살아났다.[14] 단기적인 결핍은 전염병의 확산 속도를 늦추는 데 도움이 될지 모른다. 그러나 기후위기를 해결하지는 못한다.

우리에게 주어진 과제는 명확하다. 행동의 필요성은 어느 때보다 시급하다. 제때 넷 제로에 도달한다면 우리 아이와 미래 세대에게 물려줄 지구에 대해 자긍심을 품을 수 있다.

그러니 한번 해보자. 속도와 규모를 통해서.

Zero Out Emissions

제1부

배출량을
제로로
만들어라

제1장

교통을 전기화하라

Electrify Transportation

교통을 전기화하라

벤처투자업계에는 '바퀴 달린 것에는 절대 투자하지 마라'라는 오랜 격언이 있다. 클라이너퍼킨스는 클린테크 투자를 결심한 지 얼마 되지 않은 2007년에 이 규칙을 깨야 할지 고민했다. 전기차 회사를 지원해야 할까? 똑똑한 사람들은 내게 그러지 말라고 조언했다.

1세기가 조금 넘는 기간 동안 천 개 이상의 자동차 회사가 설립되었다. 그리고 거의 모두가 사라졌다. 대다수는 엄청난 대실패였다. 드로리안DeLorean을 기억하는가?

클라이너는 애스턴마틴과 BMW에서 족적을 남긴 뛰어난 디자이너 헨릭 피스커Henrik Fisker와 깊이 논의했다. 그는 덴마크 출신이지만 로스앤젤레스에서 살았다. 첫 미팅에서 그는 먼저 고가품 구매자를 타깃으로 한 전기차를 생산하고, 뒤이어 진정한 수익이 나는 중가 시장까지 가격 곡선을 낮춘다는 전략을 제시했다.

피스커가 설립한 전기차 제조업체 피스커 오토모티브Fisker Automotive는 프레임만 생산하여 위험을 최소화하고, 가장 비싼 부품인 배터리는 넉넉한 자금을 갖춘 A123 시스템과 계약을 맺어서 조달할 예정이었다. 이 회사는 명망 높은 매사추세츠공과대학의 옛밍창Yet-Ming Chiang이 만든 기술을 토대로 삼았다.

거의 비슷한 시기에 두 명의 엔지니어가 우리를 찾아왔다. 그들은 자신들이 만든 스타트업에 전설적인 발명가인 니콜라 테슬라Nikola Tesla의 이름을 붙였다. 또한 페이팔로 크게 성공한 기업인과 손잡은 상태였다. 개인 재산을 엄청나게 투자한 그는 당시 이사회 의장을 맡고 있었다. 그런 연유로 일론 머스크Elon Musk 가 우리에게 와서 사업계획을 발표하게 되었다. 머스크가 제시한 3단계 사업계획은 우리 마음에 들었다. 테슬라는 고가 스포츠카인 로드스터roadster(2~3인승 의 뚜껑 없는 자동차)를 먼저 출시하여 전기차(EV라고도 함)가 타당한 동시에 멋지다는 점을 보여주려 했다. 테슬라는 자금이 모이는 대로 생산에 들어갈 준비가 되어 있었다. 다음 단계는 BMW, 벤츠와 경쟁할 고급 세단인 모델S가 될 것이었다. 끝으로 10여 년 후에는 대중 시장을 공략할 저가 전기차를 출시할 계획이었다.

긴 사업 일정은 내게 문제가 되지 않았다. 사실 테슬라의 계획에서 거슬리는 부분은 하나도 없었다. 전략적으로 합당하고 훌륭한 구조였다. 다만 우리가 피스커와 테슬라에 모두 투자할 여력이 있다고 해도 그것은 옳은 일이 아니었다. 두 회사는 경쟁 관계였다. 우리 입장에서는 이해충돌이 발생할 수밖에 없었다. 결국 두 회사 중 하나를 선택해야만 했다.

2007년에 창업 자금으로 100만 달러를 테슬라에 투자했다면 현재 가치로 10억 달러 이상이 되었을 것이다.

우리는 잘못된 선택을, 그것도 크게 잘못된 선택을 했다. 피스커를 선택한 우리는 역대 최고의 투자 수익률을 올릴 기회를 놓쳤다. 생각하면 지금도 속이 쓰리다. 테슬라를 선택했다면 대단한 여정이 되었을 것이다. 비록 우리는 기회를 놓쳤지만 그래도 테슬라가 세상에 큰 도움이 된 것은 대단히 흥분되는 일이다. 머스크는 테슬라를 이끌고 스타트업이 직면한 역대 최대의 난관을 넘어섰다.

테슬라는 성공을 거두는 한편 자동차 산업을 진전시켰다. 한 예로 전기차 시

갈수록 인기를 끄는 전기차

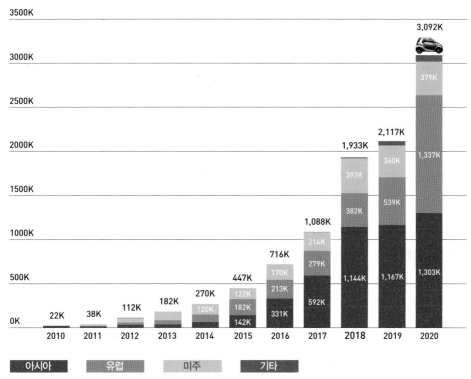

◆ 블룸버그NEF의 데이터 및 그래픽 차용

장을 촉진하기 위해 경쟁사들에게 특허를 무료로 개방했다.[1]

2019년에 전 세계에서 판매되는 전기차 5대 중 1대가 테슬라였다.[2] 2020년에는 50만 대가 판매되었다.[3] 시가총액은 경쟁사 네 곳을 합친 것보다 많은 6,000억 달러에 이르렀다.[4] 무엇보다 머스크는 전형적인 도미노 효과를 통해 전 세계 자동차 부문 선도기업들의 전기차 생산 속도를 높였다. 이 모든 판매가 우리의 기후 계획에 도움이 된다.

그러면 클라이너가 선택한 회사는 어떻게 되었을까? 피스커 카르마Fisker Karma는 2012년에 화려하게 데뷔했다. 차는 날렵하고 멋졌다. 그러나 가격(10만 달러 이상)부터 성능에 이르는 여러 이유로 판매가 되지 않았다.[5] 또한 시장이 형성되기도 전에 확실하다던 배터리 제조사인 A123 시스템이 망해버렸다. 게다가 두어 대의 세단에 화재가 발생하면서 리콜 사태까지 촉발되었다. 그나마 남아 있던 희망도 2012년 10월에 내린 폭우에 휩쓸려버렸다. 허리케인 샌디 때문에 뉴저지주 뉴워크항이 물에 잠기면서 유럽에서 실려온 3,000만 달러어치의 카르마 플러그인 하이브리드 차량이 침수되었다.[6] 그 바람에 300대가 넘는 차량이 전손 처리되었고, 16대는 폭발했다.[7] 결국 피스커는 제대로 출발하기도 전에 끝장이 나고 말았다.

교통 부문의 카운트다운

59기가톤에서 넷 제로에 이르는 전 지구적 카운트다운은 교통, 에너지, 농업, 자연, 산업 등 5개의 폭넓은 배출원을 포괄한다. '교통을 전기화한다'는 우리의 첫 번째 목표는 대부분 배기구에서 뿜어져 나오는 8기가톤을 겨냥한다. 이 목표를 이루려면 전 세계에 걸쳐 2050년까지 모든 휘발유차와 경유차를 제로 배출 승용차·트럭·버스로 교체해야 한다.

교통 부문의 전기화는 이미 진행되고 있다. 2021년 1월 기준, 거의 1,000만 대의 전기차가 전 세계 도로를 달리고 있다.[8] 그러나 규모를 키워야 할 전기차 기술 개발이 현재 일정보다 뒤처져 있으며, 짜증스러울 정도로 더디게 진전한다. 속도를 높여야 한다. 해마다 전 세계의 차량 주행거리가 늘어나고 있다. 전기차의 인기가 높아짐에도 불구하고 향후 20년 동안 내연기관 차량의 주행거리는 현재 수준으로 유지될 전망이다.[9]

우리가 빠르게 속도를 내지 못하는 이유는 전기차가 아직 편의성과 비용 측면에서 휘발유차나 경유차와 경쟁이 안 되기 때문이다. 신차의 평균 사용연한 이 12년에 이른다는 사실을 감안하면 전 세계의 전기차 전환 속도는 거의 기어가는 수준이다.[10] 내연기관 차량은 앞으로도 오랫동안 탄소를 내뿜을 것이다.

완전한 전기화의 영향은 아무리 강조해도 지나치지 않으며, 그 범위는 기후변화를 넘어선다. 해마다 배기구와 발전소에서 배출되는 극소 입자 때문에 미국에서만 35만 명, 전 세계적으로는 5명 중 1명이 조기에 사망한다.[11] 미국 환경보호국Environmental Protection Agency에 따르면 대기오염은 심장병, 폐암과 연관 있다.[12] 교통의 전기화는 우리의 넷 제로 계획을 떠받치는 초석 그 이상의 의미가 있다. 즉, 빈국과 유색인종 공동체에 훨씬 많은 피해를 입히는 치명적인 질환을 줄이는 데 필수적이다. 이는 생사가 걸린 문제다.

우리는 교통 부문의 온실가스 배출을 줄이기 위해 몇 가지 핵심 결과를 정했다. 좋은 핵심 결과는 공개된 데이터를 기준으로 측정하고 검증할 수 있다. 이 핵심 결과들을 모두 달성하면 분명히 목표를 충족할 수 있다. 이때 우리의 목표는 교통 부문에서 해마다 배출량을 2기가톤으로 줄이는 것이다.

가격 KR(1.1)은 교통의 전기차화를 막는 끈질긴 장벽을 무너트린다. 그것은 바로 내연기관과 동등한 수준의 가격 및 성능을 달성하는 것이다. 승용차 시장에서 전기차가 상당 부분 차지하려면 광범위한 소비층이 부담할 만한 가격대여야 한다. 사람들이 탄소 배출 제품이 아닌 '친환경'green 제품을 구매하기 위해 추가로 부담하는 가격을 '그린 프리미엄'green premium이라 부른다. 나는 이 용어를 빌 게이츠에게서 처음 들었다. 대부분의 사람들은 에너지에 대한 선택지가 주어졌을 때 프리미엄을 지불할 의사나 능력이 없다. 이 사실은 시장에서 확인되었다. 획기적 에너지 연합의 기술 수석인 에릭 툰은 이렇게 말한다. "사람들은 저비용 해결책을 선택할 겁니다. 청정 연료가 세상에서 가장 더러운 역청사tar sands(원유를 함유한 모래 – 옮긴이)에서 뽑은 휘발유보다 1갤런당 1페니만 더 비싸도 상당수 사람들은 그 가격을 지불하지 않을 겁니다."[13] 게다가 더 비싼 가격

현재 도로를 다니는 차량 10대
중 9대는 화석연료로 동력을 얻
는다.

목표 1
교통을 전기화하라

2050년까지 교통 부문 배출량을 8기가톤에서 2기가톤으로 줄인다.

KR 1.1	가격

전기차는 미국에서 2024년(3만 5,000달러), 인도와 중국에서 2030년까지(1만 1,000달러) 내연기관 차량과 가격 및 성능 면에서 동등한 수준에 이른다.

KR 1.2	승용차

전 세계에서 구매하는 개인용 승용차 중에서 2030년까지 2대 중 1대를, 2040년 까지는 95퍼센트를 전기차로 만든다.

KR 1.3	버스 및 트럭

2025년까지 모든 신형 버스, 2030년까지 중대형 트럭의 30퍼센트, 2045년까지 모든 트럭의 95퍼센트를 전기차로 만든다.

KR 1.4	주행거리

전 세계 모든 차량(이륜차, 삼륜차, 승용차, 버스, 트럭)이 달리는 주행거리 중에서 전기차의 주행거리를 2040년까지 50퍼센트, 2050년까지 95퍼센트로 만든다.
↓ 5기가톤

KR 1.5	항공기

비행거리 기준으로 2025년까지 저탄소 연료 비중을 20퍼센트, 2040년까지 탄소중립 비행의 비중을 40퍼센트로 만든다.
↓ 0.3기가톤

KR 1.6	해운

2030년까지 새로 건조되는 모든 선박을 '제로레디'zero-ready(태양열 추가로 제로 에너지에 이를 수 있다는 것을 의미)로 전환한다.
↓ 0.6기가톤

← 분야별 핵심 결과에서 감축량은 기가톤 단위다. 가령 KR 1.4는 5기가톤을 감축한다.

을 지불할 의사가 있는 사람들은 더 뛰어난 성능을 기대한다.

얼리어답터와 환경을 걱정하는 시민들만으로는 넷 제로에 도달할 수 없다. 시장이 전기차로 선회하도록 보장하려면 비슷한 가격에 더 나은 성능이 필요하다. **이런 맥락에서 그린 프리미엄은 각 문제의 어려움을 대략적으로 말해주는 척도다.**[15] 즉, 넷 제로에 이르기 위해 전기차나 식품, 시멘트 부문에서 얼마나 멀리 나아가야 하는지 보

부문별 폭넓은 그린 프리미엄

	'그린'(무탄소 또는 저탄소) 제품의 가격	전통적인 제품의 가격	그린 프리미엄
전기	$0.15/kWh[1]	$0.13/kWh[2]	$0.02/kWh (15%)
전기승용차 (미국 가격)	$36,500 (셰비 볼트Bolt)	$25,045 (도요타 캠리)	$11,455[3] (45%)
장거리 화물 운송 연료	$3.18/갤런 (B99 바이오디젤)	$2.64/갤런 (디젤)	$0.54/갤런 (20%)
시멘트	$224/톤	$128/톤	$96/톤 (75%)
항공유	$9.21/갤런	$1.84/갤런	$7.37/갤런 (400%)
샌프란시스코–하와이 왕복 항공요금 (이코노미석)	$1,069/인당	$327/인당	$742/인당 (227%)
햄버거용 간 소고기	$8.29/파운드	$4.46/파운드	$3.83/파운드 (86%)

◆ 출처: 미주 참고[14]

1) 일반 주택용 태양광 발전 계약 기준. 2) 배전 비용 포함한 세계 평균 가정용 전기요금. 3) 지원금 미반영.

뒤처지는 전기차의 주행거리

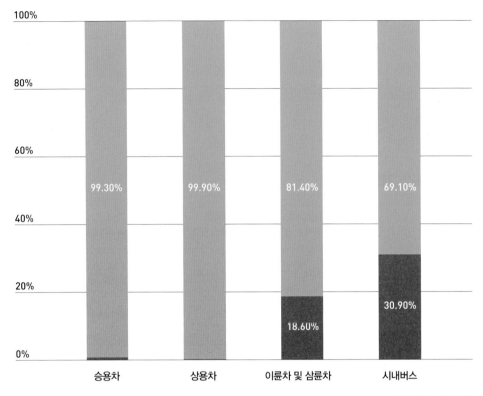

■ 전기차
■ 내연기관 차량

승용차 99.30%	상용차 99.90%	이륜차 및 삼륜차 81.40% / 18.60%	시내버스 69.10% / 30.90%

◆ 블룸버그NEF의 데이터 및 그래픽 차용

여준다.

승용차 KR(1.2)는 2030년까지 판매되는 신차의 대다수가 전기차이기를 요구하지만 이것은 어느 모로 보나 매우 무리한 목표다. 그래도 공공 정책의 변화 덕분에 우리에게 필요한 미래가 지금 유럽 일부 지역에서 전개되고 있다. 노르웨이는 이미 전기차가 신차 판매의 75퍼센트를 차지한다.[16] 중국은 5퍼센트를 초과하여 판매 대수 기준 최대 전기차 시장이 되었다.[17] 중국 대도시에서 판매되는 차량 5대 중 1대는 전기차다. 미국은 세계 최대 전기차 제조사인 테슬라의 모국임에도 불구하고 그 비중이 2퍼센트를 넘지 않는다.

기존 자동차 대기업들은 전기차의 성장 잠재력을 확인했다. 폭스바겐은 2025년까지 전기화에 850억 달러 이상을 투자할 계획이다.[18] GM, 포드, 현대도 전기차 개발에 대규모 베팅을 하고 있다.

버스 및 트럭 KR(1.3)은 과도한 배출량에도 불구하고 승용차보다 주목도가 떨어지는 버스와 트럭에 집중한다. 두 차량은 도로를 달리는 차량의 10퍼센트를 차지하지만,[19] 전 세계적으로 차량 부문 온실가스의 30퍼센트를 배출한다.[20]

주행거리 KR(1.4)는 배출량 감축과 가장 밀접한 관계가 있다. 이 KR은 총 주행거리에 집중하기 때문에 새 전기차부터 오래되고 더러운 내연기관 차량까지 도로를 달리는 모든 차에 해당한다. 2020년에 총 승용차 주행거리 측면에서 전 세계적으로 전기차가 차지한 비중은 1퍼센트 이하였다.[21] 매년 전 세계적으로 21조 킬로미터가 넘는 주행 규모를 감안할 때 2050년까지 100퍼센트에 이르는 것은 야심 찬 진전이 될 것이다.

항공기 KR(1.5)는 항공업계가 친환경 항공유 채택을 가속화할 것을 촉구한다. 우리의 목표는 총 비행거리에서 저탄소 연료가 차지하는 비중을 2025년까지 20퍼센트로 만드는 것이다. 또한 항공업계는 이보다 긴 기간에 걸쳐 합성 연료나 전기 또는 수소로 동력을 얻는 효율적인 항공기를 통해 탄소중립 비행에 이르는 방법을 개발해야 한다.

해운 KR(1.6)은 화물선과 크루즈선이 배출하는 해운 부문의 온실가스를 보다 공격적으로 줄일 것을 요구한다. 중유는 이산화탄소와 산화황을 대량으로 만들어낸다. 이 중 3분의 2 이상은 해안선 400킬로미터 이내에서 배출된다. 그래서 수백만 명이 해로운 오염물질에 노출된다.[22]

일반적인 대형 화물선의 수명이 15년이라는 점을 고려하면 해운 부문의 탈탄소화는 특히 어려울 것이다. 진전을 위해서는 해운업계가 보다 깨끗한 동력원을 활용하여 '제로레디' 상태로 선박을 제조하거나 개조하도록 유도하는 것이다. 그동안 해운 부문의 배출량은 운항 속도를 늦추고, 엔진의 효율을 높이고, 선체와 추진 시스템을 업그레이드하며, 대기로 탈출하기 전에 치명적인 극소입자를 포집할 필터를 추가하는 방법으로 줄일 수 있다.[23]

GM이 앞장서면 미국이 따른다

1953년, 아이젠하워Dwight David Eisenhower 대통령은 GM 회장인 찰스 윌슨Charles Wilson을 국방부 장관에 임명했다. 윌슨은 상당량의 GM 주식을 보유하고 있었다. 그가 지분을 매각하지 않겠다는 뜻을 분명히 밝히자, 한 상원의원은 이해충돌의 가능성에 합리적 의혹을 제기했다. 이에 윌슨은 다음과 같은 유명한 답변을 남겼다. "저는 그런 문제가 생길 거라고 생각지 않습니다. 우리나라에 좋은 일은 GM에게도 좋고, 그 반대도 마찬가지니까요."[24] 오랫동안 윌슨의 발언은 GM과 기업 전체를 칭찬하거나 비판하는 용도로 인용되었다. 그래도 미국 최대의 자동차 제조사가 국가 경제, 심지어 그 정체성에 큰 영향을 끼쳤다는 데는 의문의 여지가 없다.

GM은 한두 번의 실패 이후 제로 배출 해결책을 개발하는 일에서 선도적인 역할을 맡았다. 1996년에 GM은 최초의 전기상용차로서 주행거리가 80킬로미터인 EV1을 출시했다. 《와이어드》Wired가 지적한 대로 이 차는 "비실용적이고, 자그마하며, 완전히 실패할 수밖에 없었다." GM은 주로 캘리포니아 지역에 약 1,000대의 EV1을 임대했다가 회수하여 폐기해버렸다.

GM은 15년이 지나서야 셰비 볼트Volt로 재도전에 나섰다. 볼트는 중간 가격대의 시장에 맞춰 가격을 책정한 플러그인 하이브리드 차량이었다. 2011년에

《모터 트렌드》Motor Trend는 볼트를 올해의 차로 선정했다. 이후 4년 동안 볼트는 미국에서 가장 많이 팔린 플러그인 차량 자리를 놓고 닛산 리프Leaf와 경쟁했다. 2016년에는 쉐보레의 또 다른 중가 시장용 엔트리급 모델인 셰비 볼트Bolt가 출시되었다. 볼트는 테슬라의 모델3와 경쟁하기 위한 완전 전기차였다.

그러나 GM의 전기차 생산 계획은 테슬라와 해외 경쟁사에 여전히 뒤처졌다. 그러다가 2020년 3월에 GM은 규모의 경제를 살리는 일련의 방향 전환 계획을 발표하여 모두를 놀라게 했다. 희소식은 고에너지, 대형 전기차 배터리 플랫폼인 '얼티엄'Ultium이 일부 공개되면서 시작되었다. 2020년 11월에는 2025년까지 13종의 전기차 모델로 새로운 라인업을 갖추겠다는 발표가 나왔다. 이보다 놀라운 점은 메리 바라 회장이 2035년까지 설정한 계획이었다. 바로 112년에 걸친 GM의 내연기관 차량 제조 역사를 끝낸다는 것이었다.

메리 바라

전국의 고객들과 대화를 나누는 가운데 변화가 시작되었습니다. 전기차에 대한 그들의 시각에서 변곡점을 확인한 거죠. 그들은 "주행거리가 적당하고, 적절한 충전 인프라가 갖춰지고, 차량이 나의 필요를 충족하며, 가격이 저렴하다면 구매할 수 있다."라고 말했습니다. 사방에서 이런 말이 들렸습니다. 변화의 움직임을 확신했습니다. 또한 저렴한 가격의 중요성을 고려할 때 GM이 핵심 역할을 맡아야 한다는 사실도 깨달았습니다. 교통을 전기화하려면 1대의 차만 사는 사람들을 움직여야 합니다. 그들이 사는 차는 가족을 위한 두 번째나 세 번째 또는 네 번째 차가 아니에요. 그들의 유일한 차인 만큼 우리는 대규모로 전 세계에 걸쳐 변화를 이끌기로 결심했습니다.

이는 엄청난 성장의 기회입니다. 우리는 또한 제로 배출 자율주행 공유차를 위해 전기차를 공급하기를 원합니다. 비용은 1마일당 3달러에서 1달러로 낮추기를 바랍니다. 우리는 미 국방부에서 사용할 전기차 콘셉트를 개발했습니다. 상용차의 경우 페덱스와 다른 기업에 배달용 전동밴과 최종 구간 해결책을 판매하고 있습니다.

결국 실행이 핵심입니다. 우리는 팀과 공장을 운용하는 노하우가 있죠. 전기화는 이제 핵심 역량입니다. 우리는 고객을 잘 알고, 이 일을 해낼 자원을 가지고 있습니다. 예를 들어 배터리 제조 비용을 더 낮추고, 전면적인 충전 인프라를 갖춰야 합니다. 우리는 에디슨전기연구소Edison Electric Institute와 함께 에너지 관리 방식을 협의 중입니다. 거기에는 충전 시간을 요율이 낮은 새벽 2시~5시 사이로 옮기는 방식도 포함됩니다. 아직 혁신이 많이 필요합니다. 캘리포니아의 한 소도시에서 주유소 건설을 금지했다는 기사를 읽었는데, 이는 2년 전만 해도 생각할 수 없는 일이죠. 그러나 바이든 행정부의 전기차 보급 목표와 더불어 우리가 변화의 속도를 높여야 한다는 사실은 자명합니다. 또한 격차가 생기지 않도록 평등한 방식으로 변화를 이뤄야 합니다. 전기차는 모두를 위한 것이어야 합니다.

선도기업이 되는 일은 고객에게 집중하는 데서 시작됩니다. 그다음 기후변화 및 평등과 관련한 기업의 책임을 고려해야 합니다. 올바른 일을 하겠다는 의지가 있어야 합니다. 사실 직원들도 회사가 그렇게 하기를 기대합니다.

이는 이해관계자 자본주의와 주주 자본주의 사이의 선택이 아닙니다. 주주와 고객뿐 아니라 직원, 대리점, 공급업체, 지역 공동체, 정부도 우리의 이해관계자로서 우리는 의사결정을 할 때 그들에게 어떤 영향을 미칠지 파악해야 합니다. 내가 이 자리에서 알게 된 사실은 올바른 사명使命에 집중할 때 더 나은 결정을 내릴 수 있다는 것입니다.

올바른 일을 하겠다는 의지를 가져야 한다. 사실 직원들도 회사가 그렇게 하기를 기대한다.

정책으로 전기차 판매 촉진

승용차 KR(1.2)의 목표를 달성하려면 전기차 판매 대수를 서둘러 늘려야 한다. 2030년까지 판매 차량의 대다수를 전기차로 만들기 위해서는 2025년까지 전 세계에서 판매되는 차량 3대 중 1대는 전기차여야 한다. 즉, 아주 짧은 기간에 보급률을 크게 늘려야 한다. 제7장에서 논의하겠지만 새로운 정책이 매우 중요하다. 다만 전환에 박차를 가하기 위해 세 가지 기존 정책을 시급히 강화해야 한다.

첫째, 주로 세액 공제나 환급 같은 금전적 인센티브를 늘려야 한다. 그래서 전기차 구매에 따라 사전에 지불하는 그린 프리미엄과 장기적으로 절감하는 연료비 사이의 간극을 메워야 한다. 바로 그런 목적으로 2009년에 7,500달러의 세액 공제 제도가 시행되었다. 그러나 보다 현명한 방식이 있다. 바로 세액 공제를 초기 구매자로 한정하지 말고, 전기차의 판매가격이 휘발유차와 같아진 시점을 훌쩍 지나고 난 뒤 단계적으로 폐지하는 것이다. 메리 바라가 말한 대로 "위험을 감수하고 먼저 구매한 사람들에게 불이익을 줘서는 안 된다."

둘째, 내연기관 차량의 멸종을 앞당기려면 소유자들이 중고차로 팔지 않고 반납하도록 유도할 금전적 인센티브가 필요하다. '노후 차량 현금 보상 제도'(2009년 버전보다 잘 설계되고 보다 재원이 넉넉한)를 통해 헐값에 수백만 대의 휘발유 차량을 도로에서 치울 수 있다.

셋째, 궁극적인 교통 정책은 내연기관 차량의 판매를 전면 금지하는 것이다. 이는 완곡하게 '전기차 판매 요구 제도'라 불린다. 이 조치만으로도 전체 부문에서 필요한 감축량의 75퍼센트를 달성할 수 있다. 이스라엘, 캐나다와 더불어 적어도 유럽 8개 국가는 내연기관을 금지할 것이라고 밝혔다. 중국도 시기를 가늠하고 있다. 개빈 뉴슨Gavin Newson 캘리포니아 주지사는 2035년까지 내연기관 차량의 판매를 금지하라고 명령했다.[25] 또한 11명의 다른 주지사들도 바이든 대통령에게 국가 차원에서 그렇게 해야 한다고 청원했다.

이런 정책들이 집행되기를 기다리는 동안, 우리는 모든 내연기관 차량 및 하이브리드 차량의 연비를 향상시켜야 한다. 승용차, 트럭, 버스가 탄소를 태워야 한다면 같은 양으로 더 멀리 가야 한다.

가장 앞서가는 전기버스 시장

모든 교통수단 중에서 버스가 전기차 기술을 도입하는 측면에서 가장 앞서 있다. 디젤 차량이 공기를 심하게 오염시킨다는 점을 감안할 때 이는 더욱 서둘러야 할 문제다. 특히 혼잡한 전 세계의 대도시에서는 더욱 그렇다. 중국의 중부 해안 도시인 선전深圳에 자리한 제조사, BYD의 부상은 명민한 기업가정신이 정부의 지원을 받을 때, 친환경 기업이 얼마나 멀리 나아갈 수 있는지 보여준다.

BYD의 설립자이자 회장인 왕찬푸王傳福는 중국에서 가장 가난한 지역에서 자랐다. 10대 때 고아가 된 그는 형과 누나들의 보살핌으로 대학에 진학하여 엔지니어가 되었다. 1995년에 'Build Your Dreams'(빌드 유어 드림)의 머리글자를 딴 이름의 스타트업을 세웠다. 그로부터 25년 후 왕찬푸는 대성공을 거둬 중국의 대부호 명단에 올랐다.

휴대전화 배터리 제조업체로 출발한 BYD는 이후 사업을 확대하여 태블릿 및 노트북 배터리, 태양광 발전용 저장장치를 제조하기 시작했다. 뒤이어 BYD는 홍콩주식거래소에 상장되었다. 2003년에 왕찬푸는 자동차 사업부를 신설했다. 자동차 사업은 배터리 사업보다 훨씬 리스크가 컸다. 그러나 왕찬푸에게는 회심의 카드가 있었다. 바로 중국 정부의 지원이었다.[26] 중국 정부는 BYD가 세계 전기차 시장에서 테슬라와 경쟁할 수 있도록 도왔다.

숭국의 많은 대도시에서 대기오염은 눈에 훤하게 보이는 악몽과 같다. 이에 대응하여 BYD는 기후행동을 이끄는 왕촨푸의 리더십 아래 저가 소형차와 전기버스를 동시에 개발했다. BYD는 수천 대

1,300만 명의 선전 시민이 이용하는 버스는 모두 전기차다.

의 디젤 버스를 중국의 혼잡한 도로에서 치우는 데 성공했다. 1,300만 명이 사는 선전에는 100퍼센트 전기버스와 전기택시만 도로를 달리며, 전기 배달 차량도 거의 100퍼센트에 이르고 있다.

중국의 전기버스 시장이 급성장한 이야기는 공공 정책이 혁신과 수용을 앞당기는 양상을 보여준다. 중국 정부는 한정된 배터리 수명과 충전소 부족 문제를 극복하기 위해 10억 달러 이상의 지원금과 보조금을 BYD에 제공하는 한편, 전기차 소비자에게도 금전적 인센티브를 제공했다. BYD는 중국의 '메이드 인 차

이나 2025 프로그램'의 핵심인 전기차 부문에서 세계를 선도하기 위해 베이징의 500억 달러 투자의 중심축으로 성장했다. 중국 정부가 연구개발비 공적 지원, 면세 혜택, 충전소 확충 비용 지원을 보장하면서 적어도 400개 기업이 전기차 사업에 뛰어들었다.[27]

워런 버핏은 이런 기류를 파악한 투자자 중 한 명이다. 그는 BYD의 지분 8퍼센트를 서둘러 확보했다. 버핏이 인증 도장을 찍어주면서 또 다른 기회의 문이 열렸다. 2013년, 로스앤젤레스에서 북쪽으로 110킬로미터 떨어진 랭커스터Lancaster에 BYD의 첫 미국 공장이 설립되었다. BYD는 2016년까지 수백 대의 전기버스를 캘리포니아 전역의 대도시와 중소도시에 납품했다. 또한 2017년에는 캘리포니아에 새 공장을 지었다. 이 공장의 개소식은 전국 언론으로부터 외면당했지만 당시 하원 공화당 대표인 케빈 매카시Kevin McCarthy는 참석했다. 공장이 자리 잡은 곳이 그의 지역구였기 때문이다. 그는 1,200명의 노동자를 고용하여 연간 1,500대의 전기버스를 생산하겠다는 BYD의 약속을 앞장서서 칭송했다.

머나먼 여정: 프로테라 전기버스 이야기

지자체, 학교, 공항에서 수백만 대의 시끄럽고 지저분한 디젤 버스가 돌아다니는 20세기의 유산은 가능한 한 빨리 청산돼야 한다. 이러한 변화를 이끄는 미국의 창업자 중 한 명이 데일 힐Dale Hill이다. 그는 덴버에서 압축 천연가스로 달리는 버스를 제조하는 회사를 되살리면서 사업을 시작했다. 압축 천연가스는 디젤보다는 깨끗하지만 여전히 이산화탄소를 배출한다. 2004년에 힐은 전적으로 전기버스만 제조하는 단계로 도약했다. 그는 회사명을 '지구를 위한다'는 뜻인

프로테라로 바꿨다.

사업 전환은 쉽지 않았다. 신규 사업 5년 차인 2009년에 프로테라가 달성한 킬로와트당 배터리 비용은 1,200달러선에 머물렀다. 힐은 디젤 버스와 비용 수준이 동등해지려면 이 수치를 약 700달러까지 40퍼센트 이상 낮춰야 한다는 사실을 알았다. 그는 해당 기술이 더 나아지고 저렴해짐에 따라 시제품을 지자체 조달 담당자에게 소개하기 시작했다.

그러나 전기버스 제조업은 자본집약이어서 차량 가격이 수십만 달러에 달한다. 시장은 느리게 성장했다. 구매 결정은 몇 년씩 걸릴 수 있었다.

2010년에 클라이너퍼킨스에서 클린테크 투자를 담당하는 두 명의 파트너가 프로테라를 지원해야 한다고 주장했다. 라이언 포플과 브룩 포터Brook Porter, 두 파트너는 전기차 기술을 활용할 수 있는 분야를 조사하다가 기회를 발견했다. 버스는 활용률이 높고(해마다 많은 거리를 주행함) 연비가 나쁘기로 악명 높았다(리터당 2.5킬로미터 이하). 그래서 전기화하기에 적합했다.

라이언은 특히 열정석이었다. 그는 육군 소대장 출신으로 이라크에서 복무한 적이 있었다. 그의 집중력과 엄격성은 테슬라에서 재무부장으로 일하는 동안 많은 기여를 했고 일론 머스크와 그의 팀이 2008년의 불경기를 이겨내도록 도왔다. 그는 넷 제로 경제로의 세계적인 전환을 이루는 데 무엇이 필요한지 잘 알았다. 그래서 프로테라의 임시 대표 자리를 맡기에 완벽했다.

라이언 포플

기업 경영도 힘들 때가 많지만, 이라크에서 맞는 나쁜 날만큼은 아닙니다. 그곳에는 저격수, 박격포, 노변 폭탄 같은 위험이 늘 존재합니다. 나와 같이 배치된 기간에 가장 친한 친구가 작전을 나갔다가 사망했습니다. 그를 기리는 추도사에 쓸 적절한 말을 찾느라 애를 먹었어요. 집에서 멀리 떨어진 사막에 그의 방탄모와 군화 그리고 총이 조심스레 놓였습니다.

그 경험은 내가 답할 수 없는 질문들을 남겼습니다. 이 전쟁으로 무엇을 이루었을까? 희생할 가치가 있었을까? 왜 우리는 툭하면 중동 지역의 분쟁에 휘말리는 걸까?

내가 확실하게 아는 한 가지 사실은 중동이 가까운 시일에 안정되지는 않는다는 것이었습니다. 그러나 국제 유가는 중동 지역의 공급량에 좌우되었죠. 쿠웨이트의 항만에는 이라크 침공을 위한 탱크와 중장비를 실은 선박들이 도착하는 와중에도 유조선들이 드나들었습니다.

나는 미국이 중동에서 수입하는 석유에 의존할 수 있다고 생각하는 것이 말도 안 된다는 확신을 품고 귀국했습니다. 이윽고 미국의 석유 의존도를 줄이는 데 깊은 관심을 두었습니다. 그때 내 나이 스물여섯이었습니다.

나는 하버드 경영대학원에 입학했습니다. 거기서 배우는 다른 모든 것이 클린테크와 비교해 따분해 보였습니다. 졸업 후 바이오연료 스타트업에 합류했습니다. 당시 전기차는 아직 하나의 산업이 아니었습니다. 우리는 휘발유를 대체할 연료로 곡물 발효 에탄올을 개발하고 있었지만 성공 가능성이 낮았습니다. 전통적인 석유 및 천연가스 기업들이 여전히 유통을 장악하고 있었고 에탄올도 결국 연소 과정이 필요했습니다. 그래서 에너지의 대부분이 낭비되었습니다.

2007년 5월 어느 날 아내 젠이 《배너티 페어》Vanity Fair 친환경 특집호를 보여주었습니다. 그녀는 "테슬라라고 들어봤어?"라고 물었습니다. 이야기를 들어보니 흥미로웠습니다. 전기화가 합리적인 방향으로 보였습니다. 나는 곧장 테슬라로 이력서를 보냈고, 대략 250번째 직원이 되었죠. 동료들은 그때까지 만나본 적 없는 가장 인상적인 사람들이었습니다. 그럼에도 우리는 난관에 부딪혔습니다. 첫 모델인 로드스터는 생산 차질 문제에 부닥쳤습니다. 사전 주문자들은 인내심을 잃고 선금을 반환해달라고 요구했어요.

설상가상으로 대불황이 닥쳤습니다. 재무부장으로서 대불황을 극복하는 것은 아마도 그때까지 해온 어떤 일보다 힘든 일이었죠. 불황기에 십만 달러짜리 스포츠카를 팔려면 거시경제의 모든 힘에 맞서야 합니다. 우리는 선금을 받고 그중 대부분을 재고 확보가 아니라 개발에 썼습니다. 우리는 생산에 들어가면 현금흐름이 마이너스가 되리란 걸 알았습니다.

우리는 비용 구조에 대한 구체적인 목표치를 설정함으로써 난관을 극복했습니다. 또한 다행히 정책 방향도 전기차에 우호적으로 바뀌었습니다. 2010년 초에 로드스터의 생산을 안정화했고, 모델S를 발표했으며, 에너지부의 첨단기술 제조 자금 대출을 확보했습니다. 또한 상장 신청도 했습니다.

그 무렵 갑자기 헤드헌터로부터 연락이 왔습니다. 그녀는 "창업투자사에서 클린테크 포트폴리오를 구축하는 새로운 자리가 있어요."라고 말했습니다. 나는 "클라이너퍼킨스가 아니면 관심 없어요."라고 했더니 그녀는 "그러면 점심 자리를 만들어야겠네요."라고 대답했죠.

그렇게 해서 클라이너퍼킨스의 그린 팀green team에 합류하게 되었습니다. 나는 1차 클린테크 펀드를 운용하는 팀의 일원이 되었습니다. 팀은 나한테 교통 부문에 집중해달라고 요청했습니다. 이는 내가 중시하는 영역에서 많은 영향력을 발휘할 좋은 기회였습니다. 피스커 투자에 따른 문제는 승용차에서 다른 분야로 초점을 옮기는 과정을 촉진했습니다. 우리 중 누구도 승용차 이외의 나머지 분야를 놓치고 싶어 하지 않았죠.

우리는 "배터리가 더 저렴해지면 어떤 일이 생길까?"라는 질문을 던졌습니다. 나는 지자체 버스의 경우 전기화의 가치 제안이 훨씬 낫다는 사실을 발견했습니다. 도시형 버스는 주행거리 및 디젤 모델의 비효율성을 감안할 때 가장 강력한 사례였습니다.

중국의 국가에너지위원회는 이미 '버스를 먼저 전기화해야 한다'는 사실을 알았어요. 그들은 엄청난 자금과 인센티브를 도시형 버스에 쏟아부었습니다. 그렇게 해서 BYD가 만들어졌지요. 나는 전기버스를 만드는 다른 업체는 없는지 주위를 둘러보았습니다.

나는 창업자들을 깊이 존경합니다. 2010년에 나는 콜로라도에서 아멕스 카드로 프로테라를 창업한 데일 힐을 만났습니다. 클라이너가 시리즈 A Series A 라운드에서 투자를 시작했을 때 프로테라의 임직원은 100명이 채 되지 않았으며, 고객은 한 명뿐이었죠. 나는 2년 동안 이사회 자문으로 활동했습니다.

프로테라는 수많은 스타트업과 유사한 난관에 봉착했습니다. 기술은 작동했지만 사업을 일구는 데는 애를 먹었죠. 나는 정식 후임을 물색하는 사이에 여름 동안 임시 대표를 맡았습니다. 나는 난관이 무엇인지 알았으며, 그 난관을 넘어서겠다고 결심했습니다. 10년 후에 전기버스가 사방을 다니는 모습을 보며 후회하고 싶지 않았어요. 아이들이 "아빠, 전기버스 만드는 일을 하지 않았어요?"라고 말하겠죠. 그래서 나는 앞으로 나섰습니다.

배터리가
더 저렴해지면
어떤 일이 생길까?

라이언은 2014년 프로테라의 수장이 된 후 10여 개 도시를 부지런히 다니며 구매 책임자들을 만났다. 그들의 반응은 실망스러웠지만 솔직하고 유용했다. 모두가 프로테라의 전기버스를 마음에 들어 했다. 그러나 그들이 보기에는 아직 실험적인 제품이었다. 그들은 가격이 더 내려가고 성능이 개선되기 전에는 구매할 생각이 없었다.

라이언은 팀원들에게 "집중해. 세상 다른 누구보다 한 가지 일을 잘해야 해."라고 계속 말했다. 그는 세계 최고의 전기버스 회사를 만들 수 있다고 믿었다.

클라이너퍼킨스가 피스커에 이어 프로테라를 통해 배운 교훈대로 **전기차에서 가장 중요한 요소는 배터리다.** 우리는 라이언의 촉구에 따라 투자 규모를 늘리고 샌프란시스코 공항 근처인 벌링게임Burlingame에 새로운 배터리 제조 및 연구개발 센터를 만들었다.

우리는 배터리의 에너지 밀집도를 높이는 방법을 아는 엔지니어들을 고용해야 했다. 문제는 우리가 아는 엔지니어는 전국에서 단 세 명뿐이며, 그들 모두 테슬라에서 일한다는 것이었다. 그중 한 명인 더스틴 그레이스Dustin Grace는 최고기술책임자로 프로테라에 합류하는 데 동의했다. 드디어 프로테라의 차세대 배터리를 개발하기 위한 모든 시스템이 가동되었지만… 갑작스럽게 프로젝트가 중단되었다.

라이언 포플

우리의 신형 배터리는 충전당 100킬로와트시의 용량으로, 여러 용도에 사용할 만큼 충분한 에너지를 담았습니다. 그러나 우리의 전기버스가 실용성을 지니려면 400킬로와트시에 도달해야 했죠. 이듬해 많은 시간을 들인 끝에 250킬로와트시 수준에 이르렀습니다. 그러나 배터리 팩 중 하나가 망가지기 시작했어요. 그 사실을 나(대표)는 모르는 상태였습니다.

2015년 말 어느 날, 나는 엔지니어 둘이 연구개발 구역의 뒤편에서 서성이는 모습을 보았습니다. 그들은 특유의 불안한 표정을 짓고 있었습니다. 나는 고생을 사서 하는 사람이라 무슨 일이냐고 물었죠. 그들은 신발을 바라보며 "말씀드려도 될지 모르겠지만 걱정이 되어서요."라고 말했습니다. 그들은 신형 배터리를 고치는 것이, 그냥 버리고 새로 시작하는 것보다 돈이 더 들 거라고 했습니다.

나는 거대한 딜레마에 직면했습니다. 배터리 개발 프로그램을 새로 시작해야 한다면 다시 2년을 기다려야 매출을 올릴 수 있었습니다. 당장 새로운 버스를 원하는 고객들은 실망할 것입니다. 기존 프로그램을 유지하면서 문제를 해결하는 편이 더 쉬울 듯했습니다.

나 혼자서 이렇게 중대한 결정을 내릴 수는 없었습니다. 이것은 회사 역사상 가장 중요한 회의를 열어야 하는 이사회 차원의 결정이었습니다. 나는 개입하지 않고 엔지니어들이 직접 상황을 알리게 했습니다. 더스틴 그레이스는 개발팀을 대표하여 버스 시장을 100퍼센트 전기차로 바꿀 수 있다는 확신을 밝혔습니다. 그러나 그렇게 할 수 있는 유일한 방법은 18개월 동안 투자한 자본을 포함해 모든 것을 쓰레기통에 던져넣고 새로 시작하는 것이었습니다.

나는 "요점은 결단을 내리고, 매출을 줄이고, 자금을 더 확보해야 한다는 겁니다."라고 말했습니다. 우리는 이미 1억 달러에 가까운 자금을 모았지만, 더 많이 필요했지요. 나는 이사들이 그냥 일어나서 나가버릴지도 모른다고 생각했어요. 그러면 회사뿐 아니라 국내 전기버스 제조 산업을 구축할 유일한 기회도 끝장났을 겁니다. 예상과 달리 이사들은 우리를 지지했습니다. 그들은 찬성표를 던졌습니다.

2017년에 프로테라는 중대한 도로 주행시험에 나섰습니다. 전기버스가 1회 충

우리는 결단을 내려야 합니다.

전으로 얼마나 멀리 갈 수 있을까? 두 명의 운전사가 교대하는 가운데 12미터 길이의 프로테라 전기버스가 주행거리 테스트를 시작했습니다. 테스트는 폐쇄된 트랙에서 외부 기관이 결과를 측정하는 방식으로 치러졌습니다. 결과적으로 프로테라 전기버스는 재충전 없이 1,770킬로미터를 달렸어요. 이전의 세계 기록을 훌쩍 뛰어넘는 기록이었습니다.

이 성과에 힘입어 더 많은 계약을 따낼 수 있었습니다. 로스앤젤레스, 시애틀, 런던, 파리, 멕시코시티를 포함한 10여 개 대도시의 시장市長들은 2025년까지 전적으로 제로 배출 버스만 구매하겠다고 했습니다.

전기버스는
1회 충전으로
얼마나 멀리
갈 수 있는지가
중요하다.

프로테라의 배터리 개발 프로그램을 다시 시작하는 것은 힘든 결정이었다. 그래도 전적으로 옳은 일이었다. 프로테라의 차세대 버스는 강철을 탄소 섬유로 대체하여 1.8톤이나 가벼워졌다. 또한 '캐털리스트'Catalyst로 불리는 새로운 플랫폼과 함께 충전당 560킬로미터가 넘는 주행거리를 기록했다. 버스 배터리가 크게 개선되면서 전기버스로 바꿔야 한다는 요구가 그 어느 때보다 설득력을 얻었다. 지자체 교통 공무원들은 총 보유 비용을 중시한다. 전기버스는 일반적으로 12년 수명 주기에 걸쳐 유지비와 연료비를 크게 줄여준다. 구체적으로는 디젤 버스보다 7만 3,000달러에서 17만 3,000달러 사이의 비용을 아낄 수 있다.[28] 게다가 27대의 내연기관 승용차에 해당하는 배출량을 제거한다.[29]

프로테라의 주행은 이제 막 시작되었다. 프로테라 전기버스는 2021년 기준으로 43개 주州에서 운행되고 있다.[30] 시장은 여전히 크게 열려 있다. 전기버스는 미국에서 아주 작은 발판만 확보한 상태다. 전국의 공공버스에서 차지하는 비중이 2퍼센트에 불과하다. 반면 중국의 경우 그 비중이 25퍼센트나 된다.[31] 압도적 다수의 지자체 버스와 통학버스가 여전히 경유에서 동력을 얻고 있다. 그러나 우리는 전기버스가 2025년까지 꾸준하게 경쟁입찰에서 이길 수 있으며, 전국의 모든 버스는 2030년까지 전기버스로 바뀔 것이라고 믿는다. 이는 우리의 속도와 규모 계획에서 아주 중요한, 과감하면서도 현실적인 핵심 결과다.

배터리 기술 발전은 교통 부문의 전기화를 앞당길 것이다. 전기승용차의 경우 첫 번째 성공 사례는 고성능 스포츠카에서 나왔다. 상용차의 경우 버스가 첫 번째 도미노였다. 현재 프로테라의 기술은 배달용 밴과 중장비를 전기화하는 단계로 확장하고 있다. 프로테라는 근래에 세계 최대 상용차 제조사인 다임러Daimler와 최초로 협력 관계를 맺었다. 프로테라의 이사회 멤버인 브룩 포터가 말한 대로 "경유의 시대는 끝났다."

성능은 올리고 비용은 줄이기

더 뛰어나고 저렴한 배터리는 우리에게 필요한 돌파구 목록의 최상위에 있다. 지금까지 상당한 진전을 이뤘지만, 배터리 비용을 낮추는 한편 성능을 개선하려는 노력은 아직 초기 단계다. 나는 개인용 컴퓨터 비즈니스에서 비슷한 변화가 일어나는 것을 가까이서 지켜보았다. 때는 1974년이었다. 라이스대학Rice University을 갓 졸업한 나는 전기공학에서 배운 내용을 시험해보고 싶었다. 실리콘밸리로 가서 인텔에서 일자리를 얻었다. 당시 인텔은 최초의 8비트 마이크로프로세서를 개발하고 있었다. 인텔은 저렴한 마이크로칩을 보급하여 누구라도 컴퓨터를 활용할 수 있기를 희망했다.

기하급수적 성장을 말해주는 무어의 법칙

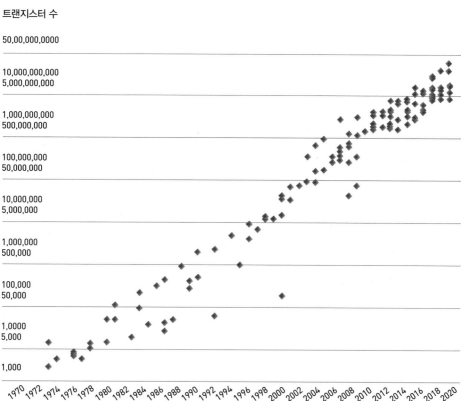

트랜지스터 수

50,00,000,0000

10,000,000,000
5,000,000,000

1,000,000,000
500,000,000

100,000,000
50,000,000

10,000,000
5,000,000

1,000,000
500,000

100,000
50,000

1,0000
5,000

1,000

1970 1972 1974 1976 1978 1980 1982 1984 1986 1988 1990 1992 1994 1996 1998 2000 2002 2004 2006 2008 2010 2012 2014 2016 2018 2020

새로운 유형의 마이크로칩이 처음 도입된 해

◆ 출처: 위키피디아, 아워 월드 인 데이터의 데이터 및 그래픽

　　인텔의 최고경영자이자 캘리포니아공과대학의 뛰어난 화학자인 고든 무어Gordon Moore는 우리가 컴퓨터칩의 성능을 기하급수적으로 무한정 개선할 수 있다고 믿었다. 그는 실리콘 웨이퍼에 넣을 수 있는 트랜지스터의 수가 약 2년마다 두 배로 늘어날 것이라고 주장했다. 그런 일이 일어나게 하려고 애쓰는 우리에게도 놀라운 개념이었다. 이른바 '무어의 법칙'은 숙명이 아니었다. 이 법칙은 수천 명의 엔지니어들이 오랜 기간 줄기차게 축적한 진전을 통해 현실이 되었다. 또한 물리학, 화학, 리소그래피lithography(미세한 전기회로를 반도체 기판에

그리는 기술-옮긴이), 회로, 설계, 로봇공학, 패키징packaging(반도체에 전기 신호가 통할 수 있도록 구성요소를 연결하는 작업-옮긴이) 등의 분야에서 구축된 혁신 생태계를 바탕으로 했다.

각 세대의 마이크로프로세서는 고든의 예측을 확증하면서 좀 더 강력하고 저렴한 컴퓨터를 위한 길을 열었다. 초창기 연간 컴퓨터 판매 대수는 유니박UNIVAC(미국 스페리사의 컴퓨터 상품명) 수백 대 또는 메인프레임mainframe과 미니컴퓨터minicomputer 수천 대 수준이었다. 그러다가 곧 수십만 대(애플Ⅱ)에 이어 수백만 대(IBM PC와 맥), 급기야 수십억 대(아이폰과 안드로이드) 수준에 이르렀다. 지난 반세기 동안 무어의 법칙은 세계 경제뿐 아니라 비즈니스와 일상생활의 거의 모든 측면을 변화시켰다.

안타깝게도 이 법칙은 재생에너지 분야에는 적용되지 않는다. 소재와 공학 측면의 난제가 아주 까다롭다. 그래도 배터리와 다른 핵심 기술의 진전을 예측할 수 있는 다른 방법이 있을까?

사실 그런 방법이 있다. 바로 **라이트Wright의 법칙**이다. 1925년, 매사추세츠공과대학 졸업생인 시어도어 라이트Theodore Wright(라이트 형제와 알려진 관계는 없음)는 커티스 항공Curtiss Aeroplane Company의 수석 엔지니어로 일하고 있었다. 그는 항공기 생산 대수를 두 배로 늘릴 때마다 비용을 안정적으로 낮출 수 있을 것으로 계산했다. 가령 1,000대에서 2,000대로 늘릴 때 비용이 15퍼센트 줄어든다면, 다음 두 배(4,000대)로 늘리는 비용도 15퍼센트 줄어든다. 라이트의 법칙은 생산량을 토대로 비용을 예측하는 데 도움을 준다.

오랜 시간이 지난 후 산타페연구소Santa Fe Institute의 연구는 라이트의 법칙을 텔레비전부터 주방용 가전 기기까지 62종의 기술에 걸친 비용 곡선에 적용할 수 있음을 보여주었다.[32] 이를 전기차 배터리에 적용하면 놀라운 사실을 확인할 수 있다. 초기 전기차 스타트업들이 최초 도로주행을 하던 2005년에 배터리 비용은 최소 6만 달러였다. 수익을 낼 수 있는 유일한 전기차는 테슬라나 피스커의 초기 모델처럼 가격이 10만 달러 이상인 고급차나 스포츠카였다. 그러나 라이트의 법칙에 따라 생산 대수를 두 배로 늘릴 때마다 배터리 팩의 비용은 35퍼센트씩 감소했다.[33] 2021년이 되자 같은 크기의 배터리 팩 비용은 8,000달러밖에 되지 않았다.[34] 갑자기 전기차가 내연기관 차량과 비용 경쟁을 할 수 있는 수준에 올라섰다.

라이트의 법칙 실현: 태양광 발전

설치 대수가 증가하면서 태양광 발전 모듈의 가격이 하락하고 있다

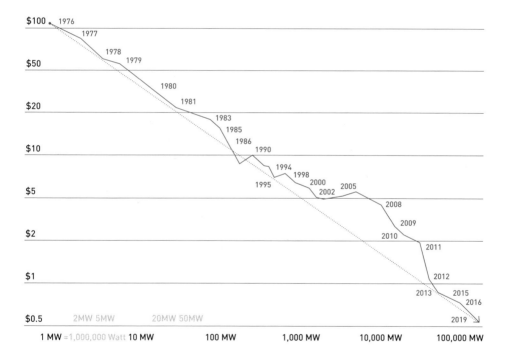

1MW=백만 와트
누적 태양광 발전 용량
태양광 발전PV 모듈의 와트당 가격. 물가상승률을 반영했으며, 2019년 미국 달러 기준임.

라이트의 법칙 실현 : 배터리

리튬 배터리의 비용 변화

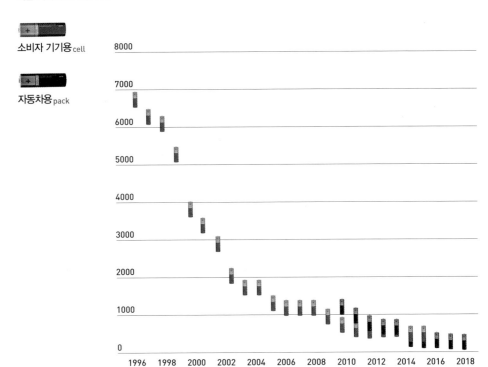

소비자 기기용 cell

자동차용 pack

◆ 출처 : IEA의 데이터 및 그래픽

포드에 내리친 번개

2021년 5월, 포드는 44년째 미국에서 가장 많이 팔리는 차량인 F-150 픽업의 첫 전기차 버전을 선보였다.[35] 7,500달러인 연방 세액 공제를 반영하면 2022년 봄에 시판될 기본 모델의 가격은 3만 2,500달러 이하가 될 것이다. 캘리포니아 와 뉴욕처럼 전기차 보조금을 지급하는 주에서는 가격이 더 내려간다.

신형 F-150을 '라이트닝'Lightning(번개)이라고 부르는 것은 과장이 아니다. 이

미소 띤 시승: 바이든 대통령이 F-150 라이트닝 전기차를 시승하고 있다.

차의 주행거리는 370킬로미터이며, 시속 100킬로미터까지 가속 시간은 4.4초다. 바이든 대통령은 포드의 테스트 트랙에서 시제품을 (미소 띤 얼굴로) 시승한 후 "이 녀석은 정말 빠르네요."라고 말했다. 포드는 연간 약 90만 대의 F-150을 판매한다. 그래서 많은 사람들은 이를 모델 T가 이룬 것과 같은 결정적인 전환점으로 본다. **바이든은 "자동차 산업의 미래는 전기차입니다. 그것은 돌이킬 수 없습니다."라고 말했다.**[36]

라이트닝은 단순한 트럭이 아니라 다중 작업이 가능하고 이동성이 뛰어난 범용 발전기이기도 하다. 그래서 포드에 따르면 정전 시 한 가구에 3일 동안 전기를 공급할 수 있다. 또한 11개의 콘센트를 갖추고 있어서 전기톱이나 시멘트 믹서, 모든 작업장의 야간 조명 또는 이 모두를 가동할 수 있다.《애틀랜틱》 Atlantic의 표현대로 결국 전기차는 "바퀴 달린 거대한 배터리"이기 때문이다.[37]

적어도 미국에서는 전기승용차가 차량 가격과 비슷하나 여전히 다른 국가들에서는 저렴한 전기차를 만들려면 적극적이고 혁신적인 비용 절감이 필요하다. 개도국에서 그린 프리미엄을 없애려면 어떤 진전이 이뤄져야 할까? 배터리 밀집도를 개선하고, 새로운 소재와 설계로 차체 무게를 줄여서 장기 유지비용을 낮추고 주행거리를 늘려야 한다.

한편 선진국에서는 배터리가 방전될지 모른다는 구매자의 불안을 불식시켜야 한다. 이를 일각에서는 '주행거리 불안'range anxiety이라 부른다. 미국인들의 평균 주행거리는 하루 43킬로미터에 불과하다.[39] 그러나 구매 결정을 좌우하는 것은 주말 및 휴가 때 장거리 여행에 필요한 최대 주행거리다.

전기승용차와 전기버스는 주행거리의 선호하는 지점이 같다. 그것은 고속도로를 정체 없이 약 6시간 동안 달리는 거리에 해당하는 약 560킬로미터다. 지금의 배터리 혁신 속도라면 800킬로미터를 달성할 수 있다. 더 긴 여행과 대형 차량을 위해서는 그보다 더 뛰어난 배터리가 필요하다.

교통의 전기화는 그 자체로 야심 찬 과업이다. 그러나 '청정'에너지가 석탄이나 천연가스 발전소 같은 더러운 원천에서 나온다면 우리가 얻는 혜택은 크게 줄어든다. 간단히 말해서 **전력망을 탈탄소화하지 않으면 교통을 탈탄소화할 수 없다.** 다음 장에서 전력망 탈탄소화를 살펴보자.

속도와 규모: 넷 제로까지의 카운트다운

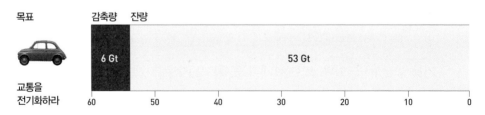

배터리 기술 발전은
교통 부문이 전기화를
앞당길 것이다.

제2장

전력망을 탈탄소화하라

Decarbonize the Grid

전력망을 탈탄소화하라

에디슨은 장기적으로 "태양광 에너지에 돈을 투자하겠다."라고 말한 적이 있다.[1] 그러나 에디슨의 시대에는 돈을 걸 방법이 없었다. 석탄은 하루 종일 물을 끓이고 그 증기로 거대한 터빈의 날개를 돌려서 전력을 생산하는 유일하게 실용적인 선택지였다. 지금은 상황이 다르다. 화석연료는 가정과 기업으로 연결된 전선에 전력을 공급하는 여러 수단 중 하나에 불과하다.

그러나 21세기 초까지도 석탄화력 발전은 여전히 전 세계 전력 생산량의 가장 많은 부분을 차지했다. 이 무렵 독일의 다선 연방 의원인 헤르만 셰어Hermann Scheer는 독일이 태양광 발전과 풍력 발전의 규모를 늘린 최초의 대국이 되어야 한다고 주장했다. 셰어는 풍차로 자신의 집에 전기를 공급했다. 재생에너지로 돌아가는 사회에 대한 그의 비전을 두고 일각에서는 허황되다고 평가했으나 그에게는 계획이 있었다. 바로 특수 형태의 보조금으로 재생에너지의 비용을 낮춘다는 것이었다.

셰어는 1990년대 내내 석탄 사용을 장기간에 걸쳐 단계적으로 중단할 뿐 아니라, 독일의 원자력 발전소도 점차 폐쇄해야 한다고 촉구했다. 이에 에너지 부문의 기득권 세력은 격렬하게 반대하고 나섰다. 그래도 그는 물러서지 않았다.

셰어는 국제재생에너지기구International Renewable Energy Agency를 창설했으며,

에너지 부문 창업자 단체인 유로솔라Eurosolar의 대표가 되었다.

그러나 이런 활동은 국내 정치의 난맥상 속에서 크게 도움이 되지 않았다. 셰어는 독일 근대 5종 경기 국가대표를 지냈는데 법안을 통과시키려면 수영, 펜싱, 승마, 크로스컨트리, 사격이라는 다섯 가지 스포츠 기술을 모두 정치 무대에 동원해야 한다며 농담하곤 했다. (다만 누구를 겨냥할지는 말하지 않았다.) 그는 2000년에 연방 의회에서 이렇게 선언했다. "화석연료는 기후 재앙을 초래했습니다. 진정한 그리고 현실적인 유일한 선택지는 화석연료와 원자력 에너지를 전부 재생에너지로 대체하는 겁니다."

그는 동료 의원들이 동의하는 기색을 보이지 않자 비유를 들었다. "화석연료와 핵연료를 쓰는 것은 전지구적인 방화나 마찬가지이며 재생에너지는 소화기입니다." 그의 끈기 덕분에 소위 셰어법은 마침내 통과되었다. 이 법은 **태양광 발전 및 풍력 발전을 위한 세계 최초의 대규모 국가적 시장을 열었다.** 이 아이디어는 단순하고 명민하며 효과적이었다. 말 그대로 누구나(평범한 주택 소유자, 남는 땅이 있는 농부, 지붕 공간을 쓸 수 있는 소매업체) 태양광 패널이나 풍력 발전기를 설치하여 전력망에 전기를 공급할 수 있었다. 그 대가로 전력 회사는 가정에서 공급한 전기에 대해 20년 동안 사전에 약정된 요율을 지급했다. 사람들은 미리 연 수익을 계산하고, 필요한 설비를 갖추는 데 필요한 은행 대출을 받을 수 있었다.

셰어법은 킬로와트시당 최고 60센트까지 지급 요율을 명시했다.[2] 이는 현행 전기요금보다 네 배나 높은 수치였다. 추가 비용은 부가요금으로 주택 소유자와 일부 기업에 전가되었다. 초기에는 그 금액이 한 달에 평균 10달러 이하였다. 목소리 큰 소수는 원칙적으로 프리미엄을 지불하는 데 반대했다. 그러나 대다수 독일 시민들은 수천 개의 일자리를 만들어낼 이 계획을 지지했다.[3]

새로운 방향으로 자금이 흘러들기 시작했다. 그와 함께 친환경 전력도 흘러

들었다. 곧 언덕에는 풍력 발전기가 줄지어 세워졌다. 태양광 패널은 주거지의 지붕을 뒤덮었다. 아우토반의 긴 구간에는 하늘색 태양광 전지가 늘어섰다. 바이에른 지역에서 목축업을 하는 하인리히 가트너 Heinrich Gartner 는 500만 유로를 대출받아서 자기 땅에 1만 개의 태양광 패널을 설치했다.[4] 계산해보니 돼지를 키우는 것보다 더 많은 수익을 올릴 수 있었기 때문이다.

셰어의 계획을 이끈 것은 일련의 단순한 목표 또는 내가 말하는 핵심 결과였다. 그것은 전력 공급에서 재생에너지가 차지하는 비중을 2010년까지 10퍼센트, 2020년까지 20퍼센트로 늘린다는 것이었다. 이 계획의 초석은 풍력 및 태양광 에너지였다. 수력 발전소, 지력 발전소, 바이오매스 biomass (생물로 구성되는 에너지원 - 옮긴이) 발전소 같은 다른 청정 기술도 조연을 맡았다. 2006년 무렵 독일의 재생에너지 실험은 셰어의 목표를 향해 가고 있었다. 그러나 정치계는 석탄 채굴 부문에서 일자리가 사라지는 것을 걱정했다. 또한 비용이 상승하면서 일부 소비자들도 불안해하기 시작했다. 그래도 셰어는 굴하지 않고 기후변화 데이터와 여론조사 결과를 인용하면서 자신의 계획을 옹호했다.

이후 태양광 및 풍력 발전의 규모가 커지면서 비용 절감이 마법을 부렸다. 새로운 비즈니스 모델이 부상해 그린 프리미엄(친환경 발전에 따른 추가 비용)이 줄어들기 시작했다. 한동안 재생에너지 수요가 급증하면서 제조업 붐이 일었다. 주로 전 동독 지역에 속하는 새 '솔라 밸리' solar valley 산업단지는 태양광 패널 설계와 제조 부문에서 일자리를 최대 30만 개나 창출했다.[5] 충분한 자금을 확보한 여러 태양광 스타트업들이 주식시장에 인상적인 데뷔를 했다.

지금보다 순진하던 그때는 태양광 하드웨어 기술기업을 시작하는 것이 아주 거창한 아이디어라고 쉽게 믿었다. 나는 직접 그런 경험을 했다. 클라이너퍼킨스는 그 무렵 7개의 태양광 패널 벤처를 지원했지만 결과는 무척 아쉬웠다.

독일에서 시장이 커지자 미국도 행동에 나섰다. 태양광 패널은 1950년대에 발명되었으나 미국은 초기에 해당 기술을 보급하려는 노력을 거의 하지 않았다. 셰어법이 시행되자 환경운동가들이 연이어 주정부들을 설득했다. 그래서 전력망에서 재생에너지에 대한 요건을 낮게 설정하고, 태양광 발전을 촉진하는 가격 체계를 받아들이게 만들었다. 몇 년 전만 해도 무시할 만한 틈새시장이던 풍력 및 태양광 발전에 대한 세계적인 수요가 폭발하기 시작했다.

그러나 독일의 선구적인 정책은 정치인들이 의지하던 새로운 고용 프로그램을 창출하는 데 실패했다. 그 이유는 단순했다. 독일에서 태양광 패널에 대한 거대한 새로운 시장이 형성되고 있음을 중국이 간파했기 때문이다. 정부의 현금 지원을 등에 업은 중국 제조사들은 독일로 진격하여 현지 경쟁사로부터 시장을 빼앗았다. 저렴한 중국산 태양광 패널은 미국 시장도 뒤집어놓았다. 이는 클라

태양광 발전 가격 하락에 따른 수요 급증

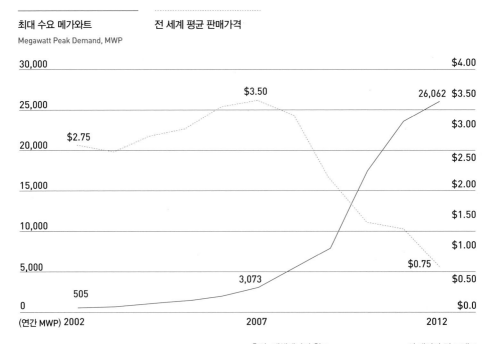

최대 수요 메가와트
Megawatt Peak Demand, MWP

전 세계 평균 판매가격

◆ 출처: 재생에너지 월드Renewable Energy World의 데이터 및 그래프

이너퍼킨스의 투자가 계획대로 전개되지 않은 큰 이유다.

중국의 태양광 발전 규모는 놀라운 속도로 확대되었다. 중국 정부는 경쟁우위를 확보하기 위해 스타트업뿐 아니라 연구개발에도 자금을 쏟아부었다. 크고 작은 중국의 모든 지역에 갑자기 태양광 패널 스타트업이 생겨났다. 중국 정부는 태양광 발전을 미래 전략 산업으로 판단하고 시장 장악에 나섰다. 미국과 독일 제조사들은 기술적으로 앞선 태양광 패널에 대한 일부 특허를 보유하고 있었다. 그래서 성공할 가망이 있었으나 양국 정부는 태양광 기업들을 도와서 살리려는 노력을 거의 기울이지 않았다. 결국 중국은 전 세계 태양광 패널 시장의 70퍼센트를 차지했다.[6]

나 역시 다른 투자자들처럼 독일의 실험이 미칠 파급효과나 중국의 대규모 패널 제조가 미칠 영향을 예측하지 못했다. 태양광 패널이 대량으로 판매되기 시작하자 전면적인 가격 전쟁이 벌어졌다. 2010년부터 2020년 사이에 패널 가격은 출력 와트당 2달러에서 20센트까지 폭락했다.[7] 클라이너가 지원한 7개 태양광 기업 중 6개가 망했다. 큰 손실을 본 사람들은 또 다른 교훈을 배웠다. 가격이 왕인 범용품에 투자할 때는 조심해야 한다는 사실을 말이다. 특히 다른 정부들이 보조금을 지급할 때는 더욱 그랬다.

다시 독일 이야기로 돌아가보자. 태양광 패널 제조 부문의 일자리는 대부분 증발했지만 태양광 패널 설치는 그 어느 때보다 인기를 끌었다. 패널 가격과 함께 전력 도매 가격이 폭락하는 와중에도 패널 제조업체와 설치업체에 주어지는 친환경 전력 보조금은 계속 높게 유지되었다. 그러다가 2010년대 중반에 연방하원이 보조금을 삭감하자, 수많은 독일 전력업체들은 이익이 증발하는 것을 지켜봐야 했다.

갈수록 많은 태양광 발전 전력이 특히 정오 무렵 전력망으로 흘러들어 갔다. 이는 비슷한 시간에 가장 높은 수익을 올리는 화석연료 발전소들에 타격을 입혔다.

대다수 전력업체는 인력 감축과 구조조정을 단행할 수밖에 없었다. 그들은 화석연료 발전소의 자산가치를 크게 낮추고 청정에너지로 초점을 돌렸다. 발전 사업에 투자한 시市정부는 서비스를 제한할 수밖에 없었다. 정전에 따른 부수적 피해는 엄청났다.

셰어법은 완벽하지 않았다. 그래도 **적시에 올바른 정책을 실행하는 것이** 청정에너지 기술을 보급하고, 그 과정에서 가격을 낮추는 데 **필수적**이라는 사실을 보여주었다. (또한 변화를 무시하는 기득권에게 교훈을 안기기도 했다.) 독일의 에너지 정책 실험 덕분에 지금은 거의 모든 지역에서 태양광 패널을 저렴하게 구할 수 있다. 싱크탱크인 에너지 이노베이션의 대표인 할 하비는 이를 **"독일이 전 세계에 안긴 선물"**이라고 말했다.

2010년에 독일은 재생에너지의 비율을 원래 목표인 10퍼센트를 훌쩍 넘는 16퍼센트로 늘렸다. 안타깝게도 셰어는 그해 66세의 나이에 심부전으로 사망했다. 3년 후 그의 딸인 니나 셰어Nina Scheer는 연방 의원으로 선출되어 환경위원회에 배속되었다. 그녀는 2021년까지 재생에너지 보조금을 단계적으로 줄이는 후속 법안을 지지했다. 더 이상 필요가 없기 때문이었다. 또한 그녀는 여당을 선도하여 2038년까지 석탄화력 발전을 중단하는 결정을 내리도록 도왔다.

2019년에 독일의 전력 생산에서 재생에너지가 차지하는 비중은 42퍼센트였다.[8] 이후 선도적인 산업국 가운데 최초로 재생에너지가 발전량에서 '다수'를 차지하는 일이 일어났다. 때는 2020년 여름이었다. 코로나 팬데믹으로 전반적인 수요가 감소한 가운데 태양광 발전설비는 거의 최대 용량으로 가동되었다. 재생에너지는 8,000만 독일인들에게 주된 에너지원이 되었다. 구체적으로는 국가 전력망에서 평균 56퍼센트의 비중을 차지했다.[9]

셰어법이 통과된 후로 독일은 전력망을 통한 탄소 배출량을 거의 절반으로

줄였다. 니나 셰어는 아버지가 살아계셔서 그 변화를 직접 볼 수 있으면 좋겠다
고 말했다.

탄소를 배출하지 않는 에너지 늘리기

전력망은 지구 전체 탄소 배출량의 3분의 1이 넘는 연간 24기가톤을 배출한다. **전력 부문은 최대 탄소 배출원이다.** 우리는 전력망에 의존하여 집과 사무실을 따뜻하게 하고, 음식을 조리하며, 전기차를 충전한다. 전기는 에너지의 원천이 아니라 전달체임을 명심하라. 에너지가 화석연료에서 나오는 한 우리가 무엇을 전기화하든 무배출이 될 수 없다. 그러나 전기 그 자체는 연소가 필요하지 않다. 그것은 물이나 바람 또는 햇빛에서 만들어낼 수 있다. 전력망을 탈탄소화하고 청정에너지로 전환하는 것은 우리의 계획을 실현하는 과정에서 가장 중대한 단계다.

태양광 및 풍력 발전의 문제는 햇빛이나 바람이 없으면 안 된다는 것이다. 전력망을 완전히 탈탄소화하려면 해가 지고 바람이 잦아들 때 쓸 수 있는 예비 에너지가 필요하다. 또한 에너지가 넘치는 지역에서 부족한 지역으로 전력을 돌릴 수 있는 정확한 예측력이 필요하다. 지열 및 수력 발전 전력 같은 주문형 재생에너지가 그 간극을 메워야 할 것이다. 일반적으로 우리에게는 한 번에 몇 시간에서 며칠에 걸쳐 쓸 수 있는 저렴한 단기 에너지가 필요하다. 더불어 장기적으로 예비 전력을 저장할 수 있는 설비도 갖춰야 한다.

전력 부문에서 우리의 핵심 결과를 위해 미래에 더욱 저렴한 청정에너지 기술이 필요하다. 또한 부국과 빈국의 간극을 인식하여 에너지 빈곤으로 고전하는 국가에는 보다 유연한 일정을 적용해야 한다.

목표 2
전력망을 탈탄소화하라

전 세계의 발전 및 난방 관련 배출량을 2050년까지 24기가톤에서 3기가톤으로 줄인다.

KR 2.1

제로 배출

전 세계 전기에서 제로 배출 에너지원이 차지하는 비중을 2025년까지 50퍼센트, 2035년까지 90퍼센트로 늘린다(2020년 비중 38퍼센트).
↓16.5기가톤

KR 2.2

태양광 및 풍력

태양광 및 풍력 발전설비의 건설과 운영비용이 탄소 배출 에너지원보다 저렴한 국가의 비율을 2025년까지 100퍼센트로 만든다(2020년 비율 67퍼센트).

KR 2.3

저장

2025년까지 단기 저장(4~24시간) 비용을 kWh당 50달러 이하로, 2030년까지 장기 저장(14~30일) 비용을 kWh당 10달러 이하로 만든다.

KR 2.4

석탄 및 천연가스

2021년 이후에는 신규 석탄 발전소 및 천연가스 발전소를 짓지 않는다. 또한 2025년까지 석탄 발전소, 2035년까지 천연가스 발전소를 폐쇄하거나 배출량을 제로로 만든다.

KR 2.5

항공기

2025년까지 석탄, 석유, 천연가스 채굴지에서 누출, 배기venting, 연소에 따른 배출을 없앤다.
↓3기가톤

KR 2.6

난방 및 조리

2040년까지 난방 및 조리를 하는 데 천연가스와 석유 사용을 줄인다.
↓1.5기가톤

KR 2.7

청정경제clean economy

화석연료 의존도를 줄이고 에너지 효율을 높여서 2035년까지 청정에너지 생산성률(GDP÷화석연료 소비량)을 네 배로 높인다.

우리의 최우선순위는 제로 배출 KR(2.1)이다. 이 핵심 결과는 제로 배출 전력원이 전 세계 전력 생산에서 차지하는 비중을 2025년까지 50퍼센트, 2035년까지 90퍼센트 이상으로 만들 것을 요구한다. 이를 위한 해결책에는 바람과 햇빛이 충분하지 않을 때 에너지 수요를 충족하는 데 도움을 주는 원자력이 포함된다. 핵원료는 사실상 탄소를 배출하지 않는다. 그렇다고 엄격한 의미에서 재생에너지는 아니다. 소량의 방사능 물질에 의존하기 때문이다. 원자력 발전소는 수십 년 동안 운용되었으며, 앞으로도 전 세계에서 발전 수단의 일부로 남을 것이다. 그러나 원자력 발전 기술의 비용이 계속 증가하고 다른 선택지들이 저렴해짐에 따라 그 역할이 줄어들 수 있다.

한편으로 우리는 원자력 발전의 안전성을 높이기 위해 연구개발에 전력해야 한다. 다른 한편으로 발전소 건설 속도를 높이기 위한 규제 변화가 2050년까지 넷 제로에 이르는 데 도움을 줄 수 있다. 이 부분에서 낭비할 시간이 없다. 재생에너지 발전설비는 몇 주 만에 설치될 수 있다. 그러나 원자력 발전소는 건설하고 운용하기까지 10여 년이 걸릴 수 있기 때문이다.

각 국가는 제로 배출 전력망을 구축하기 위한 나름의 경로를 선택해야 한다. 독일 같은 일부 국가는 석탄 및 천연가스 발전과 함께 원자력 발전도 단계적으로 중단할 것이다. 그러나 프랑스와 중국은 다른 방향을 택할 수 있다. 미국에는 28개 주에 원자력 발전소가 있다.[10] 버지니아주의 경우 원자력 발전이 전력 생산의 3분의 1을 차지한다. 버지니아주는 2020년에 탄소 넷 제로 계획을 시행하면서 원자력 발전을 탄소 무배출 전력원으로 간주했다. 우리의 계획도 마찬가지다.

우리는 어떤 기술을 활용해야 할지 명시하지 않는다. 대기에 온실가스를 더하지만 않으면 된다. 대부분 대형 댐을 통해 이뤄지는 수력 발전은 이미 전 세계 전력 생산의 16퍼센트를 차지한다.[11] 풍력 발전과 태양광 발전이 차지하는 비중은 각각 약 6퍼센트와 4퍼센트다.[12] 미국 남서부는 건조하고 일조량이 풍부해 태양광 발전에 완벽한 조건을 갖추고 있다. 또한 바람이 많이 부는 중부는 풍력 발전 터빈을 돌리기에 적합하다. 아이슬란드는 사실상 모든 전력을 수력 발전 및 지열 발전 같은 재생에너지원에서 얻는다. 각 국가와 지역은 이런 중대한 전환을 이루기 위해 각자의 지리적 이점을 활용해야 한다.

우리는 이미 태양광 및 풍력 KR(2.2)를 거의 달성해가고 있다. 태양광 및 풍력은 미국, 중국, 인도, 남아프리카, 남미, 서유럽을 포함한 전 세계 3분의 2 지역에서 가장 저렴한 에너지원이다.[13] 그래도 우리의 핵심 결과를 위해서는 2025년까지 더 많은 진전이 필요하다. 즉, 태양광 및 풍력은 전 세계에서 더 저렴한 에너지원이 되어야 한다.

저장 KR(2.3)은 저장 설비에서 나오는 에너지가 현재의 전력 요금보다 경쟁력을 갖는 것을 목표로 한다. 그러기 위해서는 저비용 에너지원에 더하여 구체적인 요금 목표치를 달성하는 혁신적인 저장 기술이 필요하다. 이 두 요소가 결합하여 전력망에 전력을 공급해야 한다.

석탄 및 천연가스 KR(2.4)의 핵심은 화석연료 전력에서 벗어나는 것이다. 이는 엄청난 도전이다. 전 세계적으로 석탄, 석유, 천연가스 채굴지의 신규 개발은 즉각 중단되어야 한다.[14] 지금도 공급량은 충분하며, 수요를 줄이기 시작해야 한다. 선진국에서는 천연가스 발전소의 건설을 멈추고 새로운 석탄 발전설비 건설을 계속 피해야 한다. 그다음 대다수 기존 화석연료 발전소를 단계적으로 폐쇄하는 쪽으로 전환해야 한다. 계속 가동되는 발전소는 제거 기술을 통해 온실가스 배출을 막아야 한다.

개발도상국에서는 이 핵심 결과를 달성하는 데 더 오랜 시간이 걸릴 것이다. 5년에서 10년 정도 더 걸릴 가능성이 크다. 전력 공급이 원활하지 못한 빈국의 경우 청정에너지 포트폴리오로는 국민의 즉각적인 수요를 충족하거나 전력망

비용 감소와 설치 용량 증가에 따라 비중을 넓혀가는 재생에너지

해상풍력 발전

학습률 learning rate (누적 산출량 증가에 따른 학습효과로 비용이 감소하는 비율―옮긴이): 10%

태양광 발전 PV

태양광 발전설비 설치 용량이 두 배로 늘어날 때마다 태양광 전기 비용은 36퍼센트 하락한다. 즉, 태양광 발전의 학습률은 36퍼센트다.

육상풍력 발전

학습률: 23%

원자력 발전

학습률 없음―원자력 발전 비용은 더 증가했다.

석탄 발전

학습률 없음―석탄 발전 비용은 크게 감소하지 않았다.

메가와트시당 전력 비용과
물가상승률 반영

$300

$250

$200

$180

$162
2010

$150

해상풍력

$120

$115
2019

$100

$90

$80

$70

$60

$50

$378
2010

태양광

$155
2019

원자력

석탄
$111 $109
2010   2019

$96
2010

$86
2010

육상풍력

$68
2019

$53
2019

10,000MW   100,000MW   1,000,000MW

누적 설치 용량(메가와트 기준)

◆ 출처: IRENA, 라자드 Lazard, IAEA, 글로벌 에너지 모니터 Global Energy Monitor의 데이터 및 아워 월드 인 데이터의 그래픽

을 안정화하지 못할 것이다. 이 경우 새로운 천연가스 발전소 건설을 정당화할 수 있다. 다만 2040년까지 폐쇄하거나 온실가스 배출을 막는 조건이어야 한다.

일반적으로 선진국의 역할은 재생에너지의 비용을 낮추고, 그린 프리미엄을 없애고, 청정에너지 투자를 위한 재원을 대고, 먼저 탈탄소화를 이루어 자국의 상황부터 개선하는 것이다. 개발도상국은 낙후된 화석연료 모델을 건너뛰고 깨끗하고 저렴한 에너지원으로 직행할 기회가 있다. 부국과 세계은행의 투자는 이 도약의 속도를 높일 수 있다. 지난 과거를 바로잡는 것보다 처음부터 에너지 인프라를 올바로 구축하는 편이 더 쉽고 저렴하다.

우리는 아직 상황이 어떻게 전개될지 정확히 알지 못한다. 그러나 **전 세계가 석탄화력 발전소와 결별할 때가 왔다.** 2021년 5월, 7대 선진국은 넷 제로 및 전 세계 에너지 체계의 '전면적 전환'에 대한 국제에너지기구의 요청에 화답했다.[15] 그들은 그해 말까지 '탄소를 배출하는 석탄 프로젝트에 대한 국제 자금 대출을 중단'하는 데 합의했다.[16] 이 합의는 미국과 유럽연합이 주도했는데, 재생에너지원이 차지하는 비중을 2026년까지 석탄보다, 2030년까지 천연가스보다 늘리는 데 도움을 줄 수 있다.[17]

메탄 배출 KR(2.5)는 2025년까지 누출 및 산업계의 의도적 배출에 따른 3기가톤의 메탄을 제거하여 소위 '비산飛散 배출'(석유 정제품 제조업, 제철업 따위의 배출시설에서 나오는 오염물질을 굴뚝 자동 측정기를 부착한 배출구를 통하지 않고 직접 내보내는 일)문제에 대처한다.[18] 채굴지 관리를 강화하고, 오래된 유전이나 탄광 또는 프래킹fracking(수압균열법이라고 하며 고압의 액체로 암반을 파쇄하여 석유를 뽑아내는 방식 – 옮긴이) 현장을 차폐하기 위해 기존 규제를 더욱 엄격하게 집행해야 한다.

난방 및 조리 KR(2.6)은 건물에 있는 석유와 천연가스 설비를 전기 난방장치 및 전기레인지로 교체하는 것을 목표로 삼는다. 열 효율을 세 배 이상 높여주는 현대식 전기 히트 펌프heat pump는 냉난방을 위한 믿을 만한 대체 수단이다.[19] 인덕션 레인지는 주요 실내 공기 오염원인 가스레인지를 없애는 한편 전문 요리사들의 마음을 사로잡았다. 이 핵심 결과는 희생을 호소하기보다 현대화를 요구한다.

제로 배출 경제란 무엇일까? 그것은 화석연료로부터 재생에너지원으로 전환하면서 경제성장을 유지하는 수단이다. 한 국가의 청정에너지 생산성률은 국내총생산GDP을 화석연료 소비량으로 나눈 것이다. 청정경제 KR(2.7)은 각 국가의 비율을 2035년까지 네 배로 높이는 것을 목표로 삼는다.

20개 상위 탄소배출국 중에서 프랑스가 청정에너지 생산성률 측면에서 최상위를 차지한다. 그 주된 이유는 전력의 70퍼센트를 원자력 에너지에서 얻기 때문이다. 하위 근처에는 사우디아라비아와 러시아가 있다. 이 두 나라는 여전히 석유와 천연가스에 중독되어 있으며, 국내 에너지원을 다양화하지 않는다. 모

더 적은 배출량으로 더 많은 경제적 생산성을 높이는 유럽

화석연료 소비량 대비 GDP

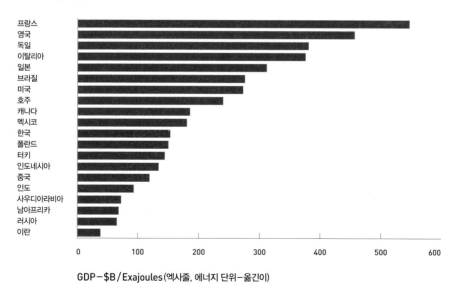

GDP-$B/Exajoules(엑사줄, 에너지 단위-옮긴이)

든 국가는 청정에너지원으로 전환하거나 화석연료 에너지원을 보다 효율적으로 활용하여 청정에너지 생산성률을 높일 수 있다.

잘 수립된 모든 OKR이 그렇듯이 이 모든 핵심 결과를 획득해야만 목표를 달성할 수 있다. 6개 중 5개만 충족해도 안 된다. 다행히 태양은 우리가 1년 내내 쓸 수 있는 양의 에너지를 한 시간 만에 지구로 보내준다.[20] 현재 태양광 발전설비 규모는 수십 년에 걸친 실패를 거쳐 다른 모든 기술, 심지어 풍력 발전마저 앞서고 있다.[21]

태양광 비즈니스 모델의 탄생: 선런 이야기

최근 태양광 발전이 거둔 성공의 많은 부분은 적극적으로 규모를 키운 명민한 비즈니스 모델에 기인한다. 린 주리치는 샌프란시스코 지역의 스타트업 선런Sunrun의 대표다. 그녀는 초기에 미국 가정용 태양광 패널 시장에 뛰어늘어 새로운 비즈니스 모델을 만들었다. 2020년 무렵 선런은 미국 전역에 걸쳐 30만 가구를 고객으로 확보했다.

린 주리치

스탠퍼드대학에 진학한 후 경영대학원에서 복잡한 문제를 이해하는 수단으로 금융을 공부했습니다. 돈을 알지 못하면 거대한 사회 문제를 해결할 수 없지요. 졸업 후 세계적인 은행에서 여름 인턴 과정을 밟았고, 그 덕분에 2006년 홍콩과 상하이에 갈 수 있었습니다. 당시 두 도시에는 엄청난 건설 붐이 일고 있었어요. 사방에 크레인이 올라가 있었고 사람들은 스모그 속을 걸어 다니며 오염물질을 들이마셨습니다. 여름에는 수많은 사무실에서 냉방장치를 돌리느라 석탄을 태우는 발전소는 연신 스모그를 뿜어냈습니다. 겨울에는 석탄으로 작은 공간을 덥히는 주택들이 스모그를 뿜어냈습니다.

우리에게는 화석연료를 재생에너지로 대체할 기술이 있었어요. 하지만 이러한 전환이 경제성을 얻도록 하려면 각고의 노력이 필요했습니다. 나는 앞으로 50년 커리어를 상상하면서 거기에 도움이 되고 싶다고 생각했습니다. 다만 나는 태양광이 아니라 분산 발전distributed power에 초점을 두었습니다.

당시 선에디슨SunEdison이라는 스타트업이 기업 대상의 분산 발전 접근법으로 호응을 얻고 있었습니다. 그들은 초기 비용 없이 홀푸드Whole Foods나 베스트 바이Best Buy 또는 월마트Walmart 매장의 지붕에 태양광 패널을 설치했습니다. 거기서 나오는 전력으로 매장의 전기나 냉장 수요의 일부를 충당했습니다. 매장에서는 선에디슨에 20년 동안 고정 요율로 요금을 지불했습니다. 선에디슨은 예측 가능한 매출 흐름을 활용하여 프로젝트에 필요한 충분한 자금을 모으거나 빌릴 수 있었어요.

누구도 일반 가정을 대상으로 이런 사업을 펼치지 않았어요. 오히려 마찰은 훨씬 덜하리라 쉽게 예측할 수 있었는데도 말이죠. 나는 소비자 금융 부문에서 경험이 풍부한 두 명의 공동 창업자인 에드 펜스터Ed Fenster, 냇 크리머Nat Kreamer와 손을 잡았습니다. 우리는 관료주의가 심한 대기업을 상대로 장기 계약을 협상하는 것이 아니라 일반 가정을 일일이 방문하려면 어떻게 해야 할지 궁리했습니다.

2000년대에는 패널과 셀을 아울러 태양광 발전 하드웨어에 많은 투자가 이뤄졌습니다. 우리는 그 게임에는 들어가고 싶지 않았어요. 그보다는 태양광 발전이 전개되는 방식에 투자하고 싶었죠. 태양광 발전의 특성은 소규모 보유와 규모를 키울 수 있는 잠재력입니다. 이러한 특성 덕분에 전력망과의 동등성을 획득할 수 있습니다. 우리는 주택소유자들이 전력기업에 의존하지 않고 스스로 전력을 생산하며, 분산된 전력 시스템을 만들도록 도울 수 있었습니다.

선런을 출범하고 가정용 서비스형 태양광 발전에 대한 비전을 키우기 위해 우리는 친구와 가족들로부터 사업자금을 모았습니다. 매장에 주차된 수많은 차 유리창에 광고 전단지를 끼웠습니다. 또한 농산물 직거래 장터에서 채소와 치즈를 사는 주부들에게 태양광 발전을 소개했지요.

우리는 초기부터 태양광 발전이 누리는 인기의 덕을 톡톡히 봤어요. 여론조사 결과에 따르면 사람들은 태양광 발전의 가치를 믿었어요. 단지 그들에게 다가가기만 하면 되었죠. 사람들은 기존 전력기업을 전혀 좋아하지 않았습니다.

우리의 얼리어답터들은 기후 문제에 도움이 된다는 사실을 좋아했습니다. 무엇보다 그들은 통제권을 쥐고 있다는 느낌을 좋아했어요. 그들은 스스로 전기를 생산하고, 돈을 아낄 수 있었습니다. 초기 비용은 없었죠. 또한 장기간 전기요금을 고정할 수 있었습니다. 이는 마치 누군가가 뒷마당에 공짜로 주유기를 설치하고, 앞으로 계속 갤런당 1달러라고 말하는 것과 같았죠. 그러면 주유기를 1년만 설치할까요, 오랫동안 설치할까요? 우리는 이런 방식으로 주택소유자들이 20년 계약에 서명하게 했습니다.

우리는 초기 태양광 발전설비 설치비용을 충당하기 위해 자금을 모았습니다. 그 금액은 초기에는 가구당 약 5만 달러였지만 이후 크게 줄었습니다. 고객들은 유지보수 서비스를 포함하는 전력 구매 계약에 서명했습니다.

우리는 주식을 발행해 조달한 자금으로 패널을 구매하고 설치했으며 사람들이 계약에 서명할 것임을 증명했습니다. 힘겨운 과정이었지만 우리의 비즈니스 모델은 통했습니다.

그러다가 2008년 금융위기로 인한 불황이 우리를 강타했습니다. 모기지 거품이 터지고 만 것이죠. 그런 상황에서 누가 주택소유자의 신용으로 사업을 이어가는 스타트업에 계속 투자하겠습니까? 고객들에게는 우리의 파산이 가장 큰 리스크였습니다. 다행히 우리는 리먼브라더스가 파산하기 하루 전날 자금조달 계약을 마무리 지었습니다. 마지막 순간에 대불황에서 겨우 살아남을 자본을 확보했던 것이죠.

비즈니스 모델의 관점에서 일반 가정을 일일이 방문하는 방식은 느리게 보였습니다. 하지만 그것이 우리가 해야 할 일이었고, 실제로 상업용 시장보다 더 빠르게 확장했습니다. 10개 주州에 걸쳐서 최대한 많은 주거지를 아울렀습니다. 고객들은 스스로 전기를 생산하게 되었고 갈수록 많은 사람들이 그 기회를 원했습니다.

2013년 무렵 마침내 꾸준히 수익을 올리게 되었어요. 이사회는 주식을 상장할 적기라고 생각했죠. 까다로운 문제였지만 성공적으로 상장했습니다.

우리는 주택소유자들이 스스로 전력을 생산하도록 도왔다.

당시 태양광 발전과 풍력 발전은 전 세계에서 서
서히 시장점유율을 올리고 있었다. 그러나 상황은
여전히 힘들었다. 대다수 선구적인 태양광 기업들
은 정치계 인맥이 두터운 전력기업들로부터 등에

선런은 서비스형 태양광 발전
비즈니스 모델로 미국 최대 주
택 지붕 태양광 발전설비 설치
업체가 되었다.

칼을 맞았다. 그러나 선런의 서비스형 태양광 발전 모델은 재빨리 시장을 찾았
다. 선런은 2015년에 나스닥 상장을 통해 2억 5,000만 달러를 마련했다. 덕분에
11개 주에 걸쳐 사업을 운용할 자금이 확보되었다. 초기 투자자들은 두둑한 수
익을 올렸다.

린 주리치

전력기업들의 입지는 너무나 확고했어요. 고객들에게 따로 전기를 교육할 필요성을 크게 느끼지 않았어요. 우리가 사업을 시작할 때 10명 중 9명은 태양광 발전 전력이 가장 비싸다고 생각했습니다. 심지어 더는 그렇지 않은 지금도 대다수 사람들은 태양광 발전 전력이 너무 비싸다고 믿죠.

전력기업들의 비즈니스 모델은 정말 문제가 많고, 시장은 너무나 파편화되어 있습니다. 전력 배송 수단인 전력망은 일방통행로로 설계되었습니다. 해가 뜨면 태양광 발전 주택은 사용량보다 많은 전기를 생산합니다. 소위 '상계거래제'net metering에 따라 38개 주의 전력기업들은 잉여 전기를 구매하여 다른 가정으로 보내야 합니다.[22] 그러나 종종 전력망 운영사들은 재생에너지 전기가 너무 많으며, 전부 받을 수 없다고 말합니다. 전력기업들은 분산형 전력망을 선호할 이유가 없습니다. 그래서 규제 당국이 나서서 규정을 바꿔야 합니다.

전력기업은 수요와 공급을 맞춰야 하는데, 태양광 발전의 간헐성intermittency 문제는 가장 큰 난관이죠. 수요가 많은 시간대와 적은 시간대에 영리하게 요금을 달리 적용해야 합니다. 소비자들은 언제 차를 충전하거나 옷을 건조할지 영리하게 판단해야 합니다.

한 가지 해결책은 전력기업이 좀 더 나은 수요 대응 시스템을 개발하는 것입니다. 또 다른 해결책은 모든 주택용 발전 시스템에 저장용 배터리를 포함시키는 것입니다. 그러면 주택소유자들이 밤이나 다음 날에 사용할 전력을 저장할 수 있지요. 이 방식을 널리 보급하면 소위 '가상 발전소'virtual power plants(분산된 가정용 발전 시스템을 클라우드를 통해 통합 관리하는 시스템—옮긴이)를 구축할 수 있습니다.

하와이는 약 30퍼센트의 가구가 태양광 패널과 배터리를 갖춘 흥미로운 축소판입니다. 이만한 규모를 갖추면 전력기업보다 저렴하고 안정적으로 전기를 공급할 수 있습니다. 이제 우리는 모든 가정에 배터리가 있어야 하며, 이 모델을 수용할 수 있도록 전력망을 설계해야 합니다.

현재 우리는 22개 주에서 사업을 운영하고 있어요. 가정용 태양광 설비기업을 보유한 테슬라까지 따돌리고 미국 최대의 주택 지붕 태양광 발전설비 설치업체가 되었습니다. 동종 사업을 하는 모든 기업이 우리의 우군입니다. 모든 것을 전기화하는 것이 우리가 나아가야 할 길이며, 함께 그 미래를 이뤄가고 있다고 믿습니다. 그것은 분산형 전력을 뜻합니다. 나는 사업을 시작할 때보다 지금 더욱 강한 확신을 품고 있습니다.

2021년에 린 주리치와 다른 태양광 발전 개척자들 덕분에 미국의 태양광 발전 용량은 100기가와트에 이르렀다.[23] 미국보다 네 배 많은 인구가 사는 중국의 태양광 발전 용량은 240기가와트다. 인도는 2022년까지 20기가와트를 달성한다는 목표를 세웠다가 4년 일찍 달성했다.[24] 그래서 지금은 2030년까지 450기가와트를 달성할 계획이다. 전 세계적으로 보면 태양광 발전은 최초의 1테라와트(1조 와트 또는 1,000기가와트)라는 역사적 이정표에 다가가고 있다. 이처럼 빠른 진전에도 불구하고 정책의 근본적 변화 없이는 넷 제로 목표를 이룰 수 없다.

린 주리치

지구온난화 측면에서 우리는 이미 기후 재앙을 피하기 위한 1.5도 한계치에 직면해 있어요. 지금 당장 거의 완벽한 중대 결정을 내려야 합니다. 1950년대에 우리는 전국적 고속도로망을 엄청나게 빠른 속도로 건설했습니다. 당시 아이젠하워 대통령은 뛰어난 지도자였습니다. 그때처럼 우리는 광범위한 전시戰時 접근법을 통해 유용한 모든 지붕에 태양광 패널을 설치해야 합니다.

그러기 위해서는 기존 에너지기업뿐 아니라 소비자들을 도울 인센티브가 필요합니다. 우리는 지붕 태양광 패널과 저장용 배터리로 건물에 전기를 공급합니다. 이 전기는 전기차를 충전하거나, 천연가스나 석유를 쓰는 냉난방 기기를 전기 펌프와 콤프레셔로 전환하는 데 활용할 수 있습니다.

기술은 이미 확보되어 있어요. 배터리 가격은 계속 내려가고 있고요. 모두가 중국과 인도가 해야 할 일에 대해 이야기하지만, 미국이 앞장서면 그들은 더 빨리 행동할 것입니다.

태양광 발전의 성장을 막는 것은 무엇일까요? 언제나 변화하지 않는 편이 더 쉽죠. 기득권은 자신의 영역을 방어하며, 번거로운 절차와 서류작업으로 일을 복잡하게 만듭니다.

조만간 태양광 패널을 설치하는 일은 주방 기기를 설치하는 일과 같아질 겁니다. 주택소유자가 다음 주에 태양광 패널을 설치하고자 하면, 그렇게 할 수 있어야 합니다. 모든 신규 주택에는 태양광 패널이 설치되어야 합니다. 태양광 패널은 주방 빌트인 가구처럼 집값에 포함되어야 합니다.

우리는 태양광 패널 설치를 아주 간단하고 저렴하게 만들어야 해요. 지금 그렇게 되는 중입니다. 이 전기화의 새로운 세계는 희생을 요구하지 않습니다. 비용을 더 들이지 않아도 여전히 원하는 집을 가질 수 있습니다. 다만 이제는 햇빛으로부터 스스로 전기를 생산해야 가질 수 있습니다.

모든 지붕에
태양광 패널을
설치해야 한다.

빠르게 성장하는 풍력

태양광과 풍력은 가장 빠르게 성장하는 에너지원이다. 그래서 두 기술이 시장 점유율을 놓고 경쟁한다고 생각하기 쉽다. 그렇지 않다. 두 기술은 자연스럽게 서로를 보완하기 때문이다. 태양광 패널은 낮 동안 햇빛을 전기로 바꾼다. 반면 풍력 발전기는 바람이 거세지는 밤에 더 바빠지는 경향이 있다. 어떤 의미에서는 풍력도 태양 에너지다. 태양은 지형 차이 때문에 지구를 불균등하게 덥힌다. 뜨거운 공기가 상승하면서 저기압 영역을 뒤에 남긴다. 그 차이가 불균형을 초래하고, 그에 따른 공기의 흐름이 바람이다.

두 재생에너지는 비즈니스 모델도 보완적이다. 태양광은 분산형 전력망으로의 전환을 앞당긴다. 반면 풍력은 중앙집중식 조달과 관리가 이뤄진다. 풍력은 전력기업들이 가장 잘하는 일을 계속하게 해준다. 즉, 전력원에 대해 유리한 구매 계약을 협상하고, 전기를 고객에게 배달하는 일 말이다. 풍력은 화석연료를 비롯하여 다른 모든 대규모 전력원보다 빠르게 성장하고 있다.[25]

미국의 경우 풍력은 오랫동안 태양광보다 높은 시장점유율을 누렸다. 그 주된 이유는 대형 전력기업들을 포용했기 때문이다. 멕시코만의 풍부한 유전 지대에 자리 잡은 텍사스는 미국 석유 산업의 본고장이다. 또한 창업에 우호적인 주 정책 덕분에 풍력 발전의 오랜 리더이기도 하다. 2006년에 호스 할로우 풍력 발전소Horse Hollow Wind Energy Center가 텍사스 중부에 세워졌다. 735메가와트의 전력을 생산하는 이 발전소는 건설 당시 세계 최대의 풍력발전단지였다. (이후 규모가 더 큰 풍력발전단지들에 추월당했다. 대표적인 사례로 규모가 27배나 더 큰 중국의 간수 풍력발전단지가 있다.)[26]

시간이 지나면서 풍력 발전 기술은 일취월장했다. 날개는 더 길어지고 터빈은 더 높아졌다. 제조 용량이 두 배로 늘면서 새 터빈의 가격은 절반으로 떨어졌다. 미국의 풍력 발전 비용이 석탄을 열차로 운송하는 비용보다 저렴해지자, 풍력 발전을 전력망에 통합하는 것이 타당해졌다.

그러나 앞으로 육상풍력 발전이 성장하는 데는 송전망 병목 현상, 발전사업에 대한 제약, 대지 부족, 신규 입지에 대한 지역 주민의 반발 등 여러 걸림돌이 있다.[27] 이제 풍력 발전 부문의 새로운 개척지는 바다다. 덴마크의 한 선구자가 재정 위기를 친환경 발전의 새로운 기회로 만들었다.

외르스테드의 해상풍력 발전 혁명

최초의 해상풍력발전단지는 소규모 실험에서 시작되었다. 1991년에 덴마크의 국영 전력기업인 대니시 오일 앤드 내추럴 가스Danish Oil & Natural Gas, DONG는 발트해에 있는 작은 섬의 해안가에 11개의 터빈을 세웠다. 인근 소도시의 이름을 딴 빈데비 해상풍력발전단지Vindeby Offshore Wind Farm는 완공 시 5메가와트의 전기를 생산할 수 있었다. 규모로 보면 덴마크 전력 생산량의 1퍼센트에도 못 미치는 작은 사업이었다.

2006년에 DONG은 5개의 다른 덴마크 전력기업과 합병하여 석유·가스 전력 회사가 되었으며, 여전히 화석연료를 사업의 핵심으로 하고 있다.

2000년대에 풍력 성장의 상당 부분은 더 많은 기업가의 모험에 맡겨졌다. 국영 전력기업인 DONG은 경쟁 기업들과 합병해 석유 및 천연가스에 집중하는 전력기업으로서 위상을 공고히 다졌다. 그러나 2012년에 6,000명의 직원을 둔 DONG이 재정 위기에 부닥쳤다. 미국의 프래킹 붐이 천연가스 채굴량을 기록적인 수준으로 늘리면서 국제 가스 가격이 4년 만에 천장에서 바닥으로 85퍼센트 폭락한 것이 원인이었다.[28] 이는 덴마크의 전기 수요자들에게는

희소식처럼 보였다. 반면 DONG의 이익은 증발했다. 신용평가사 S&P는 DONG의 신용도를 마이너스로 강등시켰다. 결국 대표가 자리에서 물러나는 결과로 이어졌다.

1991년에 덴마크 해안에 건설된 세계 최초의 해상풍력발전단지.

이사회는 새 대표로 에너지 부문이 아닌 다른 분야의 리더를 선임했다. 45세의 헨리크 포울센은 유명한 덴마크의 혁신 기업인 레고LEGO의 전 대표였다. 그는 재임 기간 동안 레고를 회생시키는 데 성공했다. DONG의 미래가 암울하던 시기에 포울센은 재정적 기반을 되살리고 새로운 성장 전략을 수립하는 임무를 맡았다.

2012년에 해상풍력 발전 시장은 거의 존재하지 않았다. 비용은 사업이 불가능할 정도로 많이 들었다. 바다에 플랫폼을 건설하려면 리스크가 추가되었다. 또한 해변가에 주택을 보유한 부유한 주민들의 반발은 말할 것도 없었다.

헨리크 포울센은 냉엄한 선택에 직면했다. 다른 CEO였다면 패닉에 빠져서 천연가스 가격이 다시 오를 때까지 직원들을 해고했을지도 모른다. 그러나 포울센은 달랐다. 그는 근본적인 변화를 만들어낼 기회를 잡았다.

헨리크 포울센

2012년 8월에 내가 합류한 직후 DONG이 심각한 위기에 처하고, S&P가 채권 등급을 강등시켰습니다. 유럽의 대다수 다른 에너지기업들도 중대한 압박에 시달렸죠. 전통적인 발전 부문의 구시대적 비즈니스는 빠르게 쇠퇴하고 있었습니다. 액화 천연가스 및 천연가스 저장 비즈니스는 미국의 셰일가스shale gas(셰일층에 존재하는 천연가스) 열풍이 초래한 중대한 가격 압박에 시달렸습니다.

새로운 행동 계획이 필요했죠. 우리는 자산별로 사업 내역을 검토하면서 경쟁력과 미래 시장에서 성장 가능성을 점검했습니다. 부채를 줄이기 위해 수많은 비핵심 사업을 처분하는 계획을 확정했습니다. 완전히 새로운 회사를 만들어야 했어요. 나는 기후변화에 맞서기 위해 '블랙' 에너지에서 '그린' 에너지로 전환해야 한다고 굳게 믿었습니다. 우리가 성장 전략을 위해 개발하기로 결정한 사업은 단 하나였어요. 바로 해상풍력 발전이었습니다. 거기에 기회가 있다고 믿었습니다. 또한 선점 효과도 누릴 수 있었습니다. 나는 올인하는 것 말고 다른 선택은 없다고 확신했어요.

그러나 획기적 전환은 결코 쉽지 않았습니다. 우리는 기존의 모든 해상풍력발전단지를 살폈습니다. 리더십 팀은 모든 비용과 데이터를 검토했습니다. 해상풍력 발전은 비용이 너무 많이 들었는데 육상풍력 발전보다 두 배에 달했습니다.

우리는 해상풍력 발전으로 화석연료 발전을 이길 수 있도록 획기적인 비용 절감 프로그램을 실행했습니다. 해상풍력 발전 사업을 터빈부터 배전 인프라까지, 설치부터 운영 및 유지보수까지 부문별로 나누었습니다. 발전 용량을 늘리기 위해 점차 더 큰 터빈을 설치했습니다. 또한 공급업체와 협력하여 새로운 터빈을 설치할 때마다 비용을 낮췄습니다.

2014년에 우리는 영국의 여러 해상풍력 발전 프로젝트에 입찰했습니다. 해상풍력 발전 부문에서는 최대 규모의 경쟁입찰이었습니다. 거기서 우리는 프로젝트 3개를 따냈습니다. 덕분에 비용 절감 프로그램을 유지하기에 충분한 물량이 확보되었습니다.

우리는 설치비용 목표치를 2020년까지 메가와트시당 100유로로 설정했는데, 2016년에 이미 60유로에 이르러 목표치를 훌쩍 뛰어넘었습니다. 또한 그로부터 4년 안에 비용을 60퍼센트나 낮췄습니다. 이는 우리가 상상한 수준을 훌쩍 뛰어넘는 것이었죠. 우리의 사명을 향해 전체 산업과 공급사슬을 이끌자 실로 거대한 변화가 일어났습니다.

우리는 나중에 회사 이름을 DONG에서 외르스테드Ørsted로 바꿨습니다. 전설적인 덴마크 과학자로서 전기회로가 자기장을 형성한다는 사실을 최초로 발견한 한스 크리스티안 외르스테드Hans Christian Ørsted의 이름에서 따왔습니다.

새로운 시장이 열리면 경쟁이 거의 없는 경우가 많다. 이때 선점한 기업은 큰 이익을 누린다. 풍력 산업 부문은 2개의 덴마크 기업이 선점했다. 하나는 산업 설비 제조사인 베스타스Vestas였다. 베스타스는 초기에 풍력 터빈 제조업에 뛰어들었으며, 현재 세계 최대 제조사다.[29]

그러나 해상풍력 발전 규모를 육상풍력 발전만큼 키울 수 있다는 사실을 가장 먼저 간파한 기업은 외르스테드였다. 초기에 각 해상풍력발전단지는 약 400메가와트의 전력을 생산했다. 새로운 사업은 성장성과 수익성을 갖추고 있었다. 2016년에 외르스테드는 상장되어 150억 달러의 시가총액을 기록했다. 4년 후 시가총액은 500억 달러로 늘어났다. 해상풍력에 대한 유럽 정부들의 관심이 고조되자 다른 기업들도 뛰어들어서 전체 산업의 비용을 절감하는 데 도움을 주었다.

헨리크 포울센

우리의 신규 글로벌 프로젝트 파이프라인은 해상풍력발전단지를 설계하고 건설하는 데 좀 더 산업적으로 접근할 수 있게 했어요. 한마디로 일회성 프로젝트가 아니라 표준화된 컨베이어 벨트를 구축하게 된 것이죠. 덕분에 유럽, 아시아, 북미 지역에서 공격적으로 나아갈 추진력과 확신이 생겼습니다.

우리는 미국에 의미 있는 규모의 해상풍력 발전 시장이 있을 것인지 알지 못했습니다. 그래도 보스턴에 북미 본부를 차렸습니다. 그다음 로드아일랜드 해안에 자리할 최초의 풍력발전단지 인 블록 아일랜드 풍력발전단지 Block Island Wind Farm 건설 계약을 따낸 기업을 인수했습니다. 이 풍력발전단지는 현재 한 해에 4만 톤의 이산화탄소 배출량을 줄이고 있습니다. 이는 15만 대의 차량을 도로에서 치운 효과와 맞먹죠.

이후 전 세계에서 해상풍력 시장이 열렸습니다. 우리는 그중에서 상당한 계약을 따냈습니다. 특히 놀라운 점은 우리가 직원들에게 새로운 기술을 교육하는 데 성공했다는 것입니다. 지금 까지 우여곡절이 많았지만 우리의 사명은 회사에 새로운 목표의식을 불어넣었습니다.

2020년 기준으로 외르스테드가 생산한 에너지의 90퍼센트는 재생에너지였 다.[30] 자체 이산화탄소 배출량을 70퍼센트나 감축한 외르스테드는 세계경제포 럼 World Economic Forum에서 세계 최고의 친환경 기업으로 선정되었다.[31] 현재 외 르스테드는 세계 최대 해상풍력발전단지 개발사로서 성장 중이며, 세계 시장의 3분의 1을 차지하고 있다. 외르스테드는 과거에서 탈출하고자 하는 모든 화석 연료 회사의 탁월한 모범이다.

크기가 중요하다: 클수록 더 많은 전기를 생산하는 외르스테드의 풍력 터빈

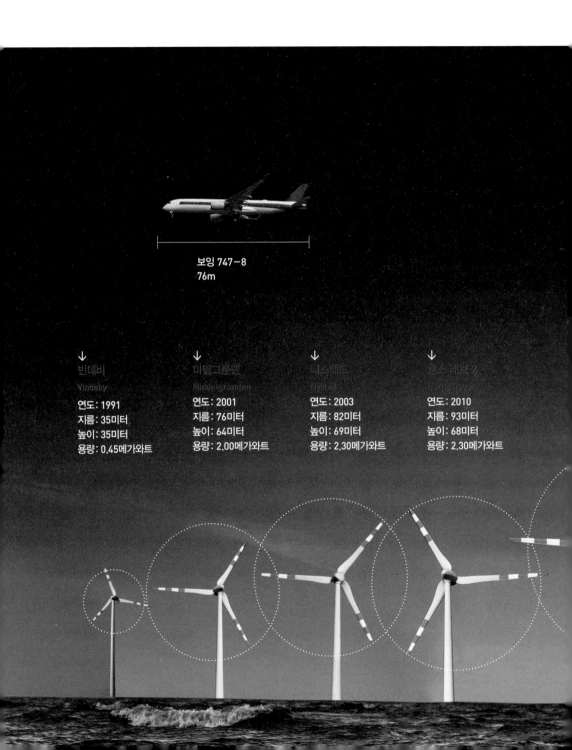

보잉 747-8
76m

↓
빈데비
Vindeby

연도: 1991
지름: 35미터
높이: 35미터
용량: 0.45메가와트

↓
미델그룬덴
Middelgrunden

연도: 2001
지름: 76미터
높이: 64미터
용량: 2.00메가와트

↓
니스테드
Nysted

연도: 2003
지름: 82미터
높이: 69미터
용량: 2.30메가와트

↓
혼스 레브 2
Horns Rev 2

연도: 2010
지름: 93미터
높이: 68미터
용량: 2.30메가와트

인홀트
Anholt

연도: 2013
지름: 120미터
높이: 82미터
용량: 3.60메가와트

웨스터모스트 러프
Westermost Rough

연도: 2015
지름: 154미터
높이: 102미터
용량: 6.00메가와트

버보 뱅크 익스텐션
Burbo Bank Extension

연도: 2017
지름: 164미터
높이: 113미터
용량: 8.00메가와트

164m

천연가스에 대한 불편한 진실

2020년 4월, 환경방어기금은 텍사스 서부의 퍼미언 분지Permian Basin에서 메탄 배출 비상사태가 발생했다고 밝혔다. 이 지역에서는 미국 최대의 채굴 및 시추 작업이 진행되고 있었다. 환경방어기금의 수석 과학자인 스티브 햄버그는 위성, 감시 드론, 적외선 카메라가 장착된 헬기로 구성된 자체 메탄 배출 감시 네트워크에서 들어오는 이미지와 데이터를 보고 깜짝 놀랐다.

뒤이어 그는 두려움에 휩싸였다. '미국의 주요 분지에서 측정된 최대량의 배출이었기' 때문이다.[32] 퍼미언 분지에서는 총 천연가스 채굴량의 4퍼센트에 해당하는 메탄이 누출되고 있었다.

이 엄청난 발견은 정확한 실시간 측정이 배출을 줄이고 억제하는 데 얼마나 보탬이 되는지 잘 보여주었다. 며칠 만에 환경방어기금은 책임 있는 석유 및 천연가스 기업과 규제 당국에 법적 서한을 발송하여 누출을 막아달라고 요청했다.

천연가스는 최대 90퍼센트의 메탄으로 구성되며, 메탄은 동일 질량 기준으로 이산화탄소보다 30배 이상 많은 열을 가둔다.

스티브 햄버그는 대학에서 환경학을 가르쳤다. 주저자로서 기후변화에 관한 정부 간 패널을 위한 일련의 놀라운 보고서를 작성하면서 삶의 방향이 달라졌다. 그는 이 작업으로 동료 과학자들과 함께 2007년 노벨 평화상을 받았다. 이듬해 환경방어기금은 그에게 합류를 제안했고 그는 기후행동에 나설 기회라고 생각했고 그래서 브라운대학의 석좌교수직을 포기하고 현장으로 나섰다.

환경보호기금의 대표 프로젝트로 메탄새트MethaneSAT가 있다. 메탄 배출을 추적하고 측정하는 전용 위성이다. 2023년에 미국과 뉴질랜드가 합동으로 메탄새트를 발사할 것이다. 메탄새트 위성을 저궤도까지 올리는 작업은 협력사인 스페이스엑스SpaceX의 팰콘9 로켓을 통해 이뤄질 것이다. 메탄새트는 전 세계의

스티브 햄버그

메탄새트를 띄우려는 노력은 메탄 배출량을 측정하기 위한 데이터 수집과 연구 활동에서 시작되었어요. 우리가 확보한 각각의 데이터의 단편들은 이전의 어떤 것보다 나았습니다. 그러나 우리에게는 일부 지역이 아니라 지구 전체에 대한 영화처럼 지속적인 데이터의 흐름이 필요했습니다. 우리는 아직도 많은 지역에서 데이터를 수집할 수가 없어요. 비행기를 띄우거나 조사원을 현장에 파견해야 하는데, 승인이 나지 않기 때문입니다.

우리가 나아갈 길은 위성이에요. 오랫동안 나는 대규모로 정확하게 메탄 배출량을 측정하려면 전용 위성이 필요하다고 주장해왔습니다.

메탄새트 사업은 우리가 수집해야 하는 데이터와 우주에서 확보할 수 있는 정밀도를 얻기 위해 출발했습니다. 우리는 하버드대학과 스미스소니언 천체물리학 관측소Smithsonian Astrophysical observatories의 학자들을 찾아가서 "이런 위성을 제작할 수 있습니까? 기술적으로 가능한가요?"라고 물었습니다. 그들은 잠시 심호흡하더니 "사실, 신기술이 개발되는 중입니다."라고 말했습니다. 우리는 모든 것을 화이트보드에 적은 뒤 할 수 있을 것 같다는 결론을 내렸습니다. 그렇게 우리의 프로젝트는 시작되었습니다.

석유, 천연가스, 석탄 채굴지를 훑어서 얼마나 많은 메탄이 새어 나오는지 감시한다. 또한 목축 농장과 매립장 음식물 쓰레기에서 추가로 나오는 수 기가톤의 메탄도 추적할 것이다. 그러면 기후위기를 해결하려는 우리의 노력에서 전 세계적인 실시간 측정 능력이 확실히 향상될 것이다.

메탄을 시급히 추적해야 하는 이유는 지구를 덥히는 강력한 효과 때문이다. 또한 메탄은 대기에 머무는 기간이 비교적 짧다. 산업화 이전 시대에 대기에 존재하는 메탄의 양은 722ppb parts per billion(10억분율)이었다. 그러나 지금은 축적량이 두 배 이상으로 증가했다. 인간이 초래한 메탄 배출량을 2025년까지 25퍼센트, 2030년까지 45퍼센트 줄인다면 우리가 살아 있는 동안 지구온난화를 억제하는 데 도움이 될 것이다.[33]

우리는 항공기에 장착된 메탄 센서로 데이터를 수집하고, 일반 가정에서 연구를 진행했다. 그 결과 메탄 누출이 석유 및 천연가스 채굴 과정뿐만 아니라 우리가 사용하는 주방 기기까지 이어지는 공급사슬의 모든 단계에서 일어난다는 사실을 확인했다.[34] 천연가스 주방 기기를 전기 주방 기기로 빨리 바꿀수록 추가적인 메탄 누출원을 더 빨리 제거할 수 있다.

1984년부터 환경방어기금의 대표로 활동하고 있는 프레드 크루프 Fred Krupp 는 오랫동안 이 메시지(일급 비상사태이자 특별한 기회로서)를 퍼트리는 데 집중했다. 환경방어기금은 환경보호를 위해 패배보다 승리를 많이 거둔 길고도 유명한 역사를 지녔다. 또한 휘발유에서 납을 제거하고, 위험한 살충제인 DDT를 금지하는 데 두드러진 역할을 했다. 이제 세계적인 비영리단체가 된 환경방어기금은 700명의 정직원을 두고 2억 2,500만 달러의 연 예산을 운용한다.

프레드 크루프

메탄은 바로 지금도 지구를 뜨겁게 하는 특별하고 즉각적인 효과를 미칩니다. 과학자와 정책 결정자들은 탈탄소화와 완전히 별개로 메탄을 억제하는 그 자체의 중요성을 깨닫고 있습니다. 메탄은 대기에서 훨씬 빨리 분해됩니다. 이산화탄소는 100여 년이 걸리는 반면 메탄은 약 10년밖에 걸리지 않습니다. 따라서 2025년과 2030년까지 우리의 메탄 이정표를 달성하면 온난화를 줄일 뿐 아니라 그 직후에 냉각 효과도 얻을 수 있습니다.

특히 여름철 북극 해빙海氷 때문에 문제가 더욱 시급합니다. 메탄 배출을 줄이지 않고는 해빙이 사라지는 것을 막을 방법이 없어요. 거기에는 육우 및 젖소가 배출하는 메탄도 포함됩니다. 좋은 소식은 해당 산업이 이제 문제의 심각성을 인식했다는 점입니다. 엑손모빌과 셰브론Chevron, 셸과 BP, 사우디아람코Saudi Aramco, 브라질의 페트로브라스Petrobras, 노르웨이의 에퀴노르Equinor 같은 대형 기업들이 나름의 약속을 내걸었습니다. 또한 그들은 오일 앤드 가스 클라이멋 이니셔티브Oil & Gas Climate Initiative라는 투자 컨소시엄을 만들었습니다. 이 컨소시엄은 메탄 농도를 줄이겠다고 약속했으며, 2030년까지 폐기되는 메탄을 태우는 연소flaring를 중단하자는 의견을 지지했습니다. 나쁜 소식은 이 컨소시엄이 상장사로만 이루어져 러시아, 이란, 멕시코, 인도네시아, 중국의 국영 기업들은 포함되어 있지 않다는 점입니다. 이 문제는 외교의 도움을 받아 해결해야 합니다.

에너지 산업의 중기 목표를 넘어서서 우리는 **화석연료 기업들이 2025년까지 속도를 높여서 메탄을 제거하게 만들 계획이 필요하다.** 석유 및 천연가스 기업들은 현장 측정 및 모니터링 그리고 설비 개선을 위한 전략을 갖춰야 한다. 많은 기업에서 여전히 압력이 너무 높으면 메탄을 배출하도록 설계된 밸브를 쓴다. 이 구시대적 설비는 누출을 방지하는 현대식 밸브로 쉽게 교체할 수 있다. 이 기술은 지금 확보되어 있으며, 비용도 밸브당 300달러밖에 들지 않는다.[35]

기업들이 책임을 이행하기 시작하는 동안 메탄새트는 신고도 없이 누출되는 메탄을 감지할 것이다. 비산 배출을 막으려면 강력한 법적 제재와 집행이 필요하다. 오바마 행정부 말기인 2016년에 환경보호국은 모든 신규 석유 및 천연가스 채굴지에서 누출 감지 및 보수를 강제하는 메탄 오염 방지 규정을 확정했다. 그러나 트럼프 행정부가 집행을 미루는 바람에 2018년부터 2020년 사이에 미국의 프래킹 채굴지에서 누출량이 급증했다.[36]

이후 2021년 4월에 바이든 행정부는 메탄 누출을 인프라 투자 패키지의 핵심 요소로 삼았나. 이 패키지는 특히 버려진 웰헤드wellhead(채굴을 위한 상부 구조물 - 옮긴이)에 중점을 두었다. 채굴 및 시추 작업을 통제하려면 각국 정부와 규제 기구가 감시를 강화해야 한다. 법규를 집행하여 신규 및 기존 채굴지에서 일어나는 누출을 적절하게 차단해야 한다.

프레드 크루프는 "일부 누출은 의도된 것"이라고 말한다. 안전과 경제적 이유로 현장에서 폐기 천연가스를 태우는 연소 관행을 엄격하게 규제해야 한다.[37] 불필요하게 탄소를 배출하고 천연가스를 낭비하기 때문이다. 메탄을 대기로 직접 배출하는 개방 배기open venting도 전면 금지해야 한다.

모든 것을 전기화하라

나는 자랑스런 캘리포니아 주민으로서 4선 주지사인 제리 브라운Jerry Brown에게 환호를 보내고 싶다. 브라운은 기후변화가 세계적 쟁점이 되기 오래전부터 보다 깨끗한 환경을 위해 노력해왔다. 그는 세계 최초에 해당하는 일련의 놀라운 법안들에 서명했다. 1977년에 캘리포니아는 지붕 태양광 패널에 대해 유례없는 감세 조치를 단행했다. 이듬해에는 건물과 가전 기기에 대한 최초의 에너지 효율 표준이 만들어졌다. 1979년에 브라운은 세계에서 가장 엄격한 반反공해법에 서명했고, 유연有鉛 휘발유 금지를 의무화했고, 원자력 발전소 건설을 중단시켰으며, 석유 해상 채굴을 금지했다.

세계 5대 경제 규모를 지닌 캘리포니아는 환경을 위한 노력을 결코 멈추지 않았다. 2002년에 아놀드 슈워제네거Arnold Schwarzenegger가 주지사에 당선되면서 캘리포니아주의 기후 리더십은 초당적인 성격을 띠었다. 공화당 소속인 슈워제네거 주지사가 지구온난화 해결책법Global Warming Solutions Act에 서명하면서 캘리포니아는 기후 문제에 있어서 공식적인 세계적 리더가 되었다. 이 법은 2050년까지 온실가스를 80퍼센트 감축하는 것을 목표로 삼았다.

2011년에 주지사로 복귀한 제리 브라운은 과거의 기조를 이어나가면서 획기적인 법안에 서명했다. 그는 퇴임 1년 전인 2018년에 친환경 전기의 비율을 2030년까지 60퍼센트, 2045년까지 100퍼센트로 늘릴 것을 의무화하는 법안에 서명했다. 이로써 캘리포니아는 전적으로 친환경 전기만 쓰기로 결정한 세계 최대의 지역이 되었다. 그러나 국가적 관점에서 보면 갈 길이 멀다. 약 절반의 미국 가정과 식당은 여전히 천연가스 스토브와 레인지에 의존한다.[38] 또한 많은 요리사가 전기레인지로 바꾸기를 주저한다. 천연가스 기업들은 화석연료에 대한 사람들의 편향을 활용하는 마케팅 캠페인을 꾸미고 있다.

그러나 미국 소비자협회가 발간하는 월간지 《컨슈머 리포트》Consumer Reports가 폭넓게 시험한 결과에 따르면 끓이기, 조리기, 굽기를 비롯한 대부분의 조리 방식에서 완전 전기 인덕션 레인지가 가스

레인지보다 뛰어나다. 전기레인지는 불꽃 대신 자기장을 이용한 에너지로 주철 혹은 강철 냄비와 팬을 가열한다. 버너가 없기 때문에 가스레인지보다 안전하며, 해로운 연기를 덜 내뿜는다. 미슐랭 별점을 받은 런던의 레스토랑, 피진Pidgin의 공동 소유주인 제임스 램스덴 James Ramsden은 "대형 인덕션 레인지를 좋아합니다. 가스레인지로 돌아갈 생각이 없어요."라고 말한다. 다른 스타 셰프들도 이같은 대열에 합류했다. 모든 지역의 건축법은 신축 건물에 인덕션 스토브를 설치하도록 규정하고 기존 건물에 대해서는 인센티브를 통해 향후 전환을 수월하게 유도해야 한다.

우리의 장대한 에너지 미래

우리가 음식을 조리하는 방식, 집을 덥히는 방식, 차를 운전하는 방식을 바꿈에 따라 전기 수요(많은 주에서 오랫동안 일정하던)가 다시 증가할 것이다. **우리의 전력망은 미래의 에너지 과부하를 뒷받침할 수 있도록 개선되어야 한다.** 또한 태양광과 풍력 같은 다양한 전력원에서 갈수록 많이 생산되는 전력도 받아들일 수 있어야 한다. 미국의 전력망은 낙후되었다고 해도 무방하다. 실시간으로 수요를 충족하고 고압 송전선을 통해 멀리까지 전력을 이동시키려면 전력망이 훨씬 똑똑해져야 한다.

일부 전력기업은 이 부문에서 다른 전력기업보다 일을 잘한다. 그들은 '수요 대응' 시스템을 설치했다. 이 시스템은 수천 개의 온도 조절 장치에 탑재된 칩과 연결된 소프트웨어를 갖추고 있다. 어떤 지역에서 전력이 부족할 경우 '스마트'smart 전력망은 최대 전력 사용량을 줄일 수 있도록 냉방 온도를 낮추는 데 동의한 고객들에게 혜택을 제공한다. 또 다른 접근법은 '상계거래제'라 불리는데,[39] 이는 지붕 태양광 패널이 해당 가구에서 소비하는 전력보다 많은 양의 전력을 전력망으로 돌려보내는 것을 말한다. 상계거래제는 주민의 전기요금을 아껴줄 뿐 아니라 지구를 살려준다.

제로 배출 전력의 비중이 전 세계 전력망에서 급증하는 가운데 더욱 큰 난관이 다가오고 있다. 현재 전 세계가 생산하는 2만 7,000테라와트시의 전력은 곧 수요에 못 미칠 것이다.[40] 국제에너지기구에 따르면 무엇보다 추가로 생산될 수천만 대의 전기차를 위해 2050년까지 최소한 5만 테라와트시의 전력이 필요하다. 일론 머스크와 린 주리치가 처음부터 알던 바대로 태양광 패널이 일반 가정에 전력을 공급하게 되면 주택의 차고는 주유소가 될 것이다.

에너지 효율의 힘

역사상 오랜 기간 국가 경제는 에너지 사용량과 발맞춰 성장했다. 사람들은 특정 금액의 국내총생산을 달성하는 데 필요한 에너지는 거의 고정되어 있다고 믿었다. 그러나 옥스포드대학에서 수학한 물리학자, 에이머리 러빈스의 관점은 달랐다. 그의 관점에 따르면 우리는 훨씬 적은 에너지로도 경제성장을 이룰 수 있다. 1982년에 러빈스는 에너지 효율을 촉진하기 위해 록키마운틴연구소를 공동 설립했다. 콜로라도주 올드 스노우매스Old Snowmass에 있는 그의 집은 태양광 발전설비를 갖추었으며, 패시브passive(단열을 통해 열기를 보존하는 방식 – 옮긴이) 난방으로 99퍼센트의 온기를 얻는다. 이 집은 효율적 설계의 표본이 되었다. 이 집에는 러빈스가 난방 장치 없이 1년 내내 바나나를 키우는 온실도 있다.

러빈스는 앞으로 에너지 효율이 비약적으로 개선되리라 예측한다. 에너지 효율을 개선함으로써 제로 배출 미래로 이행하는 속도를 안정적으로 높일 수 있다. 가령 LED 조명은 전통적인 전구보다 75퍼센트나 전기를 적게 쓴다.[41] 또한 보다 효율적으로 설계된 파이프와 덕트duct(공기와 같은 유체가 흐르는 통로)는 펌프 및 팬 시스템의 마찰을 90퍼센트나 줄일 수 있다.[42]

2010년에 록키마운틴연구소는 엠파이어 스테이트 빌딩을 개보수 공사할 때 에너지 사용량을 38퍼센트 줄이는 방법을 조언했다.[43] 다른 유명한 빌딩들도 그 뒤를 이었다. 러빈스는 "기술 뿐만 아니라 설계를 통해 이미 발명된 기술들을 조합하는 방식도 개선되었습니다."라고 말한다. 엠파이어 스테이트 빌딩은 창문에 단열 처리를 하고, 열반사 단열재를 쓰고, 냉난방 시스템을 최적화함으로써 효율을 높였다. 모든 사무용 빌딩이나 주택에도 그렇게 할 수 있다.

미국의 경우 빌딩이 전력의 거의 75퍼센트를 사용한다.[44] 빌딩에는 냉난방이 필요하다. 현재 냉난방은 대개 별도의 설비로 이뤄진다. 난방 설비는 천연가스나 석유를 쓰고, 냉방 설비는 전기를 쓴다. 우리가 이룰 다음 도약은 낡은 냉난방 기기를 완전히 없애고, 하나의 기기로 냉난방이 가능한 전기 히트 펌프를 설치하는 것이다.[45] 이 영리한 시스템은 냉방과 난방이 모두 가능하며, 한 단위의 전기를 세 단위 이상의 열기로 바꿔준다. 또한 대형 빌딩에서 쓸 수 있는 산업용도 있다. 이 기술은 아직 비용을 낮출 필요가 있다. 그래도 이미 준비가 되어 있으며, 지역 대리점에서 당신을 기다리고 있다.

대다수 사람들은 구형 기기가 고장났을 때만 히트 펌프를 고려한다. 전력기업들은 천연가스 기기를 교체하도록 인센티브를 제공할 수 있다. 틈새 마개, 단열, 에너지 스타Energy Star(미국 환경보호국과 에너지부에서 공동으로 운영하는 인증 프로그램) 가전 기기 등 에너지 효율을 높이기 위한 조치에 인센티브를 제공한 것처럼 말이다. 에너지 스타 프로그램은 2019년 한 해에만 미국인들이 390억 달러의 에너지 비용을 줄이도록 도왔다. 또한 온실가스 배출량을 3억 9,000만 톤 또는 전국 배출량의 5퍼센트를 줄이는 데 도움을 주었다.[46]

2018년 기준으로 미국은 에너지 효율 부문에서 독일, 이탈리아, 프랑스, 영국보다 뒤처진 10위라는 시시한 순위를 기록했다.[47] 다른 주들이 캘리포니아만큼 에너지 효율을 높였다면 우리는 현재의 이산화탄소 배출량을 24퍼센트나 줄일 수 있었을 것이다.[48]

이 부문에서 대다수 잠재력은 아직 활용되지 않았다. 러빈스가 보기에 다음 세대에서 이뤄질 효율성 증가는 1970년대 이후 이뤘던 모든 성과를 압도한다.

기존 대형 전력기업들은 단절disruption에 매우 취약하다. 규제 변화부터 보다 스마트하고 효율적인 전력망까지 점차 강해지는 힘이 이번 10년이 끝나기 전까지 전력 산업 매출의 절반을 집어삼킬 수 있다. 지붕 태양광 패널이 설치될 때마다 전통적인 전력기업의 매출은 줄어든다.

전력망은 오래되고 비효율적인 화석연료 모델에서 서서히 멀어지고 있다. 이 모델은 중앙집중적이고, 일방적이고, 공급중심적이며, 최대 수요 시간에 불안정하다. 미래의 스마트 재생에너지 전력망은 분산되어 있고, 양방향이며, 고객 중심적일 것이다. 또한 효율성뿐만 아니라 안전성도 더 뛰어날 것이다. 한 가지 장애물은 주문형 전기를 위해 충분한 저장 용량을 확충하고, 태양광 및 풍력 발전의 유동성을 보완하는 것이다. 재생에너지 비용이 계속 하락하면 전력기업은 고객의 수요와 운용 지역의 한계에 맞춰서 청정에너지원과 저장 설비를 전력망에 추가할 수 있다. 모든 조달, 효율성 개선, 요금 산정 정책 변화는 청정 전력망에 한 걸음 다가가게 해준다.

향후 30년 동안 인류가 새로운 에너지 모델로 이행하는 것은 장대한 성과가 될 것이다. **궁극적으로 모든 화석연료 발전소는 폐쇄되어야 할 것이다.** 천연가스 발전소는 단계적으로 줄여나가고, 석탄 발전소는 과거의 유물이 되어야 한다. 이런 변화를 피해갈 방법은 없다. 목표는 최대한 많은 나라의 전력망을 가능한 한 빨리 100퍼센트 무배출 시스템으로 만드는 것이다.

그러나 기후를 지키기 위해서는 에너지 부문을 넘어, 특히 우리가 사람들을 어떻게 먹여 살리는지로 시야를 넓혀야 한다. 우리가 먹는 음식과 그 재배 방식은 전 세계 온실가스 배출에서 놀라운 비중을 차지한다. 다음 장에서는 넷 제로 미래에 도달하는 데 도움이 되는 식량과 농업 시스템을 전환하는 방법을 살펴볼 것이다.

속도와 규모: 넷 제로까지의 카운트다운

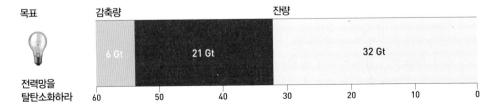

궁극적으로 모든
화석연료, 천연가스,
석탄 발전소는 과거의
유물이 되어야 한다.
이런 변화를 피해갈
방법은 없다.

제3장

식량을
바로잡아라

Fix Food

식량을 바로잡아라

다큐멘터리 〈불편한 진실〉이 기후위기에 유례없는 관심을 불러일으킨 이후, 전력망과 교통을 탈탄소화하기 위한 방대한 규모의 해결책을 찾는 작업이 이뤄졌다. 앨 고어는 내가 클린테크 해결책에 투자한 기간보다 훨씬 오랫동안 온실가스 배출의 범인들을 공개적으로 호명하고, 유망 기술에 대한 지원을 호소해왔다. 고어는 스물여덟 살의 초선 하원의원이던 시절에 기후변화에 대한 최초의 의회 청문회를 소집했다. 그는 그로부터 수십 년이 지난 후 자신의 뿌리로 돌아갔다. 그는 가장 유망해 보이는 기후 해결책에 다시 초점을 맞추었다. 바로 식량을 더 나은 방식으로 재배하는 것이다.

고어는 어릴 때 케이니 포크 농장Caney Fork Farms에서 여름을 보냈다. 테네시주 카시지Carthage 근처에 있는 가족 농장이었다. 앨버트 고어 시니어Albert Gore Sr.는 아들과 함께 농장을 걸으며 어디가 토질이 가장 좋은지 알려주었다. 강변에 이르렀을 때 그곳의 흙은 검고 촉촉했다. 고어는 두 손으로 흙을 움켜쥐었다. 그는 "흑토가 가장 좋아요. 아버지가 알려줬어요."라고 말한다.

고어는 그 교훈을 절대 잊지 않았다. 그러나 50년이 더 지난 후에야 비옥한 흙이 검은색인 이유를 알았다고 부끄럽게 인정한다. 그 이유는 탄소였다. 고어는 "탄소가 고도로 농축되면 흙속에 있는 모든 미생물을 먹이는 데 도움이 됩니

다. 색이 어두운 흙은 습기도 더 잘 머금어요. 탄소가 격자 구조를 지니거든요."
라고 말한다.

미생물 차원에서 일어나는 일은 지구 차원에서 일어나는 일을 좌우한다. 고
어는 지구의 토양이 2,500기가톤의 탄소를 함유하고 있다고 말한다.[1] 이는 대기

테네시주 카시지에 있는 케이니 포크 농장에 서 있는 앨 고어.

에 존재하는 양보다 세 배 이상 많은 양이다. **넷 제로에 이르기 위해서는 토양이 더 많은 탄소를 흡수해야 한다.** 그 잠재력은 엄청나다. 하지만 우리는 잘못된 방향으로 나아가고 있다. 표토층(토층에서

맨 윗부분에 있는 층)이 위험에 처해 있다. 지난 세기 동안 3분의 1이 고갈되었다.[2]

케이니 포크 농장으로 돌아온 고어는 미래의 농장에서 표준이 되어야 할 관행을 실천하고 있다. 그는 "농장 전체, 헛간, 식량 생산, 집이 100퍼센트 재생에너지로 돌아갑니다. 하지만 우리 농장에서 가장 중요한 부분은 표토입니다."라고 말한다. 상추, 호박, 멜론 등 어떤 작물이든 과제는 동일하다. 토양에 최대한 탄소를 풍부하게 유지하여 식물과 미생물 사이의 상호작용을 촉진하는 것이다.

1930년대에 부실한 경작 관행 때문에 텍사스, 오클라호마, 캔사스의 평원이 심하게 고갈되었다. 그 결과 표토층의 많은 부분이 바람에 날려가 버렸다. 뜨거운 갈색의 돌풍이 건물보다 더 높이 불어닥치면서 하늘을 물들였다. 더스트볼

126

dust bowl(모래바람이 부는 분지 - 옮긴이)의 시대 이후 우리는 쉽게 유실되는 토양을 잡아주는 윤작crop rotation과 피복작물cover crop(사람이 피부를 보호하기 위해 옷을 입듯이 토양침식을 막기 위해 심는 작물 - 옮긴이)의 중요성을 알게 되었다. 힘들게 얻은 이러한 지혜는 토양의 건강과 비옥함을 높이고 수자원과 생물다양성 보호를 목표로 하는 재생농업regenerative agriculture 또는 재생 유기농업 운동을 촉발했다.

전통적인 경작 방식은 쟁기로 토양의 결합조직을 찢어버린다. 그에 따라 자연적인 생태계가 파괴되고 이산화탄소를 대기로 방출한다. 질소가 풍부한 비료는 손상된 흙의 생산성을 억지로 높인다. 뒤이어 살충제와 제초제가 화학물질을 하천과 지하수면에 유입시키면서 귀중한 미생물을 죽인다. 산업용 비료에서 나오는 아산화질소는 이산화탄소보다 300배나 더 많이 열을 가두며, 1세기 이상 더 오래 대기에 머문다. 비료만 해도 2기가톤의 이산화탄소 등가물을 배출한다.[3]

통틀어서 비상사태에 해당하는 전체 배출량의 15퍼센트 이상, 연간 약 9기가톤이 우리의 식량 시스템과 직결된다.[4] 거기에는 산업형 경작, 목축(특히 육우), 쌀 생산, 비료 및 음식물 쓰레기에서 나오는 배출도 포함된다. 넷 제로에 이르려면 경작 및 식량 시스템이 돌아가는 양상을 밑바닥에서부터 바꿔야 한다.

2050년까지 세계 인구는 현 70억 명에서 거의 100억 명으로 늘어날 것이다. 증가하는 중산층은 고기와 유제품에 대한 수요를 늘릴 것이다. 모두가 충분한 음식을 먹을 수 있으려면 2010년보다 최대 60퍼센트나 더 많은 칼로리를 생산해야 한다.[5] 여기에 필요한 속도와 규모를 다음의 OKR에 반영했다.

목표 3
식량을 바로잡아라

농업 부문 배출량을 2050년까지 9기가톤에서 2기가톤으로 줄인다.

KR 3.1 농지 토양

표토층의 탄소 함량을 최소 3퍼센트로 늘리는 관행을 통해 토질을 개선한다.
↓ 2기가톤

KR 3.2 비료

질소 기반 비료의 과다 사용을 중단하고 친환경 대체재를 개발하여 2050년까지 배출량을 절반으로 줄인다.
↓ 0.5기가톤

KR 3.3 소비

저배출 단백질 소비를 촉진하고 소고기 및 유제품의 연간 소비량을 2030년까지 25퍼센트, 2050년까지 50퍼센트로 줄인다.
↓ 3기가톤

KR 3.4 쌀

쌀 경작에 따른 메탄과 아산화질소 배출량을 2050년까지 절반으로 줄인다.
↓ 0.5기가톤

KR 3.5 음식물 쓰레기

음식물 쓰레기 비율을 전체 생산 식품의 33퍼센트에서 10퍼센트로 줄인다.
↓ 1기가톤

모든 사람에게 충분한 식량을 공급하면서 농업 부문의 배출량을 줄이려면 이 다섯 가지 동인을 모두 해결해야 한다. 우리의 농지 토양 KR(3.1)은 표토층의 탄소 함량을 기준으로 토질 개선을 목표로 한다. 재생농업을 앞당기면 탄소 함량을 높일 수 있다. 이 관행을 폭넓게 적용하면 해마다 2기가톤의 이산화탄소를 흡수할 수 있다.[6]

비료 KR(3.2)는 2기가톤의 이산화탄소 등가물을 내뿜는 질소 기반 비료의 사용을 제한할 것을 요청한다. 새로운 살포법과 시기 및 살포의 정확성을 높이는 기술을 활용하면 수확량의 변화 없이 배출량을 줄일 수 있다. 거기에 더하여 화석연료를 쓰지 않고 비료를 생산하는 방법을 개발해야 한다. 이런 조치로 이산화탄소와 아산화질소의 배출량을 절반으로 줄일 수 있다.

소비 KR(3.3)은 소고기 및 유제품의 소비를 줄여서 목축(특히 육우)에 따른 배출량을 줄이는 것을 목표로 삼는다. 이 목표를 달성하려면 식품 기반 대체재를 개발하고 규모화하여 소고기 및 유제품과 경쟁해야 한다. 또한 고배출 식품에 대한 수요를 다른 방향으로 돌려야 한다. 탄소 라벨과 영양 가이드라인을 제공해 소비자가 더 나은 선택을 하도록 유도할 수 있다.

쌀 KR(3.4)는 전 세계 많은 지역에서 주식으로 삼는 쌀을 충분히 재배하면서도 논에서 배출되는 메탄 배출량을 줄인다.

음식물 쓰레기 KR(3.5)는 제조 및 운송 과정과 유통업체와 소비자가 버리는 음식에서 나오는 배출량을 억제한다. 현재 전 세계적으로 생산되는 모든 식품의 3분의 1이 버려진다.[7] 그중 대부분은 매립지로 향한다. 매립지는 주로 메탄가스인 이산화탄소 등가물을 거의 2기가톤이나 배출한다.[8] 음식물 쓰레기를 줄이는 일은 생산 부문의 부담도 줄여준다. 음식물을 낭비하는 것은 에너지와 물을 낭비하는 것이다.

표토층의 독보적인 잠재력

왜 토양이 중요한지를 알려면 어떤 역할을 하는지 이해할 필요가 있다. 토양은 탄소를 풍부하게 함유한 식물과 동물의 잔해를 벌레와 노래기에 이어 박테리아가 분해하면서 장기간에 걸쳐 형성된다.[9] 토양에 남는 유기물질은 탄소의 저장고인 동시에 식물의 영양소다. 건강하고 손상되지 않은 토양에는 식물의 뿌리와 균류 그리고 지렁이가 만든 구멍들의 네트워크가 존재한다.[10] 이 미세 터널은 식물의 뿌리가 더욱 깊이 뻗어가도록 해준다. 또한 토양이 수분을 머금게 하여 가뭄에 잘 견디도록 도와준다.

재생농업은 토양의 탄소 저장 능력을 향상시키는 경작과 방목 양식을 모두

밭갈이를 줄일수록 더 건강해지는 뿌리와 토양

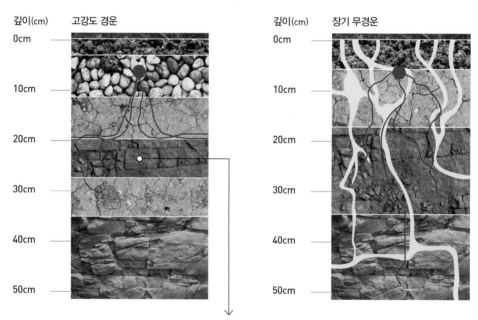

경반층(농기계를 이용한 밭갈이 때문에 쟁기 바닥 부근에 생긴 치밀토층-옮긴이)

◆ 출처: 온타리오 농업식량부Ministry of Agriculture and Food의 정보 및 그래프

생물다양성 증가

영양소를 늘리고 자연분해를 촉진하며 해충을 먹는 곤충 포식자를 끌어들인다.

피복작물

상업적 수확이 끝난 후 표토에 심어 가축에게 먹이거나 자체 수확한다.

재생농업

재생 농부들은 토양의 건강을 개선하는 재배 관행을 사용한다. 방법은 다음과 같다.

윤작작물

토양에서 빠져나가는 것과 토양으로 투입되는 것 사이의 균형을 자연스럽게 맞춘다.

목축 통합

가축과 작물을 순환적인 생태계로 통합한다.

화학적 투입물 최소화

생물다양성을 파괴하고 수로를 오염시키는 화학물질 유출을 최소화한다.

경운 최소화 시스템

토양 훼손을 최소화하여 토질을 개선하고 침식을 방지한다.

이르는 말이다. 그래서 유기물질을 재형성하고 토양의 생물다양성을 복원한다. 재생농업 운동은 전통적인 밭갈이를 억제한다. 밭갈이는 흙속에 파묻힌 유기물질을 산소에 노출시켜서 분해를 촉진하고, 이산화탄소를 대기로 배출한다. 반면에 밭을 갈지 않는 무경운 경작no-till farming은 옥수수알보다 작은 수천 개의 얕은 구멍을 뚫어 표토를 최소한으로 훼손하면서 종자를 심을 수 있다. 또한 뿌리가 더 깊게 자라서 더 많은 영양소와 습기를 얻는다. 2004년에 전 세계적으로 무경운 경작지 비율은 7퍼센트 미만에 머물렀지만[11] 지금은 미국[12]과 남미[13] 대부분의 경작지에서 21퍼센트까지 늘어났다.

무경운 경작은 수 세기 동안 검증된 관행이다. 그러나 에너지·경제 사상가 바츨라프 스밀Vaclav Smil이 지적한 대로 산업혁명 시대에 인구가 증가하면서 기존 경작지에서 재배를 강화하기보다 경작지를 확장하는 편이 노동력을 덜 들이게 되었다.[14] 이 추세는 19세기에 더욱 가속화되었다. 농부들은 고갈된 토양을 비옥하게 만들기보다 삼림과 초원을 태워서 경작지를 추가했다. 20세기에는 산업식 농업이 기존 경작지에서 더 많은 수확량과 면적당 이익을 창출했으나 그 대가는 배출량 증가였다.

재생농업은 오늘날 화학비료와 살충제에 의존하는 농업에 도전한다. 재생농업은 클로버 같은 피복작물을 활용하여 토양을 비옥하게 만들고, 잡초로부터 지켜준다. 피복작물은 수명이 다하면 퇴비가 되어서 자연스러운 피복과 영양분의 층을 남긴다. 전 세계 농지의 25퍼센트에서 피복작물 농법을 활용하면 해마다 거의 0.5기가톤의 이산화탄소를 대기에서 제거할 수 있다. 또한 가뭄을 방지하는 데도 도움이 된다.[15] 2019년에 미국에서만 해도 약 8만 제곱미터의 농지가 홍수에 휩쓸린 후 농사를 짓지 못하게 되었다.[16] 재생농업을 하면 표토층이 늘어나 물이 빠진 후 다시 농사를 지을 수 있다.

아주 오래된 재생농법인 윤작은 토양의 필수적인 영양소를 복원한다. 방목을 적절한 간격을 두고 자란 나무는 가축이 더위로 인해 받는 스트레스를 줄여주는 한편 '하층' 식물들이 자랄 수 있도록 충분한 햇빛을 통과시킨다. 임간 축산은 또한 농가의 수익을 다변화한다. 즉, 나무를 잘라서 목재를 얻고, 풀은 건초나 바이오연료로 만들 수 있다.

잘 관리하면 배설물로 화학비료를 대체할 수 있다. 이 두 관행을 결합한 것이 윤환 방목rotational grazing 이다. 이는 목초지의 일부를 몇 년 동안 비워두는 것을 말한다. 재생농업의 또 다른 토대는 삼림과 목축지를 결합하는 임간 축산silvopasture이다. 앨 고어는 "임간 축산을 하는 목초지를 걸어보면 알아요. 나무는 땅에 무척 도움이 된답니다."라고 말한다.

모든 것을 고려할 때 재생농업은 산업적 농경보다 더 수익성이 높을 수 있다. 그럼에도 많은 산업형 농장은 여전히 현상 유지에 투자한다. 전환하는 데 드는 단기 비용은 자금이 부족한 많은 농가가 감당할 만한 수준을 넘어서기 때문이다. 재생농업으로 전환하는 속도를 높이려면 정부가 농가와 창업자들에게 인센티브를 제공하여 새로운 해결책을 보급해야 한다.

과다한 비료 사용을 멈춰라

아산화질소는 대기에 열을 가두는 데 과도한 영향을 미치기 때문에 특히 해로운 온실가스다.[17] 비교적 소량이 존재한다고 해도 전 세계 총배출량의 5퍼센트를 차지한다. 대다수 아산화질소는 특히 미국의 옥수수 농가에서 많이 쓰는 비료에서 나온다. 많은 천연비료도 나름의 아산화질소 성분을 지니고 있기 때문에 대체재로서 크게 나을 게 없다.

세계자원연구소에 따르면 콩과식물(잠두콩, 강낭콩, 렌틸콩, 완두콩 등이 있음.) 같은 피복작물을 통해 아산화질소 배출량을 줄일 수 있다.[18] 콩과식물은 대기 중에서 질소를 포집하여 식물이 흡수할 수 있는 형태로 만드는 미생물을 키운다. 아산화질소는 또한 지속 방출 캡슐과 같은 역할을 하는 질산화 저해제nitrification inhibitors를 통해 추가로 저감될 수 있다.

정부는 자동차 연비 표준을 본떠서 질소 효율 기준을 만들었다. 이 기준은 비료 회사들이 농지에서 자사 제품의 효율을 높이도록 촉구한다. 특히 금전적 인센티브를 제공할 경우 더욱 그렇다.

합성비료 제조 과정은 탄소집약적이다.[19] 합성비료를 만들기 위해서는 암모니아가 필요하다. 화석연료의 수소와 대기 중의 질소가 결합하여 암모니아가 생성되는데 이때 고도의 열과 극단적인 압력이 필요하다. 그 과정에서 온실가스가 배출된다. 전 세계의 기업들은 보다 깨끗한 대안으로서 태양광과 풍력을 이용하여 '그린 암모니아'를 생산하는 방안을 탐구하고 있다. 단기적으로는 비료 사용량을 줄이면 배출량이 줄어들 것이다.[20] 장기적으로는 배출량을 대규모로 줄일 수 있도록 깨끗하게 합성비료를 생산하는 방법을 찾아야 한다.

메탄의 위협

고등학교 때 나는 여름방학 동안 버거 셰프Burger Chef라는 패스트푸드 레스토랑에서 햄버거 만드는 일을 했다. 내가 일을 너무 잘한 나머지 점장은 나중에 패스트푸드 업계에서 일하라고 부추겼다. "도어, 넌 아주 좋은 햄버거 인재가 될 거야."라면서 말이다. (나의 형제들은 이 말을 아주 재미있어 했다.) 그 아르바이트를 하면서 나는 두 가지 중요한 사실을 알게 됐다. 하나는 매번 일을 제대로 하는 것이 대단히 힘들다는 것이고, 다른 하나는 미국인들이 정말로 햄버거를 사랑한다는 것이었다.

그로부터 몇 년이 지나도록 내가 몰랐던 사실이 있었다. 사육시설에서 얻는 소고기가 모든 인기 식품 중에서 온실가스 배출량이 압도적으로 많다는 것이다.

미국은 1인당 기준으로 아르헨티나에 이어 다른 어떤 나라보다 소고기를 많이 섭취한다.[21] 일반적인 미국인은 연간 자기 몸무게보다 많은 붉은 고기와 닭고기를 소비한다.[22] 그 양은 약 100킬로그램에 이른다. 패스트푸드 업계로서는 노다지인 셈이다.[23] 전 세계 패스트푸드 업계의 매출은 6,480억 달러이며, 미국이 그중 3분의 1을 차지한다. 이 호황 산업의 매출을 배출량으로 환산하면 문제의 규모를 짐작할 수 있다.

기후위기에 대한 진지한 논의는 대기 중 메탄에 초점을 맞춰야 한다. 그중 많은 양이 가축과 음식물 쓰레기에서 나온다. 이 둘은 합쳐서 전체 온실가스의 12퍼센트 또는 연간 7기가톤의 이산화탄소 등가물을 생성한다.[24] 아마 짐작했겠지만 소들이 메탄 배출의 왕으로서 4.6기가톤을 배출한다.[25] **전 세계에서 사육되는 10억 마리의 소를 모아 나라를 만들면 온실가스 배출량에서 중국과 미국에 이어 3위를 기록할 것이다.** 육우와 젖소는 가축 총배출량 중 거의 3분의 2를 차지한다. 그래서 돼지, 닭, 양, 염소, 오리를 비롯한 모든 가축이 기후 측면에서 제기하는 위협을 압도한다.

대다수 사람은 햄버거나 페퍼로니 피자를 베어물 때 온실가스 배출량을 별로 생각하지 않는다. 그러나 이런 일상적인 음식은 사료를 만드는 데 필요한 비료부터 소의 소화 과정(대부분 트림)까지 생산 주기의 모든 단계에서 상당량의 온실가스를 생성한다.[26] 또한 450킬로그램의 젖소가 매일 배설하는 약 36킬로그램의 배설물에서도 나름의 배출량이 나온다.[27]

농지의 75퍼센트 이상은 식량 공급을 위해 가축을 기르고 먹이는 데 할애된다.[28] 하지만 가축은 전 세계적으로 단백질의 37퍼센트, 칼로리의 18퍼센트만을 공급한다.[29] 가축은 온실가스 배출량에 상당한 영향을 미치는 데 반해 부실하고, 비효율적인 식품 공급원인 것이다.

식품별 킬로그램당 배출량

GHG 수치는 공급사슬 전반에 걸쳐 생성되는 배출량을 반영한다.

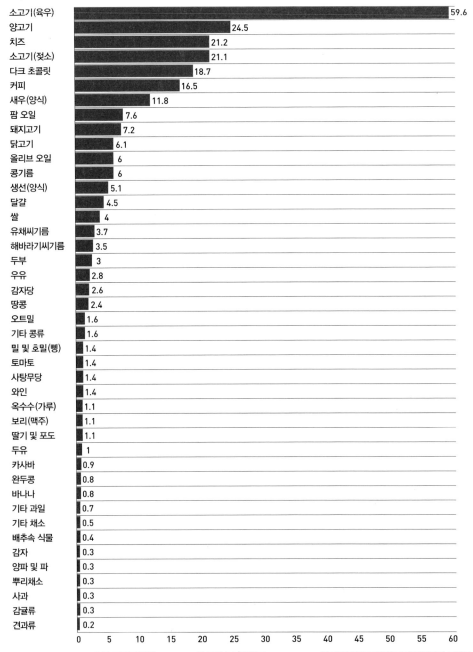

식품	배출량
소고기(육우)	59.6
양고기	24.5
치즈	21.2
소고기(젖소)	21.1
다크 초콜릿	18.7
커피	16.5
새우(양식)	11.8
팜 오일	7.6
돼지고기	7.2
닭고기	6.1
올리브 오일	6
콩기름	6
생선(양식)	5.1
달걀	4.5
쌀	4
유채씨기름	3.7
해바라기씨기름	3.5
두부	3
우유	2.8
감자당	2.6
땅콩	2.4
오트밀	1.6
기타 콩류	1.6
밀 및 호밀(빵)	1.4
토마토	1.4
사탕무당	1.4
와인	1.4
옥수수(가루)	1.1
보리(맥주)	1.1
딸기 및 포도	1.1
두유	1
카사바	0.9
완두콩	0.8
바나나	0.8
기타 과일	0.7
기타 채소	0.5
배추속 식물	0.4
감자	0.3
양파 및 파	0.3
뿌리채소	0.3
사과	0.3
감귤류	0.3
견과류	0.2

◆ 출처: 조지프 푸어Joseph Poore와 토마스 네메체크Thomas Nemecek의 데이터 및 아워 월드 인 데이터와 그래프

칼로리에 대한 세계적 수요가 증가함에 따라 가용 토지가 갈수록 부족해지고 있다. 대다수 인구의 소득이 늘어남에 따라 고기와 유제품에 대한 수요도 늘어갈 것이다. 그만큼 경작과 목축을 위해 더 많은 땅을 개간해야 하는 압박이 강해질 것이다. 이는 삼림 파괴의 주요 동인이다. 우리의 넷 제로 목표는 가축이 배출하는 메탄과 불에 타거나 썩는 나무에서 배출되는 탄소 때문에 이중고를 겪는다. (우리의 속도와 규모 계획은 모든 삼림 파괴를 중단하라고 요구한다. 이 주제는 다음 장에서 다루겠다.)

기후변화에 대한 글의 대부분은 식품 생산 부문에서 대규모 배출량 감축이 이뤄질 가능성을 비관적으로 본다. 나 역시 그 어려움을 과소평가할 생각은 없다. 2050년까지 거의 100억 명의 사람들이 먹고 살아야 한다. 그들은 좋아하는 음식을 먹고 싶어 할 것이다. 앞서 살핀 대로 특히 미국인들은 소고기와 치즈를 좋아한다. 아주 많이.

그러면 어떻게 해야 사람들의 식욕을 충족하는 동시에 수 기가톤에 달하는 목축과 농경 부문의 배출량을 줄일 수 있을까? 아마도 온실가스를 완전히 제거하지는 못할 것이다. 그러나 감축 속도를 높여서 2050년까지 2기가톤이라는 관리 가능한 연간 수치까지는 확실히 도달할 수 있다. 이런 부분적인 감축을 위해서라도 시장, 혁신, 교육, 정책 그리고 측정을 아우르는 종합적인 힘을 통한 행동이 필요하다.

전환은 이미 진행되고 있다. 식물 기반 단백질은 육류에 대한 타당한 대체재로서 대규모로 시장에 진입했다. 이 저배출 식료품은 꾸준히 맛을 개선하고 있다. 최고 수준의 제품은 소고기나 돼지고기를 먹는 경험에 근접했다. 그들은 슈퍼마켓과 레스토랑에서 폭넓게 접할 수 있으며, 빠르게 규모를 키워가고 있다.

공급 측면에서는 천연 첨가제를 소 사료에 섞어서 장에서 배출되는(트림 문제) 온실가스를 줄이기 위한 유망한 연구개발이 진행되고 있다. 캘리포니아대

분명한 온실가스 라벨은 친환경 소비를 유도할 수 있다

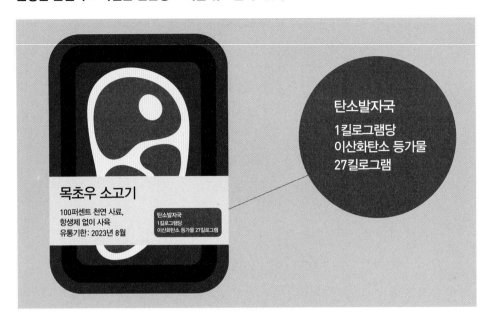

학 데이비스 캠퍼스의 연구에 따르면 소량의 해초만으로 82퍼센트라는 인상적
감축을 이룰 수 있다.[30]

교육은 보다 강력한 도구다. 1994년부터 시작된 식품의약국의 영양성분 표시
라벨은 건강한 식생활과 관련이 있다.[30] 즉, 미국인의 평균 칼로리 섭취량이 7퍼
센트 줄어들고, 채소 섭취량이 14퍼센트 늘어났다. 마찬가지로 온실가스 배출
량 표시 라벨은 소비자들을 환경친화적인 선택지로 유도하고, 저배출 식품 시
장을 확대할 수 있다. 듀크대학의 연구 결과를 보면 소비자들은 "식품과 연계된
배출량을 과소평가하지만 그래도 라벨이 도움을 준다."라고 말한다.[32]

2019년에 덴마크는 세계 최초로 식품 매장에서 '환경 가격표'environmental price
tags를 사용하자고 제안했다.[33] 온실가스 라벨을 받아들인 레스토랑 체인인 저스
트 샐러드Just Salad의 최고지속가능성책임자인 샌드라 누난Sandra Noonan은 "식
품은 우리가 개인으로서 기후변화와 싸울 수 있는 가장 강력한 지렛대"라고 말

한다.

2020년 미국 베이커리 카페 파네라 브레드Panera Bread는 '기후 친화적' 식품을 표시한 최대 체인점이 되었다. 그들은 세계자원연구소와 협력하여 저배출량 메뉴에 '쿨 푸드 밀'Cool Food Meal 배지를 수여했다.[34] 수치화된 탄소발자국 데이터를 쉽게 이해할 수 있는 라벨에 추가하는 것은 소비자들의 의사결정에 한층 도움을 주었다.

지난 1992년 농무부는 미국 최초의 식생활 지침인 '올바른 식생활 피라미드'를 제시했다. 2011년에 이 피라미드는 접시로 바뀌었다. 2020년에는 채소와 곡물이 보다 강조되었다. 이 지침은 학교 급식부터 기업의 직원식당, 개인의 선택까지 사람들의 식생활에 상당한 영향을 미쳤다. 정책결정자들은 소비자들을 소고기와 유제품에서 식물 기반 단백질로 유도함으로써 저배출 식품에 대한 수요를 늘릴 수 있었다.

기후변화를 막기에 최적화된 식생활은 어떤 것일까? 식물학자이자 저술가인 마이클 폴란Michael Pollan은 다음과 같이 간단하게 설명한다. "너무 많이 먹지 말고, 주로 식물을 먹어라." 존스홉킨스대학의 연구는 하루에 소고기와 유제품을 최대 1인분만 먹는 '3분의 2 채식'이 목축 부문의 배출량을 최고 60퍼센트까지 줄일 수 있다고 결론지었다.[35]

> 맛있는 식물 기반 고기와 유제품을 활용하면 섭취량을 전혀 줄일 필요가 없다.

햄버거의 재발견 : 비욘드미트 이야기

2010년에 클라이너의 젊은 파트너인 아몰 데슈판데는 전 세계적 식량 부족에 대한 보고서를 읽고 경각심을 느꼈다. 그는 식물성 단백질로 고기의 질감과 맛을 대체할 수 있는 기술을 들여다보기 시작했다. 그해 말에 나도 소들이 배출하는 온실가스의 규모를 알게 되었다. 그 무렵 아몰은 이선 브라운Ethan Brown이라는 거구의 남성을 우리 사무실로 데려와 프레젠테이션을 시켰다. 198센티미터의 키에 청바지와 티셔츠 차림인 이선은 강한 인상을 풍겼다. 무엇보다 나는 '식물 기반 맥도날드'에 대한 그의 비전 그리고 맛에서 진짜와 경쟁할 수 있는 완전 천연, 식물 기반의 햄버거를 만들겠다는 그의 열정에 사로잡혔다.

식량을 바로잡으면 온실 부문의 배출량이 크게 줄어들 것이다.

기후 친화적인 식생활:
많은 과일과 채소, 소량의 동물 기반 단백질

‹ 출처: 캐나다 정부

이선 브라운

나는 워싱턴 DC와 메릴랜드주 칼리지 파크College Park에서 자랐습니다. 아버지는 메릴랜드 대학의 교수였죠. 도시 생활이 적성에 맞지 않았던 아버지는 메릴랜드 산속에 있는 우리 가족 소유의 농장에서 최대한 많은 시간을 보내려 했어요. 아버지는 휴양과 보존 목적으로 그 농장을 샀지만, 사업가 기질이 있던 아버지 덕분에 우리는 곧 100마리의 홀스타인종 젖소를 기르면서 낙농업을 하게 되었습니다.

어린 나는 집이든 헛간이든 개천이든 숲이든 사방에 있는 동물들에 매료되었습니다. 그래서 어린 시절에는 커서 수의사가 되고 싶었죠.

나는 고기를 먹으며 자랐습니다. 덩치가 컸기 때문에 아마 다른 사람들보다 많이 먹었을 거예요. 가장 좋아하는 패스트푸드는 로이 로저스Roy Rogers에서 파는 햄과 치즈를 곁들인 더블 알 바 버거Double R Bar Burger였어요. 나이를 먹으면서 농장에서 보낸 시절을 돌아보며 식료품(햄, 치즈, 소고기)과 그 재료인 동물들을 따로 떼어놓고 생각하기 힘들었어요.

어느덧 20대 초반이 된 나는 메릴랜드대학에 있는 아버지의 교수실에서 아버지와 함께 앞으로 어떤 일을 할지 의논했습니다. 아버지는 내게 중요한 질문을 던졌어요. "세상에서 가장 중요한 문제가 뭐니?" 나는 기후변화일 거라고 생각했습니다. 기후가 붕괴되면 다른 어떤 것도 의미가 없으니까요.

그래서 학교를 졸업하고 해외에서 일한 후 기후에 도움이 되는 청정에너지에 초점을 맞췄습니다. 나는 해당 부문에서 빠르게 나아갔고, 결혼을 하고 아이를 가졌으며, 주택대출을 받았습니다. 뒤이어 두 가지 일이 일어났습니다. 하나는 30대 초반이 되면서 나의 아이들에게 먹일 식품 시스템이 별로 변하지 않았으며, 그들이 나와 같은 딜레마와 좁은 선택지에 직면할 것이라는 깨달음이 점차 불편해졌다는 것입니다. 다른 하나는 동물과 농업에 대한 나의 개인적 관심과 에너지 및 기후에 초점을 맞춘 경력이 교차하기 시작했다는 것입니다. 구체적인 예를 들면, 수천 명의 전문가들이 모여서 연료전지나 리튬이온 배터리의 효율과 밀도를 높일 방법을 논의하는 클린테크 콘퍼런스에 참석했을 때입니다. 참석자들은 콘퍼런스가 끝난 후 저녁으로 스테이크를 먹으러 갔습니다. 가축이 엄청난 온실가스를 배출한다는 사실을 아는 나는 거대한 해결책이 바로 접시 위에 있다고 생각하지 않을 수 없었습니다.

20대 후반 무렵 나의 식생활은 완전히 식물 기반으로 바뀌었습니다. 내 머릿속에서 지금의 비욘드미트로 이어진 최초의 버전은 식물 기반 맥도날드였습니다. 그러나 우리에게 매장보다 더 필요한 것은 더 나은 제품이라는 사실을 곧 깨달았어요. 더 나은 제품을 만들려면 '고기 대체재'를 요리 과제 정도로 생각해서는 안 되었습니다. 우리는 과학과 기술 그리고 (내가 에너지 부문에서 보았던) 대규모 예산을 적용하여 '대안'과 '대체재'에서 벗어나야 했어요. 우리는 식물에서 직접 만든 고기, 즉 식물 기반 고기를 만드는 방향으로 나아가야 했습니다.

나는 재료가 되는 동물(예를 들어 닭, 소, 돼지)이 아니라 성분을 기준으로 고기를 생각하고 정의하면서 진정한 돌파구를 찾았습니다. 아주 높은 수준에서 보면 고기는 사실 아미노산, 지방질, 소량의 탄수화물, 미량의 미네랄 그리고 물이라는 다섯 가지 성분으로 구성됩니다. 동물은 식물을 먹고 그것을 근육조직, 즉 우리가 말하는 고기로 바꿉니다. 오늘날의 기술을 활용하면 생물학적 생체반응기(동물)를 거치지 않아도 식물 자체에서 바로 핵심 성분을 얻을 수 있습니다. 그다음 다른 시스템으로 이 성분들을 조합하여 고기라는 익숙한 구조물을 만들 수 있죠.

나는 해결책의 하나가 될 수 있는 기술을 찾아 전 세계를 살피기 시작했습니다. 최종적으로 미주리대학에 있는 두 명의 연구자를 찾아냈습니다. 그들은 식물성 단백질의 결합 부위를 끊은 다음 줄무늬가 있는 근육 구조로 다시 묶을 수 있는 방법을 연구하고 있었습니다. 나는 회사를 설립한 2009년에 그들에게 연락했고, 고맙게도 그들은 시간이 지나면서 동업자가 되는 데 동의했습니다. 뒤이어 나는 추가 연구 지원을 위해 메릴랜드대학과 접촉했습니다. 우리는 여러 해에 걸친 두 대학의 협력을 통해 타당한 시제품을 만들 수 있었습니다.

이선은 클라이너로 와서 자신의 비전을 소개하기 전까지는 가족과 친구들에게 구한 돈으로 오래된 병원 건물에 실험용 주방을 차렸다. 알고 보니 이선은 내가 만난 가장 진솔한 사람 중 하나였다. 그는 동물을 대체하는 강낭콩과 렌틸콩 그리고 종자유로 사람들이 좋아하는 것(고기를 굽고 맛보는 경험)을 제공하는 일에 헌신했다. 그는 가장 지속가능한 작물을 선택하고, 단백질을 추출하여 소고기의 생화학적 특질을 재현했다. 소는 필요하지 않았다. 이선은 말기 히피처럼 보였을지 모른다. 그러나 그는 과학과 소비자 대상 시식에 기반한 타당한 사업 계획을 갖추고 있었다. 또한 '비욘드미트'라는 이름도 우리 마음에 들었다. 그래서 클라이너퍼킨스는 이선의 신생 회사에 자금을 대주는 최초의 대형 투자자가 되었다.

이선 브라운

여러 해 동안 사업의 부침이 있었습니다. 25만 달러 정도를 자비로 투자했지만 비욘드미트를 진정한 기업으로 만들려면 수백만 달러가 필요했어요. 클라이너의 투자팀은 우리를 위해 모험을 감행했습니다. 그들이 참여하자, 다른 투자사도 합류했어요. 덕분에 우리는 본격적으로 사업을 진행할 수 있었습니다.

2009년 말에 소고기 맛 제품을 출시했습니다. 그러나 2012년이 되어서야 소비자에게 근육 구조와 감각적 경험에서 당시 내가 획기적이라고 여기던 제품, 바로 식물 기반 치킨 스트립chicken strips을 제공할 수 있었습니다. 홀푸드는 이 제품을 조리식품 코너에서 판매하여 많은 주목을 받았습니다. 그것에 대해 마크 비트먼Mark Bittman이 《뉴욕타임스》 선데이 리뷰 섹션의 1면에 실은 기사도 있습니다. 이 기사에는 머리가 브로콜리로 되어 있는 닭 그림이 같이 실려 있었죠. 우리에게는 아주 좋은 일이었습니다.

2016년 우리는 정육 코너의 소고기 바로 옆에 비욘드 버거를 내놓았습니다. 판매처는 홀푸드에서 시작하여 전국으로, 나중에는 전 세계로 확대됐습니다. 완전 천연 재료로 만들어서 소비자들이 요리할 수 있도록 날것으로 전시된 이 제품은 우리의 돌파구가 되었습니다. 그러나 3.0 버전을 판매하고 있는 지금도 비욘드 버거(그리고 우리의 다른 제품)와 원래의 동물성 단백질

사이의 간극을 메우려면 아직 갈 길이 멉니다. 우리는 '빠르
고 끊임없는 혁신 프로그램'Beyond Meat Rapid and Relentless
Innovation Program으로 목표에 다가가고 있습니다. 좋은 소식
은, 언젠가 실제 고기와 구분할 수 없는 완벽한 구조를 달성
하는 데 중대한 걸림돌은 보이지 않는다는 것입니다.

2019년 우리는 또 다른 중대한 이정표에 이르렀습니다. 맥도날드는 우리가 개발한 버거를 캐
나다 온타리오주 서부의 몇몇 매장에서 시험해보기로 했습니다. 나는 어느 날 저녁, 토론토에
서 회의를 끝낸 후 몇 시간 동안 여러 매장을 돌아다니며 우리 제품을 먹어보았습니다. 맛이
아주 좋았습니다. 내게는 전체 경험이 즐거웠어요. 주차장에서 엄청난 고마움과 안도감을 느
꼈습니다. 꿈으로 시작한 일이 이제는 현실이 되었죠.

그러나 사업을 키우려면 더 많은 자본이 필요했습니다. 이제는 상장에 나설 때였어요. 2019년
5월에 상장을 했는데, 나를 포함해 모두가 놀랐죠. 시가가 공모가의 두 배 이상으로 뛰었던 겁
니다. 이후 몇 달 동안 주가는 네 배나 상승했습니다. 갑자기 모두가 비욘드미트에 대해 알게
되었습니다.

우리 선조들은 200만 년 전에 동물에게서 고기를 섭취했습니다. 이 섭식을 위한 선택과 이후

의 조리를 위한 불의 발견은 더 높은 영양 밀도를 제공했습니다. 이는 대평원에서 풀과 다른 식물을 대량으로 섭취하기보다 클리프 바Clif Bar(에너지 바 브랜드-옮긴이)를 찾는 것과 같았습니다. 더 이상 과다한 음식을 소화할 필요가 없어지면서 인간의 위는 줄어들었죠. 여유분의 에너지는 빠른 성장으로 두 배나 커진 우리 선조들의 뇌에 힘을 불어넣었습니다. 현재 우리는 이 지력과 기술을 활용하여 동물과 고기를 분리할 수 있게 되었습니다. 그리고 그에 따라 우리의 건강, 기후, 자연자원 그리고 동물 복지를 위한 혜택을 누릴 수 있게 되었죠. 우리 자신뿐 아니라 미래 세대들도 그 혜택을 누릴 수 있습니다. 이는 진화적 차원의 변화처럼 보이며 나와 동료들은 그 사실에서 무한한 활력을 얻습니다.

기후가 붕괴되면
다른 어떤 것도
의미가 없다.

비욘드미트는 방대한 중국 시장을 비롯하여 80개국에 걸쳐 11만 8,000개가 넘는 유통 매장을 확보했다. 또한 세계 2대 레스토랑 브랜드인 맥도날드, 얌Yum!과 전 세계를 대상으로 한 전략적 합의에 서명했다. 이는 시작에 불과하다. 근래에 실시한 조사에 따르면 식물 기반 버거 소비자의 90퍼센트 이상은 비건vegan(육류뿐 아니라 우유와 달걀도 먹지 않는 사람 – 옮긴이)이나 채식주의자가 아니다.[36] 시장이 더 폭넓어지는 것은 식물 기반 고기의 지속력을 확인시켜준다. 2020년 이 부문은 전년 대비 45퍼센트 성장했다.[37] 성장 곡선이 평평해질 기미는 보이지 않는다.[38] 비욘드미트의 새로운 목표는 2024년까지 소고기와 같은 가격 수준을 달성하는 것이다.[39]

이선 브라운은 경쟁이 치열한 산업에서 버텨낸 기후운동가다. 비욘드미트는 대체육 시장의 후발주자인 임파서블푸드Impossible Foods와 정면대결을 벌이고 있다. 이 회사는 콩에서 추출한 혈색소 분자인 헴heme으로 자체 버거를 생산한다. 2019년에 버거킹은 전 세계에서 임파서블 와퍼Impossible Whopper를 판매하기 시작했다. 또한 그해에 타이슨푸드Tyson Foods가 합류하여 강낭콩 단백질로 만든 닭고기 맛 너겟을 출시했다. 이 미국 최대 육가공업체는 추세를 거스르기보다 시장점유율을 놓고 싸우는 쪽을 택했다. 식물 기반 단백질은 포장육 시장의 거의 3퍼센트를 차지했다. 이는 10년 전에 식물 기반 우유가 확보한 시장점유율과 비슷한 수준이다.

배양육(합성육이나 인공 배양육 또는 세포 기반 고기cell-based meat로도 불림)은 대안 단백질 시장의 또 다른 미래다. 배양육은 동물의 근육, 지방, 결합조직에서 떼어낸 세포를 영양소가 풍부한 혈청에서 배양하여 만든다. 합성육은 비건이나 채식 식품이 아니고, 천연육보다 여전히 가격이 높다. 그래도 제조 방식이 온실가스 배출량을 줄일 잠재력을 지닌다. 메이오클리닉Mayo Clinic의 심장전문의이자 업사이드푸드Upside Foods의 CEO 및 공동 창립자인 우마 발레티Uma Valeti는 자신들의 자가 재생 세포 기술로 인해 "육류 생산 과정에서 동물을 완전히 배제할 수 있을 것"이라고 말한다.[40]

유제품 딜레마

소비자를 육류에서 식물 기반 대안으로 이끄는 것이 여전히 힘든 일처럼 느껴진다면 슈퍼마켓 우유 코너에서 근래에 일어난 변화를 생각해보라. 현재 미국의 총 우유 매출 중 15퍼센트는 귀리나 대두, 아몬드 또는 다른 식물 기반 원료로 만든 우유가 차지한다.[41] 식물 기반 우유에 대한 그린 프리미엄이 거의 제로에 가까워지면서 시장점유율이 해마다 늘고 있다. 소비자가 어떤 식물 기반 우유를 선택하든 간에 모두 온실가스 배출, 토지 사용, 물 사용이라는 세 가지 주요 척도에서 볼 때 우유보다 환경에 더 이롭다.

다만 유제품 관련 배출량에서 우유가 차지하는 부분은 작다. 우유보다 더 많은 부분을 차지하는 것이 치즈다. 치즈는 소고기와 양고기에 이어 세 번째로 온실가스를 많이 배출하는 식품이다.[42] 전 세계 판매량 측면에서 큰 비중을 차지하는 치즈가 모차렐라 치즈다. 모차렐라 치즈 450그램 정도를 제조하려면 4,500그램의 우유(약 4.7리터)가 필요하다. 이는 전통 피자 두 판을 만들 수 있는 양이다. 또한 우유를 많이 생산하는 젖소가 하루에 생산하는 양이기도 하다. 소 한 마리는 해마다 약 110킬로그램의 메탄을 배출한다.[43]

우유의 대안이 인기를 얻고 있지만, 치즈의 좋은 대안은 아직 찾는 중이다. 내 입맛에는 우유 대신 견과류나 대두로 만든 치즈 대체재가 아직 기준을 충족하지 못했다. 그러나 나는 식품 혁신가들이 조만간 더 나은 제품을 개발하리라 확신한다.

쌀 재배를 다시 생각하다

식품과 기후를 둘러싼 대다수 논쟁은 육류 소비를 중심으로 전개된다. 그러나 무해해 보이는 주식主食도 나름 상당한 온실가스를 배출한다. 쌀은 30억 명이 넘는 사람들의 주식으로서 전 세계에서 소비되는 칼로리의 20퍼센트를 제공한다.[44] 그러나 동시에 전 세계 메탄 배출량의 12퍼센트를 차지하기도 한다.[45] 심지어 일부 추정치는 그보다 더 높다.

벼는 흔히 논을 물로 채워서 재배한다. 이 관행은 잡초가 자라지 못하게 하고, 수확량을 늘려주는 것으로 알려져 있다. 안타깝게도 물에 잠긴 논은 메탄을 생성하는 미생물이 자라기에 이상적인 환경이다. 그들은 공기가 없는 환경에서 분해되는 유기물질을 먹고 산다.

이는 까다로운 문제다. 그러나 해결책이 시행되고 있다. 현재 수백만 명의 소규모 영농인들이 개선된 쌀 생산 방법을 채택하고 있다. 그들은 간헐적 물대기로 메탄을 줄인다. 이 방식은 계속 물을 채워두는 방식보다 지구 친화적인 대안이다. 그래서 메탄 배출량을 3분의 2나 줄여준다. 또한 수확량을 두 배로 늘려서 수익을 크게 높인다. 다만 한 가지 단점이 있다. 바로 아산화질소 배출량을 크게 늘린다는 것이다.[46] 아산화질소는 지구를 덥히는 힘이 이산화탄소보다 300배나 강하다.

이 문제를 완화하려면 수위水位를 긴밀하게 관찰하고 관리하는 것이 중요하다. 질소 및 유기물질을 관리하면서 수위를 낮게 유지하면 이 시소 효과를 억제하고 온실가스 배출량을 최대 90퍼센트나 줄일 수 있다.[47]

보다 지속가능한 쌀 재배법은 수위의 큰 변화를 피하는 것으로 귀결된다. 주요 공급업체들은 더 이상 지속적인 물대기를 하지 않는 농장에서 더 많은 쌀을 사들이고 있다. 엉클 벤Uncle Ben의 모회사인 마스Mars, Inc.는 2020년에 그 비중을

99퍼센트로 늘렸다.[48] 유엔이 후원하는 지속가능한 쌀 플랫폼Sustainable Rice Plat form은 소비자들을 농민과 기후에 모두 도움이 되는 쌀 소비로 유도하기 위해 인증 로고를 부여한다.

온실가스 배출을 줄이는 재배법으로 전환하는 것은 쉽게 해치울 수 있는 일

쌀은 전 세계에 걸쳐 30억 명이
넘는 사람들의 주식이다.

이 아니다. 저수위 재배법을 촉진하려면 수억 명의 재배자들과 긴밀하게 협력해야 한다. 오랫동안 따랐던 관행을 바꾸려면 수확량과 수익을 늘려준다는 약속을 재배자들이 믿게끔 해야 한다. 보다 많은 연구, 교육, 성과 측정이 필요하다. 그래도 기후위기를 완화하는 데 필요한 많은 해결책 중에서 이 방법이 비교적 저렴한 비용으로 엄청난 보상을 제공한다.

공급 측면 보조금의 방향 전환

상당한 진전을 이루기는 했지만 우리는 아직 농업 부문에서 배출량 감축 목표를 달성할 경로에 오르지 못했다. 희망찬 신호와 심각한 난관이 둘 다 보인다. 2010년 이후 인구가 증가하는 와중에도 전 세계의 소 마릿수는 꾸준하게 유지되었다.[49] 미국에서는 우유 가격이 하락하면서 낙농가의 수익이 줄어들었다.[50] 일부 농장은 규모를 줄이고 있으며, 다른 농장은 땅을 매각하거나 다른 용도로 전환하고 있다.

그래도 소고기와 우유를 얻는 과정에서 배출되는 온실가스 문제는 저절로 해결되지 않을 것이다. 대다수 국가들은 농가에 보조금을 지급한다. 2019년에 농산물 생산자들에 대한 미 정부의 지원 금액은 총 490억 달러였다. 거기에는 낙농업계에 대한 상당한 보조금도 포함된다.[51] 중국(1,860억 달러)과 유럽연합(1,010억 달러)은 그보다 더 많은 돈을 쓴다.

현 상황을 활용하여 식품업계가 배출량을 줄이도록 기존 구도를 타파하자. 농민들이 새로운 작물로 바꾸려면 도움이 필요하다. 첫 번째 원칙으로, 정부 보조금을 보다 지속가능한 농업으로 전환해야 한다. 파머스 비즈니스 네트워크의 아몰 데슈판데는 "폭넓은 농민운동 단체들이 재생농업에 참여하고 싶어 합니다. 재생농업은 수익성이 높을 뿐 아니라 토지를 보존하는 데 도움이 되거든요. 농민들이 보유한 부의 90퍼센트는 토지입니다."라고 말한다. 그는 더 많은 땅을 목축지에서 수요가 많은 작물 재배지로 전환하는 과정에서 농장의 가치를 추가로 높일 수 있다고 덧붙인다.

결국 식량을 바로잡는 일은 보다 많은 수익을 안겨주고, 지구에 더 도움이 될 것이다. 세계자원연구소의 과학 및 연구 부문 부대표인 재닛 란가나탄Janet Ranganathan은 "식량은 모든 지속가능성 과제의 어머니입니다. 이 시스템을 크게 바꾸지 않고는 기온 상승 폭을 2도 이하로 줄일 수 없습니다."라고 말한다.

음식물 쓰레기에 집중하기

농업 부문의 배출량을 크게 줄이려면 식량 시스템에서 가장 큰 문제 중 하나인 음식물 쓰레기를 해결해야 한다. 해마다 전 세계에서 생산되는 음식물 중 무려 33퍼센트가 버려진다.[52] 고소득 국가에서는 그 비중이 더 높다. 전체적으로 우리가 버리는 음식물은 전 세계적으로 2기가톤 이상의 온실가스를 배출한다. 한편으론 전 세계 인구 중 8억 명이 넘는 사람들이 영양부족 상태다.[53] 한마디로 너무 많은 음식이 낭비되고, 너무 많은 사람이 충분히 먹지 못하고 있다.

저소득 국가의 경우 음식물 쓰레기는 대개 부적절한 보관이나 부실한 설비와 포장 또는 나쁜 날씨의 결과로 의도치 않게 발생한다. 또한 대부분 공급사슬의 초반 단계에서 수확하기 전에 썩거나, 구매자에게 전달되는 과정에서 상한다.

반면 미국에서는 소비자들이 음식물의 35퍼센트를 내다 버린다.[54] 그렇게 버려지는 음식물 쓰레기를 돈으로 따지면 연간 2,400억이다. 거의 가구당 2,000달러에 달한다.[55] 오해하기 쉬운 식품 라벨의 유통기한 표시가 이 문제를 더욱 야기한다. 즉, 안전한 데다 먹을 수 있는 음식을 일찍 버리게 만든다. 또한 유통 매장에서 종종 피상적인 이유로 반품하는 식품들도 문제를 악화시킨다.

이런 세계적 불균등에 대한 폭넓은 해결책이 필요하다. 부유한 나라의 경우 표준화된 라벨링, 지자체 단위의 퇴비화 프로그램, 공공 인식 캠페인이 우리의 전략이다. 또한 유통업체와 무료 급식소 그리고 그들의 공급사슬 사이에 보다 효과적인 쓰레기 감소 프로그램도 필요하다.

2015년 프랑스는 대형 식료품점이 자선단체에 기부할 수 있는 미판매 식품 버리기를 금지했다. 현재 프랑스에서는 매일 2,700여 곳의 슈퍼마켓이 유통기한이 임박한 식품을 전국에 있는 80개의 창고로 보낸다.[56] 그 결과 해마다 4만 6,000톤의 식품이 구조되고 있다. 무료 급식소에 대한 기부는 20퍼센트 이상 늘었다.

이런 노력은 인정받아 마땅하지만 우리는 공급사슬의 더 이른 단계에 개입할 필요가 있다. 선진국에서 음식물 쓰레기를 만드는 단골 용의자로는 도살장, 농장, 유통시설을 들 수 있다. 가난한 나라의 경우 식품 저장, 가공, 운송을 위한 인프라를 개선함으로써 문제를 가장 잘 해결할 수 있다. 저장용 가방, 저장고, 상자를 개선하는 것처럼 비용이 많이 들지 않는 조치로도 큰 효과를 낼 수 있다. 생산자와 구매자 사이에 이뤄지는 좀 더 분명한 의사소통과 꾸준한 조율도 필수적이다.

민간과 협력하는 과정에서 정부는 진행 상황을 파악하기 위해 확실한 측정 및 보고 체계가 필요할 것이다. 음식물 쓰레기를 피하는 일이 더 높은 우선순위가 되면 1기가톤의 배출량을 줄인다는 우리의 목표를 달성할 수 있다.

식량의 미래

식량 부문을 탈탄소화하는 일은 쉽지 않다. 그러나 그 효과는 엄청날 수 있다. 식량을 바로잡으면 농업 부문의 배출량이 크게 줄어들 것이다. 이는 기후 안정, 보다 건강한 삶, 기아 감소를 위한 거대한 진전이다.

사람들이 더 나은 선택을 하도록 도우려면 음식과 온실가스 배출 사이의 연관성을 더 많이 알려야 한다. 또한 농민, 공급업체, 식품업체, 유통업체, 레스토랑 그리고 소비자를 상대로 한 지속가능한 선택을 홍보할 자금이 더 많이(훨씬 더 많이) 필요하다.

농업 생산성 및 효율성 개선도 해결책의 하나다. 소중한 자원을 파괴하지 않고 우리에게 필요한 모든 식량을 재배하려면 면적당 더 많은 식품과 칼로리를 수확해야 한다. 지난 반세기 동안 미국의 농가는 이 방향으로 나아갔다.[57] 효율성이 증가하면서 1파운드의 소고기나 1갤런의 우유를 생산하는 데 사용되는 땅과 물의 양이 줄었다.[58] 전 세계적으로 공공 부문은 중대한 역할을 맡고 있다. 보다 많은 연구개발은 생산성을 증대할 수 있다. 또한 보다 나은 정책은 농민들이 삼림이나 초원을 경작지로 바꾸지 않도록 설득할 수 있다.

2050년까지 인류는 만기가 다가오는 거액의 대금을 지불해야 할 것이다. 앞서 말한 대로 늘어나는 인구는 50퍼센트 이상 더 많은 칼로리를 요구할 것이다.[59] 온실가스 배출량을 줄이고 필수 생태계를 보호하는 한편 사람들의 필요를 충족하는 것은 힘든 과제가 될 것이다. 그러나 보다 생산적이고 재생적인 농업을 받아들이고, 정밀한 비료 주기로 전환하고, 저배출 식생활을 촉진하며, 쓰레기를 줄인다면 **기후위기의 해결을 돕는 동시에 음식을 마땅히 즐길 수 있다.**

속도와 규모 : 넷 제로까지의 카운트다운

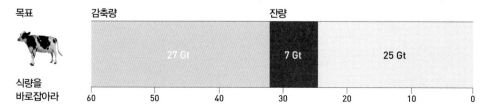

목표	감축량	잔량	
식량을 바로잡아라	27 Gt	7 Gt	25 Gt

자연을
보호하라

Protect Nature

자연을 보호하라

엔지니어로서 나는 전체를 살핀 다음 부분을 해체하는 문제 접근 방식을 좋아한다. 라이스대학에 다니던 시절에는 교내 라디오 방송인 KTRU를 위해 구형 오디오 장비를 해체하여 개조해주기도 했다. 가끔 우리는 이 장비를 콘서트에 활용했다. 나는 준비 과정에서 확실한 원칙을 배웠다. 무대 장비를 설치할 때 흔히 저지르는 실수가 마이크를 스피커에 너무 가까이 두는 것이었다. 그러면 귀가 아플 만큼 날카로운, 익히 들었던 고주파 잡음이 생긴다.

이 문제는 '순환고리'로 알려져 있다. 이는 스피커에서 나온 소리가 마이크로 들어가고, 이 소리를 스피커가 증폭하고, 그것이 다시 마이크로 들어가서 더 큰 소리로 스피커를 통해 나오는 것을 말한다. 순환고리 현상이 발생하면 마이크를 끄거나 스피커를 차단해야 한다. 안 그러면 억제되지 않은 증폭으로 장비(그리고 당신의 귀)가 터질 수 있다.

현재 우리의 기후 시스템에는 여러 개의 위험한 순환고리가 보인다. **그것은 두려운 미지의 영역이다. 최고의 기후 모델도 그것들을 모두 반영하지 못한다.** 피해 정도를 더 잘 이해하기 위해 지구를 거대하고 대단히 복잡한 기계라고 생각해보라. 대기에 고도로 축적된 탄소는 지구를 덥힌다. 높은 대기 온도는 삼림에서 물을 빨아들인다. 건조한 열기는 산불을 촉발하고 확산한다. 산불은 나

땅, 대기, 바다를 거쳐가는 탄소

인위적 배출　　　자연적 유동　　　저장된 탄소

광합성

인위적 배출

식물 호흡

식물 바이오매스

토양 탄소

미생물 호흡 및 분해

화석 탄소

◆ 출처: 미 환경부 생물학 및 환경연구정보 시스템
Biological and Environmental Research Information System의 데이터와 그래픽

무에 저장된 탄소를 대기 중에 흩뿌린다. 이 탄소는 기온을 더욱 높인다. 이것이 지금 우리가 처한 난처한 상황이다.

순환고리는 계속 반복될 수 있다. 탄소를 배출하는 근원적인 요인을 차단하지 않으면 지구를 덥히는 순환고리는 걷잡을 수 없는 재난을 일으킬 것이다. 전체 생태계는 불안정해질 것이다. 삼림은 물론 농지와 초원, 하성 삼각주와 바다도 마찬가지다. 불안정한 상태가 충분히 오래 지속되면 돌이킬 수 없는 지경에 이를 수 있다. 이런 측면에서 가장 취약한(그리고 전 지구에 두려운 영향을 미칠) 지역은 북극의 지표면 아래에 존재하는 얼어붙은 지층인 영구동토층이다. 기온이 상승하여 영구동토층이 녹으면 영겁의 세월 동안 동토층에 얼어 있던 식물성 물질을 무생물이 분해하게 된다. 그 과정에서 이산화탄소와 메탄이 대기로 방출된다. 정지 버튼을 누르거나 탄소를 다시 봉인할 방법은 없다.[1] 방치할 경우 녹은 동토층은 북극을 온실가스 흡수원에서 방대한 배출원으로 바꿀 것이다.

순환고리가 지구를 살 수 없는 곳으로 만들지 못하게 막으려면 탄소 순환 carbon cycle**(탄소가 대기·해수·지각·생태계를 순환하는 것)을 안정화해야 한다.** 우리의 행성에는 자연적인 밀물과 썰물이 있다. 나무는 이산화탄소를 들이마시고 산소를 내뱉는다. 바다와 토양은 대량의 탄소를 흡수한다. 암석도 마찬가지다. 산업혁명 시대 이전에 자연적인 탄소 순환이 균형을 유지할 때는 대기의 이산화탄소 함유량은 약 280ppm이었다.[2] 그러다가 인류가 열, 증기 동력, 전기를 얻기 위해 석탄을 태우기 시작했다. 그다음에는 운송을 위해 석유를 태웠다. 곧 이산화탄소 배출량이 지구가 흡수하고 저장할 수 있는 수준을 넘어섰다. 결국 대기에 축적되는 이산화탄소가 증가하기 시작했다. 그 양은 1700년대 중반 이후 50퍼센트나 증가했으며, 증가 속도가 해마다 빨라지고 있다.[3]

지금의 증가하는 탄소 수치는 지구적 비상사태의 맹공습을 예고한다. 지구의 '탄소 흡수원'(대지와 삼림 그리고 해양)은 대기에서 탄소를 흡수한다. 그러나 현재는 과부하 상태가 될 위험에 처해 있다. 산업화, 화석연료에 따른 오염, 환경을 해치는 관행은 우리가 배출하는 탄소를 흡수하는 그들의 능력을 위협한다. 우리가 방식을 바꾸지 않으면 넷 제로에 이르는 모든 기회를 망치게 될 것이다. 진정으로 기후 파국을 피하고 싶다면 자연이 설계한 대로 작동하도록 세 가지 흡수원을 복원해야 한다.

이 엄청난 문제를 어떻게 해결해야 할까? 생물학자이자 '다윈의 후계자'로 알려진 뛰어난 인물인 에드워드 윌슨Edward Wilson의 비전을 참고해보자. 윌슨은 70년에 걸친 탁월한 경력의 막바지에 이른 2016년에 《지구의 절반》이라는 책을 세상에 선물했다. 이 책은 지구의 풍부한 생물다양성을 보존하기 위한 절박한 조치로서 지구 표면의 절반을 자연에 내줄 것을 제안한다. 윌슨은 책에서 이렇게 쓴다. "지구의 절반을 보호구역으로 설정하자는 제안은 문제의 규모에 비례하는 최초의 긴급한 해결책을 제공한다. 나는 **오직 지구의 절반 또는 그 이상을 보호구역으로 남겨두어야만 환경의 살아 있는 부분을 구하고,** 우리 자신의 생존에 필요한 안정화를 달성할 수 있다고 확신한다."[4]

윌슨의 과감한 제안은 모든 해양, 삼림, 대지의 50퍼센트를 너무나 중요한 목적을 위해 보호할 것이다. 그 목적은 지구의 탄소 순환을 정상화하고 기후 시스템에서 악순환의 고리를 끊어내는 것이다.

우리가 함께 살아갈 지구는 하나뿐이다. 지구와 우리의 관계에 대한 모든 근본적인 재검토는 대지를 활용하고 개발하는 뿌리 깊은 관행을 중단시킬 것이다. 지역 인구는 고려되어야 할 것이다. 기후

나무를 많이 심으면 삼림 파괴를 극복할 수 있을 거라고 믿고 싶을 수 있다. 그러나 어디에서 나무가 가장 잘 자랄지, 인접한 땅에 어떤 영향을 미칠지, 얼마나 오래 살지, 나무를 심지 않으면 어떤 일이 생길지 등 몇 가지 요소를 고려해야 한다.

형평성 문제는 다루어져야 한다. 자원에 대한 세계적 수요와 환경보호에 대한 필요성 사이에 불가피한 절충이 이뤄질 것이다. 이 모든 일이 쉽지 않지만 전면

목표 4
자연을 보호하라

2050년까지 탄소 배출량을 6기가톤에서 −1기가톤으로 줄인다.

KR. 4.1	**삼림**
	표토층의 탄소 함량을 최소 3퍼센트로 늘리는 관행을 통해 토질을 개선한다.
	↓ 6기가톤
KR 4.2	**해양**
	2030년까지 넷 제로 삼림 벌채를 달성한다. 주요 삼림에서 파괴적 관행과 벌목을 중단한다.
	↓ 1기가톤
KR 4.3	**대지**
	심해 저인망 어획을 중단하고 2030년까지 적어도 해양의 30퍼센트, 2050년까지 50퍼센트를 보호한다

적인 기후 재난을 막으려면 자연에 맞서는 것이 아니라 자연과 협력해야 한다.

탄소 순환의 균형을 다시 잡으려면 세 가지 목표를 모두 달성해야 한다. 삼림 KR(4.1)은 2030년까지 인간이 초래하는 삼림 파괴를 크게 줄이고, 우리가 베거나 태우는 나무보다 더 많은 나무를 심을 것을 요청한다. 삼림을 보호하는 일은 개벌皆伐(수종을 구분하지 않는 무차별적 벌채 – 옮긴이)을 중단시키고, 나무들을 수세기 동안 보존할 수 있도록 정치적·경제적 지원을 제공하는 데서 시작된다. 지속가능한 목재만 시장에서 유통될 수 있도록 하려면 보다 엄격한 규제와 감시, 인증이 필요하다.

해양 KR(4.2)는 바다를 파괴하는 활동을 중단할 것을 요구한다. 연안은 탄소를 흡수하는 해초들로 이뤄진 방대한 수중 초원이다. 따라서 오염 및 파괴적인 어업 관행으로부터 보호해야 한다. 심해에는 저장된 탄소가 가장 많이 비축된 해양 침전물이 쌓여 있다. 이런 수중 세계에서 상업적 어업에서 이뤄지는 공격적인 저인망 어획(무게추를 단 그물로 해저를 훑는 것)은 이산화탄소를 해수에 배출한다. 그중 일부는 최종적으로 대기로 배출된다. 우리는 2050년까지 심해 저인망 어획을 중단하고 모든 해양의 50퍼센트를 보호해야 한다.

대지 KR(4.3)은 2030년까지 모든 대지(툰드라와 빙원부터 초원, 이탄지, 사바나까지)의 30퍼센트, 2050년까지 50퍼센트를 보호하는 것이다. 이는 2020년에 보호구역으로 지정된 15퍼센트에서 놀라울 만큼 늘어난 목표치다.[5]

이 장에서 다룰 우리의 세 가지 KR은 전체적으로 온실가스 배출량을 7기가톤 줄일 것이다. 이는 현재 위기를 초래한 배출량의 13퍼센트에 해당한다. 목표를 달성하려면 정부의 대담한 행동, 민간 부문의 과감한 혁신과 투자 그리고 집중적인 기부가 필요하다.

이 장의 숨겨진 문맥으로서 시급하게 해결해야 할 문제는 기후정의climate justice다. 인간은 종종 정당한 이유로(연료나 음식 또는 주거지를 얻기 위해) 자연을 훼손한다. 현재 많은 사람들에게 삼림 제거는 생활을 유지하기 위한 최선의 수단이다. 모든 합당한 자연보호 계획은 그들이 소득을 올리고 가족을 먹일 수 있는 타당한 대안을 제공해야 한다. 무조건 금지하는 방식으로는 기후위기에서 벗어날 수 없고, 고압적인 수단으로는 기후위기를 해결할 수 없다. 부유한 국가, 기업, 자선가 들은 자국뿐 아니라 다른 나라에서 이런 복원 조치에 들어가는 전 세계적 비용을 부담해야 한다.

삼림의 미래

세계의 삼림이 처한 재난은 수십 년 동안 신문의 1면을 차지했다. 불타는 아마존이나 최근에 발생한 캘리포니아 산불에 대한 기사가 끝없이 쏟아지다 보니 둔감해지기 쉽다. 나무의 중요성에 대해, 나무를 잃으면 어떤 일이 생기는지에 대해 제대로 아는 사람이 너무 적다.

기본적인 사실부터 알아보자. 나무는 대기에서 탄소를 흡수한다. 나무가 작을 때는 적은 양의 탄소를 저장하다가 커갈수록 그 양을 늘린다. 저장 기간은 평생이며, 종종 100년이 넘기도 한다. 의도적이든 아니든 나무를 태우면 저장된 탄소가 빠져나온다. 나무들이 품고 있던 이산화탄소는 대기로 방출된다. 삼림 파괴는 지구온난화의 원인이자 결과다.

파괴되는 삼림의 수치는 파멸적이다. 전 세계에서 6초마다 축구장 크기의 삼림이 사라진다.[6] 전체적으로 삼림 파괴(나무를 베어내고 태우는 모든 행위)는 연간 6기가톤의 이산화탄소를 초래한다.[7] 이는 지구 전체 배출량의 약 10퍼센트에 해당한다.

열대 지역의 삼림 파괴는 특히 문제가 된다. 야생의 풍부한 생물다양성이 훼손될 뿐 아니라, 방대한 양의 탄소를 저장하는 수단이 사라지기 때문이다. 아마존 열대우림만 해도 760억 톤의 탄소를 저장한다.[8] 세계자원연구소에 따르면 국가별 순위를 따졌을 때 열대의 삼림 파괴가 중국과 미국에 이어 세 번째로 많은 탄소 배출량을 기록한다.[9]

환경방어기금의 전 최고기후책임자인 냇 코헤인은 이것이 시급한 비상사태라며 이렇게 말한다. **"지금 열대우림을 보호하지 않으면 10년 후에는 기회가 없을 겁니다."**

사람들은 가축과 작물을 키울 공간을 마련하기 위해, 목재나 종이를 만들기 위해, 도로와 댐을 건설하기 위해 나무를 베어낸다. 부분적으로 삼림 파괴는 증가하는 전 세계 인구를 먹일 농지에 대한 수요의 산물이다. 우리는 토지 부족 사태에 직면했다고 해도 과언이 아니다. 2050년에 무분별한 벌목 없이 100억 명을 먹이려면 기존 농지의 생산성을 높이고 소고기 같은 탄소집약적 식품 소비에서 멀어져야 한다. 또한 식량을 생산하는 과정에서 배출량을 줄이고, 3장에서 설명한 사료 첨가제나 정밀한 비료 주기 같은 혁신에 투자하는 정책을 집행해야 한다. 그러나 이 모든 일에 성공한다고 해도 충분치 않을 것이다.

삼림 파괴를 끝내려면 삼림을 보호하는 방향으로 행동을 유도하는 금전적 인센티브가 필요하다. 이때 자금이 벌목으로 생계를 유지하는 사람들에게 전달되는 것이 매우 중요하다. 삼림 파괴를 통해 얻는 소득을 대체(및 초과)하지 못하면 삼림의 운명이 나아지리라 기대할 수 없다. 삼림을 보호하기 위한 국가 정책도 필요하다.

2007년 유엔은 개발도상국의 삼림 파괴 및 삼림 훼손으로 인한 탄소 배출을 줄이기 위해 레드플러스REDD+라는 프로그램을 발표했다. 그 내용은 개발도상국들이 삼림을 보존하는 데 들이는 비용을 부국들이 지불한다는 것으로 단순해 보였다. 그러나 이 프로그램은 기금이 부족한 데다 '탄소가격제'carbon pricing가

삼림 파괴는 지역 생태계와 지
구의 탄소 순환 모두에 피해를
끼친다.

세계적 삼림 감소를 이끄는 열대 삼림 파괴

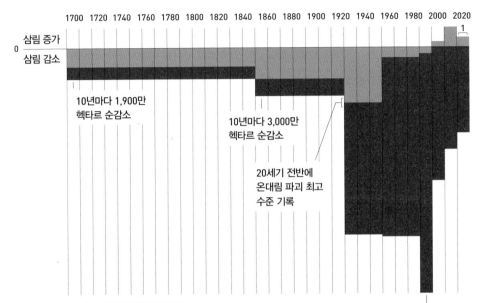

온대림
('아한대' 및 '온대' 지역 합계)

열대림
('열대' 및 '아열대' 지역 합계)

1700 1720 1740 1760 1780 1800 1820 1840 1860 1880 1900 1920 1940 1960 1980 2000 2020

삼림 증가
0
삼림 감소

10년마다 1,900만 헥타르 순감소

10년마다 3,000만 헥타르 순감소

20세기 전반에 온대림 파괴 최고 수준 기록

(1) 온대 지역 삼림은 전환점인 1990년 이후 순증가.

1980년대에 세계적 삼림 감소 최고 수준 기록. 1억 5,100만 헥타르 순감소, 인도의 절반 크기.

온대림 지역과 열대림 지역

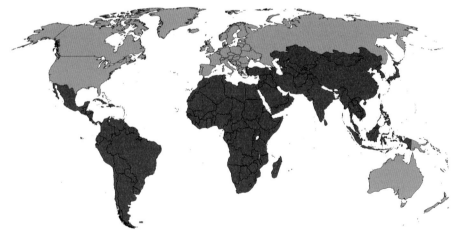

♦ 출처: 마이클 윌리엄스Michael Williams의 《지구의 삼림 고갈》Deforesting the Earth과 유엔의 2020 세계삼림자원평가Global Forest Resources Assessment의 데이터 및 아워 월드 인 데이터의 그래픽

전 세계적으로 시행되지 않아서 크게 효과를 보지 못했다. 결국 프로그램 출범 이후에 열대림의 탄소 배출량은 더 늘었다. 부국들이 약속한 기금을 내기 전까지 레드플러스 같은 프로그램은 수치를 바꾸지 못한다.

효과적인 대규모 공공 정책이 없는 가운데 민간 부문에서 간극을 메우기 위한 시도에 나섰다. 예를 들어 기업이 공공 또는 민간 조직에 돈을 지불해 나무를 온전하게 유지하는 프로그램을 구축했다. 이런 방식으로 감축된 배출량은 상쇄offsets 배출량으로 불린다.[10] 기업이 상쇄 배출량을 매입하면 탄소발자국을 줄이는 데 도움이 된다. 이 주제는 6장에서 자세히 다루겠다. 여기서는 이런 프로그램이 추가성(해당 배출량은 어차피 감축되지 않았을까?), 지속성(나무가 얼마나 오래 살까?), 검증성(약속을 지키고 있는가?) 측면에서 의문이 제기되고 있다는 점을 지적하고자 한다.

제때 삼림 파괴를 줄이려면 양질의 보호 프로그램에 더 많은 자금을 지원해야 한다. 이런 프로그램의 실효성을 검증할 수 있도록 투명성을 강화해야 한다. 개선된 위성 데이터와 인증 프로그램은 필수적이다. 끝으로 정부는 금전적 인센티브와 법적 보호책의 엄격한 집행이라는 양 갈래 정책으로 삼림 파괴를 중단하는 데 더욱 매진해야 한다.

선구적인 리더십 사례는 멀리서 찾을 필요 없이 삼림 파괴 위기에 대한 시장 기반 해결책을 만든 국제 단체를 살펴보면 된다.

열대우림동맹
: 지속가능한 벌목을 위한 시장 만들기

2000년 환경운동가인 텐시 웰런은 생물다양성 및 생물다양성에 생계를 의존하는 사람들을 보호하기 위한 단체인 열대우림동맹의 대표가 되었다. 그 무렵 기후변화는 거의 이야깃거리도 아니어서 언론과 정부가 하나같이 무시했다. 그럼에도 그녀는 수십억 달러 규모의 시장을 창출하여 세계의 열대우림을 지키겠다는 과감한 목표를 세웠다.

삼림 파괴를 줄이려면 좋은 보호 프로그램에 지원을 아끼지 말아야 한다.

텐시 웰런

나는 뉴욕시에서 자랐어요. 버몬트에 우리 가족 농장이 있었는데, 거기서 캠핑과 낚시를 하며 보내곤 했죠. 나는 자연사박물관에서 일하는 아빠에게 자연에 관해 많은 걸 배웠습니다. 엄마는 스페인어를 썼으며, 사법제도 개혁에 종사했어요. 외가 쪽 조부모가 멕시코시티에서 살아서 가난을 가까이에서 접할 수 있었죠.

청년 시절에 스웨덴에서 《국제환경저널》을 편집하는 일을 하다가 남미에서 저널리스트가 되었습니다. 주로 취재하는 분야는 벌목을 비롯한 지속가능한 개발 문제였어요. 나는 사람들이 악당이어서가 아니라 경제적 압박 때문에 나무를 베는 것을 직접 목격했습니다.

당시 중대한 쟁점은 코스타리카에서 소고기를 조달하는 맥도날드의 관행이었습니다. 덕분에 미국의 햄버거 가격이 낮게 유지되었습니다. 그러나 그에 따라 방목이 늘어나자 삼림 파괴로 이어졌습니다. 환경보호를 위해 불매운동이 일어나 맥도날드와 다른 기업들은 소고기를 코스타리카에서 조달하는 것을 중단했어요. 그래도 삼림 파괴는 끝나지 않았어요. 사람들은 먹고 살기 위해 화전농업(임야를 방화하여 얻은 재를 비료로 이용하여 그 지역에 농작물을 경작하는 방식으로 약탈 농법에 속한다.)에 의존했습니다. 이 문제를 통해 나는 사람들이 지속가능한 생계를 추구하도록 돕는 방법에 관심을 갖게 되었습니다.

열대우림동맹은 대니얼 카츠 Daniel Katz가 설립했습니다. 그는 1분마다 20만 제곱미터의 열대우림이 파괴되며, 매일 20여 종의 생물이 멸종한다는 글을 읽고 곧장 행동에 나섰습니다.

대니얼은 카지노에서 딴 돈으로 전문가들이 참석하는 콘퍼런스를 후원했습니다. 그들은 서로 맞물리는 두 가지 아이디어를 제시했습니다. 첫 번째는 불매운동을 구매운동으로 대체한다는 것이었습니다. 구매운동은 지속가능한 제품을 사자고 홍보하는 긍정적인 캠페인이었습니다. 두 번째는 시장에서 지속가능성을 인증하는 마크를 만드는 것이었습니다.

열대우림동맹 마크: 지속가능한 조달 관행을 상징한다.

그들이 소비자를 대상으로 선택한 상징은 개구리였죠. 개구리의 개체 수가 많은 것은 건강한 생태계를 상징하기 때문입니다.

열대우림동맹이 올린 첫 번째 개가는 코스타리카의 농장에서 재배되는 바나나를 지속가능한 농산물로 인증한 것이었어요. 뒤이어 과테말라의 커피 농장도 인증을 받았습니다. 또한 에콰도르에서는 코코아 프로그램도 개시되었습니다.

나는 사람들이 경제적 압박 때문에 나무를 베는 것을 목격했다.

1990년대에 삼림 보존을 위한 상당한 진전이 이뤄졌다.[11] 그러나 텐시가 보기에는 그 속도가 충분히 빠르지 않았다. 개발도상국의 농장을 일일이 찾아가서 현지 재배자 및 토착민과 협력하는 것은 길고도 고된 과정이었다. 텐시는 열대우림을 파괴하지 않고 보호하는 사람들에게 돈을 주겠다고 약속했다. 그녀는 농민들의 신뢰를 얻었다. 덕분에 해마다 동참하는 인원이 늘어났다. 열대우림동맹의 프로그램은 안전한 노동 여건을 의무화하여 농장 노동자들 사이에서도 인기를 끌었다.

뒤이어 획기적인 돌파구가 열렸다. 세계 최대 바나나 기업 중 하나인 치키타Chiquita가 올바른 일을 하기로 결정했다. 즉, 강제노동 관행을 버린 공급업체하고만 협력하기로 한 것이다. 치키타가 보유한 모든 농장은 열대우림동맹의 인증을 받았다. 또한 치키타는 나무를 훼손하거나 노동력을 착취하지 않고 삼림에서 원료를 수확하기로 약속했다.

세계적인 유명 브랜드를 끌어들인 것은 엄청난 차이를 만들었다. 열대우림동맹은 치키타와 파트너십을 맺은 덕분에 환경운동 분야에서 가장 눈에 띄는 비영리단체 중 하나가 되었다. 이제 웰런에게 최우선순위는 지속가능한 실천 프로그램의 규모를 키우는 것이었다.

텐시 웰런

35명의 직원을 둔 열대우림동맹은 450만 달러의 연 예산을 너무 많은 프로그램에 분산해서 투입했습니다. 우리는 규모를 키울 방법을 찾아야 했어요. 특히 대기업과 대형 브랜드들이 기금을 대준 후에는 더욱 그랬습니다.

치키타의 모든 제품이 인증을 받는 데는 약 10년이 걸렸습니다. 다른 바나나 기업들도 관행을 바꾸고 나의 감독 아래 열대우림동맹과 협력하기 시작했습니다. 우리는 커피 인증 제도와 코코아 인증 제도의 규모를 동시에 키웠습니다. 또한 자금을 모으고 인식을 높이기 위해 열대우림동맹 인증 마크에 대한 사용료를 받기 시작했습니다.

그리고 삼림에 거주하는 토착 공동체가 탄소 인증서(크레디트)와 다른 생태계 서비스 지불금에 대한 대가(브랜드와 기업들의 현금 지급)를 받도록 도왔습니다. 대기업에서 소규모 생산자에게 더 많은 돈이 흘러가도록 만들었죠.

우리는 300억 달러가 넘는 매출을 올리는 미국 식품 제조 판매기업 크래프트 푸드Kraft Foods 의 대표, 로저 데로메디Roger Deromedi를 초대하여 우리의 활동을 소개했습니다.[12] 그가 엘살바도르에 왔을 때는 농민들과 대화하는 자리도 마련했습니다. 농민들은 그들이 이룬 변화에 대해, 무엇이 성공했고 실패했는지를 이야기했어요. 데로메디는 지속가능한 생산이 경제적·환경적·사회적 차원에서 긍정적인 영향을 미치는 양상을 확인했습니다.

그 결과 크래프트는 산하의 많은 브랜드가 열대우림동맹 인증 재배자로부터 재료를 조달받게 했습니다. 5년 안에 크래프트의 제품 중 25퍼센트가 지속가능한 방식으로 조달되었다는 인증을 받았습니다. 탄소발자국도 15퍼센트나 줄였습니다.[13]

열대우림동맹은 2006년에 인증 브랜드들의 연 매출이 10억 달러에 이르는 핵심적인 이정표에 도달했습니다.

뒤이어 유니레버Unilever는 나를 지속가능한 농업 자문단에 초빙했습니다. 그들의 자체 기준은 우리 기준과 많이 부합했어요. 그들은 특히 차茶에 관심이 많았습니다. 유니레버 산하에는 립톤Lipton을 비롯하여 20개의 차 브랜드가 있었어요. 실제로 차 시장으로 활동을 확대하라고 내가 그들을 설득한 게 아니라 그들이 나를 설득했죠.

이 변화는 케냐 지역에 있는 수천 명의 차 생산자들에게 큰 영향을 미쳤습니다. 아르헨티나의 농민들도 미국 시장에 차를 팔기 위해 환경 관련 관행을 개선했습니다. 뒤이어 우리는 세계적인 식품기업 마스와 함께 지속가능한 코코아 공급에 나섰습니다.

이렇게 우리의 활동 영역은 바나나를 훌쩍 넘어섰어요. 우리는 전 세계 차의 20퍼센트, 코코아의 14퍼센트, 커피의 6퍼센트를 인증했습니다. 5,000개의 기업들이 전체 공급사슬를 통해 지속가능한 구매를 할 수 있습니다. 전체적으로 우리는 현지 재배자들이 전 세계 농업용 삼림의 약 7퍼센트에 대한 지속가능성을 보장하도록 도왔습니다.

열대우림동맹은 탄소 배출을 억제하고 생태계를 보호하는 대가로 재배자들에게 현금을 지급하여 성과별 지급이라는 복음을 널리 퍼뜨렸다. 그늘은 근본

174

적으로 탄소에 가격을 매겼다. 2015년에 텐시 웰런은 열대우림동맹을 떠나 뉴욕대학 스턴경영대학원Stern School of Business의 지속가능한 비즈니스연구소Center for Sustainable Business를 이끌게 되었다. 이 무렵 열대우림동맹의 견실한 노력 덕분에 삼림 파괴가 적어도 일시적으로는 감소 추세를 보였다. 또한 2000년부터 2015년까지 탄소 배출량은 4기가톤에서 3기가톤으로 25퍼센트나 급감했다.[14]

웰런은 뉴욕대학으로 옮긴 이후 지속가능성에 대한 기업의 지출을 정당화할 수 있는 강력한 측정 기준을 개발하는 작업을 이끌었다.[15] 직원유지율, 고객충성도, 기업 가치 평가 측면의 진전 상황을 추적한다.

외부 기관들도 이 데이터를 참고하고 있다. 국제지속가능개발연구소International Institute for Sustainable Development는 인증 제품에 대한 연례 보고서를 발표한다. 뉴욕대학은 유통 매장에서 제품 바코드 데이터를 취합하여 소비자 행동에 대한 강력한 통찰을 수집하는 기업과 협력 관계를 맺었다.

텐시 웰런

뉴욕대학에 왔을 때 나는 '그린 갭'green gap에 관심이 많았습니다. 그린 갭은 소비자들이 지속가능성 측면에서 가치를 두는 것과 실제 구매하는 것 사이의 차이를 말합니다. 나는 설문조사를 하기보다 현실 세계의 숫자를 살피고 싶었어요.

우리는 36개 제품 범주 그리고 7만여 개의 위생용품과 식품 항목 전반의 포장 소비재에 대해 5년 동안의 데이터를 확보했습니다. 우리는 식물 기반, 유기농 또는 비非GMO처럼 지속가능성과 관련된 라벨이 붙은 모든 제품을 기존 제품과 비교하여 살폈습니다.

그 결과 지속가능성 마케팅을 활용한 제품이 5년 동안 포장 소비재 부문에서 이룬 성장의 55퍼센트를 차지했으며, 평균 39퍼센트의 프리미엄을 얻은 사실을 확인했습니다. 결국 그린 갭은 전혀 존재하지 않았어요. 오히려 그린 프리미엄이 있었죠.

대다수 소비자는 청정에너지나 전기차에 그린 프리미엄을 지불할 의사가 없을지도 모릅니다. 하지만 많은 사람이 지속가능한 식품에 대해서는 약간의 돈을 추가로 낼 의사가 있습니다.

2015년에 체결된 파리기후협약은 다음과 같이 전 세계의 삼림을 보호해야 할 필요성을 유례없이 강조했다. "참가국은 삼림을 포함하는… 온실가스 흡수원 및 저장고를 적절하게 보존하고 개선하기 위한 행동을 취해야 한다."[16] 심지어 열대우림과 다른 탄소 흡수원을 보호하는 각국 정부 및 비정부 단체에 제공하는 '결과 기반 지불금'까지 명시했다.

삼림 파괴를 멈추려면 훨씬 많은 투자가 필요할 것이다. 전 세계적으로 보면 **삼림 파괴에 투자되는 자금이 삼림보호에 투자되는 자금보다 40 대 1의 비율로 많다.**[17] 그러나 추세가 친환경 쪽으로 바뀌고 있다는 초기 신호들이 보인다. 2021년 4월, 바이든 대통령이 주최한 기후정상회의Leaders Summit on Climate에서 민간 부문과 공공 부문은 대규모 삼림보호와 지속가능한 개발을 위해 함께 연내에 최소 10억 달러를 모으기로 약속했다. 그 혜택은 토착민과 삼림 공동체에 주어질 것이다. 전 세계의 선도적인 대지 관리자들이 감독하는 가운데 높은 투명성과 기준으로 더 많은 기금을 투입하는 것이 우리의 삼림을 지키는 성공 방정식일지도 모른다.

탄소 배출을 막는 토착민 리더십

기후 재난을 피하는 데 아마도 가장 과소평가된 것이 토착민의 권리와 땅 그리고 생활방식을 보호하는 일의 영향력일 것이다. 전 세계 인구 중에서 토착민의 비율은 5퍼센트밖에 되지 않는다. 그러나 그들이 사는 땅은 전 세계 생물다양성의 80퍼센트를 차지한다.[18] 또한 380억 톤의 탄소를 저장한 최소 485만 제곱미터의 삼림을 포함하고 있다.[19] 토착민의 역할은 이런 수치를 초월한다. 그들의 전통은 자연 생태계에 대한 보살핌과 관계에 뿌리를 둔다. 수 세기 동안 다듬어온 토착적 지혜와 관행은 지구온난화를 완화할 뿐 아니라 거기에 적응하려는 인류의 노력에 필요불가결하다.

정량적 측면에서 토착적 관행이 지니는 힘에는 반론의 여지가 없다. 토착 공동체가 관리하는 삼림은 심지어 국가가 보호하는 주변 삼림보다 파괴율이 종종 두세 배 낮다.[20] 세계자원연구소에 따르면 "아마존에서 토착민이 점유한 땅은 탄소를 저장하고, 물을 걸러서 오염을 줄이며, 토양을 안정화하여 침식과 범람을 제어할 뿐 아니라 국지적·지역적·세계적 생태계에 일련의 다른 도움을 제공한다."

앞으로도 수 세기 동안 토착민들이 계속 삼림을 관리하게 하려면 그들이 사는 땅을 법적으로 보호하고, 그들의 것으로 인정해야 한다. 기후 부문에서는 이 원칙을 안전한 토지점유권land tenure이라 부른다. 브라질, 볼리비아, 콜롬비아에 걸친 아마존 지역에서 토지점유권이 보장된 땅은 에이커당 최대 4,000달러의 순혜택 또는 20년 동안 1조 달러가 넘는 총 혜택을 창출했다.[21] 토지점유권을 보장하는 데 드는 비용은 이익의 1퍼센트 이하였다. **토착민에게 합법적으로 토지점유권을 보장하는 일은 아마존에 격리된 탄소의 55퍼센트를 밀봉 상태로 유지했다.** 이는 추가 탄소 배출을 막고 지구를 보호하는 데 비용 면에서 효율적인 메커니즘의 하나다.[22]

해양을 재충전하라

전 세계 해양은 우리가 호흡하는 산소의 절반과 우리가 먹는 풍부한 물고기를 제공한다.[23] 기후 조절자로서 해양의 능력은 달리 비교 대상이 없다. 우리가 번성하고 생존하려면 해양은 필수다.

그러나 진실을 말하면 지금 우리의 해양은 과거와 같지 않다. 수십 년에 걸쳐 오염이 타격을 입혔다. 멀게는 1960년대부터 과학자들은 해양의 탄소 흡수율이 조금이지만 분명하게 감소하는 것을 측정할 수 있었다. 로저 르벨Roger Revelle은 해양 산성도가 증가했다는 증거와 더불어 이런 데이터 포인트 때문에 그 문제를 연구하는 일에 나섰다. 그는 세계적 명성을 지닌 독창적 기후과학자로서 캘리포니아주 라호야La Jolla에 있는 스크립스해양연구소Scripps Institution of Oceanography에서 연구 활동을 펼쳤다. 그가 내린 결론은 지구가 인류발생적(인간이 초래한) 온난화에 시달리고 있다는 것이었다. 그는 하버드대학 초빙교수로서 청년 시절의 앨 고어를 가르쳤고, 앨 고어는 그를 멘토로 모셨다. 또한 해양이 이산화탄소를 흡수하지 못하도록 막는 것을 '르벨 인자'Revelle factor라 부른다.

해양은 자연적으로 대기와 탄소를 교환한다. 아주 먼 옛날부터 둘은 탄소를 주고받았다. 그러나 대기 중 탄소가 계속 증가하면서 해양은 주로 방출하는 양보다 더 많이 받아들이는 수용체 역할을 했다.[24] 화석연료 때문에 하늘에서 쏟아지는 탄소에 더하여 과다 어획, 과나 시추, 과다 개발로 엄청난 양의 탄소가 배출되었다. 이 탄소들은 결국 해양 생태계와 침전물에 저장되었다.

그 결과 대다수 해양 생물의 서식지인 해안선 근처의 바다가 곤경에 처했다.[25] 해초, 산호초, 맹그로브가 모두 인류의 학대에 시달렸다. 이 파괴 행위를 중단하면 해마다 1기가톤의 탄소가 대기로 들어가지 않도록 막을 수 있다.[26]

그리고 두 번째 해양 지대가 있다. 바로 대륙붕 아래에 있으며, 지구 표면의 50퍼센트를 덮는 심해다.[27] 심해 바닥에 쌓인 침전물은 모든 육지를 더한 것보다 수천 배나 많은 탄소를 함유한다.[28] 심해 채굴과 어획은 이 침전물을 파괴하여 탄소를 방출한다.[29] 그에 따라 특정 갑각류가 녹아버릴 만큼 해양 산성도가 높아졌다. 서인망 어획은 특히 파괴적이다. 해저를 훑는 거대한 그물은 1.5기가톤의 수중 이산화탄소 배출을 초래한다.[30] 다만 연구자들은 그중 얼마나 많은 평균적으로 해양 산성도는 산업화 이전 시대보다 약 25퍼센트 증가했다.

이산화탄소가 대기로 들어가는지 아직 확실히 알지 못한다.

우리의 해양은 양쪽에서 공격받고 있다. 즉, 위쪽의 하늘과 아래쪽의 해저에서 탄소를 받아들여야 한다. 한편, 해양 생물은 바다의 가장 먼 곳과 깊은 곳까지 더럽히는 플라스틱에 질식당하고 있다. 남획은 1980년에 전 세계 어종의 10퍼센트에서 지금의 33퍼센트로 확산되었다. 중국, 인도, 인도네시아가 최악의 범법자들이다. 비극적이게도 전 세계 산호초의 90퍼센트는 2050년까지 수온 상승과 산성화로 죽어 사라질 것이다. 중국은 이미 보초barrier reefs(해안에서 약간 떨어진 바다에 있는 산호초-옮긴이)의 80퍼센트를 잃었다. 세계 최대 생태계인 호주의 대보초Great Barrier Reef는 대규모 '백화'(산호초의 탈색 현상-옮긴이) 사태로 절반 이상의 산호초를 잃었다.[31] 백화 현상은 수온이 상승하고 있다는 명확한 신호다.

지금까지 알려진 해양 산성화의 가장 큰 원인은 대기 중 이산화탄소다. 해양은 이 이산화탄소를 흡수한다. 넷 제로를 달성하고 대기 중 이산화탄소를 줄이면 해양 온난화와 산성화의 흐름을 약화시킬 수 있다. 한편, 우리는 해양보호구역을 넓혀서 해양 관련 배출량을 줄일 수 있다.

멕시코의 기적

이러한 노력을 이끄는 사람은 세계 최고 해양보호 전문가 중 한 명인 해양생태학자 엔릭 살라Enric Sala다. 살라는 스페인 북부의 코스타 브라바Costa Brava에서 성장한 덕분에 평생 열정을 쏟을 대상을 자연스럽게 접하게 되었다. 그는 바르셀로나대학에서 생물학을 공부하고 생태학 박사학위를 받은 후 스크립스해양

연구소 교수가 되었다.

1999년, 살라는 멕시코의 바하반도Baja Peninsula에 있는 카보 풀모Cabo Pulmo를 방문했다. 이곳의 바다는 한때 풍부한 생태계를 자랑했지만 지금은 수중 사막이 되어버렸다. 어민들은 더 이상 고기를 잡아서 생계를 이어갈 수 없었다. 물고기의 먹이이던(그리고 수 톤의 탄소를 포집하던) 해초가 사라졌기 때문이다. 절박해진 어민들은 누구도 예상하지 못한 일을 했다. 살라가 테드TED talks 강연에서 설명한 바에 따르면 "그들은 바다에서 더 오랜 시간을 보내며 남아 있는 몇 마리의 물고기를 잡으려고 애쓰는 대신 어획을 완전히 중단했습니다. 그들은 바다에 국립공원으로서 어획을 금지하는 해양보호구역을 만들었습니다."[32]

10년이 지난 뒤 이 수중 황무지는 생명과 색상의 만화경이 되었다. 심지어 대형 포식어(농어, 상어, 전갱이)도 돌아왔다. 살라는 이 지역에 일어난 변화를 이렇게 전했다. "우리는 생태계가 청정한 수준으로 돌아온 것을 확인했습니다. 선견지명을 가진 어민과 어촌은 경제성장과 관광으로 훨씬 많은 돈을 벌고 있습니다."

살라는 교수직을 그만두고 전미지리학회National Geographic Society 소속의 상근 환경운동가가 되었다. 그는 생태학자인 마이크 페이Mike Fay와 함께 중앙아프리카에 있는 가봉의 대통령을 설득하여 국립해상공원 네트워크를 만들도록 했다. 두 사람은 또한 2008년에 '프리스틴 시'Pristine Seas 프로젝트를 출범하여 해양에 남아 있는 야생 구역을 기록하고 각국 정부와 보호 활동을 펼쳤다. 캐나다 절반 크기에 이르는 이 탁월한 대피소는 현재 정부의 법규에 따라 완전히 보호되고 있다.

살라는 이렇게 말한다. "이 프로젝트는 미래의 바다가 어떻게 바뀔 수 있는지 보여주었습니다. 바다는 뛰어난 재생력을 지니고 있기 때문입니다. 우리는 그저 위험에 처한 다른 많은 곳들이 다시 야생으로 돌아가 생명으로 가득 차도록 보호하기만 하면 됩니다." 이 이야기의 교훈은 단순하다. 생업의 방향을 보존과 맞추면 기적이 일어날 수 있다는 것이다.

최근 연안의 해양보호구역이 늘어났다. 그러나 남획과 다른 파괴로부터 완전하게 보호된 바다는 7퍼센트에 불과하다. 우리의 계획이 성공하려면 그 비율을 2030년까지 최소 30퍼센트, 2050년까지 50퍼센트로 늘려야 한다. 전미 공영라디오는 이렇게 밝힌다. "해양보호구역에 대한 결론은 이미 내려졌다. 연구 결과 어획금지령을 잘 집행하면 물고기 수가 빠르게 늘어나서 주변 해역에서 조업하는 어민들에게 가시적인 혜택을 제공한다는 사실이 거듭 확인되었다. 실제로 많은 전문가가 해양보호구역을 크게 늘려야만 어업을 지속가능할 수 있다고 믿는다."[33]

대다수 어획은 연안에서 이뤄지지만 원양 어업의 비중 또한 적지 않다. 심해 어획은 거의 아무런 규제를 받지 않는다. 지역 감독기관은 연안에서의 어획을 감독한다. 그러나 먼 바다로 나갈수록 규칙이 흐릿해지고 규제는 드물어진다.

살라는 저인망 어획이라는 엄청나게 파괴적인 관행에 집중했다. 그는 이렇게 말한다. "바다에서 가장 큰 어선인 초대형 저인망 어선은 747 제트기가 10여 대나 들어갈 만큼 거대한 그물을 씁니다. 이런 거대한 그물은 지나가는 길에서 수천 년이나 살았을 수도 있는 해저 언덕의 심해 산호를 비롯하여 모든 것을 파괴합니다." 위성 데이터는 원양 어업 부문에서 러시아, 중국, 대만, 일본, 한국, 스페인이 거의 80퍼센트를 차지한다는 사실을 보여준다.[34] 이들 정부는 더 큰 선박을 매입하도록 현금 인센티브를 지급하여 저인망 어획을 지원한다.

살라의 분석에 따르면 원양 어업의 절반 이상이 연간 총 40억 달러에 달하는 정부 보조금에 의존한다. 프리스틴 시 프로젝트는 저인망 어획을 국제적으로 금지해야 한다고 목소리를 높인다.[35] 유엔이 주최한 토론 내용과 마찬가지로 선도적인 해양과학자들은 저인망 어획을 금지해도 전 세계에 어류를 공급하는 데

는 지장이 없을 것이라며 지지했다.

갈수록 뜨거워지는 세상에서 바다를 보호하기 위해 애쓰는 사람들은 힘든 싸움을 하고 있다. 산호초와 해초, 해양 생물은 곤경에 처해 있다. **기후변화의 순환고리는 아직 끊어지지 않았다.** 분명히 말하면 보다 진지한 세계적인 약속이 필요하다. 2016년에 24개국과 유럽연합이 35년 동안에 걸친 상업적 어획 금지를 통해 남극의 로스해Ross Sea를 보호하기로 합의했다. 조인국에는 중국, 일본, 러시아, 스페인처럼 어업에 의존하는 국가들도 포함되었다. 이런 보호

어획에 따른 손실: 저인망 어획은 바다에 저장된 탄소를 방출한다.

활동을 확대한다면 바다가 수많은 종이 살아가는 활기찬 서식지로서 올바른 역할을 재개하도록 도울 기회가 생길 것이다.

켈프 기르기

아직 바다를 구할 기회는 있다. 다만 시간이 촉박하다. 앞서 언급한 무어의 법칙을 만든 고든 무어는 내 평생의 영웅이다. 그는 캘리포니아 몬테레이 해안Monterey Coast의 수중 켈프kelp(해조류를 통칭하는 말) 숲을 복원하는 베이재단Bay Foundation에 자신의 재능과 자본을 쏟아부었다. 바다의 켈프 숲은 크기가 같은 육지의 숲보다 20배나 많은 이산화탄소를 흡수한다.[36] 몬테레이 베이 연안에 사는 해달은 17세기와 18세기 동안 모피 거래 때문에 대량으로 살육당했다. 해달이 없어지자 그들이 가장 좋아하는 간식인 성게가 급증하여 수많은 켈프를 먹어치웠다. 그러다가 1980년대부터 시작된 보호 활동으로 해달의 개체 수를 되살릴 수 있었다. 성게의 증가세가 다시 억제되자 켈프 숲이 점차 과거의 영광을 되찾았다. 덕분에 생태계가 복원되었다.

켈프 숲은 바다의 연간 탄소 흡수 용량을 늘리는 하나의 수단이 된다. 해수면 근처까지 자란 켈프는 광합성을 통해 이산화탄소를 포집한다. 성장 속도가 가장 빠른 식물 중 하나인 켈프는 하루에 최대 60센티미터씩 자란다. 찰스 다윈은 19세기 중반에 비글호HMS Beagle를 타고 항해하는 동안 켈프 숲을 접한 후 이렇게 썼다. "나는 이 거대한 수중 숲을 육지의 숲과 비교할 수밖에 없다. 켈프에 의존하여 살아가는 온갖 동물의 수는 놀라울 정도로 많다."

2017년에 프로젝트 드로다운은 수백 제곱킬로미터의 켈프 숲을 새로 조성하는 사업을 '기대작'이라고 표현했다.[37] 미래를 위한 유망한 기후 해결책이기 때

문이었다. 덴마크 오르후스대학Aarhus University의 해
양생태학 교수인 도르테 크라우세 옌센Dorte Krause-
Jensen은 영양소가 풍부한 켈프의 잎이 죽어서 900
미터 이상의 깊이로 떨어지면 그 안에 함유된 탄소
가 "영구 격리된 것으로 볼 수 있다."라고 말한다.[38]

켈프 숲은 탄소를 흡수해 해저
에 안전하게 저장하는 해초 농
장이다.

또한 세계자원연구소 식량 프로그램의 기술이사인 티머시 서칭어Timothy
Searchinger에 따르면 켈프 숲은 '식량을 재배하기 위해 남겨둬야 할 귀중한 농경
지를 소모하지 않는 효율적인 전환 경로'다. 역사적으로 이산화탄소를 흡수하
는 바이오매스는 땅에서 자랐다. 켈프는 농업과 경쟁하지 않으면서 탄소를 제
거하는 한 가지 잠재적 경로다.

이 대목에서 매사추세츠 우즈 홀Woods Hole과 호주 퀸즐랜드Queensland에 기반
을 둔 행성과학자, 브라이언 폰 헤르젠Brian Von Herzen이 구상한 '해양 영속 재배
양식망'marine permaculture arrays이 등장한다. 폰 헤르젠이 만든 비영리단체인 기
후재단Climate Foundation이 이 켈프 양식망을 개발했다. 이 양식망은 켈프에 영양

을 공급하기 위해 재생에너지로 구동되는 펌프가 깊은 곳에서 영양소가 풍부한 물을 위로 끌어올리는 방식을 쓴다. 기후재단은 2020년에 필리핀에서 소규모 시범 양식망을 운영했으며, 호주 해안에 설치할 약 90제곱미터 넓이의 양식망을 설계하고 있다. 또한 필리핀에 이보다 최소 10배는 더 큰 양식망을 설치하기 위해 기금을 모으고 있다.

폰 헤르젠의 야심은 작은 사업 규모를 압도한다. 그래도 그의 비즈니스 모델은 타당성이 있다. 켈프와 복원된 어군 중 일부를 수확하여 판매하면 4년 안에 설치비용을 회수할 수 있다. 폰 헤르젠 같은 혁신가가 이런 방식을 호주 크기의 약 절반인 전 세계 바다의 1퍼센트로 확장한다면 켈프 숲은 연간 1기가톤의 이산화탄소를 흡수할 것이다.

이는 매력적인 비전이다. 다만 넷 제로에 이르기 위해 켈프 숲의 도움을 받으려면 그 전에 좀 더 큰 규모의 증거가 더 많이 필요할 것이다.

탄소 저장고, 이탄지의 힘

지구의 방대한 탄소 저장고는 습지부터 툰드라와 극지방의 빙원 그리고 그 아래의 얼어붙은 지층(영구동토층)까지 넓게 걸쳐 있다. 이 자연의 흡수원들은 수만 년 동안 탄소를 포집하고 격리한다.

아마도 가장 덜 알려졌지만 가장 중요한 흡수원은 이탄지泥炭地, peatland일 것이다. 두껍고, 질퍽거리며, 물을 잔뜩 머금은 물질인 이탄은 역사적으로 연료로 채취되었다. **이탄지는 해양 다음으로 전 세계에서 두 번째로 큰 탄소 저장고다.**[39] 이탄지가 파괴되면 그 영향은 대기에도 미칠 것이다. 예를 들어 물이 빠진 이탄지는 전 세계 육지의 0.3퍼센트에 불과하지만 인류의 활동으로 인한 이산

파국적인 탄소 배출을 피하려
면 이탄지를 보호해야 한다.

화탄소 배출량의 5퍼센트를 발생시킨다.[40]

삼림보호를 위한 노력과 더불어 이탄지의 배수排水를 금지하는 조치가 이미 시행되고 있다. 인도네시아에서는 희망적인 초기 성과가 나오고 있다. 보호와 복원의 규모를 키우려면 인센티브, 꾸준한 감시, 엄격한 기준이 필요하다.

탄소 회복력의 척도인 생물다양성

대지, 삼림, 해양을 복원하면 지구의 생물다양성, 즉 생태계를 번성시키는 수백만 종의 생물이 보호된다. 생명체는 상호의존적이어서 한 종이 사라지면 다른 종들이 위협받는다. 한 종이 멸종할 때마다 생태계는 예측할 수 없고 보이지 않는 방식으로 변할 수 있다. 산업적 농경은 유기물질을 먹는 벌레나 미생물을 죽인다. 그래서 탄소가 더 이상 토양에 저장되지 않는다. 옐로스톤 국립공원Yellowstone National Park에서는 작은 무리의 늑대들이 엘크elk 개체 수를 조절한다. 엘크는 사시나무 씨앗을 먹는다. 늑대들이 죽으면 엘크가 너무 많이 늘어난다. 그러면 사시나무 씨앗을 모조리 먹어치우게 되고, 나중에는 사시나무 숲이 사라지게 된다. 늑대는 늑대다운 행동을 함으로써 사시나무가 자라도록 돕는다.

'에코사이드'ecocide(생태계와 생물다양성의 전면적인 파괴)의 위협이 커지는 것은 우리가 직면한 기후 비상사태의 핵심이다. 지구는 800만에서 900만 종에 이르는 동식물을 품고 있는 것으로 추정된다.[41] 인류가 도래하기 전까지는 해마다 100만 종 중 단 1종만 멸종했다. 20세기 초에 그 수는 10여 종으로 늘어났고, 점점 증가세가 가팔라지고 있다. 지금은 100만여 종이 멸종의 위협을 받고 있다.[42] 에드워드 윌슨이 쓴 바에 따르면 최악의 상황은 아직 오지 않았다. "멸종이 늘어나면 생물다양성은 생태계가 붕괴하는 전환점에 이른다."

미국에서 대지와 종을 보호하는 주된 수단 중 하나가 국립공원이다. 소설가이자 환경운동가인 월리스 스테그너Wallace Stegner는 우리의 국립공원 체계를 "우리가 떠올린 최고의 아이디어"라 불렀다. 수많은 나라가 미국의 선도를 따르기 위해 애쓰고 있다.

보존주의자들 덕분에 인상적인 성과를 얻기는 했지만, 멸종률은 여전히 심란할 정도로 높다. 야생 서식지가 공격받고 있다. 생태계를 되살리려면 어떻게 해야 할까?

우리의 원대한 도전: 30×30과 50×50

나는 지구가 부리는 체계적 마법에 종종 감탄한다. 탄소 순환은 측정 가능한 과정으로 균형 회복이 절실히 필요하다. 에드워드 윌슨이 우리에게 말한 대로 기후 재난을 피하려면 청정에너지로 전환하는 일만큼 자연을 복원하는 일에도 적극적이어야 한다.

2018년에 전미지리학회는 윌슨의 '지구의 절반'Half-Earth 챌린지에 화답하여 자연을 위한 캠페인Campaign for Nature을 조직했다. 이 모임은 과학자, 기업인, 토착민, 환경 리더들의 연합체였다. 윌슨의 비전은 2050년까지 지구의 절반을 보호한다는 것이었다. 반면 자연을 위한 캠페인은 보다 단기적인 목표를 정했다. 그것은 2030년까지 지구의 30퍼센트를 보호한다는 것이었다. 그들은 기후변화에 대응하고 '대멸종 위기를 방지하려면' 그것이 최소한의 조치라고 믿었다.[43] 2021년에 바이든 행정부는 이 목표를 미국에 적용하는 것을 승인했다.

속도와 규모 계획은 두 시한을 모두 맞추고자 한다. '30×30'은 시급한 목표이며, '50×50'은 성패를 좌우하는 목표이다. 비행기를 조종할 때 최소 속도에 이르지 못하면 이륙할 수 없다. 일단 이륙해야만 최종 목적지까지 가는 경로를 자신 있게 그릴 수 있다.

자연의 세 영역인 대지, 삼림, 해양은 모두 우리의 넷 제로 의무를 달성하는 데 필수적이다. 우리의 탄소 흡수원은 기후 안정성과 기후 파국 사이, 생물다양성과 대멸종 사이에 놓여 있다. 우리도 위험에 직면한 취약한 종 중 하나다. 진화의 나무에서 인류는 현재 임박한 위험을 자초하여 위태로운 지경에 처해 있다. 절망스럽겠지만 그래도 이 점을 명심하라. 생태계가 아무리 많이 망가진 것처럼 보여도 실제 복원하려는 노력의 성공 사례가 거듭 확인되고 있다.

모든 것을 고려할 때 우리는 1만 1,000년 전에 마지막 빙하기가 끝난 후부터 아주 좋은 시절을 보냈다. 너무 춥지도, 덥지도 않은 골디락스Goldilocks(양극단에 치우지지 않은 적절한 상태를 가리킴. -옮긴이) 행성에서 번성했다. 윌슨은 이렇게 쓴다. "우리 종이 물려받은 이 아름다운 세계는 건설하는 데 38억 년이 걸렸다. 우리는 살아 있는 세계의 관리자다. 더는 해를 끼치지 마라. 우리는 이 단순하고도 활용하기 쉬운 도덕 규범을 받아들일 만큼 충분히 배웠다."

속도와 규모: 넷 제로까지의 카운트다운

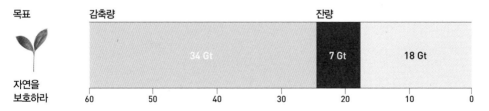

제4장 · 자연을 보호하라 **189**

제5장

산업을
정화하라

Clean Up Industry

산업을 정화하라

제임스 와키비아는 스물다섯 살 때 자신을 '플라스틱 금지'라는 비전의 전달자로 만들 길을 떠났다.[1] 케냐에서 네 번째로 큰 도시인 나쿠루Nakuru에서 사진기자로 일하던 와키비아는 줌렌즈 카메라를 들고 거리를 순찰하는 일부터 시작했다. 그는 아침에 문을 여는 가게, 등교하는 아이들 등 일상생활을 담은 사진을 찍었다. 물론 자연도 찍었다. 케냐는 아름다운 자연으로 명성이 자자했다. 와키비아는 블로그에 사진들을 올렸다. 곧 촬영 의뢰가 들어왔다. 그는 "사진은 제가 세상을 보도록 도와주었습니다. 걸음을 멈춰서 셔터를 누르고 나중에 질문을 던질 용기를 주었습니다."라고 말한다.[2]

와키비아는 2011년 어느 날, 나쿠루의 쓰레기 하치장을 지나갔다. 그곳은 근처의 도로까지 날아오는 슈퍼마켓용 비닐봉지로 넘쳐났다. 그는 호수와 연못의 가장자리를 메운 플라스틱 병들을 카메라에 담았다. 그는 이런 광경이 싫었다. 그래서 2013년에 하치장을 옮겨달라는 청원을 시작했으나 시 공무원들은 아무런 반응 없이 제안을 반려했다.

와키비아에게 이것은 첫 번째 싸움에 불과했다. 그는 #BanPlasticKE라는 트위터 해시태그를 통해 수천 명의 팔로워를 얻었다. 그는 유명한 미국의 포크 가수이자 환경운동가인 피트 시거Pete Seeger의 노랫말을 즐겨 인용했다. 시거는

"감소시키거나, 재사용하거나, 고치거나, 재건하거나, 재단장하거나, 재마감하거나, 재판매하거나, 재활용하거나, 생분해할 수 없다면 제한하거나, 재설계하거나, 생산을 중단해야 해요."라고 노래했다. 와

제임스 와키비아는 케냐에서 플라스틱 오염과 맞서 싸웠고 승리했다.

키비아가 외친 구호는 너 짧았다. "플라스틱을 줄이는 게 최선!" 그는 쓰레기 하치장을 지나간 지 4년 후 좀 더 과감한 목표에 온 힘을 쏟았다. 그는 나쿠루를

192

비닐봉지, 물병, 일회용 주방용품 등 모든 일회용 플라스틱을 금지하는 세계 최초의 도시로 만들자고 청원했다. 또다시 시 당국은 그의 청원을 거부했다.

그러나 이번에는 그의 캠페인이 환경 및 지역 개발 장관의 눈에 띄었다. 주디 와쿤구Judi Wakhungu는 와키비아의 아이디어가 너무나 마음에 들었다. 그래서 전국적으로 시행하는 방안을 추진했다. 그녀는 플라스틱 금지가 경제적으로 필요한 조치라고 설명했다. 케냐에서 사육되는 젖소 중 절반의 위에서 플라스틱이 검출되었다. 그 결과 전국적으로 우유 공급이 부진했다. 2017년에 케냐는 일회용 플라스틱에 대해 전 세계에서 가장 엄격한 규제 법안을 통과시켰다.[3] 와키비아는 환한 얼굴로 "예상치 못한 일이었어요. 정말 좋은 소식이에요."라고 말했다.

처벌은 가혹했다. 비닐봉지를 제조하거나, 수입하거나, 판매하는 사람은 최대 4만 달러의 벌금형이나 4년의 징역형에 처해질 수 있었다. 비닐봉지를 쓰는 사람도 500달러의 벌금형이나 1년의 징역형에 처해질 수 있었다. 정부는 진지하게 법안을 집행했다. 수백 명의 위반자에게 벌금을 부과했으며, 십여 명은 교도소에 수감됐다.

법안이 통과된 지 18개월이 채 되지 않아서 케냐는 인구 중 80퍼센트가 비닐봉지 사용을 중단했다고 발표했다.[4] BBC는 이 개가를 국제 뉴스로 알렸고, 유엔 환경계획은 와키비아를 칭송했다.[5]

환경법을 통과시키려는 작은 나라는 강력한 힘에 부딪힌다. 특히 다국적 기업이 문제의 금지 소재를 제조하고 그것이 수십만 가지 방식으로 활용될 때는 더욱 그렇다. 〈졸업〉The Graduate의 유명한 장면에서 한 사업가는 더스틴 호프만이 연기하는 청년에게 이렇게 말한다. "한마디만 하지. 바로 플라스틱이야. 플라스틱 분야는 전망이 아주 좋아."[6] 이 영화가 만들어진 1967년에 이미 플라스틱은 현재 우리가 아는 보편적인 소재가 되어가고 있었다. 플라스틱은 압도적으로 인기가 많고 부정할 수 없을 만큼 유용하지만, 궁극적으로는 악몽이다.

플라스틱은 만들어질 때와 버려질 때 두 번 환경을 오염시킨다. 플라스틱은 석유와 천연가스에서 만들어질 뿐 아니라 그 과정에서 이산화탄소를 배출한다. 인류 역사상 플라스틱의 절반이 지난 15년 동안 생산되었다.[7] 이 사실은 암울한 미래를 암시한다. 문제는 산업적 규모로 갈수록 점점 더 빠르게 점점 더 악화되고 있다는 것이다.

우리가 구축한 세상의 거의 모든 것이 만들어질 때 이산화탄소를 배출한다. 거기에는 케냐에서 금지된 플라스틱부터 도로망을 구성하는 콘크리트 다리, 최고층 빌딩에 들어간 강철까지 모든 것이 포함된다. 우리가 전력망을 탈탄소화하고 교통수단을 전기화하는 데 성공한다고 해도 우리에게 필요한 물질을 생산하는 일은 온실가스를 배출한다. 그중 일부는 직접적인 열원에 활용되는 화석연료에서 나오고, 다른 일부는 제조 과정의 화학 반응에서 나온다.

모든 산업 분야에 걸쳐서 온실가스 배출량을 줄이기 위해 활용할 수 있는 전략들이 있다. 첫 번째 전략은 덜 사용하는 것이다. 콘크리트를 덜 사용하도록 설계된 구조는 대기에 더 적은 이산화탄소를 추가한다. 두 번째 전략은 재활용 및 재사용이다. 섬유를 회수하여 재활용 직물을 만들면 처음부터 만들 필요가 없어진다. 세 번째 전략은 열원을 대체하는 것이다. 쇠를 녹이는 데 필요한 열을 만들 때 전기를 사용하면 온실가스를 배출하지 않는 에너지원을 활용할 수 있다. 마지막 전략은 발명이다. 생분해되는 새로운 종류의 용기를 만들면 매립장으로 향하지 않도록 막을 수 있다.

우리가 제조하는 물건들은 지구 전체 배출량의 약 20퍼센트인 12기가톤의 온실가스를 배출하여 대기에 상당한 부담을 가한다. 우리의 철강 KR(5.1)은 이 범주에서 가장 많은 배출량인 4기가톤을 겨냥한다.[8] 이 KR은 전 세계 철강 회사들이 철강 생산 과정에서 화석연료를 적게 사용하는 관행과 기술을 강구하도록

목표 5

산업을 정화하라

2050년까지 산업 부문 배출량을 12기가톤에서 4기가톤으로 줄인다.

KR 5.1　　　　**철강**

철강 생산 부문의 총 탄소집약도를 2030년까지 50퍼센트, 2040년까지 90퍼센트 낮춘다.

↓ 3기가톤

KR 5.2　　　　**시멘트**

시멘트 생산 부문의 총 탄소집약도를 2030년까지 25퍼센트, 2040년까지 90퍼센트 낮춘다.

↓ 2기가톤

KR 5.3　　　　**기타 산업**

산업 부문의 기타 배출원(예를 들어 플라스틱, 화학제품, 종이, 알루미늄, 유리, 의류)에서 나오는 배출량을 2050년까지 80퍼센트 낮춘다.

↓ 2기가톤

요청한다. 시멘트 KR(5.2)는 거의 3기가톤을 배출하는 시멘트 제조에 적용된다.[9] 현재 철강과 시멘트 생산은 중국 그리고 중국에서 이뤄지는 도시화와 건설의 엄청난 속도에 지배당하고 있다. 이 두 거대 산업 부문을 탈탄소화하려면 새로운 접근법과 기술의 비용이 개발도상국 입장에서 타당해야 한다.

플라스틱, 화학제품, 종이, 알루미늄, 유리, 의류는 모두 제조 과정에서 직접적인 열을 가하기 위해 화석연료를 사용한다. 이 제품 중 다수는 소각되면서 더 많은 온실가스를 배출한다. 우리의 기타 산업 KR(5.3)은 덜 사용하고, 재활용하고, 열원을 바꾸고, 신소재를 발명하여 배출량을 줄이는 전략을 적용한다.

물론 이 목표들을 달성하는 일이 말만큼 쉽지는 않을 것이다. 이 장에서는 소비자들과 가장 직접적으로 접촉하는 플라스틱과 의류 분야부터 논의를 시작하겠다. 그다음에는 열을 생성하는 새로운 방법을 살필 것이다. 이 접근법은 해당 분야를 폭넓게 탈탄소화하는 데 도움이 될 것이다. 끝으로 가장 벅찬 난관이 존재하는 두 거대 배출 분야인 콘크리트와 철강을 다룰 것이다.

문제를 피해가는 길은 없다. 산업 부문의 배출량을 줄이지 않으면 늘어나는 전 세계 인구와 에너지 수요에 따라 배출량은 급증할 것이다.

플라스틱이라는 재앙

플라스틱은 화학 산업의 일부로 연간 1.4기가톤의 탄소 배출량에 책임이 있다. 전 세계에서 폴리머polymer를 생산하는 단 20개 업체가 전체 일회용 플라스틱 쓰레기의 절반 이상을 초래한다. 미국의 엑손모빌과 다우 그리고 중국의 시노펙Sinopec이 해당 분야에서 상위권을 차지한다. 이 기업들은 인류사의 결정적인 순간에 선택의 기로에 섰다. 하나는 기후를 희생하면서 계속 화석연료를 사용

친환경적인 대체재: 식물성 전분으로 만드는 PLA 폴리머는 석유 기반 플라스틱보다 75퍼센트나 더 적은 온실가스를 배출한다.

하는 것이고, 다른 길은 지속가능한 미래로의 전환을 이끄는 것이다.

일회용 플라스틱을 금지하려면 쓸 만한 대용품을 제공해야 한다. 비닐봉지는 미표백지나 재활용 병으로 만든 재사용 가능한 봉지로 대체할 수 있다. 생분해 섬유는 단단한 주방용품, 빨대, 용기를 제조하는 데 쓸 수 있다. 음료의 경우 판매 제품은 유리와 알루미늄, 포장 음료는 재사용 가능한 병과 생분해 컵으로 바꾸는 간단한 변화가 필요하다. 지금까지 나온 최대의 재활용 성공 사례는 무엇일까? 바로 동네 슈퍼마켓이나 편의점의 음료 코너를 가득 채운 알루미늄 캔이다. 미국에서 지금까지 생산된 모든 알루미늄의 거의 75퍼센트가 지금도 사용되고 있다.[10] 이는 '순환경제'circular economy의 잠재력을 보여주는 증거다.

플라스틱으로 인한 현재의 비상사태는 한때 유망했던 두 가지 해결책의 실패(적어도 지금까지는)를 반영한다. 첫 번째는 플라스틱 재활용이다. 폭넓은 수용과 높은 준수 수준에도 불구하고 이 시장은 와해되었다. 오랫동안 미국의 플라스틱 쓰레기를 받아주던 국가들, 주로 중국과 말레이시아는 쓰레기장 노릇을 하려는 의사가 약해졌다. 얼마 전까지만 해도 중국은 연간 700만 톤의 쓰레기를 수입했다.[11] 그러나 재활용 회사들이 버린 플라스틱으로 수로가 훼손되는 것을 본 후 문을 닫아버렸다. 이 기업들은 수익에 타격을 입지 않으려고 품질 기준에 맞지 않는 플라스틱 무더기를 버려서 강들을 망쳤다.[12] 냉정하게 말해서 전 세계의 재활용 시장은 난장판이다.

미국은 석유 및 플라스틱 산업에 많은 책임이 있다. 심지어 그들의 과오는 의도적이었다. 1989년에 그들은 모든 플라스틱에 재활용 표시를 추가하도록 로비 활동을 펼쳤다.[13] 그러면 재활용 프로그램이 전복될 것임을 알았기 때문이다. (온갖 플라스틱 제품에 찍혀 있는 1-7 코드는 혼란스럽기 짝이 없다.)[14] 그 결과 혼란스러워진 미국의 소비자들은 습관적으로 거의 모든 플라스틱을 파란색 재활용 쓰레기통에 버렸다.[15] 거기에는 재활용이 안 되는 품목과 음식에 오염된 용기도 포함되었다.

재활용 프로그램의 효과를 높이려면 실제로 재활용할 수 있는 것이 무엇인지 사람들이 알 수 있어야 한다. 지속가능한 포장연합Sustainable Packaging Coalition이 디자인한 새 라벨로 이 문제를 해결할 수 있다. 예를 들어 쿠키는 대개 플라스틱 판에 담고, 얇은 플라스틱 봉지로 감싼 다음 판지 상자에 넣는다. 이 경우 판지는 재활용 가능하고, 플라스틱 봉지는 불가능하며, 판은 씻어서 파란색 쓰레기통에 넣어야 한다는 라벨을 붙여야 한다. 또한 보다 정확한 라벨링은 재활용 불가 소재를 모른 척하는 기업들을 까발리기도 한다.

아직 지켜지지 않은 두 번째 약속은 바이오플라스틱이다. 지금까지 바이오플라스틱이 실패한 까닭을 이해하려면 두 가지 질문을 던져야 한다. 하나는 '원료가 유기물인가?'이고, 다른 하나는 '생분해가 가능한가?'이다. 이상적인 바이

잘 표시된 라벨은 소비자가 올바른 재활용 결정을 하는 데 도움이 된다

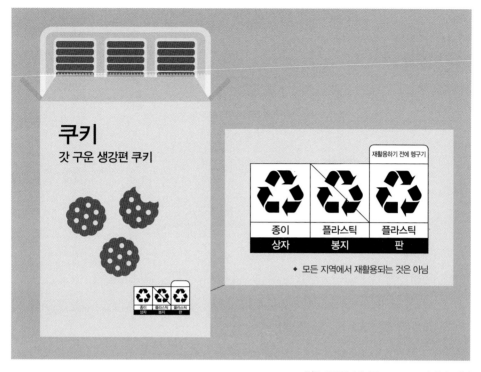

◆ 출처: 하우투리사이클How2Recycle의 가이드라인

오플라스틱은 박테리아가 분해하는 유기물 수지로서 두 요건을 모두 충족한다. 그러나 문제는 둘 다 확인하기가 쉽지 않다는 것이다.

코카콜라는 화석연료 및 석유화학제품으로부터 재생 소재로 아주 점진적으로 옮겨가고 있다. 그들은 70퍼센트의 석유와, 사탕수수에서 추출한 30퍼센트의 에탄올을 사용하여 병을 만드는 실험을 했다.[16] 이런 복합 소재는 탄소발자국을 아주 조금 줄인다. 또한 여전히 생분해되는 데 수백 년이 걸리는 플라스틱 병이 된다. 다른 바이오플라스틱은 석유에서 얻는 전통적인 플라스틱보다 환경(그리고 우리의 건강)에 더 나쁠 수 있다.[17] 또한 일부 접근법은 더 많은 오염물질을 생성하고 더 많은 오존을 파괴하며 더 많은 귀중한 땅을 집어삼킨다.

우리에게 필요한 것은 잘 분해되면서도 규모를 키울 수 있는 접근법이다. 화학자들은 폴리젖산polylactic acid 또는 PLA라 불리는 폴리머를 만들어내는 데 더 가까이 접근하고 있다. PLA는 옥수수나 타피오카 전분을 가공해 만드는데 튼튼하다. 그래서 컵을 만들면 일반 플라스틱 컵처럼 느껴진다. 또한 전통적인 플라스틱보다 온실가스를 75퍼센트나 적게 배출한다. 그런데 뭐가 문제냐고? 폴리머는 산업용 특수 분해 설비에서만 생분해가 된다. 게다가 분해되는 데 10주에서 12주가 걸리기 때문에 유용성에 한계가 있다. PLA는 일반 매립장이나 바다에 버려지면 잘 분해되지 않는다.[18]

그래도 가능한 한 PLA로 만든 일회용 식기를 사용하는 것이 낫다.[19] 매립장으로 보내지는 수 톤의 플라스틱을 줄이고, 재활용 쓰레기통의 오염을 방지하며, 음식물 쓰레기가 매립장에서 썩으며 메탄을 방출하는 것이 아니라 생분해되어 흙으로 돌아가도록 해주기 때문이다. 바이오플라스틱이 진가를 발휘하려면 가정용 생분해 쓰레기통에서 분해될 수 있도록 더 많은 혁신이 필요하다.

플라스틱 오염의 라이프사이클은 현재 우리가 어디에 있는지 보여준다. 그 그림은 별로 예쁘지 않다. **전 세계 플라스틱 쓰레기 중 9퍼센트만 재활용된다.** 나머지 플라스틱은 어떻게 될까? 12퍼센트는 이산화탄소를 내뿜으면서 소각되고, 나머지는 매립장 그리고 궁극적으로 우리의 바다에 이른다.[20] 플라스틱 오염은 1980년 이후 열 배로 폭증했다. 쓰레기의 흐름을 잘못 관리하는 바람에 그중에서 해마다 800만 톤이 바다로 들어간다. 이 플라스틱들은 최대 100만 마리의 바닷새를 죽이고, 수백 종의 물고기, 바다거북, 해양 포유동물에게 해를 입힌다.[21] 동물들은 플라스틱 잔해에 엉키면 질식하거나 익사할 수 있다. 또한 플라스틱을 삼키면 굶어 죽을 수도 있다. 플라스틱이 위를 가득 채워버리기 때문이다.

플라스틱은 라이프사이클의 모든 단계에서 오염을 일으킨다

전 세계의 플라스틱 생산 및 사용, 1950~2015, 10억 톤BT

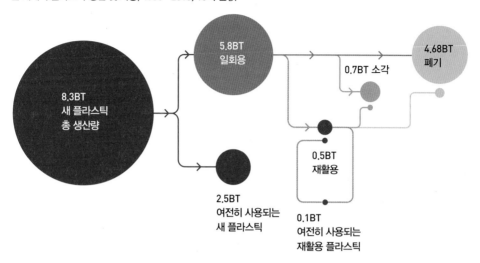

8.3BT
새 플라스틱
총 생산량

5.8BT
일회용

0.7BT 소각

4.68BT
폐기

2.5BT
여전히 사용되는
새 플라스틱

0.5BT
재활용

0.1BT
여전히 사용되는
재활용 플라스틱

◆ 출처: 롤랜드 가이어Roland Geyer 등의 데이터 및 아워 월드 인 데이터의 그래프

이렇게 치명적인 소재를 금지하려는 움직임은 케냐를 넘어 훨씬 널리 퍼져나갔다. 2018년에 영국 의회는 특정 플라스틱을 단계적으로 금지하고, 세제나 화장품 또는 피부관리 제품에 사용되는 아주 작은 알갱이인 미세플라스틱을 소매용으로 쓰지 못하게 한 미국 법규에 맞추기 위해 25개년 계획을 수립했다. 또한 2021년에 유럽연합은 일회용 빨대·접시·수저를 금지했으며, 2029년까지 플라스틱 병의 90퍼센트를 수거한다는 목표를 세웠다.[22] 전체적으로 127개국이 플라스틱 사용을 제한하기 위한 나름의 규정을 마련했다.[23]

적어도 아직은 모든 용도의 플라스틱을 금지할 수는 없다. 플라스틱은 특정한 의료용품, 가전제품, 다용도 용기의 소재로서 다른 소재로 대체할 수 없다. 그러나 정치적 의지의 부족 외에는 그 무엇도 우리가 플라스틱 관련 배출량의 거의 절반을 차지하는 포장과 비닐봉지 그리고 다른 일회용 품목을 단속하는 것을 막지 못한다.

매립장에 넘쳐나는 의류 해결책

옷과 신발은 비교적 적은 양의 온실가스 배출원이다. 그래도 그 문화적 중요성은 수치를 초월한다. 우리는 매일 옷과 신발을 입고 신는다. 지난 20여 년 동안 '패스트 패션'fast fashion(최신 트렌드를 반영한 상품을 빠르게 제작, 유통시키는 의류)의 발전은 의류의 제조와 소비를 모두 가속시켰다.[24] 그 양은 연간 6,200만 톤에 달한다. 제조업체들은 빠른 유행 주기를 좇아서 잠깐 입다가 버리는 저급한 의류를 제조한다. 그 결과 매립장은 섬유, 고무, 가죽, 플라스틱 쓰레기로 가득 찬다.

하버드대학 경영대학원이 발표한 연구 결과에 따르면 자라Zara가 판매하는 의류에 사용되는 소재는 10회 이하만 착용할 수 있도록 만들어졌다.

최근 《보그》가 보도한 바에 따르면 의류 산업은 2030년까지 배출량의 50퍼센트를 삭감하기로 새로운 합의를 보았다.[25] 그럼에도 그들은 기후행동을 실천하는 속도가 느렸다. 이 목표에 도달하려면 패션 브랜드, 제조업체, 유통업체가 상류 및 하류 해결책을 실행하는 속도를 높여야 한다. 상류 측면의 과제(직물 가공)는 보다 단순하다. 의류 제조 과정에서 재생에너지를 쓰고 에너지 효율을 개선하면 배출량을 직접적으로 삭감할 수 있다. 반면 하류의 경우 해결책이 보다 분산되어 있다. 의류 브랜드들은 저배출 운송수단과 친환경 매장 운영방식을 선택하는 한편 과잉생산을 줄여야 한다. 변화를 규모 있게 추진하려면 소비자들이 의류 대여, 재판매, 재단장, 수거, 재활용을 더 빨리 받아들이도록 의류 기업들이 나서야 한다. 폭넓은 목표는 모든 스웨터, 코트, 신발 또는 핸드백의 수명을 늘리는 방법을 찾는 것이다.

재활용 소재로 의류를 제조하는 전략은 미치는 영향력이 크다. 미국의 아웃도어 의류 회사 파타고니아Patagonia는 1993년에 재활용 플라스틱 병으로 폴리스 재킷을 만들어서 도약을 이룬 최초의 기업 중 하나가 되었다. 현재 수많은 선도적인 브랜드와 시장의 반군들이 이 운동에 동참하고 있다.

다른 업계의 선도업체들은 처음부터 보다 친환경적인 소재에 눈을 돌리고 있다. 거기에는 샌프란시스코에 소재한 신발 제조업체인 올버즈Allbirds도 포함된다. 그들은 OKR을 기준으로 넷 제로 목표가 얼마나 진전되었는지 점검한다. 올버즈는 2014년에 경쟁이 극심한 시장에서 특별한 야심을 가지고 설립되었다. 그것은 편안하고 고급스런 디자인으로 '세상에서 가장 친환경적인 신발'을 만든다는 것이었다. 그들은 창립 2년 만에 100만 켤레의 신발을 팔았다. 그들의 대표 상품인 메리노 울 스니커는 브라질산 사탕수수로 만든 중창mid sole을 쓴다.

공동 창립자이자 최고운영책임자인 조이 즈윌링거Joey Zwillinger는 "우리는 환경을 사업 성공의 중요한 이해관계자로 대합니다."라고 말한다.[26] 재무 목표를 넷 제로 목표와 일치시키기 위해 회사는 250명의 전체 직원에 대한 OKR을 설정한다. 이런 노력은 올버즈에게 단순한 신발 회사 이상의 입지를 부여했다. 이제 올버즈는 환경기업이기도 하다. 올버즈는 2021년에 친환경 신발 시장을 키우기 위해 업계의 다른 기업들도 쓸 수 있도록 탄소발자국 계산기를 공개했다.[27]

올버즈의 최고 목표 중 하나는 올버즈의 전체 제품이 생애주기 동안 엄격하게 탄소중립적이라는 확고한 약속을 소비자에게 명시하는 것이다. 그에 따른 핵심 결과는 공급사슬부터 제조, 운송, 유통까지 운영의 모든 측면에서 배출 목표치를 달성하는지 점검한다. 올버즈는 이 OKR을 실행하기 위해 전체 직원이 각 단계에서 탄소 배출량을 파악하고 감축하도록 훈련한다.

올버즈는 늘어나는 친환경 패션 선도기업 중 하나다. 미국 여성 의류 회사 리포메이션Reformation 같은 기업들은 지속가능성을 기준으로 원단을 조달하고 평가한다. 또한 스텔라 매카트니Stella McCartney 같은 브랜드는 고급 의류도 이런 전환을 이룰 수 있음을 보여준다.

소비자 측면에서는 중고 및 빈티지 의류의 인기가 높아지는 것을 확인할 수 있다. 미국, 유럽, 아시아의 젊은이들은 이 중고 의류 부문을 빠르게 진정한 패션 트렌드로 만들어가고 있다. 트로브Trove와 트레데시Tradesy 같은 서비스는 새로운 온라인 중고품 판매 시장을 형성해 구매자들이 양질의 의류를 구매하고 재판매하면서 패스트 패션의 부정적인 영향을 상쇄하도록 유도한다. 이제 다른 기업들도 넷 제로 배출이라는 새로운 유행을 따라잡아야 한다.

제조 공정의 전기화와 수소에 대한 우리의 희망

산업 공정에 필요한 열은 전 세계 에너지 사용량의 거의 5분의 1을 차지한다.[28] 또한 이 열은 산업 부문 전체의 이산화탄소 배출량에서 가장 큰 비중을 차지한다. 제조업의 경우 종이부터 섬유, 철강, 시멘트까지 모든 것을 제조하는 데 다양한 열이 필요하다. 열은 많은 배출량을 기록하는 배출원인 천연가스나 석탄, 석유를 통해 현장에서 생성된다.

산업용 연료 소비의 최소 절반을 차지하는 제조 공정을 전기화하는 일은 현재 기술적으로 타당하다.[29] 전기 히트 펌프, 전기 보일러, 재활용 쓰레기 열은 낮은 수준 및 중간 수준 수요를 충족하는 기성 대체재다. 일부 전기로電氣爐는 철강 제조에 필요한 1,000도 이상의 열에 도달할 수 있다. 그러나 비용이 많이 들고 에너지 수요가 과다하다는 한계가 있다. 산업계는 탄소 배출 없이 고열을 얻는 보다 실용적인 방식을 찾고 있다. 그들이 눈길을 돌린 것은 말 그대로 근원적 요소다.

최근 산업계에서 기후와 관련하여 가장 격렬하게 벌어진 논쟁의 주제는 수소의 잠재적 역할이다. 수소는 전기와 마찬가지로 에너지의 원천이 아니라 전달체다. 수소는 거의 모든 곳에 존재하기 때문에 대단히 유망하다. 물과 전류만 있

여러 산업 공정에서 화석연료를 대체하는 일은 가능하다

열처리 과정에서 연료 소비 비중	%	공정 사례	기술 현황
초고온 (1000℃ 이상)	32%	유리 용해로에서의 용해, 열간압연기에서의 슬래브slab 재가열, 시멘트 제조를 위해 석회석 가열	시멘트 제조를 위해 석회석 가열
고온 (400~1000℃)	16%	석유화학 산업에서의 증기 변성 및 분해	현재 사용 가능
중온 (100~400℃)	18%	건조, 증발, 증류, 활성화	현재 사용 가능
저온 (100℃ 이하)	15%	세척, 헹굼, 음식 조리	현재 사용 가능
기타(잠재성 미평가)	19%		

◆ 출처: 맥킨지 앤드 컴퍼니McKinsey and Company의 데이터 및 그래프

으면 수소를 생산할 수 있다. 전기분해라 불리는 절차는 전기를 활용하여 수소 원자 2개와 산소 원자 1개로 구성된 물을 원자 단위로 분해한다. 그러면 수소를 따로 저장하거나, 현장에서 직접 사용하거나, 액체로 압축한 다음 운송하여 열이나 전기를 생산할 수 있다.

산업계는 수소의 다양한 범주를 색깔로 구분한다. 현재 생산되는 대다수 수소는 화학물질을 제조하기 위한 것이며, 95퍼센트는 천연가스에서 만들어진다. **앞으로 수십 년 동안 우리가 추구할 목표는 청정수소가 고온을 생성하는 표준 수단이 되는 것이다.** 그러면 시멘트와 철강처럼 해결하기 어려운 부문도 탈탄소화할 수 있을 것이다.

더 많은 공장이 지어질수록 수소를 생산하는 비용은 떨어질 테지만,[30] 전 세

갈색 또는 흑색 수소:
석탄에서 생산

회색 수소:
천연가스에서 생산

청색 수소:
천연가스에서 생산하되 배출되는 이산화탄소를 포집 및 격리

녹색 수소:
제로 배출 에너지원에서 생산

계 대부분의 지역에서 더러운 수소보다 저렴해지려면 20여 년이 걸릴 수 있다. 또한 수소는 원천과 무관하게 과거에 활용하지 않았던 산업에서 비용 장벽에 직면한다. 가압과 냉각은 비용이 많이 든다. 액화수소는 운송하기 힘들며, 수소가스의 누출 또는 폭발을 막으려면 파이프라인을 재구축해야 한다. 이런 비용을 합하면 상당한 그린 프리미엄이 된다.

녹색 수소는 비용이 하락하는 추세인 배터리 및 다른 청정에너지원과 경쟁해야 한다. 그렇다면 녹색 수소는 어떤 측면에서 경쟁력이 있을까? 그중 하나는 비료용 암모니아를 생산하는 더러운 수소를 대체하는 것이다. 또한 앞으로는 제철이나 다른 고온 제조 부문에서도 경제성을 증명할 수 있다. 태양광 패널이나 풍력 발전기로 전기분해기를 돌려서 현장에서 수소를 생산하면 비용을 줄일 수 있기 때문이다.

다른 부문의 경우 전력망 저장장치나 해상 운송에 녹색 수소를 활용할 수 있다. 다만 승용차, 버스, 트럭, 열차를 움직이는 데 쓰일 가능성은 크지 않다. 교통 부문에서는, 밀도는 더 높으면서 무게는 더 가벼운 배터리가 좀 더 실용적인 선택지가 되고 있다. 그래도 녹색 수소는 도시 건설에 필요한 소재를 만드는 제로 배출 선택지로서 새로운 산업혁명 시대를 불러올 수 있다.

시멘트 제조 과정에서 배출량 줄이기

콘크리트는 2,000년 넘게 사용되어왔으나 산업혁명 시대의 여명기인 1800년 대 중반이 되어서야 도시를 건설하는 사람들이 대규모로 사용하는 법을 익혔다. 조지프 오귀스트 파뱅 드 라파지Joseph-Auguste Pavin de Lafarge는 프랑스 남동부에서 석회석 채굴장을 운영했다. 그는 채굴장의 백색암과 미네랄이 풍부한 점토를 활용할 새로운 방법을 찾던 중 얼마 전에 특허를 받은 포틀랜드 시멘트Portland cement 제조 공정의 규모를 키웠다. '포틀랜드 시멘트'라는 명칭이 붙은 이유는 영국 해협의 포틀랜드섬에 있는 유명한 석회석을 닮았기 때문이다.

1830년대에 라파지는 공장 굴뚝에서 뿜어져 나오는 연기를 볼 수 있었다. 그는 자신이 미래의 기후위기에 기여하고 있다는 사실 또는 21세기의 시멘트 산업은 연간 3기가톤 정도의 이산화탄소를 배출할 것이라는 사실은 알 길이 없었다. 시멘트를 제조하는 과정

시멘트는 제조 과정의 여러 단계에서 이산화탄소를 배출한다.

은 언제나 뜨거웠다. 석회석과 점토는 화석연료를 태우는 가마에서 1,450도로 가열된다. 이 공정에서 시멘트 제조로 인한 이산화탄소 배출량의 절반이 배출된다. 회전로에서 회전하고 가열되는 동안 석회석은 산화칼슘과 이산화탄소로 분해된다. 이 공정에서 나머지 절반의 이산화탄소가 생성된다. 회전로에서 나오는 조약돌 같은 '클링커'Clinker를 석고와 다른 소재로 연마하면 비로소 시멘트가 된다. 시멘트는 기본적으로 물, 모래, 자갈을 섞어서 콘

크리트를 만드는 접착제다. 19세기의 건설 산업에서 이것은 승리의 방정식이었다. 라파지는 세계 최대 시멘트 제조업체 중 하나로 성장했으며, 지금도 250억 달러의 매출을 올린다.

콘크리트 1톤을 제조할 때마다 거의 같은 양의 이산화탄소가 대기로 흘러 들어 간다.[31] 획기적인 변화가 없으면 시멘트 산업의 탄소 배출량(전 세계 총 온실가스 배출량의 5퍼센트)은 경제성장과 더불어 계속 증가할 것이다. 획기적인 변화에 대한 압력은 커지고 있다. 2019년에 기후변화에 관한 기관투자자 그룹Institutional Investors Group on Climate Change은 33조 달러에 달하는 운용 자금을 활용하여 시멘트 산업이 2050년까지 넷 제로에 이르도록 만드는 일에 나섰다.[32] 그들은 유럽의 4대 시멘트 제조업체(현재 6만 7,000명의 직원을 둔 스위스 상장사이자 다국적 기업인 라파지홀심LafargeHolcim 포함)에 강한 어조의 서신을 보내 장단기

시멘트 제조 과정에서 배출되는 이산화탄소

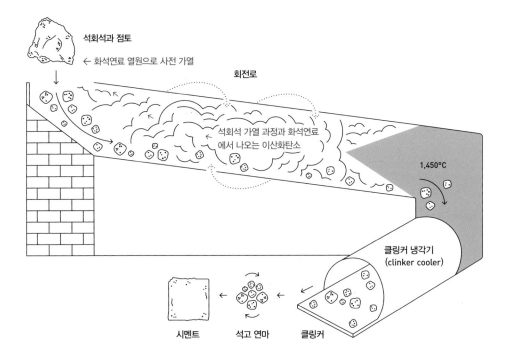

석회석과 점토
← 화석연료 열원으로 사전 가열
회전로
석회석 가열 과정과 화석연료에서 나오는 이산화탄소
1,450°C
클링커 냉각기 (clinker cooler)
시멘트   석고 연마   클링커

배출량 감축 목표를 받아들이라고 촉구했다.

라파지의 대표인 얀 예니시Jan Jenisch는 "저희는 이 도전을 가볍게 받아들이지 않습니다."라고 말한다.[33] 그는 라파지가 20퍼센트의 재생에너지를 활용하여 공장에 전력을 공급한다고 언급했다. 또한 탄소중립 시멘트를 개발하기 위한 노력을 배가하겠다고 약속했다. 기후를 걱정하는 투자자들은 그의 말에 만족하지 않았다. 라파지홀심은 충분한 규모의 변화를 이룰 만큼 빨리 나아가지 않고 있었다. 마침내 2020년 9월, 라파지홀심은 2050년까지 넷 제로 배출을 이루겠다고 약속했다.[34]

획기적 에너지 연합의 에릭 트루시에비치는 시멘트와 콘크리트 업계에서 10년을 종사했다. 얀 반 도큠은 우리가 친환경 투자 전략을 세울 때 클라이너퍼킨스의 운영 파트너였다. 그들은 새로운 제조법을 개발한 젊은 회사인 솔리디아Solidia의 이사로 일한다. 이 제조법은 시멘트를 만들 때 경화 과정에서 이산화탄소를 흡수하는 방법이다.

시멘트 제조 과정에서 획기적인 변화가 필요하다.

에릭 트루시에비치

콘크리트는 모든 문명의 이면에 있는 보이지 않는 소재입니다. 당신이 생각하는 모든 도시화와 산업 활동, 에너지 생산, 교통 인프라, 건물은 콘크리트를 토대로 하죠.

콘크리트는 연간 300억 톤이나 생산되는 마법의 소재입니다. 이 백색 가루를 조금만 가지고 무엇이든 주위에 있는 물건과 섞으면 50년 넘게 버티는 바위가 됩니다. 전 세계 40퍼센트의 지역에서는 삽만 가지고 이 작업을 합니다. 나머지 60퍼센트의 지역은 산업설비를 활용하여 더 큰 건물과 구조물을 만듭니다. 콘크리트 없이는 어떤 형태의 문명도 상상할 수 없지요.

얀 반 도쿰

시멘트 산업을 탈탄소화하는 데 우리가 직면한 난관은 이것입니다. 현재 전 세계에는 대다수 시멘트 생산을 주도하는 20여 개의 기업이 있습니다. 지금으로서는 그들이 이산화탄소 감축의 필요성을 공감하고 신기술을 받아들일 인센티브가 사실상 없습니다.

시멘트를 생산하는 기업에는 경제성과 친환경성 사이에 근본적인 불일치가 존재합니다. 그들의 탄소발자국은 거대합니다. 시멘트 산업의 이윤은 상당히 박한데, 범용품을 생산하는 대단히 경쟁이 심한 사업이기 때문입니다. 그래서 다른 제조업체들이 혁신을 받아들이지 않는 상황에서 자금을 투자하기가 힘듭니다. 혁신은 필수 요소가 아니라 저해 요소로 인식되지요.

시멘트 산업에 깨끗하게 정화할 명확한 의무를 부여해야 합니다. 그래야만 혁신과 도전이 필수 요소가 될 것입니다.

에릭 트루시에비치

맞습니다. 이는 어려운 문제입니다. 그러나 이미 기존 기법과 기술로 이산화탄소 배출량을 50퍼센트 넘게 감축할 수 있습니다. 첫째, 콘크리트를 절반만 쓰도록 건물을 설계할 수 있습니다. 둘째, 시멘트와 비슷한 보완적 소재나 충전재처럼 이산화탄소를 줄이는 해결책을 활용할 수 있습니다. 다만 가용성可用性을 키우는 것이 숙제입니다.

변화를 이루기는 쉽지 않죠. 새로운 콘크리트 기술엔 그린 프리미엄이 따릅니다. 때로 소재는 더 저렴하더라도 접근법이 기술적 전문성과 감독의 필요성 측면에서 비용이 더 들기도 합니다. 수십 년 동안 특정한 방식으로 구조물을 만들어온 전 세계 수억 명의 노동자들에 대한 교육을 강화해야 하는 이유입니다. 정부는 인센티브나 의무 규정을 만들어 변화의 속도를 높일 수 있어요.

얀 반 도쿰

이 부담은 정부만 져야 하는 것이 아닙니다. 투자계와 금융계도 시멘트 산업이 깨끗하게 사업을 운영하도록 압력을 가할 수 있습니다. 시멘트 산업이 변화를 수용하려면 압박을 느껴야 합니다. 금융 측면의 압박은 주가, 자본시장에 대한 접근, 투자수익률에 영향을 미치지요. 주주의 압박은 새로운 기술과 관행을 받아들이게 하는 최고의 원동력입니다.

에릭 트루시에비치

시멘트 산업을 어떻게 넷 제로로 이끌 수 있을까요? 기존 혁신의 규모를 키우고 타당한 기술을 계속 시장으로 끌어와야 합니다. 새로운 접근법을 업계가 받아들이게 하려면 쉽게 구할 수 있고 저렴한 원자재를 활용해야 합니다. 또한 최종 제품은 사용하기 쉽고, 비용 경쟁력을 지니며, 안정적이어야 합니다. 그리고 기존 인프라를 활용할 수 있는 것이 이상적입니다. 이것은 감당하기 벅찬 기준이긴 하나 이 문제를 해결하는 일에 많은 기업적 에너지가 투입되고 있습니다.

맞다. 이것은 어려운 문제다.

시멘트 혁신은 두 가지 주요 배출 지점을 겨냥해야 한다. 하나는 열을 얻기 위한 연료이고, 다른 하나는 회전로 내부의 화학 반응이다. 열의 경우 화석연료를 전기나 청정수소로 대체하는 유망한 접근법이 있다. 또한 회전로 안에서 이뤄지는 실제 제조 과정의 경우 여러 기업에서 이산화탄소를 포집하도록 공정을 재설계하고 있다. 솔리디아 같은 그룹들은 원 제조법에서 벗어나 콘크리트를 굳히는 방법을 바꾸는 새로운 제조법을 사용하고 있다. 솔리디아의 콘크리트는 굳어가는 과정에서 이산화탄소를 흡수한다. 다른 그룹들도 시멘트와 배출량을 줄이면서 콘크리트를 만드는 새로운 소재와 첨가제를 시험 중이다.

에릭이 말한 대로 친환경적인 콘크리트 제조는 어려운 문제다. 새롭고 더 깨끗한 접근법을 활용하려면 다국적 기업과 혁신적인 스타트업들이 협력해야 한다. 새로운 시멘트 제조설비를 만들려면 최대 4억 달러가 들어간다. 그래서 창업자와 대학 연구팀은 혼자 힘으로 할 수 없다.

시멘트 분야에서 이산화탄소 배출을 모두 제거할 방법을 찾는다는 보장은 없다. 그래도 우리의 문명은 건설을 멈추지 않을 것이므로 계속 노력해야 한다. 그 보상은 넷 제로를 향한 거대한 진전이다.

미래를 위한 제철

숙련된 장인들은 수 세기 동안 대단히 강한 금속을 만들었다. 그러다가 1880년대에 스코틀랜드 출신의 펜실베이니아 기업가인 앤드루 카네기Andrew Carnegie가 세상을 바꿀 만한 발견을 했다. 그는 엄청난 고온으로 조철의 불순물을 태워서 철강의 강도와 내구성을 높이는 공정을 대규모로 구축했다. 강철은 곧 필수불가결한 소재가 되었다. 강철 대들보를 쓰면 건물을 과거의 한계인 4층이나 5층

보다 훨씬 높이 세울 수 있었다. 도시는 수직으로 변했다. 자동차 산업이 도래하면서 강판은 선택받은 소재가 되었다.

기후 관점에서 제철의 문제는 연간 4기가톤의 탄소 배출량이 전 세계 총량의 약 7퍼센트를 차지한다는 것이다. 철강 제조 과정은 시멘트처럼 2,200도에 가까운 극도의 고온을 필요로 한다. 이런 용광로는 석탄을 태우기 때문에 금속을 만드는 일 자체에서 탄소 오염이 추가된다.

제철 과정에서 나오는 배출량을 줄이기는 쉬운 일이 아니다. 제철은 반제품을 재가열하는 공정부터 강철을 강판으로 압연하는 공정까지 복잡한 다단계 절차로 이뤄진다. 각 단계마다 화석연료가 필요하다. 한 가지 부분적인 해결책은 전류를 이용하여 재활용 고철을 녹이는 것이다.[35] 이 방식은 미국의 경우 철강 생산의 거의 3분의 2에서 활용되었다. 그러나 2020년 전 세계 생산량인 18억 톤의 절반 이상을 차지한 중국에서는 인기가 적다.[36]

제로 배출 강철은 세 가지 요건을 충족해야 한다. 첫째, 용광로에 제로 배출 에너지원을 활용해야 한다. 둘째, 용광로에 투입되는 철이 화석연료 없이 생산되거나 고철로 대체되어야 한다. 마지막으로 압연 이전의 가열 단계에서 녹색 수소나 다른 청정에너지원을 사용해야 한다.

대규모 친환경 제철 해결책이 타당성을 지니려면 현실 세계에서 성과와 비용을 검증해야 한다. 2020년에 수소 생산업체인 린데 가스Linde Gas와 스웨덴 제철기업인 오바코Ovako가 협력하여 호포르스Hofors의 고철 기반 제철소에 친환경 수소 시스템을 설치했다. 프로젝트 리더인 예란 니스트룀Göran Nyström에 따르면 이는 압연 공장에서 강철을 가열하는 데 수소를 최초로 사용한 사례였다.[37] 시험 가동이 성공한 덕분에 오바코는 필요한 자금을 모아서 모든 공장을 새로운 시스템으로 전환할 수 있었다. 그에 따라 제철 과정의 요람부터 무덤까지 탄소 발자국이 크게 줄어들었다.

오바코는 강철의 품질에 아무런 부정적인 영향을 주는 일 없이 제로 배출 수소를 제철 공정에서 활용할 수 있음을 증명했다. 당연히 화석연료 부문은 반격에 나섰다. 특히 액화천연가스LNG 기업들은 천연가스에서 얻는 '청색' 수소에 가해지는 경쟁적 위협을 두려워했다. 유럽에너지연구연합European Energy Research Alliance의 회장인 닐스 로케Nils Rokke는 LNG 수소를 건너뛰고 100퍼센트 녹색 수소로 옮겨가는 것은 말도 안 된다고 했다.[38] 그는 "둘 다 써야 해요."라고 주장했다.

로케의 말에는 일리가 있다. 그러나 적어도 전환 측면에서는 녹색 수소로 향하는 중대한 변화가 이미 일어났다. 스웨덴의 철강기업들이 결성한 하이브리트HYBRIT 컨소시엄은 훨씬 대규모로 녹색 수소를 활용하는 방안을 지지하고 나섰다. 2020년 8월에 회원사이자 스웨덴의 주요 철강기업 SSAB는 최초의 대규모 녹색 수소 제철소를 준공했다. 스테판 뢰벤Stefan Löfven 스웨덴 총리는 열띤 어조로 "우리는 1,000년 만에 철강 산업에서 최대의 기술적 전환을 시작했습니다."라고 말했다.[39]

스웨덴 정부는 효과적으로 OKR을 만들었다. 그들은 2040년까지 스웨덴 철강 산업의 탄소 배출량을 제로로 만든다는 명확한 목표를 수립했다. 하나의 핵심 결과는 2024년까지 대규모 생산 시험을 하는 것이다. 다른 핵심 결과는 폭넓은 양산이다. SSAB의 대표는 "이 기회를 잡아야 합니다."라고 밝혔다.[40]

앞서 살핀 대로 산업계는 탈탄소화하기에 가장 복잡한 부문일지 모른다. 그렇다고 해도 새로운 기술과 비즈니스 모델이 플라스틱, 의류, 시멘트, 철강 분야에서 두드러진 진전을 이뤘다. 전체적으로 그들은 8기가톤의 배출량을 줄일 잠재력이 있다. 계산해보면 아직 대기에는 10기가톤이 여전히 위태로운 상태로 남는다. 이 문제는 다음 장에서 다루겠다.

철강 산업은 연간 약 4기가톤의
이산화탄소를 배출한다.

속도와 규모: 넷 제로까지의 카운트다운

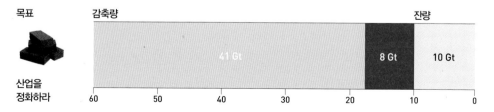

목표	감축량		잔량

산업을
정화하라

41 Gt 8 Gt 10 Gt

60 50 40 30 20 10 0

탄소를
제거하라

Remove Carbon

탄소를 제거하라

우리가 앞의 5개 장에서 제시한 목표를 달성한다고 가정해보자. 우리는 교통과 전기 부문을 정화하고, 농업을 변화시키고, 시멘트와 철강을 제조하는 방법을 재발명한다. 어쩌면 이 원대한 목표 중 일부는 달성하지 못하고, 다른 일부는 초과 달성할 테지만, 전체적인 수치는 균형을 유지한다고 해보자. 우리가 직접 계산한 바에 따르면 여전히 열을 가두는 가스가 해마다 100억 톤이나 남는다.

이 사실 때문에 나는 밤잠을 이루지 못한다. 우리의 이산화탄소 제거 KR (6.1&6.2)는 실로 달성하기 힘든 핵심 결과다. 어떻게든 해마다 이 10기가톤을 제거할 방법을 찾아야 한다. 이보다 작은 수치는 우리의 계획뿐 아니라 인류의 실패로 간주될 것이다.

그렇다면 문제는 이산화탄소 배출량 감축과 이산화탄소 제거 중에서 어디에 집중해야 하느냐다. 한정된 기후행동 기금을 둘러싼 격렬한 경쟁을 감안할 때 이는 학문적 논쟁 이상의 문제다. 우리의 입장은 이렇다. 세계는 둘 다 해야 한다. 두 가지 노력은 서로 연관되어 있다. 탄소를 대규모로 제거하지 않고 제때 넷 제로에 도달하려면 2040년까지 해마다 감축량을 두 배로 늘려야 한다. 아직 친환경 대체재가 존재하지 않는 분야라면 부담이 엄청날 것이다.

그렇다면 이산화탄소 제거, 줄여서 탄소 제거란 정확히 무엇일까?[1] 이는 대기에서 이산화탄소 분자를 포집한 다음 저장하는 다양한 활동을 말한다. 이산화탄소는 산업 제품이나 지하 저수지, 토양, 삼림, 암석, 해양에 분포되어 있다. 실질적으로 탄소 제거는 공학적 해결책과 자연적 해결책으로 구성된다. 공학적 해결책의 핵심 사례는 직접공기포집Direct Air Capture, DAC이다. 이를 통해 이산화탄소는 대기에서 분리되어 영구적으로 저장된다. 자연 기반 해결책으로는 재삼림화(과거 삼림이 무성하던 곳에 나무를 다시 심는 것), 조림(새로운 삼림을 조성하는 것), 혼농임업agroforestry(농지에 나무와 관목을 같이 키우는 것) 등이 있다.

대기에서 이산화탄소를 가려내는 일은 기술적으로 쉽지 않다. 그러나 이 과제를 정말로 어렵게 만드는(거의 타당하지 않을 만큼) 것은 작업의 엄청난 규모다. 현실적 감축에 전문성을 갖춘 환경 싱크탱크인 세계자원연구소에 따르면 우리는 해마다 수십억 톤의 탄소를 끌어내릴 만한 수준의 근처에도 가지 못했다.

현재 상황에서 우리의 넷 제로 목표(연간 세계 총배출량의 약 17퍼센트인 10기가톤의 탄소를 제거)는 실로 대담하다. JP모건JPMorgan의 마이클 셈발레스트Michael Cembalest가 약간은 짓궂게 평가한 대로 과학사에서 가장 큰 비율은 탄소 제거를 다룬 논문의 수와 실제로 제거된 탄소량 사이의 비율이다. 셈발레스트에 따르면 우리 앞에 닥친 모든 힘든 과제 가운데 **공학적 탄소 제거가 '가장 힘겨운 고지'가 될 것**이다.[2]

나는 이 문제를 이렇게 바라본다. 2050년까지 대기에 남아 있는 수 기가톤의 탄소를 청소하려면 탁월한 혁신과 수완이 필요하다. 우리는 그 방법을 반드시 찾아내야 한다.

목표 6
탄소를 제거하라

해마다 10기가톤의 이산화탄소를 제거한다.

KR 6.1

자연적 제거

2025년까지 해마다 최소 1기가톤, 2030년까지 3기가톤, 2040년까지 5기가톤을 제거한다.
↓ 5기가톤

KR 6.2

공학적 제거

2030년까지 해마다 최소 1기가톤, 2040년까지 3기가톤, 2050년까지 5기가톤을 제거한다.
↓ 5기가톤

탄소 제거: 다양한 방법들

탄소 제거 기술Carbon Dioxide Removal, CDR 접근법	설명
조림 및 재삼림화	새롭게 조성한 삼림(조림)에 이산화탄소 격리. 훼손되거나 제거된 삼림의 회복(재삼림화).
삼림 관리 개선	삼림 관리 관행을 바꿔서 탄소 저장량 증가.
바이오차biochar	바이오매스를 열분해해 생긴 고체 잔재를 토양과 혼합.
탄소 포집 및 저장 수반 바이오에너지	바이오매스를 통한 에너지 전환 과정에서 이산화탄소를 방출하지 않고 포집 및 저장.
건축 소재	콘크리트 양생, 광물화된 탄소 물질과 식물 섬유의 혼합.
탄소 광물화	자연적 또는 인위적 알칼리 광물과 이산화탄소 사이의 반응을 통해 방해석(탄산칼슘으로 이뤄진 흰색 또는 투명한 광물질로, 석회암·대리석·백악의 주성분)이나 마그네사이트 같은 고체 탄산염광물 형성.
탄소 저장 수반 직접공기포집	이산화탄소를 대기에서 화학적으로 분리한 후 영구 저장.
해양 알칼리도 증가	대개 광물 용해나 전기화학을 통해 해양의 알칼리도를 높임으로써 용해된 무기 탄소 저장 능력 개선.
토양 탄소 격리	경운 작업 줄이기나 혼농임업을 통한 대지 관리 조정으로 토양의 탄소 저장 능력 개선.
해안 블루 카본blue carbon	이탄지와 해안을 포함하여 복원된 생태계에서 추가로 늘어난 바이오매스 및 토양을 통한 이산화탄소 격리.
해양 바이오매스 관리 및 배양	해양 생태계의 미세조류나 대형조류 배양을 통한 해양 바이오매스의 탄소 격리량 증가 및 바이오매스 관리나 활용 개선을 통한 탄소 격리의 지속성 개선.

탄소를 붙잡기 위한 경주

지금 지구는 탄소를 제거할 해결책의 포트폴리오를 원한다. 2050년까지 넷 제로와의 간극을 메울 기회라도 얻으려면 지금 모든 해결책에 자금을 지원하고 규모를 키워야 한다.

자연적 탄소 제거와 공학적 탄소 제거, 양쪽 모두의 난관은 복잡하다.[3] 자연적 해결책은 표준, 회계, 검증 그리고 제거가 어차피 이뤄질 것이었는지 말해주는 '추가성'additonality을 둘러싼 이슈로 시끄럽다. 저렴한 가격에 삼림 관련 투자를 할 수 있는 기회는 풍부하다. 그러나 추가성에 대한 시장 표준이 아직 확립되지 않았다. 게다가 이런 해결책은 대개 농업 및 개발에 필요한 땅을 놓고 경쟁한다. 끝으로 불확실한 지속성이 발목을 잡는다. 삼림은 불에 탈 수 있다. 탄소가 풍부한 표토층을 논밭으로 갈 수 있다. 저장된 탄소는 대기로 다시 방출될 수 있다.

공학적 탄소 제거 해결책은 지속 기간이 1,000년을 넘어갈 수 있다. 그러나 이 접근법에는 다른 쟁점들이 있다.

용량: 세계자원연구소의 켈리 레빈Kelly Levin이 지적한 대로 우리는 "전혀 유례없는 기술을 막대한 규모로 키우는 일"에 의존하고 있다. 직접공기포집은 유망하다. 그러나 해당 기술은 지금까지 전 세계에서 겨우 2,500톤의 탄소를 격리했을 뿐이다. 이는 1기가톤의 1퍼센트에도 한참 못 미치는 용량이다.

공학적 해결책에 기대서 100억 기가톤의 잔여 탄소 배출량 중 절반을 제거하려면 현재의 기술로는 부족한 부분이 많다. **우리에게는 플로리다주만큼 넓게 깔린 태양광 패널이 필요하다.** 이 과정은 세계 전체 에너지의 거의 7퍼센트를 빨아들일 것이다.[4] 이는 멕시코, 영국, 프랑스, 브라질의 소비량을 합친 것보다 많다. **이만한 이산화탄소를 지하로 밀어넣는 것은 석유 산업 전체를 역주행**

시키는 것과 같다. 탄소 제거 기술이 우리의 수요를 의미 있게 충족하려면 훨씬 더 효율적이어야 한다.

비용: 기존의 공학적 제거 방식 중에서 대규모로 탄소를 포집하고 저장할 만큼 경제성을 근접 달성한 것은 하나도 없다. 시장은 제대로 형성되지도 않았다. 직접공기포집의 대략적인 현재 비용은 톤당 600달러 또는 기가톤당 6,000억 달러다.[5] 5기가톤을 처리하려면 해마다 3조 달러가 필요하다.

우리가 2부의 혁신을 다룬 장에서 이 핵심 결과를 탄소 제거 KR(9.4)와 같이 묶은 이유가 여기에 있다. 미래의 기술적 돌파구와 규모의 경제를 수반하면 공학적 탄소 제거는 2030년까지 톤당 100달러 그리고 2040년까지 톤당 50달러라는 상업적 비용에 도달할 수 있다. 이는 현재의 비용보다 95퍼센트나 줄어든 수치다.

형평성: 기후변화에 관한 정부 간 패널이 지적한 대로 저탄소, 기후 회복의 미래로 향하는 우리의 경로는 "도덕적·실용적·정치적 난관과 불가피한 절충투성이"다.[6] 치명적인 공기 오염에 시달리는 지역사회의 경우 탄소 제거가 배출량 감축을 대신하지 못한다. 석탄을 태우는 중국이나 미국의 제철소가 아이슬란드의 탄소 포집 기업에 탄소 제거 상쇄offset에 대한 대가를 지불한다고 해도 인근에 사는 현지인들은 여전히 피해를 본다.

상쇄 방식의 두 얼굴

탄소 제거를 확장하기 전에 우리는 먼저 어떻게 그리고 누구에 의해 달성할 것인지를 물어야 한다. 상쇄 프로그램은 기업이나 개인이 이론적으로 자신의 배출량을 무효화하는 감축 또는 제거에 대한 대가를 지불하는 것이다.

기후행동 분야에서 상쇄는 심한 비판을 받는 동시에 폭넓게 활용되는 미묘한 용어다. 예를 들어 **최악의 의미로는 그린워싱**greenwashing**(실제로는 그렇지 않으면서 친환경인 척 꾸미는 것 – 옮긴이) 행위에 해당한다.** 즉, 기업이나 개인이 나쁜 행동에 대한 책임을 지지 않게 해주는 면죄부의 수단이 된다. 양질의 상쇄는 기후에 긍정적인 영향을 미칠 수 있다. 그래도 상쇄 방식은 과대평가뿐 아니라 심지어 사기에 취약하다.[7] 상쇄 방식 없이 구현된 친환경 해결책에 자금을 끌어들일 때 활용되는 경우도 많다. 그린워싱으로는 기후위기를 해결할 수 없다. 우리의 탄소 예산은 너무 적고, 시간은 너무 짧다.

프로테라의 대표이자 델타 항공의 전 최고지속가능성책임자인 가레스 조이스Gareth Joyce는 탄소 제거 인증서를 위한 새로운 화폐가 필요하다고 믿는다. 이상적인 시스템은 미래의 기술적 해결책에 대한 투자를 보상하는 동시에 매일 활용되는 자연적 접근법으로 계속 자금이 흘러가도록 하는 것이다.

상쇄 프로젝트를 선택하기 전에 다음 두 가지 질문을 던져라.

우리의 운영, 공급사슬, 제품 사용방식을 탈탄소화하기 위해 가능한 모든 일을 했는가?

최대한 효율성을 극대화했는가?

두 질문에 대한 답이 '그렇다'라면 상쇄가 임시 해결책으로서 가치를 지닐 수 있다. 다만 다음 요건을 충족해야 한다.

추가성

검증성

우리의 속도와 규모 계획은 각 국가와 기업이 먼저 자신의 집부터 정리하고 방지와 에너지 효율을 통해 배출량을 줄일 것을 요청한다. 그래야만 회계적 수법이나 홍보 전략이 아니라 지구를 치유하기 위한 진실된 노력의 하나로 상쇄 방식을 활용할 수 있다. 세계자원연구소의 켈리 레빈이 말한 대로 백척간두에 서 있으면 "모든 것을 해야 한다."

나무 1조 그루를 심어야 하나?

나무 심기는 대기에서 탄소를 끄집어내는 명백하고도 저렴한 수단이지만 체계적으로 접근해야 한다. 당연히 나무는 이산화탄소를 흡수하고 지구온난화의 순환고리를 끊는 최고의 자연적 메커니즘이다. 1조 그루의 나무를 심자는 제안은 상당한 환호를 받았다. 하지만 이 인상적인 캠페인은 종종 식목과 관련한 어려운 질문을 피해간다. 나무 한 그루는 얼마나 많은 탄소를, 얼마나 오랫동안 흡수할 수 있을까? 나무를 심는 것은 지역 생태계와 경제에 어떤 영향을 미칠까? 1조 그루의 나무를 심으려면 얼마나 많은 땅이 필요할까?

대규모로 나무를 심으려면 사전 구상, 계획, 규제가 필요하다. 재삼림화는 지역 생태계에 원래 존재하거나 지역 생태계를 보완하는 종들을, 그들이 번성할 수 있는 곳에 추가할 때 가장 성공적이다. 탄소 흡수원을 복원 및 확장하고 우리의 삼림 KR(4.2)를 달성하려면 2050년과 그 이후까지 오랜 위기 동안 살아서 우리를 도와줄 나무가 필요하다.

대지 요건도 신중히 정해야 한다. **나무의 힘으로 미국이 배출하는 탄소만 제거하려 해도 전 세계 대지의 절반을 할애해야 한다.**[8] 그렇다고 해서 나무 심기가 아무런 역할을 못 한다는 말은 아니다. 오히려 정반대다. 다만 다른 모든 탄소 제거 해결책과 마찬가지로 식목이 만병통치약은 아니라는 사실을 명심해야 한다. 식목은 무분별한 삼림 벌채와 걷잡을 수 없는 탄소 배출을 막는 데 두 번째로 중요한 전략이다.

중국부터 에티오피아까지 많은 나라에서 나무를 심는 노력이 진행되고 있다.[9] 덕분에 식목이 증가하는 중이다. 이처럼 좋은 의도를 토대로 자의적 목표보다 지속적인 영향력에 초점을 맞추는 것이 중요하다.

희박한 공기에서 탄소를 제거하라

2009년 스위스의 공학 전공 대학원생인 크리스토프 게발트Christoph Gebald와 얀 부르츠바허Jan Wurzbacher는 공기에서 이산화탄소를 제거하는 '직접공기포집' 기술을 활용한 스타트업, '클라임웍스'Climeworks를 창립했다. 8년 후, 그들은 대기에서 이산화탄소를 걸러낼 수 있는 18대의 거대한 선풍기 같은 포집 장치를 제작했다.[10] 최초 시연 이후 근처의 온실 재배 농가에서 과일과 채소를 시비施肥하고 성장을 촉진하기 위해 포집된 이산화탄소를 사들였다. 클라임웍스는 부가 사업으로 포집된 이산화탄소를 탱크에 넣어서 코카콜라에 투입할 탄산으로 만들 수 있도록 현지 병입업체에 판매했다.

이런 초기 거래는 보다 큰 상업적 시도를 위한 다리 역할을 했다. 클라임웍스는 아이슬란드의 전력기업인 레이캬비크 에너지Reykjavík Energy와 협력하여 시범

지붕 포집설비를 제작했다. 이 설비는 해마다 톤당 1,000달러의 비용으로 50톤의 이산화탄소를 포집한다. 이는 기계적 제거를 위한 중요한 개념 증명proof-of-concept 시험이었다.

다음 단계는 연간 4,000톤의 이산화탄소를 포집하는 공장이다.[11] 클라임웍스

스위스 스타트업인 클라임웍스
는 공학적 방식으로 탄소를 제
거하고 저장하는 직접공기포집
방식의 선구자다.

는 포집된 이산화탄소를 판매하지 않고 지열로 가
열한 물과 섞어서 지하 저수지로 투입할 것이다. 이
후 2년이 지나면 점진적인 화학 반응에 따라 고체
광물인 탄산 칼슘이 생긴다. 즉, 과거에 배출된 이

산화탄소가 영원히 암석에 격리되는 것이다.

브리티시컬럼비아주에 있는 스타트업, 카본 엔지니어링Carbon Engineering은 훨씬 큰 규모로 비슷한 기술을 활용할 계획이다. 빌 게이츠와 복합 에너지 기업 세브론의 지원을 받는 이 회사는 세계 최대 규모라고 일컬어지는 직접공기포집 공장을 짓고 있다. 이 공장은 연간 100만 톤의 이산화탄소를 제거할 수 있다.[12]

직접공기포집이 탄소를 제거하는 유일한 방식은 아니다. 2018년에 일군의 우주항공 엔지니어들이 샌프란시스코에서 참 인더스트리얼Charm Industrial이라는 스타트업을 설립했다. 창립자이자 대표인 피터 라인하트Peter Reinhardt는 "우리는 1년 동안 토요일마다 모여서 이산화탄소를 경제적으로 격리할 방법을 궁리했습니다."라고 말한다. 그들은 '고속 열분해'fast pyrolysis라는 공정을 선택했다. 이는 식물성 소재를 고속, 고온 분해하여 액체 연료로 만드는 공정이었다. 그러면 과거 탄소 배출원이었던 농장 쓰레기가 오래된 유전으로 투입되는 '바이오 석유'가 된다. 라인하트는 "바이오 석유는 더 이상 기체가 아니기 때문에 가라앉아서 바닥에 남습니다. 탄소는 절대 다시 올라오지 않아요."라고 말한다. 참은 이미 톤당 600달러의 비용으로 이산화탄소를 격리할 수 있으며, 작은 수익을 내고 있다.

이런 잠재적 해결책들의 타당성은 정부가 정하는 탄소 가격에 좌우된다. 이때 가격은 격리되는 탄소의 톤당 대금을 적용한다. 2030년까지 공학적 제거 비용이 우리가 그렇게 되리라 믿는 수준까지 떨어진다면 톤당 100달러의 탄소 가격은 포집 과정의 전체 비용을 상쇄할 수 있다. 또한 이는 시장의 확대를 촉진하여 그린 프리미엄을 낮출 것이다. 예컨대 포집된 이산화탄소는 시멘트나 항공유를 제조하는 데 쓰일 수 있다. 또한 기업은 탄소 제거 인증서를 판매하여 다른 부문에서 발생한 배출량을 차감할 수 있다.

클라임웍스 대표인 얀 부르츠바허는 《뉴욕타임스》와 가진 인터뷰에서 "우리

는 단지 회사를 세운 게 아니라 사실은 새로운 산업을 구축하고 있습니다."라고 말했다.[13]

탄소 제거 시장 촉진하기

제품을 판매할 시장이 없는데 새로운 산업을 구축할 수는 없다. 탄소 제거의 실질적 문제는 그에 대한 대가를 지불할 진정한 인센티브가 없다는 것이다. 누구라도 공기에서 1톤의 탄소를 제거하기 위해 600달러 또는 심지어 300달러를 지불할 이유가 있을까? 그 비용은 상당하다. 또한 1톤은 우리가 공학적 방식으로 제거해야 하는 5기가톤 중 첫 1기가톤의 10억 분의 1에 불과하다. 돈을 물 쓰듯 써서 100만 톤을 매입했다면 5억 달러나 내야 한다. 그러고도 1,000명의 친구들이 같은 일을 해야 한 해에 1기가톤을 제거할 수 있다.

이 대목에서 2009년에 캘리포니아주 팔로알토에서 문을 연 인터넷 결제 처리 기업인 스트라이프Stripe가 등장한다. 창립자인 패트릭 콜리슨Patrick Collison은 투표 연령이 되기 전부터 소프트웨어 분야에서 인상적인 기록을 쌓았다. 예를 들어 열여섯 살 때 인공지능을 위한 프로그래밍 언어인 크로마Croma로 아일랜드에서 열린 BT 청소년 과학자 대회BT Young Scientist Competition에서 우승했다. 매사추세츠공과대학에 입학했지만 곧 자퇴하고 동생인 존과 스트라이프를 시작했다. 현재 스트라이프는 아마존, 도어대시, 세일즈포스, 쇼피파이, 우버, 줌 같은 기업에 금융 서비스를 제공한다. 한때 소규모 가족 기업이던 스트라이프의 현재 가치는 950억 달러다. 스트라이프는 120개국에서 클라우드 기반 소프트웨어 서비스 사업을 운영한다. 그래서 대규모 탄소 제거 시장을 구축할 수 있는 고유한 입지에 서 있다. 2020년 10월, 스트라이프는 낸 랜소호프Nan Ransohoff의 리더십 아래 스트라이프 클라이멋 Stripe Climate 을 출범시켰다. 이 프로그램은 모든 기업이 매출의 일부를 아주 쉽게 탄소 제거 활동에 쓸 수 있게 한다. 2021년 6월 기준으로 2,000여 기업이 톤당 500달러 이상의 평균 비용으로 탄소 제거 서비스를 구매하고 있다.[14]

더 많은 고객이 앞장서 자발적으로 탄소 제거 서비스를 구매하고 있다. 그들은 탄소 제거 기업이 운영 규모를 키우고 탄소 제거 가격을 낮출 수 있도록 해줄 것이다. 다음 진전은 실제로 포집된 탄소의 양을 측정하고 지속성에 프리미엄을 부여하는 것이다.

마이크로소프트는 이 부문을 선도하는 기업 중 하나다. 그들은 최근 2030년까지 탄소 마이너스 기업이 되겠다는 유례없는 선언을 했다.[15] 즉, 전체 사업 부문(더하기 공급사슬)에서 배출하는 탄소보다 더 많은 탄소를 제거하겠다고 약속했다. 또한 2050년까지 전체 역사에 걸친 배출량 제거를 목표로 삼고 있다. 그출발점은 빌 게이츠가 하버드대학을 중퇴하고 폴 앨런 Paul Allen 과 함께 마이크로소프트를 창업한 1975년으로 거슬러 올라간다.

마이크로소프트는 이미 진행 중인 다양한 탄소 제거 프로젝트의 속도를 높이고, 규모를 키우기 위해 10억 달러 투자를 약속했다. 담당 팀의 리더는 "더 빨리 움직일 수 있고, 더 멀리 나아갈 수 있는 우리 같은 기업들은 그렇게 해야 한다."라고 썼다. 그들은 OKR 점검의 취지를 살려서 연례 지속가능성 보고서에 "우리의 탄소 임팩트 및 감축 여정을 자세히 소개하겠다."라고 약속했다.

마이크로소프트는 탄소 제거 방안을 제안해달라고 요청했다. 그 결과 40개국에서 189개의 아이디어가 제출되었다. 그중에서 선정된 15개 계획은 총 130만 톤의 탄소를 제거할 예정이다. 이는 지금까지 전 세계에서 직접공기포집 방식으로 제거한 양의 500배 이상에 달한다. 클라임웍스와 참도 최종 선정되었다.

물론 마이크로소프트가 1차로 선정한 프로젝트에서 제거하는 용량의 99퍼

낸 랜소호프

스트라이프가 처음 탄소 제거 분야에 뛰어든 것은 2019년 말이었습니다. 당시 우리는 톤당 비용이 얼마든 간에 대기에서 직접 이산화탄소를 제거하여 영구 저장하는 데 연간 최소 100만 달러를 쓰겠다고 약속했어요.

이 약속은 주로 2018년 IPCC 보고서의 핵심 내용에 따른 것이었습니다. 그 내용은 배출량 감축에 더하여 탄소 제거가 기후변화를 완화하는 데 매우 중요하다는 것이었습니다.

나무 심기나 토양 탄소 격리처럼 목표를 이루는 데 필요한 해결책 중 일부는 지금도 존재하지만 이런 해결책만으로 목표를 달성하기는 어렵습니다..

우리는 그 간극을 메우는 데 집중했습니다. 현실적으로 이는 초기 기업들의 탄소 제거 서비스 구매를 뜻합니다. 많은 경우 우리의 최초 고객입니다. 초기 고객이 되는 것은 이론적 측면에서 유망한 신생 기업이 비용을 낮추고 처리 용량을 늘리는 데 도움이 됩니다. 이것은 새로운 아이디어가 아니에요. 제조업 부문의 학습 곡선에 대한 경험은 전개와 규모가 개선을 낳는다는 점을 거듭 보여주었습니다. 이 현상은 DNA 시퀀싱, 하드드라이브 용량, 태양광 패널 등에 걸쳐 확인되었습니다.

우리는 2020년 봄에 처음 탄소 제거 서비스를 구매하면서 이론을 현실화했습니다. 이 발표에 따라 두 가지 일이 일어났습니다. 첫째, 탄소 제거 공동체가 놀라울 정도로 긍정적인 반응을 보였습니다. 이는 무엇보다 해당 분야가 얼마나 자금에 굶주려 있었는지를 말해주었습니다. 둘째, 많은 스트라이프 사용자로부터 자신도 기후 문제에 도움이 되고 싶지만 어디서부터 시작해야 할지 모르겠다는 연락을 받았습니다. 하물며 그들이 프로젝트를 평가하는 자체 요건을 개발하는 일은 더욱 어려웠습니다.

이 두 가지 통찰은 스트라이프 클라이멋의 개발로 이어졌습니다. 이 프로그램은 모든 기업이 매출의 일부를 선구적인 탄소 제거 서비스에 쓰도록 해줍니다.

어떤 기업도 혼자서는 탄소 제거 서비스가 스스로 규모를 키울 만큼 충분한 수요를 창출하지 못합니다. 스트라이프를 이용하는 수백만 기업이 힘을 모으면 이 신생 산업이 성장하고 지속하는 데 도움이 됩니다. 우리의 목표는 수요를 모아서 대규모 탄소 제거 시장을 만드는 것입니다. 만약 성공한다면 이 시장은 영구적인 저비용 탄소 제거 기술의 전파 속도를 앞당길 것입니다. 또한 세계가 기후변화의 가장 파국적인 영향을 피하는 데 필요한 다양한 해결책을 확보할 가능성도 커집니다.

우리의 목표는 수요를 모아서 대규모 탄소 제거 시장을 만드는 것이다.

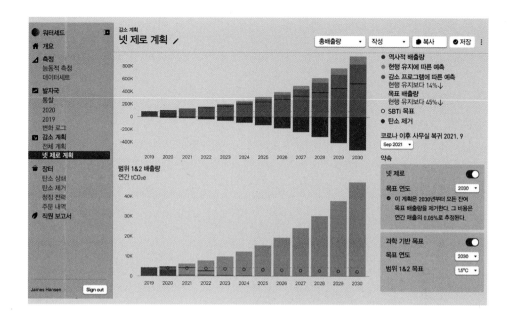

워터셰드의 탄소 회계 플랫폼을 통해 기업들은 각자의 배출량을 추적하고 감축할 수 있다.

센트는 자연적 해결책에 따른 것이다.[16] 그중 다수는 삼림과 토양 프로젝트로서 100년 이하의 지속성을 지닌다. 마이크로소프트는 해마다 더 크고 폭넓은 포트폴리오를 꾸려나갈 계획이다. 그들은 시간이 갈수록 탄소 제거 프로젝트에서 지속력이 더 긴 공학적 해결책의 비중이 늘어날 것으로 기대한다.

넷 제로에 이르는 각 조직의 경로 찾기

기업이 넷 제로에 이르도록 하는 것은 힘든 일이다. 그렇게 하려면 기존 배출량을 최대한 줄이고, 에너지 효율을 극대화하고, 분산된 공급사슬 전체에 걸쳐서 진행 상황을 측정하며, 잔여 탄소를 무효화하기 위해 얼마나 많은 상쇄가 필요한지 계산하는 방법을 찾아야 한다. 특히 재무보고서에서 기대하는 수준의 엄격성과 투명성으로 넷 제로 달성을 위한 노력의 결과를 투자자들에게 보고해야 한다.

20년 전에 나는 친구인 세쿼이아 캐피털Sequoia Captial의 마이크 모리즈Mike Moritz와 함께 래리 페이지와 세르게이 브린이 구글을 출범할 수 있게 도왔다. 우리는 올해 다시 힘을 합쳐서 스트라이프 출신의 세 명의 창업자인 크리스천 앤더슨Christian Anderson, 아비 이츠코비치Avi Itskovich, 테일러 프랜시스Taylor Francis가 워터셰드를 창업하도록 지원했다. 우리는 탄소 감축을 추동하는 소프트웨어 플랫폼이 실로 넷 제로를 위한 우리의 캠페인에서 분수령watershed이 될 것이라는데 동의했다.

테일러의 경험에서 알 수 있듯이 **측정하지 않으면 관리할 수 없을뿐더러 더욱 중요하게는 아무것도 바꿀 수 없다.**

테일러 프랜시스

중학교 2학년 과정을 마친 그해 여름에 〈불편한 진실〉을 봤어요. 이 기후위기는 나와 내 친구들이 자라는 동안 영향받을, 세대 차원의 문제로 느껴졌습니다. 또한 지금 우리가 시작하면 해결할 수 있다는 생각도 들었어요.

나는 무작정 앨 고어의 사무실로 이메일을 보냈어요. 나중에 누군가가 답장을 보내서 앨 고어의 슬라이드쇼를 지역에서 담당할 사람들을 훈련시키고 있다고 알려주었습니다. (그때 열네 살이었죠. 그래서 내가 호텔 방을 잡을 수 있도록 엄마가 같이 가서 도와주었어요.) 이후 4년 동안 나는 캘리포니아부터 중국까지 온갖 지역의 고등학교에 가서 기후변화에 대해 이야기했습니다. 나는 학생들에게 우리가 기후 파국으로부터 자유로운 세상에서 자랄 수 있게 지금 행동해달라고 부모들을 압박해야 한다고 말했습니다. 그러나 말로 떠드는 것을 넘어서 실제 탄소 그래프를 꺾을 수단을 찾기는 어려웠습니다. 나는 기후 문제를 잠시 뒤로 제쳐두고 스트라이프에서 일했습니다. 거기서 소프트웨어 제품을 구축하는 일에 대해 많은 것을 배웠습니다.

2019년 다시 기후를 위한 싸움을 할 때가 되었다고 느꼈죠. 나는 크리스천 앤더슨, 아비 이츠코비치와 같이 스타트업을 만들었습니다. 우리의 사명은 해마다 최소한 5억 톤의 이산화탄소를 직접 제거하는 것이었어요. 크리스천은 스트라이프의 기후 프로그램을 출범시켰습니다. 우리는 기업들이 현재 운영하는 기후 프로그램이 완전히 부적절하다는 사실을 확인했어요. 그들은 발표할 당시에는 이미 식상해진 탄소발자국에 대한 PDF 보고서를 만드느라 몇 달을 보냈어요. 또한 실제로 대기에서 탄소를 제거하지 않는 저가 탄소 상쇄 서비스를 구매하고 있었습니다. 그래서 우리는 깨달았습니다. 탈탄소화를 경제 전반의 활동으로 만들려면 문제 해결에 도움이 되는 소프트웨어 도구가 필요하다는 것이었죠.

그것이 바로 워터셰드에서 우리가 만들고 있는 것입니다. 이 도구는 기업들이 탄소 배출량을 측정하고, 감축하고, 제거하고, 보고하도록 도와줍니다. 진정한 넷 제로에 이르기 위한 플랫폼인 셈이죠. 우리는 기업들이 탄소 배출량에 대한 계산을 매일매일 내리는 의사결정에 반영하기를 바랍니다. 이미 애플, 구글, 마이크로소프트, 파타고니아, 심지어 월마트 같은 선도적인 기업들은 배출량을 극적으로 감축하면서도 사업을 키울 수 있다는 사실을 보여주었습니다. 탄소 감축은 실적에 도움이 됩니다.

완전히 새로운 기업들이 워터셰드를 활용하여 사업의 다른 모든 부분을 관리하듯 탄소를 관리합니다. 스퀘어Square는 하드웨어에 필요한 저탄소 소재를 조달하는 한편 블록체인 채굴자들이 청정에너지를 받아들이도록 이끌고 있습니다. 스위트그린Sweetgreen은 각 요리의 칼로리뿐 아니라 탄소 임팩트도 계산하여 메뉴를 디자인합니다. 에어비앤비, 쇼피파이, 도어대시는 접객, 온라인 거래, 물류를 무탄소 방식으로 재발명할 기회를 얻습니다.

이 모든 것의 핵심은 탄소 그래프를 꺾는 것입니다. 전 세계의 총배출량은 건물에 전력을 공급하고, 제품을 생산하고, 고객에게 전달하는 방식에 대한 수십억 회에 걸친 비즈니스 결정의 합입니다. 모든 기업이 탄소 배출 문제를 이러한 의사결정에 통합해야만 넷 제로에 이를 수 있습니다.

238

모든 기업이
탄소 배출 문제를
이사결정에 통합해야만
넷 제로에
이룰 수 있다.

각성에서 의욕까지

지금까지 6개의 장에 걸쳐서 우리 앞에 주어진 과제가 얼마나 거대한지 보여주려고 애썼다. 이 여섯 가지 핵심 요소는 탄소 배출의 시계를 되돌릴 수 있다. 만약 약간 낙심했더라도 이해한다. 나도 종종 같은 기분을 느낀다. 기후변화는 생물, 물리, 정부, 상업 등 여러 측면의 거대한 힘들이 맞물려서 생긴 산물이다. 이 문제는 너무나 복잡해서 우리의 해결 능력은 말할 것도 없고 이해 능력을 시험한다. 기후 파국을 피할 수 있는 신뢰할 만한 기회를 얻으려면 해야 할 일이 너무나 많다. 반면 시간은 너무나 부족하다. 무엇보다 이 문제에 따른 대가가 너무, 너무 크다.

그러나 보상도 엄청날 것이다. 넷 제로에 이르는 경로에 오르기만 하면 부가적인 혜택이 발생할 것이다. 탄소 배출량을 감축하고 제거하는 데 성공하면 자연의 치유력을 복원할 수 있을 것이다. 그래서 지구가 더 많은 탄소를 흡수하도록 도울 수 있을 것이다. 이것이야말로 궁극적인 선순환이다.

이 책은 우리의 OKR처럼 두 부분으로 구성되어 있다. 지금까지는 감당할 수 없는 지경이 되기 전에 기후위기를 해결하기 위해 수행해야 하는 과제를 살폈다. 이것은 각성하기 위한 부분이었다. 지금부터는 2050년이라는 시한까지 목표에 도달하는 방법을 살펴보자. 우리는 기적을 이루기 위해 활용할 수 있는 네 가지 날카로운 도구를 살필 것이다. **내가 촉진제라고 부르는 네 가지 도구는 정책, 운동, 혁신, 투자다.**

2부가 '쉬운' 부분이라고는 말하지 않겠다. 다만 내게는 기운을 북돋고, 의욕을 불어넣는 부분이다. 또한 희망에 기대어 이 과업을 이루려 하는 건 아니지만 보다 희망찬 부분이기도 하다. 그 내용은 우리가 어느 정도 통제력을 행사할 수 있는 지역사회, 정부, 기업, 비영리단체에서 일어날 수 있는 일들을 다룬다.

결국 우리가 우리 자신을 이 곤경으로 몰아넣었다. 우리 자신을 구하는 일은 모든 인간적 약점과 함께 집단적 창의성을 지닌 우리에게 달려 있다. 그러면 지금부터 어떻게 그 일을 하는지 살펴보자.

속도와 규모: 넷 제로까지의 카운트다운

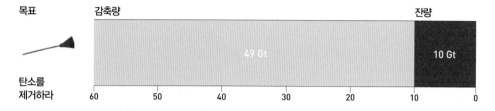

Accelerate the Transition

제2부

전환을
촉진하라

제7장

정치와 정책을 끌어들여라

Win Politics and Policy

정치와 정책을 끌어들여라

2009년 1월, 나는 2년 동안 캘리포니아에서 기후 문제와 싸운 후 더 큰 경기장으로 들어섰다. 나는 기후변화와 에너지 정책에 관한 상원 청문회에서 선서한 후 증언했다.[1] 담당 위원회의 위원장은 우리 주의 상원의원인 바버라 박서Barbara Boxer였다. 나는 그녀 앞에서 미국이 태양광과 풍력 그리고 첨단 배터리 기술에서 뒤처질 위험이 있다고 경고했다. 또한 일부는 분명 도중에 실패하겠지만 그래도 창업 자금을 잘 지원한다면 핵심적인 해결책이 나올 것이라고 말했다. 그리고 온실가스 배출에 가격표를 붙이는 것(탄소 가격)이 다른 모든 것을 압도하는 가장 중요한 정책이라고 주장했다. 탄소 가격은 배출량 감소를 촉진하는 것을 넘어 재생에너지와 화석연료 사이에 대등한 경쟁 관계를 만들 것이었다. 그것은 모든 것을 바꿀 수 있었다.

나는 상원의원들에게 "직설적으로 말해서 죄송합니다만, 지금까지 우리가 해온 일로는 부족합니다. 지금 당장 속도와 규모를 살려서 행동해야 합니다."라고 말했다.

나는 신중하게 단어를 골랐다. 1세기 이상 이어진 기후 학대를 되돌리기 시작하려면 훨씬 빠른 속도와 훨씬 큰 규모로 노력해야 했다. 독보적인 혁신 능력을 갖춘 국가로서 미국은 지구온난화를 막기 위한 노력에 앞장서야 했다. 또한 이 곤경을 초래한 가장 큰 책임이 있는 국가로서 우리는 문제를 해결하기 위해 다른 국가들보다 더 많은 일을 해야 할 의무가 있었다.

기후변화를 인류에 대한 심각한 위협으로 인식하게 된 결정적 계기가 있다면, 1992년에 리우데자네이루에서 열린 유엔환경개발회의일 것이다. 이 회의는 지구정상회의Earth Summit로 더 잘 알려져 있다.[2] 117명의 국가원수를 포함하여 178개국의 과학자, 외교관, 정책결정자들이 6월에 12일 동안 회의를 열었다. 그들은 뛰어난 두뇌를 모아서 지구를 구할 방법을 궁리하기 시작했다.[3]

회의 의제는 위험에 처한 열대우림, 임박한 물 부족, 숨막히는 도시 확장 그리고 유연 휘발유부터 핵 폐기물까지 사방에 존재하는 독극물 등을 포괄했다. 그러나 한 가지 주제가 두드러졌다. 대기에 쌓여가는 이산화탄소와 다른 온실가스 그리고 그들과 기후변화의 연관성에 대한 과학적 증거는 시급한 대응을 요구했다.

지구정상회의는 지속가능한 개발, 우리의 생태계를 보존하는 성장에 대한 강력한 요청의 일환이었다. 대표단은 연간 6,000억 달러의 비용이 들어가는 야심차 보이는 계획을 채택했다. 이는 부상하는 정치적 이슈와 지구온난화라는 불길한 용어에 대한 인식을 넓히는 계기가 되었다.

그러나 이 정상회의는 처음부터 삐걱거렸다. 한때 '환경 대통령'이 되겠다고 공언하던 아버지 부시 대통령은 재선이 다가오자 화석연료 산업을 자극하지 않으려 했다. 그는 미국 경제에 해를 입힐 위험이 있다는 이유로 구체적인 배출량 목표를 제시한다면 모임에 참석하지 않겠다고 엄포를 놓았다.[4] 결국 미국은 다른 153개국과 함께 우리에게 필요한 수준에 한참 못 미치는 합의안에 서명했다. 이 일은 이후 수십 년 동안 반복될 패턴이 되었다. 국제 기후 협약은 미국의 정치와 화석연료 산업을 보호하기 위해 거듭 약화되었다.

2년 후인 1994년, 유엔기후변화협약United Nations Framework Convention on Climate

246

Change은 부국들이 배출량을 감축하는 한편 빈국들이 천연자원을 보호하도록 지원할 것을 요청했다. 지정학적 여건은 좋지 않았다. 《워싱턴 포스트》는 당시 상황을 이렇게 전했다. "부국과 빈국들이 리오에서 다양한 환경보호 활동에 드는 비용을 누가 댈지를 놓고 끝없이 말다툼을 벌였다. 결국 전 세계 정부들은 이 사안을 향후 유엔 포럼에서 계속 논의하자고 합의했다. (…) 그들에게는 시간이 지나면 지속적인 해결책이 나오리라는 희망이 있었다."[5]

조약국들은 온실가스 배출량 감축을 명시한 최초의 국제 협약인 교토 의정서Kyoto Protocol에서도 이런 희망을 고수했다. 그러나 미국에서 상원이 비준을 막아버렸다.[6] 기후행동은 거의 20년 동안 정체되었다. 그러다가 2015년에 획기적인 파리기후협약이 체결되었다. 미국은 오바마 대통령의 행정명령을 통해 참가했다. 195개국은 지구의 평균 기온 상승 폭을 산업화 이전 수준 대비 2도보다 '훨씬 아래로' 제한할 것을 요청했다. 또한 해당 조치가 기후변화의 위험과 영향을 크게 낮출 것으로 인식하며 상승 폭을 1.5도로 막기 위한 지속적인 노력을 요청했다.[7] 협상단들은 구속력을 갖춘 목표와 일정은 일단 제쳐두었다. 이 새로운 방침은 큰 도전 목표를 향한 가능성을 열었다. 처음으로 전 세계 모든 나라가 배출량을 줄이기 위한 목표를 공유하고 향후 노력의 강도를 높이기로 (적어도 서면상으로는) 약속했다.

1년 후 새로 선출된 트럼프 대통령은 파리기후협약에서 탈퇴할 것이라고 맹세했다. 그로부터 4년 후 바이든 대통령은 파리 공동체에 다시 합류했다. 당파성에 따른 변동은 차치하더라도 가혹한 진실은 따로 있다. 그것은 제때 온실가스 배출량을 제로로 만들기 위한 우리의 사생결단 캠페인에서 파리기후협약으로는(중요한 첫 단계이기는 하지만) 목표에 이를 수 없다는 것이다. 미국의 기후특사인 존 케리는 이렇게 지적했다. "파리에서 필요하다고 말한 모든 조치를 단행한다고 해도 여전히 3.7도가 오를 것입니다. 이것은 파국적인 수치입니다. 그런데도 우리는 파리에서 제시한 모든 조치를 단행하지 않고 있습니다. 그 결과 4.1도 내지 4.5도 상승하는 방향으로 나아가고 있습니다. 환경 아마겟돈을 부르는 수치죠."[8]

파리기후협약의 핵심 설계자인 크리스티아나 피게레스는 모든 나라가 2050년까지 넷 제로에 이른다는 목표로 자체 계획을 수립하고, 시간이 갈수록 보다 야심 찬 내용으로 바꾸는 기틀로서 파리기후협약을 기획했다고 강조했다. 피게레스는 각국의 초기 약속은 지속적으로 개선해가는 긴 과정의 '출발점'에 불과하다고 지적했다. 파리기후협약에 따라 각국 정부는 5년마다 다시 모여서 어떤 노력을 기울였는지 보고하고, 배출량 감축을 위한 다음 단계를 함께 밟아 나가야 한다. 피게레스는 이후 30년 동안 누적될 탈탄소화와 언제나 커지는 도전 목표 덕분에 2050년까지 넷 제로에 이를 것이라고 말한다.

우리에게 필요한 정책

언제나 그렇듯 우리는 목표 및 핵심 결과, 즉 OKR을 야심 차게 기획하고자 한다. 제1부에서 우리는 온실가스 배출량을 감축하기 위한 정량적 목표를 수립했다. 이제 제2부에서는 넷 제로로 전환하는 과정을 앞당길 필수적인 지렛대들을 다룰 것이다. 그중에서 최우선은 정책과 정치이며 그 밖에 운동, 혁신, 투자가 있다.

앞으로 이뤄질 전 세계적 정책 조치는 각 국가의 과제 해결 방식을 투명하고 정확하게 정의하면서 넷 제로 전환을 앞당겨야 한다. 이 유례없는 위협은 기회이기도 하다. 미국이 다시 움직이는 가운데 기후행동에 대해 역사적으로 가장 폭넓은 세계적 합의가 이뤄진 상태다. 이 기회가 얼마나 중요한지가 2021년 4월에 명확하게 드러났다. 당시 바이든 대통령은 지구의 날을 맞아 40명의 전 세계 지도자들과 함께 가상 기후정상회의를 열었다.

정책의 세계에서는 어떻게 이길지를 반드시 알아야 한다. 하지만 정책 자체는 어떨까? **모든 목표가 그렇듯 우리는 핵심에 집중해야 한다. 그래서 우리는 수십 가지의 가능성을 가장 중요한 아홉 가지 정책으로 정리했다.**

약속 KR(7.1)은 2050년까지 넷 제로에 이른다는 확고한 국가적 약속을 요구한다. 또한 2030년을 시한으로 야심 찬 감축 목표를 추구하는 실행 가능한 행동 계획도 필요하다.

전력 KR(7.1.1)은 제로 배출 전기에 대한 국가적 목표를 점검한다. 점차 높아지는 목표(2025년까지 50퍼센트, 2030년까지 80퍼센트)는 시장에 보내는 강력한 신호다. 이는 전력기업들이 일정에 따라 전환을 이루도록 유도한다. 또한 이 KR은 각국 정부가 청정에너지를 위한 필수 인프라에 투자하도록 이끈다.

교통 KR(7.1.2)는 전기차 구입에 대한 국가적 인센티브를 측정한다. 미국, 아시아, 유럽에서는 세액 공제와 보조금을 많이 활용한다. 전기차가 내연기관 차량보다 운용 비용이 적게 들기는 하지만 이런 '할인' 조건 덕분에 더 비싼 초기 구입비를 상쇄할 수 있다.

전기차의 총 주행거리를 늘리고, 내연기관 차량의 총 주행거리를 줄이는 방법에 대한 아이디어는 넘쳐난다. 노르웨이 정부는 전기차에 대한 수입 관세를 면제하고 소유자에게는 면세 혜택과 함께 통행료 및 공영 주차장 할인 혜택을 제공한다. 미국의 경우 2009년에 잠깐 시행된 '노후 차량 현금 보상 제도'가 소유자들에게 노후 차량의 운행을 중단하는 대가를 지불하는 방식이 지닌 잠재력을 보여주었다. 국가 자동차 연비 기준은 연비를 개선하는 믿음직한 수단이다. 세액 공제 한도액을 늘리는 것은 전기차 구매를 더욱 촉진한다. 두어 가지의 명민한 정책(그리고 거기에 필요한 재원을 제공할 정치적 의지)만 있으면 전 세계의

파리기후협약은 모든 나라가 시간이 지날수록 배출량 감축에 대한 보다 야심 찬 목표를 설정할 수 있는 기틀을 제공했다.

목표 7

정치와 정책을 끌어들여라

(전 세계 5대 배출국에 대해 나라별로 이 목표의 진전을 확인할 것이다.)

KR 7.1	**약속**
	각국은 2050년까지 넷 제로 배출량에, 2030년까지 최소한 절반에 이른다는 국가적 약속을 법제화한다.*

KR 7.1.1	**전력**
	전력 부문의 배출량 감축 요건을 2025년까지 50퍼센트, 2030년까지 80퍼센트, 2035년까지 90퍼센트, 2040년까지 100퍼센트로 정한다.

KR 7.1.2	**교통**
	2035년까지 모든 신규 승용차, 버스, 경트럭을, 2030년까지 화물선을, 2045년까지 대형 트럭을 탈탄소화하고, 2040년까지 항공 교통의 40퍼센트를 탄소 중립으로 만든다.

KR 7.1.3	**건물**
	제로 배출 건물 기준을 2025년까지 신규 주택, 2030년까지 상업용 건물에 적용하고, 2030년까지 비非전기설비의 판매를 금지한다.

KR 7.1.4	**산업**
	2050년까지 산업 공정용 화석연료 사용을 단계적으로 폐지하고, 2040년까지 최소 절반을 폐지한다.

KR 7.1.5	**탄소 라벨링**
	모든 상품에 배출 내역 라벨을 의무화한다.

KR 7.1.6	**누출**
	연소를 억제하고, 배기를 금지하며, 메탄 누출을 즉각 봉쇄하도록 의무화한다.

| KR 7.2 | 보조금 |
| | 화석연료 기업과 유해한 농업 관행에 대한 직간접적 보조금을 중단한다. |

| KR 7.3 | 탄소 가격 |
| | 온실가스에 대한 국가적 가격을 톤당 최소 55달러로 정하고, 해마다 5퍼센트씩 인상한다. |

| KR 7.4 | 국제적 금지 |
| | 수소불화탄소$_{HFC}$를 냉매로 쓰지 못하게 하고, 모든 비의료 목적 일회용 플라스틱 사용을 금지한다. |

| KR 7.5 | 정부 연구개발 |
| | 연구개발에 대한 공공 투자를 두 배(최소치)로, 미국의 경우 다섯 배로 늘린다. |

◆ 선진국에 적용되는 시한이다. 개도국의 경우 더 오래(5~10년) 걸릴 것으로 예상된다.

차량을 모두 전기차로 바꿀 수 있다.

건물 KR(7.1.3)은 2025년까지 모든 신규 주거용 건물, 2030년까지 모든 상업용 건물에 제로 배출 기준을 적용할 것을 요구한다. 이 기준을 충족하려면 석유나 천연가스를 태우는 기기를 전기 기기로 바꿔서 모든 난방과 조리를 해야 한다. 또한 이 기준은 신규 및 기존 건물에 대한 효율성 목표를 통합한다. 세계적인 모범 사례로 캘리포니아의 친환경 건축 법규가 있다.[9] 이 법규 때문에 주민들이 1970년대 이후로 1,000억 달러 이상을 절감할 수 있었다. 캘리포니아 가구의 연평균 전기요금은 텍사스 가구보다 700달러나 적다.[10] 어떻게 이런 성과가 나왔을까? 바로 단열 및 가전 기준, 개선된 건물 설계, 훨씬 효율적인 전구 덕분이다. 가장 중요한 요인은 캘리포니아주의 요건이 시간이 갈수록 강화되었다는 것이다.

탄소 라벨링 KR(7.1.5)는 식품, 가구, 의류를 비롯한 모든 소비재에 탄소 배출량 라벨을 붙이자고 제안한다. 모든 제품의 탄소발자국을 공개하여 구매자들이 저배출 제품을 선택할 수 있도록 하는 것이 목표다.

누출 KR(7.1.6)은 모든 나라가 연소를 억제하고, 배기를 금지하며, 석유 및 천연가스 채굴지에서 발생한 누출에 즉각적인 봉쇄를 의무화할 것을 명시한다. 느슨한 규제와 집행 때문에 '비산 배출'로 새어 나가는 이산화탄소 등가물(주로 메탄)은 2기가톤을 넘는다.[11] 메탄은 '단기적 기후변화 인자'로서 이산화탄소보다 훨씬 짧은 기간 동안 대기에 머물지만 더 많은 온난화를 초래한다. 모든 국가는 방지 가능한 메탄 오염이라는 비상사태에 정면으로 대응해야 한다.

보조금 KR(7.2)는 사실상 탄소 배출을 지원하는 정부 보조금을 없애는 대신 해당 자금을 에너지 효율과 청정에너지 전환으로 돌린다. 화석연료 부문은 연간 직접 보조금으로 2,960억 달러, 간접 보조금으로 5조 2,000억 달러를 제공한다.[12] 이는 거의 전 세계 GDP의 6.5퍼센트에 해당한다. (이보다 많은 수치는 대기

오염에 따른 의료 비용 같은 파생적 요소를 포함한다.)[13] 또한 미국은 석유 및 천연가스 채굴지와 전 세계의 운송로를 보호하기 위한 군사 및 보안 예산으로 810억 달러를 쓴다.[14] 이 핵심 결과는 또한 고배출 관행에 대한 농업 보조금을 중단하고 재생농업 및 다른 기후 친화적 조치에 대한 인센티브로 대체할 것이다.

탄소 가격 KR(7.3)은 온실가스 배출에 따라 비용을 부과한다. 실행 방식은 국가마다 다르겠지만 기본적인 구상은 단순하다. 바로 온실가스 배출에 가격표를 붙이는 것이다. 이산화탄소나 메탄 또는 다른 온실가스의 배출에 대한 벌금이 상승한다. 탄소 가격은 화석연료 에너지의 가격을 높여 경쟁력을 낮춤으로써 수요를 줄이고자 한다. 그것은 보다 깨끗하고 효율적인 대안을 서둘러 받아들이라고 시장에 강력한 신호를 보낼 것이다.

국제적 금지 KR(7.4)는 몬트리올 의정서Montreal Protocol의 키갈리 개정안Kigali Amendment을 보편적으로 수용할 것을 요청한다. 이 국제 협약은 모든 수소불화탄소HFC의 사용을 금지한다. 열기를 가두는 이 냉매는 중량 기준으로 이산화탄소보다 수천 배는 더 효력이 강하다. 120여 개국은 키갈리 개정안을 비준하여 수소불화탄소를 단계적으로 금지하기로 했다. 그러나 이 글을 쓰는 현재 3대 배출국인 중국, 미국, 인도는 아직 동참하지 않고 있다. 바이든 대통령은 취임 직후 키갈리 개정안을 상원에 제출했으며, 상원에서 비준이 될 것으로 보인다. 또한 환경보호국은 온실가스 냉매를 제한하는 법안을 작성하고 있다. 이 핵심 결과는 또한 비의료용 목적에 쓰이는 일회용 플라스틱 사용을 국제적으로 금지한다. 거기에는 비닐봉지와 일회용 음료 용기를 신속하고 단계적으로 금지하는 내용도 포함한다.

정부 연구개발 KR(7.5)는 획기적 기술을 발견하기 위한 연구개발을 지원한다. 이런 발견은 뒤이어 친환경 기술을 받아들이는 비용을 낮춘다. 이 KR은 전 세계적으로 에너지 연구개발을 위한 정부의 자금 지원을 두 배로 늘려야 한다고 처방한다. 미국은 연간 400억 달러로 최소 다섯 배 늘려야 한다. 이 추가 자금은 초기 시험을 비롯하여 기초 연구와 응용 연구에 필요한 비용을 충당할 것이다. 소규모 정부 지원금도 친환경 기술 스타트업에는 큰 도움이 될 수 있다. 또한 앞으로 국가 경제에 상당한 보탬이 될 수 있다.

파리는 언제나 우리 곁에

크리스티아나 피게레스가 파리기후협약을 성사시키는 데 주도적 역할을 한 지 5년여가 지났다. 나는 그녀에게 2021년 11월 글래스고에서 열릴 예정인 유엔기후변화회의에 관해 물었다. 그녀는 이 회의가 파리기후협약을 발판으로 삼아서 각국이 2030년까지 2차 배출량 감축 계획을 제출하도록 요청하기를 기대한다고 말했다. 또한 그녀는 글래스고 회의 대표단들이 전 세계적인 탄소 가격에 동의하기를 바랐다. 이는 넷 제로 목표를 향한 서내한 도약이 될 것이다.

크리스티아나 피게레스

2015년에 체결된 파리기후협약은 만장일치로 채택되었어요. 법적 구속력을 지닌 최초의 조약이었죠. 전체 195개 UNFCCC 회원국이 서명했습니다.

파리기후협약은 각국의 현실을 출발 기준선으로 삼아 지속적 개선 과정을 의무화했다는 점에서 특별합니다. 또한 파리기후협약은 우리의 목표가 추구하는 종착점까지 제시합니다. 그것은 2050년까지 넷 제로에 이른다는 것이에요. 이 부분을 합의하는 것이 가장 힘들었죠.

우리는 나라마다 넷 제로에 이르는 수많은 경로가 있다는 사실을 처음부터 알았습니다. 소위 '국가별 결정에 따른 기여'를 허용한다는 방침은 합의를 보다 유연하게 해주었습니다. 협약은 처벌에 초점을 맞추지 않았어요. 그보다는 계몽에 바탕한 각국의 자기 이해를 토대로 했습니다. 자기 이해야말로 변화를 위한 강력한 동인이죠.

그 크기가 얼마이든 간에 배출량은 엄연한 현실입니다. 손가락질과 비난은 하지 않습니다. 그 대신 출발점, 공동의 방향, 공동의 결과가 있을 뿐입니다. 2050년까지 전 세계적으로 넷 제로에 이를 수만 있다면 각국은 자신의 경로를 결정할 수 있습니다.

나는 글래스고 회의의 최우선 의제로서 파리에서 탄소 가격이 마침내 현실이 되는 것을 보고 싶습니다. 탄소 가격은 전체 경제를 탈탄소화하고 삼림 벌채와 싸우는 데 너무나 중요하기 때문이에요.

현재 60개 사법권에서 탄소가격제를 적용합니다. 하지만 그 금액이 대개 톤당 2달러에서 10달러 사이로, 말도 안 되게 낮아요. 진정한 변화를 이루려면 장기적으로 톤당 100달러까지 가격을 올려야 합니다. 나는 엄격한 국가 간 표준화와 정량화 방식이 확보되면 전 세계적 탄소 가격이 엄청난 변화를 일으킬 것이라고 확신합니다.

현재 내가 가장 우려하는 부문은 자연, 즉 우리의 대지와 해양입니다. 우리는 자연을 복원하기보다 에너지와 교통 그리고 금융을 변화시키는 일을 훨씬 잘합니다. 우리는 어떻게 토양을 재생하고, 훼손된 대지를 재삼림화하고, 기존 삼림을 보호할지 그 방안을 제대로 협약에 포함하지 않았어요. 기존 삼림 중에서 이제 극소수만 남았습니다. 장기적으로 탄소 가격을 올려서 적용할 때까지는 대지와 해양을 유지할 비즈니스 모델이 나오지 않을 것입니다. 탄소 가격은 모든 완화 조치를 통합할 수 있는 수단입니다. 그리고 나를 잠 못 들게 하는 고민거리이기도 하죠.

2050년까지 전 세계적으로 넷 제로에 이를 수만 있다면 각국은 자신의 경로를 결정할 수 있다.

단 5개국이 배출량의 3분의 2를 차지한다

배출량 비중, 2010~2019(%/년)

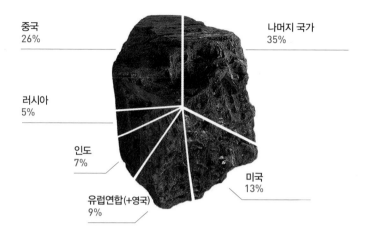

중국
26%

나머지 국가
35%

러시아
5%

인도
7%

유럽연합(+영국)
9%

미국
13%

◆ 출처: 유엔 2020년 배출격차보고서의 데이터

나는 미래를 내다보는 것이 최선이라는 크리스티나의 말에 전적으로 동의한다. 이전의 국제 기후 협약은 현재 우리가 서 있는 자리를 위한 토대를 마련했다. 글래스고 회의와 그 이후의 회의에 걸린 대가는 정말로 크다.

5대 배출국을 겨냥하다

지구 전체 온실가스 오염에서 5개국이 거의 3분의 2를 차지한다.[15] 그들은 중국(26퍼센트), 미국(13퍼센트), 유럽연합 및 영국(9퍼센트), 인도(7퍼센트), 러시아(5퍼센트)다.

　우리의 초점을 더욱 다듬으려면 이 5개국의 주된 배출원을 겨냥해야 한다. 중국과 인도는 석탄 발전이 주된 배출원이다. 러시아는 석유, 천연가스, 석탄 채굴

5대 배출국의 다양한 탈탄소화 정책

KR 정책 및 정책 목표	중국	미국	유럽연합+영국	인도	러시아
7.1 약속: 각국은 2050년까지 넷 제로에, 2030년까지 최소 절반에 이른다는 국가적 약속을 내건다.	2060년까지 넷 제로	2030년까지 배출량 절반 감축	2050년까지 넷 제로	약속 없음	약속 없음
7.1.1 전력: 전력 부문의 배출량 감축 요건을 2025년까지 50퍼센트, 2030년까지 80퍼센트, 2035년까지 90퍼센트, 2040년까지 100퍼센트로 정한다.	중국은 석탄 발전을 엄격하게 제한하고 2030년까지 배출량을 감축하겠다고 약속했다.	10개 주와 콜롬비아 특별구 그리고 푸에르토리코는 2050년까지 100퍼센트 청정 또는 넷 제로 전력을 쓴다는 구속력 있는 법적 요건을 정했다.	유럽연합은 2030년까지 재생에너지 비중을 최소 32퍼센트로 늘리겠다고 약속했다.	인도는 2030년까지 전력의 최소 40퍼센트를 비화석연료 에너지원으로부터 생산하겠다고 약속했다.	목표 없음
7.1.2 교통: 보조금과 명령을 통해 2035년까지 승용차, 버스, 소형/중형 트럭, 2045년까지 대형 트럭의 전환을 앞당긴다.	중국 국무원은 2020년 10월에 2025년까지 판매 대수의 20퍼센트, 2035년까지 주류(50퍼센트 이상)를 전기차로 만든다는 신에너지 차량 산업 개발계획(2021~2035)을 발표했다.	미국은 7,500달러까지 연방 세액 공제 혜택을 제공한다. 이 혜택은 제조사가 해당 전기차 모델을 20만 대 이상 판매하면 종료된다. 일부 주는 추가 인센티브를 제공한다(예: 캘리포니아, 콜로라도, 델라웨어).	유럽연합은 차량 이산화탄소 배출 기준을 2030년까지 2021년 배출 수준보다 37.5퍼센트 아래에서 50퍼센트 아래로 더 낮추고, 2035년까지 내연 기관 차량의 판매를 실질적으로 금지하겠다고 제안했다.	인도는 2019년 4월부터 페임II(FAME II)를 발효시켰다. 그에 따라 1,000억 루피(14억 달러)를 전기차 구매에 대한 선지급 인센티브와 충전 인프라 보급 지원에 투입한다.	러시아는 전기차에 대한 수입관세를 (2021년 말까지) 면제했다.
7.1.3 건물: 넷 제로 배출 건물 기준을 2025년까지 신규 주택, 2030년까지 상업용 건물에 적용하고, 2030년까지 비전기설비의 판매를 금지한다.	중국의 친환경 건물 건설 행동 계획은 2022년까지 신규 건축물의 70퍼센트가 중국의 쓰리 스타 평가 체계에 따른 친환경 건물 기준을 충족하도록 요구한다.	넷 제로 에너지 건물 건설에 대한 연방 요건은 없다. 캘리포니아주, 콜로라도주, 매사추세츠주는 요건이 있다.	유럽연합은 2021년부터 신규 건축물은 '거의' 탄소를 배출하지 않아야 한다. 유럽연합과 회원국들은 신규 및 기존 건물에 대한 화석 연료 설비 판매를 제한하는 방안을 고려하고 있다.	넷 제로 건물 요건은 없다. 화석연료 설비 판매에 대한 제한도 없다.	넷 제로 건물 요건은 없다. 화석연료 설비 판매에 대한 제한도 없다.
7.1.4 산업: 산업 공정용 화석연료 사용을 2050년까지 단계적으로 중단하고, 2040년까지 최소한 절반 수준에 이른다.	정책 없음	정책 없음	유럽위원회의 산업 전략을 탄탄한 법률 및 금융 제도로 바꾸는 작업이 진행 중(	정책 없음	정책 없음

◆ 2021년 7월 기준
◆ 출처: 미주 참고

	━━ 충족/초과	━━ 방향성 측면에서 의미 있음		━━ 불충분함	

KR 정책 및 정책 목표	중국	미국	유럽연합+영국	인도	러시아
7.1.5 탄소 라벨링: 모든 제품에 탄소발자국 라벨 부착을 의무화한다.	탄소 라벨링 없음	탄소 라벨링 없음	덴마크의 시범 프로그램 외에는 탄소 라벨링 없음	탄소 라벨링 없음	탄소 라벨링 없음
7.1.6 누출: 연소를 억제하고, 배기를 금지하며, 메탄 누출에 대한 즉각적인 봉쇄를 의무화한다.	법규 없음	검토 중	검토 중	법규 없음	법규 없음
7.2 보조금: 화석 연료 기업과 유해한 농업 관행에 대한 직간접적 보조금을 중단한다.	1조 4,320억 달러	6,490억 달러	2,890억 달러	2,090억 달러	5,510억 달러
7.3 탄소 가격: 온실가스에 대한 국가적 가격을 톤당 최소 55달러로 정하고, 해마다 5퍼센트씩 인상한다.	중국에서는 2021년 7월에 상하이에 국가 탄소 시장이 출범했다.	미국은 국가적 가격이 없다. 12개 주가 능동적인 탄소가격제를 갖추고 있다.	유럽의 거래제는 전력 부문에 초점을 맞춘다. 2021년 5월 기준으로 탄소 가격은 톤당 50달러 수준이다. 개별 회원국은 톤당 1달러 이하부터 100달러 이상까지 폭넓은 탄소세를 부과한다.	가격 없음	가격 없음
7.4 국제적 금지: 수소불화탄소HFC를 냉매로 쓰지 못하게 하고, 모든 비의료 목적 일회용 플라스틱을 금지한다.	시진핑 주석은 2021년 4월에 키갈리 개정안을 수용했다. 2024년까지 수소불화탄소의 생산 및 소비를 줄이기로 했다. 또한 클로로디플루오로메탄 HCFC-22를 2020년까지 35퍼센트, 2025년까지 68퍼센트 줄인다는 국가 온실가스 감축 목표NDC를 정했다.	2021년 5월에 환경보호국은 수소불화탄소를 단계적으로 감소하기 위해 2020년의 미국 혁신제조법American Innovation and Manufacturing Act에 따른 첫 번째 법규를 상정했으며, 현재 계류 중이다.	유럽연합은 2015년 1월부터 불화가스를 규제했다. 유럽위원회는 현행 불화가스 규제안을 검토하고 기존 조치를 강화하는 과정에 있다.	상정은 되었으나 명확한 금지 법규는 없음	금지 법규 없음
7.5 정부 연구개발: 연구개발에 대한 공공 투자를 두 배(최소치)로, 미국은 다섯 배로 늘린다.	79억 달러	88억 달러	84억 달러	1억 1,000달러	예산 거의 없음

이 주된 배출원이다. 비산 배출과 최종 용도 연소를 고려하면 에너지 산업은 러시아가 초래하는 온실가스 오염의 80퍼센트를 차지한다.[16] 2018년과 2019년에 교통 부문 배출량이 증가한 미국과 유럽은 휘발유와 경유가 주된 배출원이다.[17] 얼마 남지 않은 시간에 넷 제로 세상에 도달하려면 5대 배출국의 실질적인 진전을 지속적으로 측정해야 한다. 그 기준은 그들이 제시한 최신 공식 목표와 우리의 계획에 따른 야심 찬 핵심 결과다.

최대 배출국들의 현황은 어떨까? 어떤 정책이 가장 획기적일까? 다음의 표는 5대 배출국이 우리의 핵심 결과를 하나 이상 충족했는지를 보여준다. (다른 나라들을 추가한 확장된 정책 점검판은 speedandscale.com에 주기적으로 업데이트된다.) 보다시피 아직 갈 길이 멀다.

중국의 상전벽해

2006년에 중국은 미국을 제치고 세계 최대 배출국이 되었다. 이후로 두 나라의 격차는 갈수록 벌어졌다. 또한 중국은 2019년에 14기가톤이 넘는 온실가스를 대기로 배출했다. 이는 2위 배출국인 미국의 배출량보다 약 두 배 많은 수치다. 역설적으로 중국은 전 세계 다른 어떤 나라보다 청정에너지에 투자를 많이 하는 나라이기도 하다.

중국이 에너지 및 환경과 관련하여 내린 가장 파급력이 큰 결정은 유명한 5개년 계획을 통해 이뤄졌다. 이 계획은 공산당 중앙위원회가 수립한 것이다. 과정이 명확한 것은 아니지만 이 계획은 내실 없는 약속이나 겉만 번지르르한 홍보 캠페인이 아니다. 그래서 수립된 후로 실효성을 발휘했다. 2020년 9월, 시진핑 주석은 유엔 총회에서 놀라운 발표를 했다. 바로 중국이 2060년까지 넷 제

로에 이르는 목표를 추구하겠다는 것이었다.[19] 세계에서 가장 인구가 많은 나라로서는 전례가 없는 목표였다. 또한 분명히 올바른 방향으로 나아가는 전진이기도 했다. 그래도 이 목표는 기후변화에 관한 정부 간 패널이 설정한 목표보다 10년이나 뒤처진 것이다.

중국이 넷 제로에 이르는 데 가장 큰 난관은 무엇일까? 현재 전 세계 석탄의 절반을 태우며, 전기의 60퍼센트를 석탄에 의존하는 나라에서[20] 200만여 명의 광부들에게 일자리를 찾아주는 것이다.[21] 긍정적인 면을 보면 중국의 리더들은 변화가 필요하다는 사실을 안다. 크리스티아나 피게레스에 따르면 석탄으로부터 멀어지려는 행보는 공공 보건을 개선하고, 보다 친환경적인 국제 경제로 가는 길을 이끈다는 중국의 목표와 점차 보조를 맞추고 있다. 그녀는 "낙후된 20세기 기술에 계속 발목이 잡히는 것은 중국에 도움이 되지 않는다."라고 말한다. 2020년에 중국은 전 세계 신규 재생에너지 발전 용량의 절반을 차지했다. 무려 전년도에 다른 모든 국가가 풍력 발전으로 확보한 용량과 맞먹는 수준이었다.

중국이 어떻게 단계적으로 석탄 발전을 중단할지에 대한 질문에는 아직 답이 나오지 않은 상태다. 다만 2021년 4월에 열린 기후정상회의에서 일부 단서가 제시되었다. 시진핑 주석은 2025년까지 석탄 소비의 증가를 '엄격하게 제한'한다는 계획을 발표했다. 또한 중국의 배출량이 정점에 이를 것으로 예측되는 2026년부터 2030년까지 석탄 소비를 '단계별로 감소'시키겠다고 밝혔다. 중국의 에너지 전략은 지역별로 다를 가능성이 크다. 그래도 이런 국가적 목표는 매우 중요하다.

다만 약간 회의적으로 볼 필요도 있다. 중국의 단기적 행동은 상층부의 어떤 선언보다 큰 의미를 지닌다. **2020년 첫 6개월 동안 다른 경제대국들이 화석연료에서 재생에너지로 옮겨가는 와중에 중국은 2018년과 2019년을 합친 것보다 더 많은 신규 석탄 발전 용량을 승인했다.** 우리는 또한 아프리카, 유라시아, 남아시아, 남미에서 진행되는 화석연료 프로젝트에 대한 중국의 자금 지원을 주시해야 한다. 2020년 12월 기준으로 중국 기업들은 일대일로─帶─路(신 실크로드 전략 구상) 프로젝트의 일환으로 아프리카에서만 7개의 석탄 발전소 건설 자금을 지원했다.[22] 또한 향후 건설 예정인 발전소도 13개나 된다.

동시에 기후에 대한 중국의 견해가 크게 바뀌고 있음을 말해주는 신호들이 있다. 베이징에 있는 명문대로서 청 왕조의 황실 정원 자리에 세워진 칭화대학에서 과감한 아이디어들이 일부 나오고 있다. 칭화대학에는 기후변화 및 지속가능한 개발 연구소Institute of Climate Change and Sustainable Development가 있다. 2019년 대부분의 시간 동안 중국의 기후 과학자들이 이 연구소에 모여서 넷 제로에 이르기 위한 모델을 치열하게 궁리했다.

이 연구소의 소장이자 중국의 기후특사인 71세의 시에젠화解振華는 중국에서 기후 문제에 대해 가장 힘 있는 목소리를 낸다.[23] 그가 맡은 과제는 칭화대학에서 만든 데이터를 중국의 최고 지도자들이 모인 공산당 중앙위원회에 제출하는 것이다. 시에는 코펜하겐과 파리에서 열린 기후 모임에서 중국을 비롯한 개도국은 통제받지 않고 탄소를 배출할 수 있는 도덕적 권리가 있다고 주장했다. 그러나 2017년 무렵에는 시각을 바꿔서 넷 제로에 대한 노력이 주는 압도적인 혜택을 보게 되었다. 개종자가 된 것이다. 시에는《블룸버그 그린》Bloomberg Green과 가진 인터뷰에서 이렇게 말했다. "처음에 시작할 때는 그냥 일이었습니다. 하지만 시간이 어느 정도 지나자 나라, 국민, 세계에 어떤 영향을 미칠지 알게 되니 더는 일이 아니라 하나의 대의이자 소명이 된 겁니다."

시에가 보다 적극적인 정책을 취하도록 오랫동안 설득한 환경운동가 리슈오李朔는 2019년 이전에 "중국은 넷 제로 배출이나 탄소중립성 같은 개념에 대해 이야기하기를 꺼렸습니다. 시에가 그 간극을 메우는 데 도움을 줬어요."라고 말한다.

시에는 국제 협상 무대에서 협력적인 태도를 취한다. 그는《블룸버그 그린》인터뷰에서 "기후 협상가에게는 경쟁자와 친구가 있을 뿐 적은 없습니다."라고 말했다. 다만 주의해야 할 점이 있다. 우리는 중국과 미국이 5G 무선 네트워크부터 로봇공학, 인공지능까지 새롭게 부상하는 기술을 놓고 심화되는 국제 경쟁을 벌이고 있다는 사실을 인정해야 한다. 클린테크도 예외는 아닐 것이다. 시에가 인정한 대로 '완화, 적응, 자금 지원, 기술'에 대한 중국의 입장은 여전히 글래스고에서 정리되어야 한다. 넷 제로를 향한 세계적 노력이 진전을 이루려면 양대 배출국이 협력하는 길을 찾아야 한다. 양국은 배출량 감축과 탄소 제거에 대한 공동의 이해관계에 매우 중요한 자리에 전문 지식을 가지고 참여한다.

시에는 중국의 2060년 넷 제로 목표가 유사 자본주의 체제인 중국 시장의 변화를 앞당길 것이라고 내다본다. 그는 "이 목표는 분명한 신호를 보냅니다. 우리는 빠르게 바꾸고 거대하게 혁신해야 합니다."라고 말한다. 또한 석탄 산업에 대한 투자가 위험하게 여겨질 것이라고 말한다. 시장은 조정될 것이다. 재생에너지가 부상하여 궁극적으로 시장을 지배할 것이다.

중국의 리더들은 고속 성장을 추구한다. 동시에 기후위기와 그것이 경제에 미치는 위협에도 민감하다. 중국은 끔찍한 대기오염을 부분적으로 완화했다. 그래도 2020년 전반기에 베이징과 상하이에서만 4만 9,000명이 독성 스모그 때문에 사망한 것으로 추정된다.[24] 그해에 발생한 기록적인 홍수는 7,000만 명에게 피해를 입혔으며, 피해액은 330억 달러에 이르렀다. 시에가 말한 대로 "기후변화로 인한 피해는 미래가 아니라 지금, 여기서 발생하고 있다."

미국: 다시 시작하다

미국은 누적량 측면에서 기후위기에 가장 크게 기여한 나라다. 지금까지 미국이 대기로 뿜어낸 탄소는 400기가톤 이상(계속 증가 중)이다.[25] 지난 20년 동안 기후변화에 대한 미국의 입장은 백악관의 주인이 누구냐에 따라 시계추처럼 오갔다. 조지 부시 대통령은 화석연료 산업의 의견을 따랐다.[26] 그는 석탄 발전소의 추가 건설을 지지했고, 교토 의정서 준수를 거부했다.

오바마 대통령은 의료보험 개혁에는 성공했지만, 기후변화 법안은 통과시키지 못했다. 그래도 오바마는 청정에너지에 대한 투자가 대불황 이후 일자리를 창출할 것임을 알았다. 그의 미국 회복 및 재투자법American Recovery and Reinvestment Act은 900억 달러가 넘는 돈을 풍력발전단지, 태양광 패널 혁신, 첨단 배터리 프로그램 같은 친환경 전력 프로그램에 투입했다. 오바마 행정부는 청정공기법Clean Air Act을 활용하여 신규 승용차와 경트럭의 연비 기준을 높였다. 그 결과 2009년부터 2016년까지 연비 기준이 29퍼센트 높아졌고, 2025년까지

리터당 23킬로미터라는 역사적인 목표가 수립되었다.

　이러한 진전의 상당 부분이 트럼프가 환경보호 법안을 전면 철폐한 후 되돌려졌다. 그러나 바이든 대통령은 취임 직후 트럼프의 여러 명령을 다시 돌려놓았고 획기적인 기후 계획을 제시했다. 이 계획에 따르면 미국은 2035년까지 100퍼센트 친환경 전력을, 2050년까지 넷 제로 배출을 달성해야 한다. 이는 지금까지 미국의 지도자가 기후행동과 관련하여 제시한 비전 중 가장 과감하다. **바이든 계획은 이전 행정부의 정책을 근본적으로 되돌리는 데서 그치지 않는 진정한 진전이다.**

　그러나 이 글을 쓰는 지금도 오락가락하는 정치가 계속되고 있다. 미국 의회는 훨씬 규모가 작은 인프라 패키지를 고려하고 있다. 거기에는 바이든 계획의 핵심 요소들이 빠져 있다. 아직 많은 부분이 미정이다. 기후 문제에 대한 실패는 선택 사항이 아니다. 반드시 해결해야 한다. 그럼에도 때로는 선택의 대상이 된다. 우리 아이들이 감당할 수 없는 선택이다.

　미국과 다른 5대 배출국이 2050년까지 넷 제로에 이르는 가장 확실한 방법은 국가적 탄소 가격을 비롯한 우리의 모든 정책 KR을 수용하는 것이다. 미국은 연구개발 분야를 가장 잘 선도할 수 있다. 미국이 전통적인 강점을 지닌 이 분야는 새로운 의지를 요구하고 있다. 거의 20년 동안 에너지 연구개발을 위한 연방 지출은 물가상승률을 감안하면 연간 80억 달러인 1980년 수준 아래에 머물렀다.[27] 이는 미국인들이 일주일 동안 휘발유에 지출하는 금액보다 적다.[28] 사실 우리가 연간 감자칩에 지출하는 금액보다도 적다.[29] 더 저렴하고 가벼운 배터리나 녹색 수소의 규모화처럼 필요한 돌파구를 열려면 공공 부문 연구개발 투자를 연간 400억 달러로 다섯 배 늘려야 한다. 다시 말해서 우리는 미국 정부가 현재 국립보건원National Institute of Health 예산에 해당하는 연간 400억 달러 정도를 투자할 것을 제안한다.[30] 공공 연구개발에 적절한 자금을 지원하고, 탄소가격제를 도입하면 그린 프리미엄을 줄여서 전 세계에 혜택을 주는 데 큰 도움이 될 수 있다.

유럽 : 앞장서고 있지만 충분히 빠르지 못함

거의 20년 전에 유럽연합은 현재 세계 최대 규모로 확대된 배출권 거래제를 도입하여 탄소에 가격을 부과했다. 뒤이어 2019년에는 영국이 대형 배출국으로서는 처음으로 2050년까지 넷 제로에 이른다는 목표를 법제화했다. 이듬해에 유럽연합은 자체 2050년 넷 제로 목표를 세우고, 2030년까지 최소 55퍼센트 감축을 요청했다.[31] 이런 행동들은 언뜻 인상적으로 보인다. 그러나 기후운동가들은 유럽연합 회원국들이 친환경 교통 인프라를 구축하고, 파리기후협약에 따라 배출량을 감축하는 데 충분히 빠르게 나아가지 않는다고 주장한다.[32]

독일의 유력 에너지 싱크탱크인 아고라 에네르기벤데의 대표, 파트리크 그라이헨은 이해와 행동 사이의 괴리가 문제라며 이렇게 말한다. "정치인들에게 뭐가 가장 중요하냐고 물으면 석탄 발전의 단계적 폐기라고 말할 겁니다. 그러나 석탄 발전을 풍력 발전과 태양광 발전으로 대체하지 않으면 단계적으로 폐기할 수 없어요. 이 문제는 필요한 만큼 시급하게 대응하는 것은 고사하고 잘 이해되지도 않았습니다."

유럽 최대 경제대국인 독일과 독일의 에너지 정책은 특히 중요하다. 독일 정부는 최근의 헌법재판소 판결에 따라 2030년까지 65퍼센트 감축을, 2045년까지 탄소중립을 달성하겠다고 약속했다.[33] 독일 기업들은 친환경 시멘트 및 철강 제조를 위해 녹색 수소 연료 생산을 앞장서서 늘리고 있다. 가장 고무적인 일은 독일이 건설용 및 교통용 연료에 탄소 가격을 책정했다는 것이다. 그러나 독일은 전국의 석탄 발전소를 폐쇄하는 속도를 높여야 한다. 그렇지 않으면 2030년 배출량 목표를 달성하는 데 거의 확실히 실패할 것이다. 현재 석탄 발전소 폐쇄 계획은 2038년까지 연장되었다.[34] 독일은 2021년 9월에 총선과 더불어 16년 만에 처음으로 새 총리를 선출하는 만큼 더 큰 야심을 품어야 한다.

기후행동의 세계적 중심지인 유럽은 강력한 대중적 지지, 기술적 동력, 기후 친화적인 사법부 등 많은 이점이 있다. 이미 적극적인 의지를 표명했으니 유럽 연합과 회원국들은 이제 핵심적인 청정에너지 인프라를 구축하는 한편 화석연료에 대한 의존도를 줄이려는 노력을 기울여야 한다. 그것도 모두 기록적인 속도로 말이다.

인도 : 성장을 향한 도전

인도 아대륙亞大陸은 우리 모두가 직면할 수 있는 잠재적 기후 파국을 미리 엿보고 각성할 수 있게 해준다. 근래에 열대저기압, 해수면 상승, 치명적 가뭄이 모두 악화되었다. 그에 따라 인명과 식량 생산에 피해가 발생했다. 인도는 1인당 배출량을 보다 개발된 나라들보다 높지 않은 수준으로 유지하겠다고 약속했다. 그러나 2050년까지 인도 인구는 거의 20퍼센트 늘어나 16억 명에 이를 것으로 예상된다. 이는 세계 최대 수치에 해당한다. 여기에 60퍼센트를 넘는 빈곤율을 감안하면 인도의 폭발적인 성장은 넷 제로 목표를 특히 어렵게 만든다.[35]

크리스티아나 피게레스는 "인도는 개도국으로서 경제 전반에 걸쳐 넷 제로 배출 시한을 늦출 만한 타당한 이유가 있습니다."라고 말한다. 그녀는 기존 에너지원을 너무 일찍 폐쇄하면 더 많은 사람이 빈곤에 빠질 것이라고 지적한다. 또한 "인도는 생물다양성을 보호하는 한편 부문별 목표를 통해 넷 제로에 이르겠

다고 오랫동안 일관되게 말했습니다. 그리고 부문별로 자체적인 파리기후협약 목표를 달성하고 있습니다."라고 덧붙인다.

인도가 넷 제로에 이르는 가장 확실한 경로는 전력 부문의 변화와 교통의 전기화에 있다. 나렌드라 모디Narendra Modi 총리는 넷 제로 배출로의 전환을 앞당기기 위해 2030년까지 450기가와트의 재생에너지를 생산하겠다는 원대한 국가적 포부(실로 엄청난 노력)를 밝혔다.[36] 그러나 모디 행정부는 여러 부문에서 진전을 이루었음에도 여전히 인도의 변화를 이끌고 석탄에서 멀어지는 일에서 불균형이 있다.

인도는 자국이 이룬 진전과 좀 더 개발된 국가들의 미미한 기록의 차이를 줄곧 지적했다. 환경부 장관인 프라카시 자바데카르Prakash Javadekar는 2020년에 이렇게 말했다. "우리는 모든 목표를 훌쩍 넘어섰습니다. 왜 우리에게 설교하는 나라들에게 자신들의 방식부터 고치라고 요구하지 않습니까? 선진국 중에서 파리기후협약을 준수하는 나라는 없습니다."

인도의 기후 정책 전문가인 아누미타 로이 초두리Anumita Roy Chowdhury는 이산화탄소 누적 배출량과 관련하여 "인도는 탄소 파이를 어떻게 나누고 책임을 공유할지를 묻습니다."라고 말한다. 역사적으로 전 세계 탄소 배출량에서 차지하는 비중을 보면 미국은 25퍼센트, 유럽은 22퍼센트, 중국은 13퍼센트, 러시아는 6퍼센트, 일본은 4퍼센트다.[37] 인도의 비중은 얼마나 될까? 3퍼센트밖에 되지 않는다. 자바데카르와 로이 초두리가 지적한 대로 청정에너지로 넘어가는 세계적 전환은 공정하고 정당해야 한다. 각 나라가 탄소 배출 비상사태에 미친 영향을 반영해야 한다.

동시에 인도는 천연가스 같은 더러운 화석연료를 건너뛸 역사적 기회를 누린다. 낙후된 인프라에 대한 투자를 우회하면 오염 관련 사망률을 줄이고 경제적·환경적 측면에서 세계적 리더십을 차지할 입지를 확보할 수 있다. 물론 그 비용은 저렴하지 않다. 인도의 재생에너지 목표를 달성하는 일만 해도 최소 연간 200억 달러의 투자가 필요하다.[38]

우리가 넷 제로에 이르려면 인도가 여러 장애물을 무릅쓰고 더 많이 노력해야 한다. 인도의 1인당 에너지 사용량은 세계 평균의 절반에도 못 미친다. 그럼에도 인도는 현재 세계 3대 에너지 소비국이자 4대 배출국이다. 또한 해마다 도시 인구가 로스앤젤레스 인구만큼 늘어나고 있다. 수백만 명이 새 가전 기기, 에어컨 그리고 수많은 승용차와 트럭을 구매할 것이다. 그래서 제로 배출 에너지를 더 많이 공급하고, 에너지 효율을 더 많이 강조하여 건축자재와 전기에 대한 폭증하는 수요를 충족하는 일이 매우 중요하다. 인도는 엄청난 덩치 때문에 지금 실행하는 모든 기후행동이 앞으로 수 세대 동안 전 세계에 영향을 미칠 것이다. 탈탄소화를 위한 노력을 확대하고 가속한다면 인도는 세계를 구할지도 모른다.

러시아는 도전에 응할 것인가?

세계 5대 배출국인 러시아는 2019년에 2.5기가톤의 탄소를 대기로 쏟아냈다. 이 수치는 지난 20년 동안 증가 추세를 보였다. 비관론자에게 러시아는, 우리가 기후위기를 해결하지 못할 이유를 말해주는 핵심 증거다. 그들이 우려하는 것은 두 가지다. 하나는 넷 제로에 대한 장기적인 약속이 전혀 없다는 것이고, 다른 하나는 파리에서 극도로 미미한 단기 목표를 정했다가 그마저도 나중에 시한을 미뤘다는 것이다.

피게레스는 종신 대통령 블라디미르 푸틴의 치하에서 "러시아의 독재 정치 체제는 투명하고 객관적인 상향식 분석이 의사결정 테이블까지 올라오도록 허용하지 않아요."라고 말한다. 푸틴은 기후변화 관련 과학적 사실을 공개적으로 의심하는 것과 지구온난화가 러시아에 도움이 될지 모른다는 주장 사이를 오갔다.[39] 전 세계의 기온이 상승하면 사람이 살 수 없는 거대한 시베리아 툰드라가 농경 가능 지역이 되거나 최소한 석유, 천연가스 채굴이 보다 용이해질지 모른다. 이는 푸틴의 측근들로 구성된 특권층에게는 노다지가 될 수 있다. 피게레스는 슬프게도 "여름에 북극의 빙상이 사라지면 국제 석유 운송을 위한 새로운 해운 경로가 열려서 러시아에 도움이 됩니다."라고 덧붙인다.

비극적인 사실은 푸틴의 바람이 이루어질지도 모른다는 것이다. 러시아 땅은 다른 지역보다 두 배 이상 빠르게 기온이 상승하고 있다.[40] 시베리아의 영구동토층이 녹으면서 수천 년 동안 얼어 있던 이산화탄소와 메탄이 방출된다. 북극의 영구동토층은 통틀어 1,400기가톤의 탄소를 저장한다.[41] 여기서 탈출하는 모든 탄소가 우리의 계획을 방해한다.

러시아의 '에너지 전략 2035'는 거대한 후퇴다.[42] 석유 및 천연가스 생산을 늘리는 동시에 석유 수출을 늘린다는 것이다. 태양광 발전과 풍력 발전은 포트폴리오에 들어 있지 않다. 러시아가 자체적으로 예측한 2050년 수치에 따르면 온실가스 배출량은 현재의 엄청난 수준보다 더 늘어난다.

어떻게 이 무뢰한을 변하게 할 수 있을까? 가장 명백한 지렛대는 시장의 힘이다. 한 가지 전략은 석유나 천연가스에 탄소 가격을 부과하여 러시아의 핵심 수출품이 경쟁력 면에서 불리하도록 러시아를 압박하는 것이다. 적극적인 압박이 없더라도 어차피 러시아는 재생에너지의 조류에 휩쓸린다. 중국과 유럽의 탈탄소화에 따라 러시아의 화석연료를 수입할 필요가 없어질 수 있다.

미국이나 중국의 국토 면적보다 거의 두 배나 넓은 방대한 국토를 가진 러시아는 재생에너지와 재생농업 부문에서 아직 실현되지 않은 엄청난 잠재력이 있다. 그래서 변화를 수용하면 넷 제로 경제에서 주요 플레이어가 될 수 있다.

그러나 지금으로선 전망이 어둡다. 크렘린Kremlin은 기후 후발국에 대한 국제적 제재에 적극적으로 반대하고 있다. 그러나 모두가 알듯이 이미 페널티 박스penalty box에 앉아 있으면 페널티 판정에 반박하기가 어렵다. 러시아가 계속 넷 제로 경제를 거부하면서 스스로 고립의 길을 걷는다면 암울한 미래에 직면할 것이다.

피게레스는 UAE를 따르는 것이 러시아가 진전을 이루는 잠재적 경로가 될 수 있다고 말한다. 페르시아만의 석유 부국인 UAE는 재생에너지로 경제를 다양화하는 방향으로 나아가고 있다. 핵심 산유국인 사우디아라비아도 같은 일을 하고 있다. 피게레스는 '계획이 없는 것'이 러시아의 문제라고 말한다.

글래스고의 중대성

앞으로 어떻게 해야 할까? 나라마다 약속이 다르고, 그 약속을 지키기 위한 진전 또한 일관되지 못하다. 이런 상황에서 세계 각국이 의미 있는 기후행동을 위해 힘을 합칠 수 있다는 희망은 꺾이기 쉽다. 우리는 집단적 진전을 이룰 방법을 더 잘 파악하기 위해 미국의 기후 계획을 실행할 사람에게 귀를 기울이고자 한다. 그는 바로 대통령 기후특사이자 전 국무부 장관인 존 케리다. 그가 내게 상기시킨 대로 그는 1992년 첫 지구 정상회의뿐 아니라 이후에 열린 거의 모든 주요 기후 협약에 참석했다.

존 케리

2015년 파리 회의에서 참석국들은 하고 싶은 일을 했습니다. 이제 영국 글래스고에서 기후정상회의가 열리는 시점에 그때와 다른 점은 그 일을 마땅히 해야 한다는 것입니다. 그리고 그 일은 많이 다르고, 훨씬 힘듭니다.

지금의 현실은 2020년부터 2030년 사이에 배출량을 대폭 줄이지 않으면 1.5도(산업화 이전 기온 대비 상승 폭)를 유지할 수 없다는 것입니다. 그 선을 양보하면 모든 세대가 희생당할 것입니다. 그 선을 포기하면 커다란 대가를 치르게 될 것입니다.

우리는 올해 초에 모든 국가가 1.5도 목표를 수용하고 유지하도록 강하게 압박할 것임을 분명하게 밝히는 일에 나섰습니다. 미국은 기후정상회의에서 지금부터 2030년까지 온실가스를 50~52퍼센트 감축하겠다는 국가 목표를 발표했습니다. 우리는 2020년부터 2030년 사이에 필요한 성과를 내지 못하면 2050년까지 넷 제로에 도달할 수 없습니다. 그저 뭔가를 발견하기를 기다릴 형편이 아닙니다. 그건 너무나 무책임하고 무모한 일입니다.

확보한 기술을 최대한 많이 활용해야 합니다. 다른 한편으로 신기술을 발견하기 위해 노력해야 합니다. 우리는 기후변화가 존재론적 위협이라고 말합니다. 그런데도 정말로 존재가 위협받는 것처럼 대응하지 않고 있어요. 더 강력하게 대응해야 합니다.

경제적 측면에서 보면 전 세계 GDP의 55퍼센트를 차지하는 국가들이 현재 1.5도를 지키겠다고 약속했습니다. 나머지 45퍼센트를 차지하는 국가들(또는 적어도 대다수)도 동참시킬 수 있을 까요? 인도, 브라질, 중국, 호주, 남아프리카, 인도네시아도 모두 대열에 합류시켜야 합니다.

전 세계를 돌아다니며 사람들에게 손가락질하면서 "당신은 이걸 해야 하고, 당신은 저걸 해야 해."라고 말할 수는 없습니다. 그들이 그 일을 하는 데 도움이 되도록 돈을 투입해야 합니다. 우리는 개도국이 발전하도록 도와야 합니다. 다만 현명하게, 우리가 저지른 실수를 반복하지 않으며 발전하도록 도와야 합니다. 대부분의 경우 선진국은 개도국을 도와야 합니다. 아직까 지는 그렇게 하기 위한 계획이 테이블에 오르지 않았습니다.

내게 희망을 주는(나는 많은 희망을 품고 있습니다) 사실은 우리가 같이 머리를 맞대면 성과를 낼 수 있다는 것입니다. 우리는 어떻게 달까지 갈 것인지 확실하게 몰랐지만 달까지 갔습니다. 우 리는 기록적인 시간에 코로나 백신을 개발했습니다. 내 생애 동안에만 심각한 빈곤 상태에서 살아가는 사람의 수가 50퍼센트에서 10퍼센트로 줄었습니다.

우리는 무엇을 해야 하는지 알아요. 이제 우리는 그 일을 해내야 합니다. 글래스고 회의는 세 계가 한자리에 모여서 이 위기에 대처할 수 있는 가장 임박한 기회입니다.

우리는 무엇을 해야 할지 알며, 이제 그 일을 해내야 한다.

기후위기에 맞선 나의 첫 싸움

사실 1990년대 대부분 기간 동안 지구온난화는 나의 정치 관련 레이더에서 중심 위치를 차지하지 않았다. 그러다가 2000년 대선에 출마한 앨 고어의 적극적인 지지자가 되었다. 기후위기는 신문 1면에 막 등장하려던 참이었다. 그해 12월, 조지 부시와 고어가 맞붙은 대선에서 가슴 아픈 일이 일어났다. 대법원은 5 대 4로 플로리다주의 재검표를 중단시켰다. 당시 백중지세였던 조지 부시와 앨 고어의 표 차이는 겨우 537표에 불과했다. (누구도 한 표가 중요치 않다고 말하지 마라!)

이 판결의 대가는 아무리 과장해도 지나치지 않다. 기후 문제에 맞서는 싸움은 20년의 시간을 잃었다. 고어가 대통령이 됐다면 지금처럼 심각한 위기를 맞기 전에 기후 문제를 우선순위로 삼았을 것이다.

나는 2006년에 〈불편한 진실〉을 관람하고 운명의 만찬을 가진 후 기후행동에 전면적으로 나섰다. "캘리포니아가 바뀌면 나라가 바뀐다."라는 말이 있다. 나는 내가 사는 주州로 관심을 돌렸다.

2008년 세계에서 가장 명민한 기후 정책 리더들이 법안 32Assembly Bill 32(대개 AB32로 알려짐)를 중심으로 힘을 모았다. 법안 32는 캘리포니아에서 제정된 획기적인 탄소거래제 법안이었다. 이는 최대 배출자들에게 요금을 부과하여 탄소 오염에 가격을 붙이는, 전국에서 가장 야심 찬 제도였다. 우리는 캘리포니아 지역의 기업 대표들이 새크라멘토에서 전면 압박을 가한 후에도 결국 법안을 통과시켰다. 공화당 소속 주지사인 아놀드 슈워제네거가 법안에 서명했다. 화석연료 진영의 로비 때문에 법안 32의 범위는 천연가스를 제외한 석유와 석탄으로 한정되었다. 그럼에도 법안 32는 캐나다부터 중국까지 국제적 모범이 되었다. 캘리포니아는 궁극적으로 온실가스 배출량을 1990년 수준 아래로 감축하는 데 성공했다. 그것도 예정보다 4년이나 앞당겨서 말이다. 또한 이 제도는 강력한 형평성 요소를 포함하고 있다. 탄소 요금으로 얻는 수입 중 절반을 대기오염 개선과 빈곤 지역의 주택 개보수에 투입한 것이다.

법안 32는 화석연료 진영의 암울한 예언이 완전히 틀렸음을 증명했다. 캘리포니아는 배출량을 감축하면서도 경기를 활성화할 수 있다는 사실을 보여주었다.[43] 실제로 두 측면이 조화를 이루면서 캘리포니아의 경제성장률은 전국을 앞질렀다.

개인적으로 나는 법안 32를 통해 귀중한 교훈을 얻었다. 정치판에서 성공을 거두려면 당파를 초월한 폭넓은 연합, 강력한 캠페인 리더십, 명확한 메시지, 적극적인 언론 홍보, 헌신적인 우군이 필요하다는 것이었다. 이 무렵 나는 실리콘 밸리의 자유주의자에서 큰 정부 개혁론자로 진화했다. 실제로 나는 대규모 일을 성사시키는 데 정부를 필수 협력자로 보게 되었다.

다시 2009년으로 돌아가보자. 그해에 나는 미국 상원에서 증언했다. 또한 전국적 탄소배출권 거래제를 도입하는 왁스먼 마키 기후변화법Waxman-Markey climate change bill이 상정되었다. 우리는 거의 성공 직전까지 나아갔다. 화석연료 기업들에게 점차 상승하는 온실가스 요금을 부과하기 직전까지 갔다. 2009년 6월, 왁스먼 마키 법안은 펠로시Pelosi 하원의장이 집중적인 노력을 기울인 끝에 민주당이 장악한 하원을 219 대 212로 겨우 통과했다. 이후 상원에서 상충하는 법안과 충돌하는 이해관계를 수반한 치열한 협상이 진행되었다. 결국 기후변화법은 특수이익 집단과 단결된 리더십의 부재로 질식당하고 말았다.[44] 상원에서 60표를 얻을 수 없다는 사실이 분명해지면서 모든 것은 끝나버렸다. 기후변화법은 상원에서 표결에 부쳐지지도 않은 채 폐기되었다.

이듬해 민주당은 하원에서 다수당의 지위를 잃었다. 그 이후는 말하지 않아도 알 것이다. 2021년 중반 기준으로 미 상원은 아직 주요 기후 법안에 대한 표결을 진행하지 않았다.

그래도 캘리포니아는 계속 전진했다. 우리는 2015년에 마침내 천연가스를 탄소거래제 적용 대상에 포함시켰다. 이 제도를 통해 캘리포니아의 온실가스 배출량을 최대 15퍼센트 감소시켰다.[45]

공공 정책의 세계에서 정치적 셈법은 항상 바뀐다. 그래도 나는 일관된 가치를 지니는 네 가지 규칙을 발견했다.

1. 기가톤 규모를 추구하라: 넷 제로에 이르려면 5대 배출국에 초점을 맞추고 가장 중요한 부문, 온실가스 오염에 가장 책임이 큰 부문에 대한 해결책을 겨냥해야 한다. 또한 이산화탄소, 메탄, 아산화질소, 불소화합물 같은 모든 주요 온실가스에 대해 행동에 나서야 한다.

2. 어디서, 어떻게 결정이 이뤄지는지 파악하라: 국가적 입법은 퍼즐의 한 조각일 뿐이다. 변화를 이루고자 하는 활동가들은 모든 입법 단위를 알아야 한다. 가령 건축 법규는 시 단위에서 수립된다. 그래서 공청회에서 의견을 개진할 기회가 많다. 난방 및 조리의 효율 또는 전기화에 대한 결정은 오랫동안 영향을 미친다. 일반 시민은 이런 자리에 굳이 참석하지 않을 때가 많다. 반면 가스 보일러를 판매하는 기업은 반드시 참석해서 발언한다.

마찬가지로 미국의 에너지 정책을 결정하는 강력한 플랫폼에서 종종 간과되는 것이 하나 있다. 바로 각 주州의 공공서비스위원회다. 이 위원회 소속 위원들은 선출직이든 또는 (보다 흔하게는) 임명직이든 간에 정책 부문의 문지기와 같다. 그들은 전력망에 대한 미래 목표를 좌우하기 때문에 너무나 중요한 재생에너지 포트폴리오 기준을 정한다. 대개 주마다 다섯 명의 위원이 있다. 만약 우리가 30개 최다 배출 주에 초점을 맞추고, 각 주의 위원회에서 단순히 다수에 해당하는 위원들을 겨냥한다고 가정하자. 그러면 미국 전체 배출량의 거의 절반을 통제하는 90명이 대상이 된다. 이 소수의 주 관료들을 압박하는 일은 큰 차이를 만들 수 있다.

다만 압박하기 전에 어떻게 결정이 이뤄지는지 파악하는 것이 중요하다. 물론 시급하다는 인식은 필요하나 그것만으로는 충분하지 않다. 할이 말한 대로 "기후변화에 대한 우리의 우려는 적절하게 겨냥하지 않으면 분산되고 만다." 지렛대로 삼을 만한 운동이 있는가? 대규모 집회가 승리를 안길 수 있는가? 날카로운 경제적 분석이나 적임자의 당선이 상황을 바꿀 수 있는가? 법적 측면이 있는가? 어떻게 평등, 일자리, 보건 문제를 명확하게 제시할 수 있는가?

어떤 도구도 지역 단위에서 이뤄지는 시민의 참여만큼 강력하거나 접근성이 뛰어나지는 않는다. 전국에 걸쳐 많은 사람이 대중교통 수단에 화석연료를 사용하지 말라고 요구하는 지역활동가로 변신하고 있다. 2021년 6월에 메릴랜드주 몽고메리 카운티Montgomery County 교육청은 주민의 끈질긴 요청에 따라 향후 10년 동안 1,400대의 통학버스를 전기버스로 바꾸겠다고 선언했다. 교육청 교통국장인 토드 왓킨스Todd Watkins는 "사방에서 많은 관심과 압박을 받았습니다. 여러 환경단체, 선출직 단체장, 이사회 위원, 학생단체도 언제 전기버스로 바꿀 것인지 물었습니다."라고 말했다.[46]

애리조나주 피닉스Phoenix에서는 사우스마운틴 고등학교의 크로스컨트리부 소속 학생들이 교육청을 설득하여 최초의 전기 통학버스를 구매하게 했다. 그들은 지역의 더러운 공기가 미치는 영향을 몸소 느낀 후 행동에 나섰다. 그들은 감독과 치스파Chispa라는 지역 운동단체를 끌어들여서 변화를 추진했다.

청정에너지로 전환하는 과정의 세부 양상(및 속도)은 지역마다 다를 것이다. 그러나 어디서, 어떻게 결정이 이뤄지는지에 대한 이해와 더불어 행동해야겠다는 개인적 동기보다 강력한 힘은 드물다. 이 두 요소는 미래를 위해 더 건강한 결과를 만드는 데 필수적이다.

3. 현실적인 혜택에 초점을 맞춰라: 기후행동을 위해 노력할 때 사실과 과학적 근거를 명확하게 파악해야 한다. 어떤 법안을 통과시키거나 특정 후보를 당선시키려 할 때 기술적 사안을 접근 가능한 방식으로 전달하여 다른 사람들을 설득하는 것이 우리가 할 일이다. 할은 "사람들은 킬로와트시가 뭔지 몰라요. 하지만 저렴하고, 안정적이고, 안전하고, 깨끗한 에너지에는 관심을 가져요."라고 말한다.

사람들은 또 어디에 관심이 있을까? 일자리와 경제, 그들의 건강과 아이들의 행복이다. 유능한 리더는 이런 관심사를 공공 정책과 연결하는 이야기를 들려준다. 앨 고어의 기후 현실 프로젝트Climate Reality Project는 5만 5,000명의 기후행동 리더들을 양성하여 공통의 가치와 현실적인 혜택을 한데 묶는 내러티브를 구축했다. (여러분도 www.climaterealityproject.org를 방문하여 동참하기를 권한다.)

4. 공정성을 위해 싸워라: 공정성은 도덕적 의무이자 실질적인 필요로서 중요하다. 정치적으로 말하면 이전에는 주변부로 밀려난 집단에 속했던 새로운 유권자들, 새로운 리더들, 새로운 입법자들의 연합을 구축해야 한다. 또한 정치에 참여한 적 없는 사람들을 끌어들여야 한다.

과감하고 창의적인 정책을 수립하는 것은 어려운 일이다. 그리고 그 정책이 공정하고 정당하게 집행되도록 보장하는 일은 훨씬 더 어렵다. 1950년대에 아이젠하워 행정부가 시작한 8만 킬로미터 길이의 주간 고속도로 체계는 '큰 정부'의 개가로 폭넓게 칭송된다. 그러나 그 과정에서 디트로이트의 파라다이스 밸리Paradise Valley나 뉴올리언스의 트레메Treme처럼 가난한 흑인들이 살던 수많은 동네가 도로로 바뀌거나 고의적으로 파괴되었다는 사실은 거의 알려지지 않았다.[47] 전 세계에 걸쳐 기후위기는 가장 책임이 덜한 사람들의 삶을 파괴하고 있다. 넷 제로에 이르기 위한 우리의 캠페인은 저소득 지역사회와 토착민의 건강과 생계를 보호해야 한다.

모델이 중요하다

우리의 기후 정책이 원하는 효과를 내려면 좋은 의도 그 이상의 것이 필요하다. 모든 정책은 기후에 미치는 영향을 기준으로 점수를 매겨야 하지 않을까? 에너지 이노베이션의 대담한 분석가들은 역동적인 에너지 모델링 도구를 만들었다. 이 도구는 탄소 배출이 미칠 영향을 실시간으로 예측한다. 에너지 이노베이션의 정책 설계 전문가인 메건 마하잔과 로비 오비스는 모든 넷 제로 계획을 수립할 때 이런 모델을 활용해야 한다고 설득력 있게 주장한다.

메건 마하잔과 로비 오비스

탄소 배출은 물리적 세계에 기반합니다. 배출량을 감축하려면 효율, 에너지 소비, 우리가 사용하는 물건의 생산량을 변화시켜야 해요. 정책이 이런 요소들에 어떻게 영향을 미치고, 장기적으로 그들이 얼마나 크게 작용하는지 분명하게 인식하지 않으면 타당한 정책을 설계할 수 없습니다.

그러면 다양한 정책이 어떤 성과를 거둘지 어떻게 모델링할 수 있을까요? 우리는 2012년에 중국의 정책결정자들에게 바로 이런 질문을 받았습니다. 그 배경에는 2030년까지 중국의 배출량을 반전시키기 위한 논의가 있었죠. 기술적 선택을 입력 정보로 삼는 엄격한 모델들이 있지만, 우리는 정책을 출발점으로 삼고 싶었습니다. 선임 모델개발자인 제프 리스만Jeff Rissman이 바로 그런 모델을 만들었습니다. 그렇게 해서 에너지 정책 시뮬레이터Energy Policy Simulator가 탄생했죠.

이 시뮬레이터는 정책을 입력 정보로 삼아 모든 모델링된 시나리오가 어떻게 배출량, 비용, 일자리, 보건 측면의 결과에 영향을 미치는지 예측합니다. 또한 정책들 사이의 상호작용을 고려합니다. 그래서 어떤 정책들이 서로를 지렛대로 삼으며, 가장 비용 면에서 파악하게 도와줍니다. 이 시뮬레이터는 정기적인 업데이트를 통해 태양광 발전, 풍력 발전, 배터리의 가격 하락 등 기술 비용과 관련된 최신 변동 내역을 반영합니다.

이 모델은 오픈소스입니다. 즉, 모든 데이터가 일반에 공개되어 있어요. 누구라도 해당 도구를 다운로드하여 우리의 가정假定을 분석할 수 있습니다. 이는 특히 미국 바깥에서 신뢰를 구축하고 동의를 얻는 데 필수적입니다.

https://energypolicy.solutions

이 모델은 국가와 지자체에 특정한 정책이 이끌어낼 결과를 현실적으로 이해할 수 있게 합니다. 또한 알곡과 쭉정이를 가릴 수 있도록 돕습니다. 궁극적으로 우리의 모델은 소수의 큰 정책이 거대한 변화를 일으킬 수 있다는 것을 보여줍니다.

정치에 숨겨진 힘

정책과 정치는 밀접한 관련이 있다. 정책의 진전은 정치에 달려 있다. 기껏해야 정치는 가능성의 예술이며, 최악의 경우 위대한 아이디어가 죽는 곳이다. 내 경험상 좋은 정책이 통과하려면 정치적 난관을 통과해야 한다. 법안은 위원회에서 정체된다. 표결은 차단되거나 거부된다. 조약은 비준받지 못한다. 더없이 성실한 정책적 노력도 수년, 심지어 수십 년 동안 거듭 실패할 수 있다. **아무리 뛰어난 정책적 아이디어가 있어도 정치라는 큰 관문을 통과하지 못하면 아무것도 이룰 수 없다.**

효과적인 기후 정책을 가로막는 가장 큰 난관은 나쁜 아이디어나 퇴행적인 정치인이 아니다. 그것은 온실가스에 미래가 달린 '기득권층'이다. 역사적으로 미국의 기성 화석연료 이해집단은 기후 문제의 진전을 저지하는 데 높은 성공률을 보였다. 그들은 양당 정치인들에게 자금을 제공하여 진보 정책에 맞서거나, 교착시키거나, 무시하게 만들었다. 또한 화석연료의 해악에 대한 대중의 이해를 일부러 흐릿하게 만드는 활동에 자금을 지원했다. 이런 활동은 최근에 페이스북과 트위터를 통해 이뤄지며, 전 세계에 걸쳐 공적 담론을 어지럽혔다.

여러 공익단체는 엑손모빌과 코흐Koch 가문 등이 전개하는 허위 정보 캠페인을 밝혀냈다.[48] 이보다 더 사악한 것은 러시아가 지원하는 선전 조직이나 다른 의심스런 단체가 소셜미디어에 올리는 가짜 헤드라인 혹은 오도하는 영상이다. 《포춘》 500대 기업을 비롯한 주류 단체는 일류 광고대행사를 고용하여 기후변화를 부정하는 논리를 홍보한다. 2019년에 《워싱턴 포스트》는 기득권층이 두가지 병존 전략으로 기후 과학과 대중의 합의를 저해한다는 사실을 확인했다.[49] "첫째, 그들은 언론을 겨냥하여 기후 과학의 '불확실성'을 더 보도하게 만든다. 둘째, 그들은 보수층을 겨냥하여 기후변화가 진보세력의 거짓말이라는 메시지를 퍼트리며, 기후 문제를 진지하게 받아들이는 사람을 '현실감각이 없다'고 묘사한다."

그들의 노력이 헛되지 않게도 인식에 변화가 일어났다. 1992년 지구정상회의 이후 미국인 중 80퍼센트는 기후변화에 대응해야 한다는 데 동의했다. 민주당원과 공화당원 대다수가 이런 시각을 공유했다. 그러나 2008년에 실시한 갤럽 여론조사에서는 기후 문제에 대한 깊은 양극화와 폭넓은 당파적 간극이 드러났다. 또한 2010년에는 미국인 중 거의 절반(48퍼센트)이 기후변화의 위협이 과장되었다고 믿었다.[50]

우리의 희망은 다음 세대에서는 조류가 바뀌는 것이다. 2020년에 퓨리서치센터Pew Research Center가 실시한 조사 결과에 따르면 18세에서 39세 사이의 공화당원 중 거의 3분의 2는 기후변화가 인간의 활동에 따른 것이며, 연방정부의 방지 노력이 매우 미진하다는 데 동의했다.[51] 또한 탄소 배당을 위한 청년 보수주의자 모임Young Conservatives for Carbon Dividends의 설립자인 키에라 오브라이언Kiera O'Brien에 따르면 청년 공화당원들은 "이 문세에서 나이 많은 공화당원들보다 몇 광년은 앞서 있다."

열린 태도를 가진 사람들에게 넷 제로 경제로의 전환을 설득하는 한 가지 강력한 정치적 셀링포인트가 있다. 바로 수백만 명을 위한 고소득 일자리를 창출한다는 것이다. 국제에너지기구에 따르면 그 수는 전 세계적으로 2,500만 명에 달한다.[52] 태양광 패널 설치기사와 풍력발전단지 기술자 외에도 건물 개보수와 전력망 개선을 위해 수백만 명의 노동자가 앞으로 필요하다.

궁극적으로, 명민한 정책을 통과시키는 일은 기득권층의 방해를 어떻게 이겨내느냐에 달려 있다. 넉넉한 자금, 정치적 인맥 그리고 종종 비도덕적 성향을 가진 그들은 무척 강력한 상대다. 통상적인 정치로는 그들을 물리칠 수 없다. 우리에게는 좀 더 강력한 힘이 필요하다. 그중 하나가 '운동'이다.

기후 정책을
통과시키려면
기득권층의 방해를
이겨내야 한다.

제8장

운동을 행동으로 옮겨라

Turn Movements into Action

운동을 행동으로 옮겨라

그레타 툰베리의 환경운동은 분노에서 시작되었다. 이 스웨덴 10대 소녀는 기후 비상사태에 대해 알면 알수록 더 많이 분노했다. 지구온난화로 기온이 조금이라도 오르면 태풍, 홍수, 산불에 따른 피해는 더 심해질 것이다. 현재 추세가 이어진다면 2030년에는 1억 2,000만 명이 추가로 극단적인 빈곤 상태에 빠질 것이다. 또한 이번 세기말에는 도시 전체(툰베리가 사는 스톡홀름을 포함하여)가 물에 잠길 수 있다.

툰베리뿐만 아니라 많은 학생이 암울한 보고서를 접하고 그 의미에 경악했다. 그녀는 기후위기에 심한 불안감을 느꼈지만 낙담하지 않고 오히려 반발심을 품었다. 그녀는 열다섯 살 때부터 학교를 빠지기 시작했다. 또한 2018년에는 스웨덴 의회 앞에서 노숙을 하면서 굵은 글씨체로 'SKOLSTREJK FÖR KLI-MATET'(기후를 위한 결석 시위)라고 적힌 피켓을 들었다. 이 시위는 1인 시위로 시작했으나 뒤이어 다른 10대들이 차츰 동참했고, 곧 하나의 운동이 되었다. 이 모든 일은 사람 많은 곳을 피하고, 유명해지는 것을 싫어했던 한 청소년에게서 시작되었다.

2019년 1월 툰베리는 스위스 다보스Davos에서 열린 세계경제포럼World Economic Forum에 연사로 초청되었다. 그녀는 그 자리에 모인 기업 대표 및 전 세계

리더들에게 이렇게 말했다. "저는 종종 어른들이 '다음 세대에게 희망을 줘야 한다'고 말하는 걸 듣습니다. 하지만 저는 여러분이 희망을 전해주길 바라지 않아요. 저는 여러분이 공포에 사로잡히기를 바랍니다. 저와 같이 두려움을 느끼기를 바랍니다.

그레타 툰베리의 기후를 위한 결석 시위는 소규모로 출발했지만 곧 전 세계 리더들의 이목을 끌었다.

그리고 저는 여러분이 행동하기를 바랍니다. 우리의 집에 불이 난 것처럼 행동하기를 바랍니다. 정말로 그러니까요."[1]

소셜미디어로 증폭된 툰베리의 말은 수천 명의 청년들을 자극했다. 그들은 자신들이 사는 곳에서 독자적인 기후 시위를 이끌었다. 2019년 9월 20일, 전 세계에 걸쳐 400만 명이 역대 최대 규모의 환경 시위에 참여했다.[2] 뒤이어 툰베리는 다시 한 번, 이번에는 유엔에서 회의장을 가득 채운 어른들을 상대로 연설했다. "여러분은 공허한 말로 저의 꿈과 유년기를 훔쳐갔습니다. 그렇지만 저는 운이 좋은 편입니다. 사람들은 고통받고 있습니다. 사람들이 죽어가고 있습니다. 전체 생태계가 무너지고 있습니다. 우리는 대멸종의 초입에 있습니다. 그런데도 여러분이 말하는 건 돈과 영구적인 경제성장이라는 동화뿐입니다. 어떻게 감히 그럴 수 있습니까!"[3]

뒤이어 영국 의회는 툰베리의 연설을 들은 지 얼마 되지 않아 2050년까지 탄소발자국을 없애기 위한 법안을 통과시켰다.[4] 주요 국가로서는 처음 있는 일이었다. 툰베리는 교황을 포함하여 더 많은 전 세계의 리더들을 상대로 주장을 펼쳤다. 그 과정에서 자신의 운동이 진정한 변화를 일으키기 시작한 것을 확인할 수 있었다. 그녀 자신의 태도도 분노에서 신중한 낙관으로 변해갔다. 다시 학교로 돌아온 그녀는 급우들에게 "내일이 없는 것처럼 계속 살아갈 수는 없어. 내일은 있으니까."라고 말했다.[5]

'지구가 직면한 가장 중요한 이슈에 대한 가장 설득력 있는 목소리'가 된 툰베리는 2019년에 《타임》지의 올해의 인물로 선정되었다. 그녀의 단체인 '미래를 위한 금요일'Fridays for the Future은 세계 구석구석으로 뻗어나갔다. 최고위직 인사들은 그녀의 메시지를 가슴으로 받아들였다. 프랑스 에마뉘엘 마크롱 대통령은 《타임》지 인터뷰에서 "당신이 리더이고, 매주 청년들이 그런 메시지로 시위를 한다면 우리는 계속 중립을 취할 수 없습니다. 그들은 저를 변화시켰습니다."라고 말했다. 리더들은 압박에 반응한다. 압박은 운동에 의해 만들어진다. 운동은 수천 명의 사람들이 일으킨다.

하지만 때로는 단 한 명으로 시작되기도 한다.

292

운동이 중요한 이유

어떤 이슈가 사람들에게 중요해지면(정말로 중요해지면) 여러 일이 일어나기 시작한다. 법안이 도입되고 대응 법안이 상정된다. 대화와 논쟁이 벌어지고 언론이 관심을 갖는다. 궁극적으로 해당 이슈는 촉매가 되어서 유권자들을 투표소로 이끈다. 또한 어떤 이슈가 최상단 의제가 되면 정치계에서 말하는 '고도의 현저성'high saliency을 얻어 두드러진다. 기후위기 문제는 상당한 진전에도 불구하고 아직 세계적인 현저성을 얻지 못했다. 그래서 대체로 아직 사람들을 투표하게 하거나, 투표할 때 선택을 유도하지 못한다.

운동은 현저성을 창출한다. 다만 성공하기 위해서는 두 유형의 힘을 발휘해야 한다. 첫 번째는 사람의 힘이다. 이 힘은 폭넓은 지지자들에 더하여 보다 적은 활동가 리더 집단과 참가자들에게서 나온다. 두 번째는 정치적 힘이다.[6] 공직에 있는 우군이 합류하여 법안을 도입하고, 지지하고, 방어할 때 이 힘이 발휘된다. 운동의 목표는 정치적 재조정, 대중심리의 근본적 재설정, 새로운 리더 집단 또는 이 모두가 될 수 있다. 어떤 경우든 운동은 정책결정자가 정치적 결단을 내릴 수 있도록 엄호한다.

정치적 재조정은 게임체인저다. 다만 자주 이뤄지는 일은 아니다. 미국의 경우 루스벨트 대통령이 추진한 뉴딜 정책은 1932년 첫 대선에서 그를 지지한 노조운동과 연계되면서 상당한 기반을 얻었다. 대공황이 한창일 때 사람들은 사회적 안전망과 직업 안정성을 요구했다. 1935년에 미 의회는 루스벨트의 촉구에 따라 전국노동관계법National Labor Relations Act을 통과시켰다.[7] 이 법은 단체교섭에 대한 가이드라인을 제시했다. 노동운동은 갑자기 정치적 힘을 발휘했고, 정치계는 재설정되었다.

뉴딜의 부상에 도움을 준 운동은 두 집단에서 나오는 사람의 힘을 활용했다.

그 두 집단은 바로 유권자와 덜 적극적인 지지자들로 구성된 대중 그리고 보다 수가 적지만 깊이 참여하면서 시위, 파업, 소송, 인식 제고에 나서는 적극적인 지지자 집단이다. 하버드대학의 연구에 따르면 1900년부터 2006년 사이에 **인구의 최소 3.5퍼센트가 적극적이고도 지속적으로 참여하는 모든 정치적 운동은 결국 성공했다.**[8] 지금 미국의 경우, 필요한 사람의 수는 1,200만 명이 채 되지 않는다!

운동은 최선의 경우 분명한 행동과 지속적인 변화로 이어지는 새로운 인식을 형성한다. 독립을 위한 인도의 비폭력 혁명이 전설적인 예다. 1950년대와 1960년대의 미국 인권운동도 마찬가지다. 운동이 정책과 문화에 미치는 영향은 아무리 과장해도 지나치지 않다.

기후 문제가 정치적 이슈로서 현저성을 얻기 위해 노력할 때 공정성도 동시에 요구해야 한다. 기후위기는 가난한 지역사회에 사는 사람들의 건강에 치명적인 피해를 입힌다. 또한 경제적 격차를 넓히고, 인종적 부당성을 심화한다. 이런 불평등에 대응하지 않고는 기후위기를 해결할 수 없다.

우리의 운동 OKR은 세 집단의 필수 구성원, 즉 유권자와 의원 그리고 기업의 지지에 달려 있다.

유권자들이 관심을 갖는가?

유권자 KR(8.1)은 기후 문제가 유권자에게 갖는 중요도를 측정한다. 최근의 진전에도 불구하고 기후위기는 아직 대다수 상위 배출국에서 선거나 여론조사의 2대 이슈로 자리 잡지 못했다. 줄곧 이민, 세금, 보건 이슈에 밀렸다. 우리에게 필요한 기후 운동을 일으키려면 보다 시급한 문제라는 인식을 심어야 한다.

목표 8

운동을 행동으로 옮겨라

기후위기를 2025년까지 20대 배출국에서 2대 투표 이슈로 만든다.

KR 8.1	**유권자**
	기후위기를 2025년까지 20대 배출국에서 2대 투표 이슈로 만든다.

KR 8.2	**정부**
	대다수 정부 관료(선출직 및 임명직)가 넷 제로를 향한 노력을 지지한다.

KR 8.3	**기업**
	《포춘》 500대 기업의 100퍼센트가 2040년까지 넷 제로에 이르겠다고 즉시 약속한다.

KR 8.3.1	**투명성**
	《포춘》 500대 기업의 100퍼센트가 2022년까지 배출량에 대한 투명성 보고서를 발간한다.

KR 8.3.2	**운영**
	《포춘》 500대 기업의 100퍼센트가 2030년까지 운영의 모든 측면(전기, 차량, 건물)에서 넷 제로를 달성한다.

KR 8.4	**교육 평등**
	세계가 2040년까지 초등 및 중등 보통 교육을 달성한다.

KR 8.5	**보건 평등**
	2040년까지 온실가스 관련 사망률에서 인종 및 사회경제 집단 사이의 간극을 제거한다.

KR 8.6	**경제적 평등**
	전 세계에 걸친 청정에너지 전환으로 6,500만 개의 새로운 일자리가 창출되고, 공평하게 분배된다. 그 속도는 화석연료 일자리가 사라지는 것보다 빠르다.

5대 배출국의 이슈 우선순위 데이터를 살펴보자. 미국은 2020년 대선을 앞두고 실시된 갤럽 여론조사에서 유권자 중 3퍼센트만 기후위기를 나라가 처한 최상위 문제로 꼽았다.[9] 기후위기보다 코로나, 경제, 부실한 리더십, 인종 관계가 더 높은 우선순위를 차지했다. 온갖 위기가 닥친 2020년 이전에도 기후와 환경은 유권자들이 중시하는 10대 이슈에 들어간 적이 드물었다.

유럽의 경우 대중심리가 보다 빠르게 바뀌고 있다. 그레타 툰베리가 청소년 기후 시위를 시작하기 직전인 2018년 봄에 실시된 유로바로미터Eurobarometer 여론조사를 보면 28개 회원국의 유권자들은 기후 및 환경을 우선순위에서 전체 7위로 꼽았다.[10] 이보다 앞선 이슈는 이민, 테러, 경제, 재정, 실업, 세계에 미치는 유럽연합의 영향력이었다. 반면 툰베리가 국제적으로 유명해진 2019년 가을에는 기후 및 환경 이슈가 이민에 이어 2위로 도약했다.[11]

중국, 인도, 러시아의 시민들이 인식하는 기후변화의 중요성은 기껏해야 흐릿한 수준이다. 중국 국민들이 당장 우려하는 것은 대기오염이다. 2000년 이후 도시 시민 운동이 부상하면서 지역 정치계와 중국의 법 체계를 통해 보다 깨끗한 공기를 요구했다.[12] 2013년에 중앙 정부는 오염과의 전쟁을 선포하고 국가대기환경조치계획National Clean Air Quality Action Plan을 발표했다.[13] 이후 5년 동안 중국은 대도시의 스모그를 최대 39퍼센트까지 줄였다.[14] 2017년에 실시한 '중국인이 생각하는 기후변화'라는 전국 여론조사에서 90퍼센트는 파리기후협약의 실행을 지지했다.[15]

인도 정부는 아직 경제 전반에 걸쳐 넷 제로를 달성하겠다는 서약을 하지 않았다. 그들은 대신 개별 부문의 노력에 초점을 맞췄다. 2019년 유권자들의 최대 관심사는 농민, 농촌 빈곤, 실업, 물 위기에 대한 정부의 부족한 지원이었다.[16] 사람들이 연관성을 인식하는지와 별개로 이 모든 문제는 기후 충격으로 악화되었다. 청년들이 주도하는 시위가 인도 전역에서 벌어졌지만 기후변화는 아직 현저한 이슈 목록에도 들어가지 못했다.

러시아는 기후위기에 대한 대중적 관심도가 서서히 올라오는 중이다. 2019년에 실시된 여론조사에서 10퍼센트는 기후위기가 주요 관심사라고 밝혔다. 그해에 발생한 시베리아 산불로 10여 명이 사망했는데도 기후위기 이슈는 유권자들의 우선순위에서 부패, 고물가, 빈곤보다 더 훨씬 낮은 15위에 그쳤다.

러시아 활동가들은 종종 푸틴에게 공개적으로 비판받으며, 수감이나 그보다 더 나쁜 일을 당할 위험을 감수한다. 2019년에 모스크바와 다른 10여 개 도시에서 열린 1일 기후 시위에는 700명의 평화로운 시위자들이 참여했다. 그러나 대부분의 경우 풀뿌리 기후 운동은 규모와 영향력이 제한되어 있다.

친환경 공직자 선출하기

운동은 가시적 결과를 추구해야 한다. 활동가들이 대중의 행동을 이끌어내는 것이 사람의 힘이라면, 정치적 힘은 선출직 및 임명직 관료들의 역할에 중점을 둔다. 정부 KR(8.2)는 모든 단위에서 전 세계 리더들의 입장을 점검한다. 적극적인 정책 수단을 마련하려면 이 관료들 중 다수가 기후행동을 강력하게 지지해야 한다.

많은 사람들은 운동의 영향력에 대해 회의적이다. 나도 왜 수많은 운동이 실패했는지 그리고 활동가들이 수십 년 동안 경고했는데도 어떻게 이토록 절박한 상황에 이르렀는지 의아했다. 그러나 진실은 이렇다. 잘 조직된 운동은 대단히 효과적으로 정책을 좌우할 수 있다. 그렇다면 문제는 '운동이 성공하려면 무엇이 필요할까?'이다.

논쟁과 행동 촉발하기: 선라이즈 무브먼트의 영향

바시니 프라카시는 초등학교 6학년 때인 2004년부터 기후 운동에 열의를 가졌다고 말한다. 당시 인도양에서 발생한 쓰나미가 인도의 첸나이Chennai를 덮쳤다. 첸나이는 그녀의 할머니가 살던 곳이었다. 통신이 마비된 상황에서 프라카시는 매사추세츠주의 조용한 소도시인 액튼Acton에 있는 집에서 초조하게 뉴스를 확인했다. 또한 그녀는 적십자에 기부할 캔 음식을 모았다. 다행히 할머니가 무사한 것을 알고 안심했지만 이 사태는 그녀에게 지속적인 인상을 남겼다. 자연재해와 그 기원에 대해 더 알고 싶었던 프라카시는 전 세계에서 증가하는 온난화 관련 사태에 관한 글을 읽고 위압감을 느꼈다. 그래서 재활용처럼 작은 일에 집중했다.[17]

프라카시는 매사추세츠앰허스트대학에 입학했을 때 분노와 좌절감을 느꼈다. 그녀는 화석연료에 대한 투자를 다른 곳으로 돌리도록 학교를 압박하는 캠페인에 참여한 후 기후행동 시위에서 연설을 했다. 그녀는 잡지《시에라》Sierra와 가진 인터뷰에서 "상상도 못 했던 방식으로 조직 활동과 사랑에 빠졌다."라고 말했다.

2015년 12월에 또 다른 대형 홍수가 인도를 강타했다. 이번에는 프라카시의 아버지가 태어난 고향이 피해를 입었다. 컴퓨터로 재난 현장의 사진들을 훑어보던 프라카시는 조부모와 같이 걷거나 차를 타고 가던 거리들을 알아보았다. 이제 그 거리들은 대피소로 가기 위해 가슴 높이까지 차오른 물속을 힘들게 걸어가는 여성과 아이들로 가득했다. 당시 그녀의 조부모는 다른 도시에 있었으나 수백 명의 다른 사람들은 목숨을 잃었고, 수천 명은 터전을 잃었다. 프라카시는《시에라》인터뷰에서 "그것은 바로 지금 기후위기가 닥쳤다는 사실을 일깨우는 경종이었습니다. 더 이상 낭비할 시간이 없었어요."라고 말했다.[18]

프라카시와 친구들은 몇 주 안에 환경운동단체를 공동 설립했다. 이 단체는 나중에 10여 명의 다른 청년 활동가들이 합류하면서 선라이즈 무브먼트Sunrise Movement가 되었다. 그들은 청년이 주도하는 탈중심화 풀뿌리 운동의 청사진을 만들었다. 운동의 목적은 기후변화를 막고 경제정의를 촉진하는 것이었다. 2018년 중간선거 직후에 결정적인 순간이 찾아왔다. 그들은 민주당이 새롭게 장악한 하원을 통해 기후행동을 의무화하려 했다. 그들은 의회 사무실 밖에서 농성하면서 일련의 연좌시위를 벌였다.

그 무렵 선라이즈는 이목을 끄는 방법을 익혔다. 이 신생 단체는 팩트와 설득력 있는 내러티브로 무장해 있었다. 최연소 여성 하원의원이 된 알렉산드리아 오카시오코르테스Alexandria OcasioCortez는 나중에 '스쿼드'the Squad로 불릴 다른 초선 의원들을 데려와 시위자들이 하는 말에 귀를 기울였다.

프라카시는《시에라》인터뷰에서 이렇게 회고했다. "우리는 ppm이나 2°C 같은 수치들을 나열한 청원만 올리지 않았어요. 우리는 기후위기로 인해 우리가 잃은 것들, 잃을까 두려운 것들에 관한 이야기를 나눴어요. 우리의 미래를 위해 바라는 것들을 이야기했어요."

프라카시와 다른 선라이즈 활동가들은 선거가 끝난 후에도 전국적으로 보다 눈에 띄는 시위를 벌였다. 기후 정책을 민주당의 최우선 의제로 만드는 것이 목적이었다. 그들은 2019년에 오카시오코르테스가 제안한 법안인 그린 뉴딜Green New Deal에 대한 열의를 높이는 데 도움을 주었다.[19] 또한 민주당 예비선거에 뛰어들어서 화석연료 기업들의 기부금을 받지 말라고 후보들을 압박했다. 그들이 거둔 최대의 승리는 기후 운동의 확고한 지지자인 에드 마키Ed Markey가 매사추세츠 상원의원 자리를 수성하도록 도운 것이었다. 일부 민주당원들은 선라이즈의 요란한 운동 방식에 동의하지 않을지 모른다. 그래도 모두가 그들을 주목했다.

2020년 대선 예비선거에서 선라이즈는 버니 샌
더스Bernie Sanders 상원의원의 지지를 얻었다. 청년
들 사이에서 지지세가 늘어나면서 선라이즈 무브
먼트는 그린 뉴딜을 지지하는 민주당의 열혈 소수

파와 유보적인 입장을 취하는 다수파 사이의 충돌을 격화시켰다. 폭스 뉴스Fox
News와 같은 유력 보수매체에는 이상적인 먹잇감이었던 그린 뉴딜 이슈는 민주
당을 분열시킬 수도 있었다.

프라카시와 다른 선라이즈 리더들은 논쟁의 무대에서 중도적 민주당원들이
친親기후 법안을 지지한다는 이유로 샌더스를 공격하는 것을 원치 않았다. 민주
당 고위 인사들이 이견을 드러내고 그 과정에서 기후행동을 저해하는 일을 막
는 것이 무엇보다 중요했다.

선라이즈 무브먼트의 공동 설립자이자 정치국장인 에반 웨버Evan Weber는 바
쁘게 전화를 돌렸다. 그는 카멀라 해리스Kamala Harris, 피트 부티지지Pete Buttigieg,
조 바이든 등 당시 여러 대선 후보와 대화를 나눴다. 웨버는 "여러분이 나름의

계획을 가진 건 알지만 그린 뉴딜을 깎아내리는 건 아무런 도움이 되지 않아요.”라고 말했다.[20]

이런 호소는 효과가 있었다. 다른 민주당원들은 그린 뉴딜을 승인하지 않았지만 그들은 100퍼센트 친환경 전력이라는 공통점을 고수했다.[21]

2020년 3월 바이든이 대선 후보로 결정된 후 웨버는 바이든 캠프에 그린 뉴딜을 경기 촉진, 환경적 부당성과의 싸움, 기후위기 대응에 ‘유용한 기틀’로 삼으라고 촉구했다. 8월에 민주당 전당대회에서 강령을 채택할 때가 되자 그린 뉴딜에 바탕한 핵심 항목들이 반려되었다. 총선에서 바이든이 펜실베이니아주에서 승리해야 했기 때문에 주요 메탄 배출원인 프래킹에 대한 금지 조항은 포함되지 않았다. 바이든은 낙농업계의 온실가스 배출을 억제하지도 않을 것이었다. 위스콘신주의 표도 필요했기 때문이다. 그래도 바이든은 선라이즈 무브먼트의 여러 제안을 ‘더 나은 재건’Build Back Better 계획에 반영했다. 거기에는 인프라 투자의 40퍼센트를 빈곤 지역에 배정한다는 내용이 들어 있었다.

선라이즈와 바이든 캠프는 가을 내내 의사소통 라인을 유지했다. **덕분에 상호 합의를 통해 명민한 정치가 이뤄졌다. 11월 대선에서 바이든은 펜실베이니아주에서 1.2퍼센트, 위스콘신주에서 0.7퍼센트를 이겼다.** 그 결과는 2020년 대선 승리와 2021년에 강력한 기후행동을 이끌 준비와 의지를 갖춘 백악관이 되었다.

선라이즈에게 정치는 영원한 줄타기다. CNN이 지적한 대로 선라이즈는 “한 발은 권력의 전당에, 다른 한 발은 활동가들이 있는 거리에 두려고” 노력했다.[22] 선라이즈는 이 점을 자랑스럽게 여긴다. 선라이즈의 청년 리더들은 ‘지도부’ 육성, 지도부와 의사결정자의 직접적인 연계가 풀뿌리만큼 중요하다는 사실을 깨달았다. 하지만 정치에서 새로운 것은 없다. 1세기 넘게 운동 촉발 사업에서 중대한 역할을 한 환경운동단체인 시에라 클럽Sierra Club은 이 모델을 잘 알고 있다.

'석탄을 넘어서' 캠페인이 남긴 교훈

2005년에 허리케인 카트리나가 걸프만을 파괴하고 뉴올리언스를 침수시켰다. 그로부터 며칠 후 시에라 클럽은 최초의 기후행동 콘퍼런스를 준비했다.[23] 이 단체는 환경운동가인 존 뮤어John Muir가 1892년에 설립했다. 설립 목적은 숲과 다른 야생지를 보호하는 것이었다. 이는 근본적으로 방어적인 전략이었다. 당시 시에라 클럽은 보존을 넘어서 탄소 배출을 공격하는 방향으로 옮겨가고 있었다. 전국에 있는 5,000명의 기후활동가들이 본거지인 샌프란시스코에서 열릴 콘퍼런스의 의제를 정하는 데 도움을 주었다. 앨 고어는 이 자리에서 나중에 〈불편한 진실〉로 진화할 슬라이드 쇼를 진행했다.

당시 대표인 칼 포프Carl Pope는 "우리는 다른 사업을 시작하려는 참이었습니다."라고 회고했다.[24] 이 콘퍼런스에서 놀라운 최우선 목표가 새롭게 정해졌다. 그것은 바로 앞으로 예정된 150개 석탄 발전소의 건설을 중단시킨다는 것이었다. 포프가 예측하기로는 이 발전소들을 막지 않으면 해마다 7억 5,000만 톤의 탄소가 대기에 추가로 배출될 것이었다. 그렇게 되면 지구온난화라는 괴물을 길들이는 일은 수학적으로 불가능했다. 시에라 클럽은 이 목표를 달성하기 위해 필요한 모든 법적 수단과 할 수 있는 모든 공적 압박을 활용할 작정이었다.

이 '석탄을 넘어서'Beyond Coal 캠페인은 브루스 닐스와 메리 앤 히트Mary Anne Hitt가 주도했다. 애초에 그들의 목표는 국가 정책을 바꾸는 것이 아니었다. 그들이 시도하려는 것은 훨씬 힘든 일이었다. 그것은 현장으로 나가서 지역 주민 수백 명을 동원하고, 시위를 조직하며, 법원의 중단 명령을 얻어내는 것이었다.

브루스 닐스

1990년 나는 위스콘신대학에서 지리학과 환경학을 공부하고 있었어요. 기후변화에 대한 첫 수업에서 들었던 내용이 지금도 생생하게 기억납니다. 나는 지구물리학과 건물로 갈 때마다 석탄 더미를 지나갔어요. 캠퍼스에 전력을 공급하는 아주 낡은 보일러에 들어갈 석탄들이었죠. 하지만 정작 대학에서 배운 사실들 때문에 증가하는 이산화탄소 수치에 대한 걱정은 더욱 깊어갔습니다. 내게는 이런 단절이 놀랍게 느껴졌습니다. 졸업 논문에서 캠퍼스 내 석탄 발전을 중단해야 한다고 촉구했습니다. 그리고 변화를 일으키려면 훨씬 더 많은 노력이 필요하다는 사실을 알게 되었어요.

나는 닷컴 거품 붕괴 이후 소강 상태에 접어든 샌프란시스코에서 1년 동안 임시직으로 일한 후 매디슨Madison으로 돌아와 로스쿨에 입학했습니다. 거기서 미국 역사상 이뤄진 위대한 사회적 투쟁들에 대해 그리고 폭넓은 사회운동의 일부로서 사회적 변화를 일으키는 변호사의 역할에 대해 배웠습니다. 또한 법적 권리와 계약을 강제하는 법을 배운 후 지나치게 간섭하는 집주인을 상대로 써먹었죠.

로스쿨을 졸업한 뒤 클린턴 행정부 시절, 법무부 산하 환경 및 천연자원국에서 4년 동안 특별한 시간을 보냈습니다. 얼마 후 환경적 정의와 아동 건강에 대한 클린턴 대통령의 행정명령에 따라 법무부의 의무사항을 실행하는 업무에 자원했습니다. 내가 맡은 일은 초기 사례에 대

‘석탄을 넘어서’ 캠페인 활동가들은 현장에 나가 신규 석탄 발전소 건설 계획을 되돌리기 위한 활동을 펼쳤다.

한 조사와 고발을 통해 아동을 납 페인트의 위험으로부터 보호하는 새로운 연방 법규를 집행하는 것이었어요. 나는 재닛 레노Janet Reno 법무부 장관, 앤드루 쿠오모Andrew Cuomo 주택도시개발부 장관, 캐롤 브라우너Carol Browner 환경보호국장이 모두 기자회견장에 나와서 내가 협상한 세 건의 합의 내역을 발표하는 것을 보고 깜짝 놀랐습니다. 이때 정부가 돌아가는 방식에 대한 통찰을 얻었는데 이후로도 큰 도움이 되었죠.

이런 경험을 바탕으로 나는 시에라 클럽에 합류했습니다. 처음으로 한 일은 시카고의 대기를 깨끗하게 만들기 위한 캠페인을 펼치는 것이었습니다. 900만 명이 사는 시카고의 대기는 숨쉬기에 적합하지 않았습니다. 나는 이 캠페인을 통해 풀뿌리 운동의 힘을 깨달았으며, 강력한 이해집단과 맞설 때 운동을 조직하는 법을 배웠습니다.

일단 실태를 파악하기 위해 데이터와 규제 문제를 파고들었어요. 나는 1970년에 제정된 청정대기법이 모든 미국인에게 건강한 대기를 약속했음에도 불구하고 규제 당국이 실패한 지점이 어디인지 확인했습니다. 그중 하나가 병원이 가동하는 의료 폐기물 소각로였어요. 그들은 주거지 한복판에서 줄곧 허용치를 넘어서는 오염물질을 방출했습니다. 나는 수익에 눈먼 병원

경영진과 소심한 규제 책임자들에게 오랫동안 오염 문제를 제기했다가 묵살당한 주민들을 만났습니다.

우리는 몇몇 끈질긴 자원자들과 함께 일리노이주 에번스턴Evanston에 있는 소각로를 목표로 정했습니다. 이 소각로는 특히 심각한 오염을 초래하고 있었습니다. 점점 더 많은 군중이 몰려들었고, 우리는 그 앞에서 서서 소각로로 인한 오염 문제를 접수하여 해당 병원에 다이옥신을 뿜어내는 소각로를 폐쇄하라고 명령할 때까지 시의회 운영을 중단시켰습니다. 해당 병원은 폐쇄 위협을 포함한 온갖 수작을 부렸습니다. 그러던 어느 날 자정이 훨씬 지난 시각에 의회가 소각로 폐쇄를 명령했어요. 나는 200여 명의 주민이 환호성을 지르는 모습을 보았습니다. 이 이야기의 백미는 우리의 지역 운동이 당시 주지사인 로드 블라고예비치Rod Blagojevich의 관심을 끌었다는 것입니다. 그는 우리가 시위를 벌이는 현장에 나타나 일리노이주에 있는 10개의 의료 폐기물 소각로를 모두 폐쇄시키는 법안을 지원하겠다고 발표했습니다. 이것이 바로 사람의 힘입니다!

시민이 주도하는 비슷한 싸움이 석탄 도시의 중심부, 훨씬 더 힘든 곳에서 벌어지고 있었습니다. 조지 부시 대통령이 이산화탄소 배출을 규제하겠다는 약속을 뒤집은 후 미국 최대의 석탄 채굴업체인 피바디 에너지Peabody Energy는 석탄 시장을 확대하기 위해 석탄 발전소 건설 사업에 뛰어들었습니다. 그들이 제안한 건설지 중 하나가 켄터키주 뮬런버그 카운티Muhlenberg County였습니다. 피바디는 이곳에서 1,600메가와트급 초대형 순수 석탄 발전소를 순조롭게 건설할 수 있으리라 생각했죠. 그것은 완전히 틀린 생각이었습니다.

시에라 클럽 현지 지부가 이끄는 가운데 모금 행사로 자금을 마련한 지역 활동가들은 모든 단계에서 발전소 건설 프로젝트와 싸웠습니다. 가장 놀라운 사실은 그들이 주정부가 피바디에 건설 허가를 내주지 말아야 하는 이유에 대해 증언과 증거를 제시할 전문가와 변호사를 찾아냈다는 것입니다. 그들은 63일이라는 기록적인 행정 청문회 끝에 승리를 거뒀습니다.

사실 피바디가 제안한 3개의 석탄 발전소는 빙산의 일각에 불과했습니다. 그들은 무려 200여 개의 석탄 발전소를 기획하고 있었거든요. 석유 사업가가 백악관을 차지한 상황에서 피바디는 신속한 승인으로 미국이 또다시 50년 동안 별수 없이 석탄을 태우게 만들 기회를 포착했습니다. 그러나 켄터키주의 활동가들에게 자극받은 나는 몇몇 사람들과 함께 일리노이주에서 제안된 17개 발전소 중 첫 발전소의 건설에 반대하고 나섰습니다. 주변의 다른 주에서 활동하는 이웃 활동가들도 곧 연락을 해왔습니다. 우리는 전략을 비교하면서 "어떤 석탄 발전소도 반발

없이 건설되지 않도록" 자원자와 소수 직원들로 구성된 중서부 네트워크를 구성했습니다. 우리는 승리하기 시작했고, 뒤이어 더 많이 승리했습니다. 우리의 캠페인은 남쪽에 있는 텍사스로 확장되었습니다. 이후 3년 안에 우리는 '석탄을 넘어서' 캠페인을 출범시켰어요. 이 캠페인은 전국적으로 조율되는 한편 지역에서 주도했습니다. 10여 개 단체들은 협력을 통해 대다수 전문가가 불가능하다고 한 일을 해내기도 했습니다.

나는 이전에 만난 적이 없던 사람들이 공통의 유대와 목적을 나누는 모습을 직접 목격했어요. 그들은 인터넷과 콘퍼런스 콜을 통해 소통했으며, 하나가 되어 석탄으로부터 자신의 지역사회를 보호하기 위해 싸웠습니다. 플로리다에서 활동가들이 석탄 발전소를 좌절시켰을 때 미국 전역에서 자기 지역의 석탄 발전소를 막으려던 사람이 축하해주었습니다.

'석탄을 넘어서' 캠페인은 거의 200개 석탄 발전소를 서둘러 지으려던 계획을 막는 데 주도적인 역할을 했다. 이는 놀라운 성과였다. 솔직히 이 캠페인은 강한 순풍의 덕도 보았다. 당시 풍력 발전에 대한 대규모 투자를 이끈 새로운 청정에너지 정책에 더하여 수압파쇄법 또는 프래킹을 통한 셰일가스 채굴이 붐이었다. 갈수록 힘들어하는 석탄 발전소가 늘어남에 따라 풍력 발전 및 천연가스는 기후를 위한 혼합적 수단으로서 주요 대체재가 되었다.

2008년 오바마가 당선되자 시에라 클럽은 갑자기 환경보호국을 아군으로 두게 되었다. 브루스 닐스는 '석탄을 넘어서'의 성공을 토대로 2차 캠페인을 구상했다. 모든 기존 석탄 발전소를 폐쇄하는 것이 목표였다.[25] 미 전역에서 500여 개 석탄 발전소가 해마다 2기가톤의 이산화탄소를 대기로 뿜어냈다. 그들을 태양광 발전과 풍력 발전으로 대체하는 것이 목표였다. 이는 상당한 정치적 영향력과 자금을 필요로 하는 노력이었다.

마침 영향력 있는 우군이 나타났다. 바로 마이클 블룸버그Michael Bloomberg 뉴욕 시장이었다. 9·11테러 이후 선출된 블룸버그는 기후운동가로서 명성을 얻었다. 뉴욕의 깨끗한 공기와 삶의 질을 위해 그는 100여 가지 프로그램을 포함한 전략적 계획을 세웠다. 그중에서 가장 유명한 것은 교통량, 대기오염, 배출량

을 줄이기 위한 '혼잡 통행료' 제도였다. 블룸버그는 2007년에 슈워제네거 캘리포니아 주지사와 힘을 합쳐서 C40 기후 리더십 그룹C40 Climate Leadership Group을 결성했다. 런던부터 리우데자네이루까지 전 세계 10여 개 대도시의 시장들이 이 모임에 참여

했다.

이제 이 억만장자 블룸버그 시장은 집중적 투자가 '석탄을 넘어서'가 추진하는 캠페인에 변화를 가져올 수 있는지 보고 싶었다. 블룸버그는 칼 포프, 브루스 닐스와 협의한 후 5,000만 달러를 투자할 준비를 갖췄다. 목표는 2020년까지

3개의 기존 석탄 발전소를 모두 폐쇄하는 것이었다. 이것은 제한적이지만 현실적인 목표였기에 블룸버그에게 매력적으로 다가왔다. 그는 "저는 이길 수 있는 전투에서 싸우는 걸 좋아합니다."라고 말한다.

브루스 닐스

문제는 투자를 결과로 바꾸는 방법을 보여주는 것이었습니다. 마이클 블룸버그는 "좋아요. 5,000만 달러를 제공하죠. 다른 사람들한테서 추가로 5,000만 달러를 모으겠습니다. 여러분이 직접 4,700만 달러를 모으세요."라고 말했어요. 우리는 목표액의 95퍼센트인 1억 4,300만 달러를 모았습니다. 우리는 15개 주에서 45개 주로 사업을 확대하여 훨씬 나은 데이터와 분석 기술을 개발할 수 있었습니다.

10여 건의 소송을 벌여서 오래된 발전소들을 물러나게 했습니다. 우리는 하향식 리더십과 상향식 풀뿌리 캠페인, 양 측면에서 승리했습니다. 나바호 보호구역에 있던 발전소를 폐쇄시키고 재생에너지로 대체했어요.

나의 모교인 위스콘신대학 매디슨 캠퍼스를 고발하고 마침내 학생 시절에 매일 지나다니던 석탄 발전소를 폐쇄시킨 일은 무척 감격스러웠죠.

우리는 결과적으로 오바마 대통령의 재임기간보다 트럼프 대통령의 재임기간에 더 많은 석탄 발전소를 퇴역시켰습니다. 530개의 기존 발전소 중에서 313개를 폐쇄시켰어요. 물론 우리는 모든 발전소를 폐쇄해야 하지만요. 다만 2005년에 52퍼센트이던 석탄의 전력 생산 비중은 2020년에 이미 17퍼센트로 줄어들었습니다. 친환경 전력은 다른 모든 것을 가능하게 합니다.

이제 우리의 초점은 주택, 사무실, 창고에 대한 건축 법규예요. 우리는 건물에서 석유와 천연가스를 몰아내야 합니다. 새로운 건축 법규를 통해 천연가스 기기를 더 이상 쓰지 않도록 막아야 합니다. 이 일은 별로 어렵지 않습니다. 인테리어 소매업체 홈디포에 가서 네 종류의 전기 기기를 사면 됩니다. 바로 온수기, 난방기, 세탁기와 건조기, 조리용 레인지를 모두 전기 기기로 바꾸면 되죠. 우리가 2030년 목표(전 세계에 걸쳐 전력의 75퍼센트를 넷 제로로 만드는 것)를 달성한다면 전체 전력 부문에서 탄소 배출량을 제거할 수 있을 것입니다.

기업 변화 운동

운동은 시민과 소비자로만 구성되지 않는다. 효과를 극대화하려면 기업과 주주도 끌어들여야 한다. 최근에 기업들에 대한 탈탄소화 압박이 더욱 강해졌다. 세계 최대 기업들은 배출량을 감축하고 넷 제로 해결책의 규모를 키울 무거운 책임을 진다. 종종 인용되는 《가디언》의 보도에 따르면 단 100개 기업이 전 세계 온실가스 배출량의 71퍼센트를 차지한다.[26] 시장은 생산보다 소비에 의해 더 많이 주도되지만, 그래도 주요 기업들의 결정은 큰 차이를 만들 수 있다.

기업의 지속가능성 운동은 지금까지 서서히 전개되었다. 월마트는 12개 주의 매장에 태양광 패널을 설치하면서 매장 에너지 효율에 대한 새로운 기준을 정했다. 또한 오바마 대통령의 재임 마지막 해인 2016년에는 파리기후협약을 준수하겠다는 전미기업기후행동American Business Act on Climate 서약에 서명한 154개 기업 중 하나가 되었다.[27]

> 2021년에 애플은 전체 사업 부문에서 2030년까지 탄소중립을 달성하겠다고 발표했다. 이후 CEO인 팀 쿡은 "우리가 함께 살아가는 지구는 더 이상 기다려주지 않습니다. 우리는 훨씬 큰 변화를 일으키는 연못의 물결이 되고 싶습니다."라고 말했다.

기술 업종은 운영 및 데이터 창고 부문에서 재생에너지의 규모를 키우는 데 앞장섰다. 구글은 4년 연속으로 전 세계에서 소비한 전력의 100퍼센트만큼 재생에너지를 구매했다.[28] 또한 애플은 2020년 4월 이후로 전체 사업 운영 부문에서 탄소중립을 달성했다.[29] 애플의 목표는 2030년까지 자사 제품의 탄소발자국을 전부 지우는 것이다.

이런 현상의 미덕은 그 파급효과에 있다. **기업들이 기후 친화적인 노력을 기울이면 공급업체들도 뒤따르게 마련이다.** 그에 따라 변화 속도가 빨라진다. 애플은 넷 제로 영향력을 지닌 제품을 만들기 위해 공급업체들도 자체적인 계획을 추진하도록 유도하고 있다. 현재 우리가 목격하는 것은 '탄소중립' 서약에서

'넷 제로 배출' 서약으로 넘어가는 활발한 전환이다.[30] 이 서약은 해당 연도에 모든 온실가스(이산화탄소만이 아니라)의 잔여 배출량에 상응하는 제거 활동을 하겠다는 약속이다.[31]

기업 KR(8.3)은 2040년까지 넷 제로를 달성하겠다는 전 세계 기업계의 약속 이행 여부를 점검한다. 우리의 핵심 결과는 《포춘》 500대 기업의 100퍼센트를 대열에 합류시키는 것이다. 어떻게 해야 목표를 이룰 수 있을까? 기업계에서는 업계의 선도기업들이 가하는 압박이 가장 효과적이다. 아마존 창립자인 제프 베이조스는 새로운 기준을 세웠다. 나는 1996년에 그를 처음 만났다. 그로부터 5년 후 제프는 내게 인상적인 선물을 보냈다. 그것은 "개울에 갈 때도 언제나 여분의 노櫓를 가지고 가는 사람"이라고 새겨진 나무 노였다. 근래에 나는 제프와 기후 비상사태에 관한 이야기를 나누다가 그 노를 꺼냈다. 그는 특유의 끅끅대는 웃음을 터트리며 "존, 우리에게는 여분의 노가 아주 많이 필요할 것 같아요!"라고 큰 소리로 말했다.

내가 늘 제프를 존경하는 점은 큰 기회를 파악하고, 행동 경로를 수립하고, 집요한 정확성을 동반한 실행력이다. [아마존닷컴의 원래 이름 중 하나는 릴렌트리스 닷컴Relentless.com(집요하다는 의미 – 옮긴이)이었다.] 제프는 새로운 일을 해야겠다고 결심하면 속도와 규모 있게 움직인다.

제프에게 기후위기는 이런 기회 중 하나였다. 역사적으로 아마존은 고객에 대한 교육만 실시했다. 그러나 이제는 기후행동까지 사명이 확장되었다. 이는 시급성에 대한 인식이 반영된 결정이다.

아마존은 경쟁사, 학계, 회사 전체에 걸쳐 확보한 지속가능성 전문가들로 팀을 꾸렸다.[32] 2016년에 열린 운영 회의 동안 넷 제로 목표의 씨앗이 심어졌다. 지속가능성 팀은 50명에서 200명으로 규모가 커졌다. 덕분에 배달 트럭부터 창고까지 사업 전반에 걸쳐 탄소 배출량을 측정할 수 있는 역량을 확보할 수 있었다. 아마존은 이런 조사 결과를 바탕으로 세상과 나눌 과감한 목표를 수립했다. 2019년 9월 제프는 2040년까지 아마존이 넷 제로를 달성할 계획을 제시했다.[33] 그의 발표는 지구에 도움이 되는 아마존의 방대한 네트워크와 인맥에 파급효과를 미쳤다. 아마존은 단지 자체적인 탈탄소화에 만족하지 않고 다른 기업들도 동참하도록 적극적으로 끌어들일 것이다.

제프 베이조스

아마존은 기후행동에 대한 이상적인 모범입니다. 우리에게 그 도전이 얼마나 힘든지 사람들이 잘 알기 때문이죠. 우리는 단지 비트와 바이트 정도만 옮기는 것이 아닙니다. 데이터센터는 전기를 많이 소모합니다. 그러나 이미 전기화된 시스템을 재생에너지로 전환하는 일은 비교적 쉽습니다. 2019년에 우리는 2030년까지 사업 운영에 필요한 모든 전력을 100퍼센트 재생에너지로 충당하겠다고 말했어요.

이제 우리는 그 일을 2025년까지 해낼 것입니다. 시한을 5년 앞당긴 거죠. 그만큼 일이 정말로 잘 진행되고 있습니다.

그러나 넷 제로에 이르는 것은 아마존에는 특히 어려운 일입니다. 우리는 물건도 옮기기 때문입니다. 우리는 연간 100억 개의 물건을 배달합니다. 화물기와 배달 트럭은 우리의 사업에서 엄청난 역할을 하죠. 이는 실제 규모를 지닌 뿌리 깊고 거대한 물리적 인프라입니다.

전체 배달 차량을 전기화하기는 어렵습니다. 그래도 우리는 이 부문에서도 양호한 출발을 이뤘습니다. 리비안Rivian이라는 회사에 투자했으며, 10만 대의 전기 배달용 밴을 구매했어요. 첫 1만 대는 2022년 말까지 가동될 예정인데, 이미 진행되고 있습니다.

그러나 제프는 결코 일을 끝낸 것이 아니었다. 그는 아마존의 2040 약속을 확대하기 위해 기후 서약Climate Pledge이라는 기업운동단체를 공동 설립했다.[34] 이 서약에 참여한 모든 기업은 아마존의 모범을 따라 2040년까지 넷 제로 배출에 도달하여 파리기후협약의 목표를 10년 앞당겨 달성해야 한다. 이 서약의 파급력은 아무리 과장해도 지나치지 않다.

다국적 기업 콜게이트 팜올리브Colgate-Palmolive는 이 서약에 참여하면서 2025년까지 완전히 재활용 가능한 치약 튜브로 바꾸고, 과감한 플라스틱 및 물 사용 감소 목표를 고수하겠다고 추가로 보장했다.[35] 또한 펩시코PepsiCo는 풍력 발전으로 전력을 확보하는 트로피카나Tropicana 오렌지주스 공장부터 도리토스Doritos 전기 배달 트럭까지 청정에너지 해결책의 포괄적인 메뉴를 발표했다.[36] 그뿐만 아니라 식품 공급업체들이 2030년까지 60개국 2만 8,000제곱킬로미터의 농지에 걸쳐 재생농업을 따르도록 의무화했다.

제프의 비전은 전체 공급사슬과 가치사슬이 스스로 기후행동 운동의 일환이 되는 것이다. 아마존과 공급업체들이 이 거대한 변화를 열심히 추진하는 가운데 제프는 그 어려움과 시급성을 강조한다.

제프 베이조스

이는 벅찬 과업입니다. 또한 매우 힘들고, 마땅히 힘들어야 합니다. 처음부터 힘들 것임을 각오하지 않으면 실망하고 포기할 수 있어요. 하지만 우리는 아마존이 해낼 수 있다면 누구라도 해낼 수 있다고 주장합니다(그리고 우리는 열심히 주장할 계획입니다). 물론 어려운 일이 되겠지만요. 그러나 우리는 해낼 수 있습니다. 무엇보다 우리는 해야 한다는 사실을 잘 압니다.

지금 당장 행동해야 합니다. 나는 지금 행동할 수 있는 집단적 동력이 존재한다고 믿습니다. 우리는 《포춘》 500대 기업이 기후위기를 매우 진지하게 받아들이는 전환점에 있습니다. 여러 나라 정부의 태도도 진지합니다. 처음으로 기후위기를 우선시하려는 책임자들의 의지가 보입니다.

기후 서약과 함께 수많은 조직은 2040년까지 운영 부문에서 넷 제로에 이르겠다고 약속했습니다. 이는 대기업들이 동참할 수 있는 대단히 구심력 강한 아이디어죠.

지금까지 100여 개 기업이 서약에 참여했습니다. 전 세계에 걸쳐 그들의 연 매출은 1조 4,000억 달러에 달하고, 직원 수는 500만 명이 넘습니다. 혼자 힘으로는 넷 제로에 도달할 수 없습니다. 다른 대기업들과 협력해야만 가능하죠. 우리는 모두 서로의 공급사슬에 속해 있기 때문입니다. 우리가 이야기하는 변화를 이루려면 공급사슬을 같이 움직여야 합니다. 우리는 모두 서로에게 의존하며 살아갑니다.

아마존의 글로벌 지속가능성 책임자인 카라 허스트_{Kara Hurst}는 기업의 리더십을 실현하기 위해 기후 서약 참여사들은 온실가스 배출량을 정기적으로 자진 보고해야 한다고 밝힌다. 그녀는 "우리는 기업들이 어떤 일을 해야 하는지 처방하지 않습니다. 스스로 알아서 해야 합니다. 보고도 그냥 하는 게 아닙니다. 보고는 각 기업들이 얻은 교훈을 공유하는 수단입니다. 앞으로 다르게 노력할 길이 있는지 서로에게 알려주는 거죠."라고 말한다. 기후 서약 참여사들은 넷 제로를 향한 진전을 측정하고, 점검하고, 공유함으로써 다른 기업들이 따라올 수 있는 길을 열어가고 있다.

기업의 기후활동가들에게 추진력이 형성되고 있다. 2019년 8월, 기업계의 사실상 운영위원회인 '비즈니스라운드테이블'_{Business Roundtable}은 '기업의 목적에 관한 성명'_{Statement on the Purpose of a Corporation}을 통해 역사적인 전기를 이뤘다.[37] 이 모임은 1972년 미국에 본사를 둔 주요 기업의 대표들이 결성했다. 그들은 기업의 처음이자 마지막 그리고 지속적인 핵심 목적은 투자 자본에 대한 최대한의 수익을 추구하는 것이라고 밝혔다. 모임의 헌장에도 "기업은 근본적으로 주주를 섬기기 위해 존재한다."라고 명시되어 있다. 지속가능성은 바람직한 가치이지만 기업 운영을 관장하는 원칙으로 여겨진 적은 없었다.

그러나 시대가 바뀌었다. 갈수록 많은 CEO가 회사의 사명을 확장하자 비즈니스라운드테이블도 그에 화답했다. 새로운 성명은 고객을 섬기는 일, 다양성과 포용 그리고 존중의 인사 체계를 구축하는 일, 지속가능한 관행으로 환경을 보호하는 일의 중요성을 강조했다. 지구가 심각한 위험에 처한 상황에서 라운드테이블의 방향 전환은 더할 나위 없이 시기적절했다.

월마트가 앞서나가는 방식

월마트의 대표이자 오랫동안 고객과 직원을 중시해온 더그 맥밀런Doug McMillon은 회장으로서 비즈니스라운드테이블이 새롭게 길을 열어가도록 이끈 사람이다. 더그는 10대 시절에 시급제로 상하차 일을 하면서 바닥에서부터 사업을 배웠다. 그는 승진을 거듭하면서 월마트의 회원제 사업부인 샘스 클럽Sam's Club의 대표에 이어 월마트 인터내셔널의 대표가 되었다. 이후 2014년에 월마트의 CEO로 선임되었다. 나는 더그와 대화를 나누면서 운동을 일으키는 일에서 리더십이 대단히 중요하며, 리더가 기존 방식을 타파하려는 의식적인 선택을 할 때 진정한 행동이 시작된다는 사실을 깨달았다. 더그는 월마트가 지속가능성의 필요성을 받아들이고, 2040년까지 넷 제로에 이른다는 목표를 정한 과정과 그 이유를 솔직하게 말해주었다.

더그 맥밀런

1962년 샘 월튼Sam Walton은 월마트를 창업했어요.[38] 그는 다른 모든 훌륭한 사업가처럼 처음부터 고객과 직원들을 무척 중시했습니다. 이들을 잘 섬기면 투자자들도 잘될 것이라고 종종 말했죠.

이후 월마트는 1990년대와 2000년대 초반에 규모화를 이루고, 식료품 사업에 뛰어들면서 성장했습니다. 우리는 다양한 이슈와 관련하여 많은 사회적 비판과 압력에 직면했지만 사업 초기만큼 잘 대응하지 못했습니다. 문제를 제대로 이해하지 못했기 때문입니다.

당시 CEO였던 리 스콧Lee Scott은 중요한 선택을 했습니다. 그는 우리 자신을 변호하고 우리식의 팩트로 대응하려 하지 않았습니다. 그 대신 우리가 비판론자들에게 귀를 기울이고 배우도록 이끌었죠. 피터 셀리그먼Peter Seligmann, 폴 호켄Paul Hawken, 바버라 아이레스 수녀Sr. Barbara Aires, 에이머리 러빈스, 집 엘리슨Jib Ellison 같은 선도적인 사상가들에게 귀를 기울이면서 우리의 사고방식이 바뀌었습니다. 우리는 더 많은 일을 할 수 있으며, 그것이 사업에 도움이 된다는 사실을 깨닫기 시작했어요.

그러다가 2005년에 허리케인 카트리나가 남부를 강타했습니다. 제방이 무너졌고, 뉴올리언스는 물에 잠겼어요. 사람들이 죽어갔습니다. 가족들은 구조되기를 바라며 지붕으로 대피했어요. 연방정부의 대응은 느렸습니다. 벤턴빌Bentonville에 있는 리더십 팀은 주말 내내 텔레비전으로 재난 상황을 고통스럽게 지켜보면서 콘퍼런스 콜Conference call(누군가가 동시에 여러 사람과 통화할 수 있는 전화 호출)을 통해 우리의 직원과 고객들을 도울 방안을 강구했습니다.

사람들에게 도움이 필요했지만 적절한 대응이 이뤄지지 않았습니다. 리는 리더십 팀에게 사람들을 도울 수 있는 모든 일을 하라고 말했습니다. 또한 비용은 나중에 집계할 것이며, 분기 목표를 달성하지 못해도 괜찮다고 덧붙였습니다.

우리는 트럭 1,500대 분량의 식료품과 생활용품을 수재 지역에 보냈습니다. 매장 관리자와 시장 관리자 등 전국에서 직원들을 불러 모았습니다. 대다수가 몇 주 동안 구호 작업을 했습니다. 그들은 머물 안전한 장소가 없어서 매장과 창고에서 잠을 자야 했습니다. 직원들은 구조 헬기가 매장 주차장을 쓸 수 있도록 안내했습니다. 한 간부는 고객에게 심폐소생술을 실시했습니다. 우리의 용감한 직원들이 구호 작업에 기여한 이야기들이 연이어 쏟아졌어요.

많은 국민이 우리가 하는 활동을 지켜보았고, 우리는 자랑스러움을 느꼈습니다. 카트리나가 덮치기 전에 우리가 지나온 배움의 여정 덕분에 그 순간을 준비할 수 있었습니다. 리는 그 의미를 알았어요. 그는 "어떻게 하면 훌륭한 회사가 되어서 매일 그런 기분을 느낄 수 있을까요?"라고 물었어요. 우리는 리의 선도에 따라 사회적·환경적 지속가능성에 관한 원대한 목표들을 신속하게 제시했습니다. 쓰레기를 없애고, 재생에너지로 전환하고, 지속가능한 제품을 판매한다는 내용이었죠.

현재 우리는 시스템 사고를 하기 위한 경로를 걷고 있습니다. 그래서 우리의 모든 이해관계자들에게 혜택을 제공하고, 지역사회와 지구에 보탬이 될 수 있도록 전체 사업을 설계하기 위해 노력하고 있습니다.

월마트의 새로운 지속가능성 목표는 본사에서부터 전 세계에 걸쳐 6,000여 개의 시설, 매장, 클럽뿐 아니라 당시 160만 명이 넘는 직원들에게 전파되었다. 이 새로운 목표들을 더욱 중요하게 만든 점은 의류와 복장, 식품과 농업, 산업 소재 분야에서 나름 대형 업체인 공급업체에 영향을 미쳤다는 것이었다.

더그 맥밀런

우리의 초기 계산에 따르면 우리가 남기는 탄소발자국의 8퍼센트에서 10퍼센트는 트럭이나 매장 또는 기타 보유물 등 우리의 자체 자산에서 초래되었습니다. 나머지 90퍼센트에서 92퍼센트는 공급사슬에서 초래한 것이었죠. 즉, 이 문제를 외면하거나 공급사슬에 적극적으로 개입하지 않고서는 목표를 달성할 수 없었습니다.

그래서 우리는 계획 대상에 대형 공급업체와 브랜드뿐 아니라 전 세계에 걸친 공장들도 포함했습니다. 미국의 경우 우리가 판매하는 제품의 약 3분의 2는 미국에서 제조, 재배, 조립되었습니다. 나머지 3분의 1은 중국, 인도, 멕시코, 캐나다에서 왔어요. 또한 그 부품은 전 세계에서 조달되었죠. 우리는 모든 공급업체가 목표에 동참할 수 있게 계획을 수립했습니다. 그 계획의 이름은 '지속가능한 가치 네트워크'Sustainable Value Networks였습니다.

공급업체들은 관련 문제에 참여했습니다. 예를 들어 운송 차량의 탄소발자국을 줄이는 방법, 제품에서 바람직하지 않은 화학물질을 제거하는 방법, 포장을 개선하는 방법 같은 문제들이었죠. 우리는 공급업체들을 초청하여 이런 문제들을 고민하고 정책을 수립하는 데 도움을 구했습니다. 그뿐만 아니라 대학과 비정부단체 그리고 다른 선도적인 사상가들을 초청했습니다. 우리는 기본적으로 비즈니스보다 더 폭넓은 협력체를 만들었어요. 과학을 활용하여 현명한 정책을 선택하는 데 도움을 받기 위해서였죠. 우리는 그렇게 선택된 정책을 실행에 옮겼습니다.

그때 공급업체들도 비슷한 생각을 한다는 사실을 확인했습니다. 그러니까 강제로 뭔가를 하자고 할 필요가 없었죠. 마음이 열려 있었고, 교육적 경험을 할 기회가 주어졌습니다. 그들은 기꺼이 동참했어요.

2020년 말 무렵, 우리는 두 가지 변화에 따라 새로운 목표를 세웠습니다. 한 가지 변화는 우리 자신이 성숙해졌다는 것이었습니다. 우리는 재생에너지 활용, 쓰레기 제거, 친환경 제품 판매 그리고 환경적·사회적 지속가능성과 관련하여 우리가 할 수 있는 모든 일에서 진전을 이뤘습니다. 그래서 다음 단계의 목표로 나아갈 준비가 되었습니다.

또 다른 변화는 세계의 상황이 나빠졌다는 것이었습니다. 우리는 시급성에 대한 인식을 강화하고 더 높은 목표를 추구해야 했습니다. 2019년에 우리는 2040년까지 탄소 상쇄 없이 사업 운영 과정에서 제로 배출을 달성한다는 목표를 세웠습니다.

동시에 환경을 해치는 속도를 늦추고 탄소중립에 이를 뿐 아니라 환경에 보탬이 될 방법을 찾

우리의 지속가능성 목표

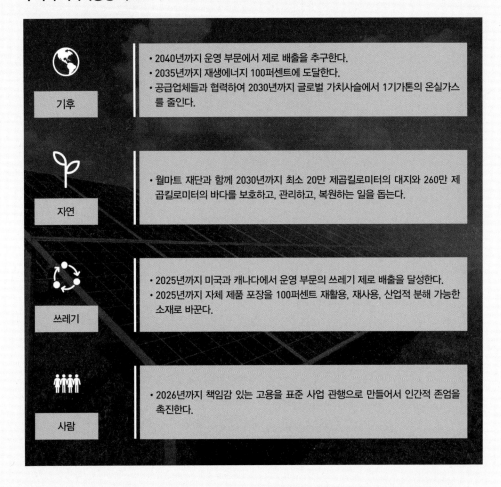

기후
- 2040년까지 운영 부문에서 제로 배출을 추구한다.
- 2035년까지 재생에너지 100퍼센트에 도달한다.
- 공급업체들과 협력하여 2030년까지 글로벌 가치사슬에서 1기가톤의 온실가스를 줄인다.

자연
- 월마트 재단과 함께 2030년까지 최소 20만 제곱킬로미터의 대지와 260만 제곱킬로미터의 바다를 보호하고, 관리하고, 복원하는 일을 돕는다.

쓰레기
- 2025년까지 미국과 캐나다에서 운영 부문의 쓰레기 제로 배출을 달성한다.
- 2025년까지 자체 제품 포장을 100퍼센트 재활용, 재사용, 산업적 분해 가능한 소재로 바꾼다.

사람
- 2026년까지 책임감 있는 고용을 표준 사업 관행으로 만들어서 인간적 존엄을 촉진한다.

아야 했습니다. 일부 전문가들은 자연 자체가 기후변화에 대한 해결책의 최대 3분의 1을 제공할 수 있다고 추정합니다. 그래서 우리는 재생에너지를 활용하고 쓰레기를 제거하는 등의 노력과 더불어 최소한 20만 제곱킬로미터의 대지와

넷 제로를 향한 월마트의 운동은 폭넓은 이해관계자를 끌어들이는 다면적 노력이다.

260만 제곱킬로미터의 바다를 보호할 계획입니다. 우리는 자연을 재생시키는 기업이 될 것입니다.

직원, 지역사회, 지구를 지원하는 투자는 고객과 이해관계자에게 최고의 이익을 안긴다.

월마트는 현재 기후행동 운동에서 논쟁의 여지가 없는 선도기업이다. 월마트는 에너지 효율과 지속가능성을 개선하고, 당면한 폭넓은 문제의 시급성에 대한 인식을 높일 방법을 끊임없이 찾는다. 월마트의 기후 리더십은 샘 월튼이 처음에 정했던 사명에 기여한다. 즉, 사람들이 돈을 아끼고 더 나은 삶을 살도록 도와주는 것이다. 예를 들면 운송 차량의 연비를 개선함으로써 8만 톤 이상의 탄소 배출량을 줄였다. 그에 따른 부수적 혜택으로 비용 절감 효과는 고객에게 돌아간다.

이는 월마트가 지닌 핵심 철학의 한 사례에 불과하다. 그 철학은 직원, 지역사회, 지구를 지원하는 투자는 고객과 이해관계자에게 최고의 이익을 안긴다는 것이다. 월마트가 확인한 대로 장기적으로 보면 복수의 이해관계자를 끌어들이는 것이 기업을 소유한 사람들의 가치를 극대화하는 최선의 접근법(어쩌면 유일한 접근법)이다.

기업 운동에 동참하지 않는 리스크

아마존과 월마트는 기후행동의 탁월한 모범으로 부상했다. 하지만 다른 기업들은 어떨까? 많은 기업의 경우 적극적인 기후행동을 취하는 것은 리스크로 귀결된다. 배출량 목표를 충족하지 못하면 주주의 소송부터 주가 하락까지 달갑지 않은 결과가 생길 수 있다. 이에 대해 경종을 울리는 기업 중 하나가 8조 7,000억 달러의 자금을 운용하는 세계 최대의 투자자산 운용사인 블랙록BlackRock이다.[39] 블랙록에 따르면 '기후를 고려한 포트폴리오'는 더 이상 선택이 아니라 의무다.

블랙록 대표인 래리 핑크는 2021년에 투자 대상 기업의 대표들에게 보낸 공개 서한에서 투자 산업이 '변화의 기점'에 있다고 선언했다.[40] 그는 지속가능성을 중시하는 방향으로 포트폴리오를 구축하는 투자자들이 늘어남에 따라 "우리가 현재 목격하는 지각변동의 속도가 더욱 빨라질 것"이라고 밝혔다. 또한 넷 제로 경제로의 전환에 대비하지 못한 기업은 사업과 주가에 타격을 입을 것이라고 경고했다. 그는 투자자와 기업계 리더들에게 폭넓고 설득력 있는 과제를 제시했다. 그 과제는 장기적으로 수익을 올리는 동시에 세계를 위해 더 밝고 번성하는 미래를 구축하는 이중의 기회를 잡으라는 것이다.

래리 핑크

5년 전부터 나는 기업의 지속가능성 운동을 지지하는 서한을 보내기 시작했습니다. 2020년 내 서한에 대한 반응의 상당수가 긍정적이었어요. 반면 약 40퍼센트는 대단히 부정적이었는데, 그중 절반이 우리의 노력이 충분치 않다고 말하는 환경운동가들에게서 나왔습니다. 나는 투자계가 완벽하지 않다는 사실을 인정합니다. 우리는 종종 뒤처지는 일부 소외된 사회계층을 챙기지 못했습니다. 비판의 나머지 절반은 극우파에게서 나왔습니다. 일부 보수 성향 신문들은 내가 나무를 끌어안고 있는 만화를 싣기도 했지요. 하지만 오해가 없기 바랍니다. 나는 스스로 환경보호론자라고 생각하긴 하지만, 그 서한은 자본주의자로서 고객의 자산을 맡은 수탁자의 입장에서 썼습니다.

나는 블랙록이 고객의 자산 가치에 영향을 미칠 수 있는 주요 사안에 목소리를 내야 한다고 생각해요. CEO들에게 보내는 나의 서한은 시간이 흐를수록 기후위기를 해결하기 위한 기업의 책임에 점차 초점을 맞췄습니다. 이런 변화는 영향을 미쳤습니다. 비즈니스라운드테이블이 모든 이해관계자를 포용하기 위해 기업의 역할을 넓히기로 결정했습니다. 이런 변화가 기업의 목적에 초점을 맞춘 2018년 서한에 대한 반응이라고 믿습니다.

나는 2020년 서한을 쓰기 전에 탈색된 호주의 대보초와 남미에서 발생한 산불, 보츠와나의 가뭄을 목격했지요. 이런 일들은 기후와 사업에 실로 큰 타격을 입혔습니다. 지속가능성은 내가 참석한 어느 곳에서든 대화의 주제가 되었습니다. 나는 기후 리스크가 투자 리스크라는 것을 보다 명확하게 깨닫게 되었죠. 이런 인식은 빠르게 퍼지고 있습니다. 이제 금융을 근본적으로 재구성해야 할 시점이라고 믿습니다. 기후 리스크를 보며 투자자들은 핵심 가정을 재평가할 수밖에 없습니다. 그들은 변화를 거부하는 부실한 기업에 대한 투자를 재고하고 있습니다.

고객을 대신하여 우리가 투자하는 기업들이 이런 중대한 사안에 대응하게 하는 것이 수탁자로서 우리가 해야 할 일이죠. 거기에는 기후 리스크를 관리하고, 사업을 키울 기회를 포착하는 것 모두가 포함됩니다. 그래야만 장기적인 수익을 창출해 고객의 투자 목표를 달성할 수 있지요.

2020년엔 기후 문제를 인식한 투자가 늘어났습니다. 또한 2021년에도 자본의 이동이 계속 가속되었습니다. 2021년 서한에서는 좀 더 희망을 담았습니다. 자본주의가 기후변화의 추이를 바꿀 수 있을까요? 그 답은 '그렇다'입니다. 나는 가능하다고 믿습니다. 다만 우리가 할 일이 많을 뿐이죠.

위험과 기회를 모두가 더 잘 이해할수록 모든 산업에 걸쳐 지각변동을 더 빨리 이룰 수 있습니다. 존슨앤드존슨Johnson & Johnson, JJ은 현재 대다수 동종 기업보다 높은 주가수익비율PER을 기록합니다. 그 부분적인 이유가 CEO인 앨릭스 고스키Alex Gorsky가 JJ의 탄소발자국을 줄이는 데 집중하기 때문이죠.

우리는 캘리포니아공무원연금California Public Employees' Retirement System에 지속가능성 점수가 높은 투자기금은 S&P 500 지수보다 수익률이 더 높다는 사실을 보여줄 수 있었습니다. 우리는 대응이 느린 기업들을 포함한 S&P 500 지수를 보유하지 않는 선택지를 모든 연기금에 제공하고자 합니다.

테슬라와 다른 기업들의 부상 덕분에 우리는 주식시장에서 일어나는 변화를 이미 확인할 수 있습니다. 클린테크 기업들의 주가수익비율은 26～36 사이예요. 반면 탄화수소 기업들은 6～10 사이에 불과합니다.

가장 큰 위험은 상장된 화석연료 기업이 탄화수소 자산을 비상장사로 떠넘기는 것입니다. 이렇게 탄화수소 자산을 떼어내는 것은 그린워싱이 될 수 있습니다. 가령 에너지기업이 탄화수소 자산을 사모펀드에 매각하면 아무것도 변하지 않아요. 해당 자산이 덜 공개적이고 덜 투명한 시장으로 이동했기 때문에 오히려 문제는 더 심각해집니다.

기후 리스크는 투자 리스크다.

블랙록과 다른 대형 기관투자자들은 당근과 채찍을 써가며 친기후 감수성을 확산시키고 있다. 갈수록 많은 투자자가 지속가능성을 주장하고 있다. 그에 따라 대응이 느린 기업들은 더 큰 자본비용에 직면할 것이다. 반면 변화의 대열에 합류하는 기업들은 경영진에 대한 핵심 성과 척도인 주주수익률을 높일 수 있는 더 나은 입지에 서게 될 것이다.

미국의 최대 석유기업인 엑손모빌은 리스크에 대한 인식 제고가 이미 변화를 강제하고 있는 극적인 예다. 2007년에 글로벌 유가가 고점을 찍으면서 엑손모빌의 시장가치도 5,000억 달러에 이르렀다. 덕분에 엑손모빌은 세계에서 가장 시장가치가 큰(그리고 가장 수익성 좋은) 기업이 되었다. 그러나 유가가 하락하고 수요가 정체되자 엑손모빌의 가치도 떨어졌다. 2020년 말에 엑손모빌의 시장가치는 1,750억 달러로 크게 줄었다. 지난 10년 동안 총 수익률은 20퍼센트 감소했다.[41] 반면 S&P 500 지수는 277퍼센트의 상승률을 기록했다. 당연히 엑손모빌 주식을 보유한 사람들은 불만을 품었다. 일부는 주주행동주의shareholder activism(주주들이 기업의 의사결정에 적극적으로 영향력을 행사하여 자신들의 이익을 추구하는 행위)에 따라 이사회에 들어가려 했다. 그들의 목표는 재생에너지지원으로 전환하는 것을 장기 목표로 삼으라고 회사에 요구하는 것이었다. 이와 관련된 내용을 다룬 한 기사는 "녹색 상어가 엑손모빌의 주위를 선회하고 있다"라는 제목을 달았다.

2020년 12월 7일, 주주행동주의에 입각한 주주들은 "엑손에 새로운 에너지를"이라는 캠페인의 일환으로 폭탄 같은 서한을 보냈다.[42] 거기에는 "석유와 천연가스의 역사에서 엑손모빌보다 큰 영향력을 지닌 기업은 없었습니다. 그러나 해당 산업과 세상이 변하고 있으며, 이에 따라 엑손모빌도 변해야 한다는 사실은 명확합니다."라고 적혀 있었다. 행동주의 주주들이 지적한 대로 현 이사회에는 재생에너지 분야가 배경인 사람이 한 명도 없었다. 이런 문제 제기에 대한 대응으로 엑손은 최초로 탄소 배출 내역을 발표했다. 거기에는 기후에 미치는 악영향을 줄이기 위해 어떤 노력을 할지에 대한 세부 내용도 담겨 있었다.

그래도 만족하지 못한 행동주의 주주들은 획기적인 변신을 거듭 요구했다. 핵심은 화석연료로부터 벗어나야 한다는 것이었다. 그들은 바이오연료, 수소, 연안 풍력 발전으로 사업을 다각화한 유럽의 석유, 천연가스 기업들을 모범으로 제시했다. 2021년 5월, 엔진 넘버 1Engine No. 1이라는 소규모 헤지펀드가 주주들의 반란을 이끌어서 3개의 독립 사외 이사 자리를 획득했다.[43] 비영리 투자자 네트워크인 세레스Ceres의 앤드루 로건Andrew Logan은 이 일에 대해 "엑손과 해당 산업에 기념비적인 순간"이라고 말했다.[44] 같은 날, 행동주의 주주들은 석유 대기업인 셰브론의 이사회에 맞섰다. 그들은 투표를 통해 셰브론이 온실가스 배출량을 줄이게 했다. 거의 동시에 네델란드 법원은 세계 최대 비상장 석유기업인 로열더치쉘Royal Dutch Shell에 2030년까지 온실가스 배출량을 2019년 수준보다 45퍼센트 줄이라고 명령했다. 옥스퍼드대학 경제학자인 케이트 레이워스Kate Raworth는 이 일을 "화석연료 없는 미래를 위한 사회적 전환점"이라 평했다.[45]

가장 힘센 석유기업도 변화에 적응할 수밖에 없는 지금, 석유 산업의 어떤 기업도 예외가 아니라는 사실이 명확해졌다. 앨 고어 같은 기후 리더들은 오랫동안 이런 날이 올 것이라고 예측했다. 고어는 기후변화에 관한 정부 간 패널이 제시한 수치를 인용하여 화석연료 기업이 아직 캐내지 못한 탄소 자산의 가치가 28조 달러나 되며, 그중 75퍼센트 이상인 22조 달러어치는 영원히 땅속에 묻혀 있게 될지 모른다고 지적한다. 그는 "기업들은 유전의 장부가치를 낮추고 있습니다. 이 유전들은 절대 빛을 보지 못할 해로운 비우량 자산입니다. 그들에게는 엄청난 파국이죠."라고 말한다.

화석연료 기업의 리더들은 새로운 현실을 받아들이고 청정에너지로 전환하는 속도를 높이는 데 매진해야 한다. 넷 제로 경제를 부양하는 것으로는 부족하다. 우리는 이전의 낡은 경제의 남은 부분을 차단해야 한다.

환경 정의를 향한 움직임

우리는 살 수 있는 세상을 유지하기 위해 애쓰는 동시에 평등한 세상도 만들어야 한다. 'crisis'(위기)의 그리스어 어원은 선택한다는 뜻인 '크리시스'krisis다. 기후위기를 해결하는 일은 수많은 선택에 직면하게 만든다. 이런 선택을 통해 우리는 사회적·경제적 부정不正, 보건 격차, 젠더 불평등을 바로잡아야 한다. 우리가 넷 제로 목표를 달성하는 데 실패하면, 이런 문제들은 분명히 악화될 것이다. 하지만 보다 긍정적인 전망도 있다. 현재의 탄소 배출 비상사태는 수 세대 동안 이어진 깊은 불평등에 대응할 특별한 기회다. 보다 직접적으로 말하면 넷 제로로 향하는 속도를 앞당기는 일은 평등과 정의에 대한 우리의 의지에 달려 있다. 후자 없이는 전자도 이룰 수 없다.

이 싸움에서 우리의 리더는 환경방어기금에서 환경적 정의 및 평등 프로그램의 책임자를 맡은 마고 브라운 박사다. 그녀는 2005년 8월에 툴레인대학에서 박사 논문을 위한 연구에 매달리고 있을 때 허리케인 경보를 접했다. 그녀는 허리케인 카트리나가 덮치기 이틀 전에 데이터를 가방에 넣은 후 뉴올리언스를 떠났다. 그녀는 멀리서 뉴올리언스가 물에 잠기는 모습을 지켜보았다.

마고 브라운

일반적인 환경운동과 환경적 정의 운동은 오랫동안 단절되어 있었어요. 전자는 자연계와 야생을 보호하는 일에, 후자는 가난한 지역사회를 환경적 피해로부터 보호하는 일에 집중했지요. 우리는 이 두 가지 일을 모두 해야 하며, 또 같이 해야 한다고 배웠습니다. 이 둘은 더 큰 시스템의 필수 요소입니다.

나는 이 둘의 긴장 관계에 어떻게 접근하는지, 어떻게 너무 자주 간과된 공정하고 정의로운 해결책을 촉진하는지에 대한 질문을 종종 받습니다. 나는 시스템 접근법을 따릅니다. 이는 인간의 건강과 복지를 평가의 핵심 요소로 삼아서 자연에 초점을 맞춘 해결책과 환경적 정의를 조화시키는 것을 뜻하지요.

유색인종과 저소득층을 보호하는 문제까지 환경 계획의 범위를 확대해야 합니다. 그래야 해당 개인들이 더 이상 기후변화로 가장 먼저 피해를 입으면서도 가장 나중에 도움을 받는 일이 일어나지 않아요.

2005년에 나는 허리케인 카트리나가 상륙하기 며칠 전에 뉴올리언스에서 대피했습니다. 이후 기후위기가 빈곤 지역을 파괴하는 모습을 멀리서 지켜보았습니다. 유색인종 공동체가 입은 피해는 너무나 심각했습니다. 전 세계가 그들이 당하는 불이익을 생생하게 지켜보았습니다.

그로부터 7개월 후, 논문을 마무리하기 위해 뉴올리언스로 돌아왔습니다. 도시의 방대한 지역은 여전히 폐쇄된 상태였습니다. 동네 전체가 파괴되어 절망에 빠진 곳도 많았습니다. 반면 업 타운에 있는 홀푸드는 허리케인이 덮치기 며칠 전과 전혀 달라진 점이 없었습니다. 왜 그럴까요? 피해를 즉시 복구할 경제적 자원이 있는 사람들이 사는 고지대에 자리 잡고 있었기 때문이죠.

거기서 불과 몇 킬로미터 떨어진 로워 나인스 워드Lower Ninth Ward 지역에는 카트리나 사태 이후 16년이 지났는데도 문에 색바랜 노란색 경고문이 붙어 있는 빈집이 널려 있습니다. 이런 집에 살던 사람들은 다시 돌아오지 못했거나, 돌아오지 않았죠. 복구할 돈이 없기 때문이에요. 이 저소득 흑인 주거 지역은 1950년대에 화물 운송 경로를 단축하기 위해 건설된 산업용 운하 때문에 침수되었습니다. 운하 건설로 홍수를 막아주는 자연적 장벽이 파괴되었으며, 주민들은 해로운 산업 배기가스에 노출되어야 했습니다. 결국 이 지역들은 자연적 보호수단이 사라지는 바람에 파괴된 것이죠. 미국 및 전 세계에 걸쳐서 빈곤 지역은 환경적·사회경제적 요인으로 고통받고 있습니다. 우리는 이런 지역사회의 복지에 신경 써야 합니다. 또한 그들이 직면한 문제들이 모두의 건강과 안전을 해치고 있다는 사실을 인식해야 합니다.

우리는 카트리나의 파괴적인 결과로 이어진 요소에서 교훈을 얻어야 해요.

노동자들(호텔 청소부, 잡역부, 내가 일하는 건물의 보안요원, 내가 다니는 교회의 교인들)은 자신이 자랑스럽게 보유하던 집, 자신이 속해 있던 공동체, 자신이 살아가던 삶 그리고 너무나 많은 친구와 가족을 잃었습니다.

이것이 가장 마지막에 도움을 받는다는 말의 의미입니다.

어디에 사느냐가 다른 어떤 요소보다 당신이 받는 교육의 양과 질, 당신이 벌어들이는 소득, 당신이 누릴 건강과 수명을 크게 좌우합니다.

나는 환경적 불평등이 어떤 영향을 미치느냐는 질문을 받으면 아주 간단하게 그 영향은 죽음이라고 답합니다. 그 영향은 단지 집을 잃는 데서 그치지 않고 공동체와 생활방식, 전체 문화가 파괴되는 것으로 확대됩니다. 우리는 2005년의 카트리나 사태로 이 사실을 똑똑히 보았습니다. 또한 코로나 사태가 소수인종 공동체에 훨씬 큰 타격을 입히는 양상을 보며 또다시 확인하고 있습니다.

정의로운 전환을 위해서는 총체적 접근법이 필요합니다. 우리는 경제적 전환, 생활임금의 전환, 교육 정도의 전환, 경제적 기회의 전환을 이뤄야 합니다. 우리는 퍼즐의 모든 조각에 대응해야 합니다.

그 영향은 죽음이다.

마고와 다른 전문가들의 조언에 따라 우리는 환경적 정의의 핵심 요소를 측정 및 점검이 가능한 범주로 묶었다. 그것은 교육 격차, 보건 격차, 경제적 격차이다.

교육 격차 해소

기후변화는 젠더 중립적이지 않다. 이면의 깊은 불평등 때문에 여성 성인과 청소년은 최악의 영향에 더 취약하다. 동시에 그들은 그 영향을 완화하는 데서도 대단히 소중한 우군이기도 하다. 핵심적인 문제 중 하나는 특히 아프리카, 남아시아, 남미의 개발도상국에서 여성 청소년의 교육 평등을 이루는 것이다. 프로젝트 드로다운의 표현에 따르면 교육은 "세대 간 빈곤의 주기를 끊는 한편 인구성장을 억제하여 탄소 배출을 줄이는 데 활용할 수 있는 가장 강력한 지렛대"다. 여성 청소년이 중등교육을 1년 더 받을 때마다 미래 소득이 15퍼센트에서 25퍼센트 늘어난다.[46] 교육 수준이 높은 여성은 더 늦게 결혼하고, 더 적은 수의 더 건강한 아이를 가진다.[47] 또한 그들이 경작하는 토지는 생산성이 더 높고, 그들의 가족은 더 나은 영양 상태를 누린다. 무엇보다 그들은 기후변화의 영향에 대한 대비를 더 잘하게 된다. 역대 최연소 노벨 평화상을 받은 파키스탄의 인권운동가 말랄라 유사프자이Malala Yousafzai가 설립한 말랄라 펀드Malala Fund는 기후변화의 영향과 여성 청소년의 교육 사이의 연결고리를 연구했다. 2021년에 저소득국 및 중소득국에 사는 최소 400만 명의 여성 청소년이 가뭄, 물과 음식 부족, 이주 같은 기후 관련 사태로 학업을 마치지 못했다. 또한 2025년에는 그 숫자가 1,250만 명으로 늘어날 것으로 예측한다.[48]

전체적으로 1억 3,000만 명의 여성 청소년이 학교에 갈 수 있는 기본권을 박탈당하고 있다.[49] 재정이 부족한 가족, 깊게 뿌리 박힌 문화적 편향, 학교 안 및 통학로의 안전 문제 등 다양한 이유 때문이다. 이 문제를 다룬 권위 있는 책인 《여성 청소년 교육에서 성공한 요소들: 세계 최고의 투자를 위한 증거》What Works in Girls' Education: Evidence for the World's Best Investment는 몇 가지 유망한 해결책을 조명한다. 거기에 따르면 학비가 저렴해야 하고, 집안에 큰일이 생기거나 경기가 어려워도 부모가 딸을 계속 학교에 보낼 수 있도록 장학금을 지급해야 한다. 또한 여성 청소년이 힘들게 통학하지 않아도 양질의 학교에 다닐 수 있어야 한다. 그리고 구충 치료 등 건강상의 장벽을 넘어설 수 있도록 지원해야 한다.

　여성 청소년을 대학에 진학시키고, 계속 다니게 하는 데 성공한 사례는 수없이 많다. 에듀케이트 걸스는 강력한 리더십과 적절한 자금 지원을 통해 수천 명의 자원봉사자를 현장에 보낼 수 있으며, 그들은 뒤이어 수백만 명의 여성 청소년을 학교에 보낼 수 있다는 사실을 증명했다. 이 단체를 설립한 사피나 후사인의 개인적인 경험을 들어보자.

사피나 후사인

나는 델리에서 자라면서 학교를 드문드문 다녔어요. 그래도 결국에는 가족 중 처음으로 유학을 가서 런던대학 정경대를 졸업했습니다.

몇 년이 지나 인도로 돌아온 나는 오로지 교육 덕분에 온갖 기회를 누릴 수 있다는 사실을 깊이 깨달았어요. 또한 인도에 사는 수백만 명의 다른 여성 청소년은 이 같은 권리와 기회를 박탈당하고 있다는 사실도 알았어요. 인도는 초등교육을 확대하는 데 큰 진전을 이뤘으나 여전히 400만 명이 넘는 여성 청소년이 학교에 다니지 못하고 있어요.

나는 2007년에 비영리단체 에듀케이트 걸스를 시작했습니다. 우리는 인도의 오지와 소외 지역에서 긍정적인 태도 변화를 일으키려고 노력합니다. 우리는 마을 기반 자원봉사자들의 도움을 받아요. 그들을 여자아이를 뜻하는 힌디어를 따서 '팀 발리카'Team Balika라 불러요. 그들은 매우 의욕이 넘치며, 마을에서 학력이 가장 높은 경우가 많아요. 그들은 집집마다 돌아다니면서 학교에 다니지 못하는 모든 여성 청소년을 파악합니다. 이 작업은 인구조사와 비슷합니다. 그렇게 모은 데이터는 에듀케이트 걸스 휴대전화 앱에 저장됩니다.

우리는 이 데이터를 활용하여 각 마을에 대한 지오태그geotag(지리 정보에 기반한 데이터 표시－옮긴이)를 만듭니다. 그래서 학교에 다니지 못하는 여성 청소년이 많은 마을을 신속하게 찾아내고, 가장 도움이 필요한 지역을 우선순위에 올려요. 우리는 여성 청소년이 어디에 사는지 파악한 후 학교로 다시 데려갑니다. 이 작업은 마을 모임 및 반상회 그리고 부모와 가족에 대한 개별 상담을 통한 지역사회 동원 절차와 함께 시작돼요. 기간은 보통 몇 주에서 몇 달이 걸리지요.

그렇게 해서 여성 청소년을 다시 학교로 보내고 나면, 그들이 계속 학교에 다니면서 결석하지 않도록 학교와 협력합니다. 또한 깨끗한 음용수나 별도 화장실의 부재 등 여성 청소년이 학교를 중퇴하게 만드는 안전 및 위생 장벽을 제거합니다.

사실 아이들이 아무것도 배우지 않으면 이 모든 노력은 의미가 없지요. 그래서 우리는 보충 학습 프로그램을 운영합니다. 대다수 아이는 학교에 다니는 첫 세대로서 집에 숙제를 도와줄 사람이 없어요. 부모가 문맹인 경우도 많고요. 우리의 프로그램은 이 학습 간극을 메우는 데 도움을 줍니다.

에듀케이트 걸스는 2024년까지 5년 동안 150만 명의 여성 청소년을 학교에 보내겠다는 과감한 계획을 세웠습니다. 이는 교육 분야의 젠더 간극을 크게 줄여줄 거예요. 우리는 50개 학교로 출발하여 18개월마다 사업 범위를 두 배로 키웠어요. 그 결과 사업 대상이 500개 학교에 이어 교육구 전체로 확대되었습니다. 이렇게 하면 새로운 기준이 만들어져요.

우리는 일회성 캠페인을 펼치는 게 아닙니다. 모든 여성 청소년이 학교에 간다고 해서 끝나는 일이 아니라는 뜻이죠. 우리의 과제는 장기적으로 진학 상태를 유지하는 거예요. 에듀게이트 걸스가 한 지역에서 6~8년 동안 머물면 전 학년의 학생들, 즉 한 세대를 포괄할 거예요. 한 세대의 여성 청소년을 학교에 계속 다니게 한다면 그들의 아이들은 다른 기준선에서 출발할 거예요.

이는 여성 청소년이 학업권을 거부당하는 악순환을 끊는 일입니다. 데이터에 따르면 이 악순환은 한 번 끊어지면 그 상태로 유지됩니다. 교육받은 엄마는 아이를 학교에 보낼 가능성이 두 배나 높기 때문이에요. 그것이 우리의 목표입니다.

여성 청소년을 기후변화 문제와 연계하는 일은 중요해요. 그 이유는 단지 구성원이 더 적고 건강한 가족을 꾸려서 미래의 배출량을 줄이는 데 핵심 역할을 하기 때문만은 아니에요. 가난하고 취약한 여성 성인 혹은 청소년이 기후변화의 가장 큰 대가를 치르기 때문이지요.

나에게 교육은 이 모든 문제의 핵심입니다.

교육 KR(8.4)는 초등 교육 및 중등 교육 의무화를 요구한다. 전 세계 모든 여성 청소년(및 남성 청소년)은 열여덟 살까지 학교에 다녀야 하며, 이는 기본 인권이 되어야 한다.[50] 이 KR을 달성하는 수단은 도시와 농촌, 선진국과 개발도상국에 걸쳐 다를 것이다. 우리는 여성 청소년과 그들의 학업 사이에 존재하는 난관에 대응해야 하며, 그것을 극복할 수 있는 지역별 해결책을 제공해야 한다.

이는 상당히 어려운 문제다. 그러나 말랄라 유사프자이가 상기시킨 대로 "향후 15년 동안 수백만 명의 여성 청소년을 학교에 보내는 일은 불가능해 보일지 모르지만 그렇지 않다. 세상에는 모든 여성 청소년(및 남성 청소년)에게 안전한 양질의 무료 중등교육을 제공할 수 있는 자금과 노하우가 있다."[51] 기후변화 측면에서 보면 이 일을 하는 데 따른 강력한 인센티브가 있다. 프로젝트 드로다운에 따르면 청소년들에게 자발적 생식 보건 자원 및 평등한 수준의 교육에 보편적으로 접근할 수 있는 수단을 제공하면 전 세계적으로 3기가톤에 가까운 이산화탄소 등가물을 감축할 수 있다.[52] 셈법은 명확하다. 여성 청소년의 교육은 보편적으로 보장되어야 한다.

보건 격차 해소

친환경 경제와 넷 제로 배출의 세계를 여는 데는 한 가지 방법만 있는 게 아니다. 다만 모든 방법에서 전환 과정이 정당하고 평등한 것은 아니다. 속도와 규모 계획은 이 기회를 빌려 두 가지 중심축인 보건과 부를 가지고 인종적·사회경제적 집단 사이의 간극을 메우고자 한다.

여러 유색인종 공동체가 기후위기 때문에 과도한 수준의 피해를 입는다는 사실은 잘 알려져 있다. 우선 온실가스 배출과 연계된 보건 문제를 살펴보자. 오염물질 중에서 가장 위험한 것은 '미세먼지' 또는 'PM 2.5'로 불리는 미세한 고체 또는 액체 입자다. 미세먼지는 지름이 2.5마이크로미터 이하로 폐 속 깊이 파고 든다. 대개 휘발유 및 경유 차량이나 화석연료 발전소가 만들어내는 미세먼지 는 전 세계적으로 무려 5건의 조기 사망 중 1건을 초래한다.[53] 2019년에는 인도 에서만 해도 독성 대기 때문에 160만 명 이상이 죽었다.[54] 또한 미국에서는 독성 대기로 인해 해마다 35만 명이 조기에 사망한다. 그중에서 흑인 및 남미계 공 동체가 과도한 영향을 받는다. 특히 흑인 공동체는 전체 인구보다 미세먼지에 50퍼센트 이상 더 많이 노출된다.[55]

보건 KR(8.5)는 인종 및 경제 집단 사이의 기후 오염 관련 사망률 격차를 줄 이고자 한다. 넷 제로로 향하는 평등한 전환을 이루는 데 있어서 우리의 성공을 가늠하려면 보건 측면의 성과를 측정하는 일이 중요하다. 우리의 부문별 KR(석 탄 발전소 폐쇄, 승용차 및 화물차의 전기화, 가정 내 조리기구 및 난방 기기의 전기화) 은 이 문제에 대응한다.

이 핵심 결과가 포괄하는 범위는 아주 방대하다. 사망률을 변화시키기는 어 렵다. 그럼에도 우리는 단호하게 목표를 추구해야 한다. 또한 폭을 넓게 잡아야 한다. 즉, 세계의 모든 지역에서 평등한 보건 성과를 이뤄야 한다. 깊이도 마찬 가지다. 사망률에서 0퍼센트 이상의 차이는 실패가 될 것이다. 나는 냉소적인 날에는 이런 성과를 과연 달성할 수 있을까 의문이 든다. 그러나 마음이 밝은 날 에는 우리가 할 수 있는 일과 할 수 없는 일을 따지는 것은 그다지 유용하지 않 으며, 더 나은 미래를 위해 싸우는 것이 더 흥미롭고 가치 있음을 깨닫는다. 그 것이 운동이 하는 일(그리고 약속)이다.

기회 넓히기

전 세계적 넷 제로 추구로 인한 모든 잠재적 혜택 중에서 정치계의 눈길을 가장 많이 끄는 것은 일자리 창출일 것이다. 거기에는 타당한 이유가 있다. 청정에너지로의 전환이 주는 경제적 기회는 26조 달러로 추산된다.[56] 2030년까지 전 세계가 도심지를 개조하고, 재생에너지의 규모를 키우고, 전력망 규모의 저장시설을 개발하고, 전체 경제 부문을 재활성화하면 **6,500만 개의 새로운 일자리와 막대한 부를 창출할 수 있을 것으로 추산한다.**[57]

경제적 평등 KR(8.6)은 경제적으로 평등한 전환을 요구한다. 그 척도는 양호한 보수를 지불하는 친환경 경제 일자리의 분배다. 청정에너지에 따른 수혜를 입는 대상에 소외 인구가 포함되도록 하는 일이 매우 중요하다. 훈련 프로그램과 청정에너지 일자리는 빈곤 지역에 우선적으로 제공되어야 한다. 누구도 배제되어서는 안 된다. 거기에는 과거 광산과 석유 및 천연가스 부문에서 일하던 노동자도 포함된다. 특히 고소득 일자리는 폭넓게 포용적으로 분배되어야 한다.

기후정의동맹Climate Justice Alliance이 지적한 대로 "전환은 불가피하다. 그러나 정의는 그렇지 않다." 이 핵심 결과를 추구할 때 우리는 정의로운 전환과 새로운 기회에 대한 폭넓고 평등한 접근을 명시적인 목표로 삼는다. 물론 이는 시작에 불과하다. 진정한 경제정의를 이룩하려면 오랫동안 깊게 자리 잡은 부의 불평등을 해소해야 한다. 역사적으로 부의 불평등은 빈곤 지역에 만연했으며, 선진국과 개도국을 나누었다.

이 장에서 다룬 핵심 결과의 규모와 야심찬 목표를 고려할 때 일부 독자는 불신하거나 무시할 수 있다. 그러나 운동은 다른 어떤 촉진제보다 과감하고, 상상력 넘치며, 구속받지 않는 사고가 필요하다. 이런 사고는 본질적으로 현상現狀을 단절한다. 무엇보다 그것이 신속하고 지속적인 정책 변화를 위한 최선의 희망이라는 점이 중요하다. 그것은 새롭고 이전에는 상상하지 못한 미래를 불러올 것이다.

생각을 행동으로 바꾸는 새로운 확성기

내가 성인이 된 1960년대에 사회운동은 인상적인 순간과 장소를 통해 확고해졌다. 워싱턴 행진이나 앨라배마주 셀마Selma의 에드먼드 피터스 다리Edmund Pettus Bridge에서 벌어진 피의 일요일Bloody Sunday 사건 등이 그런 예다. 나는 휴스턴에 있는 라이스대학을 다닐 때 교내방송인 KTRU의 뉴스 담당자였다. 그래서 학생운동과 베트남전 반대운동이 얼마나 격렬한지 직접 목격했다. 그 시대의 시위는 현장에 실제로 나오는 사람들의 참여도와 언론의 관심에 따라 성패가 좌우되었다.

세상은 바뀌었다. 트위터와 유튜브 같은 플랫폼이 생기면서 운동은 더는 현장 참여를 요구하지 않는다. 변화에 대한 요구는 가상공간에서 순식간에 퍼져나갈 수 있다. 옹호자와 지지자는 유례없는 방식과 숫자로 참여할 수 있다.

소셜미디어 이전에 운동을 위한 한 확성기가 1984년에 탄생했다. 그것은 리더들이 기술technology, 오락entertainment, 디자인design에 대한 생각을 나누는 일회성 행사였다. 이 행사는 각 주제의 머리글자를 따서 '테드'TED라고 불렸다. 테드는 단발적으로 열리다가 1990년에 연례 콘퍼런스가 되었다. 또한 강연의 범위도 혁신과 지식을 다루는 전 분야로 확대되었다. 2006년에 6개의 테드 강연이 처음 인터넷에 올라왔다. 그 이후는 잘 알려진 대로다.

지속가능성은 이 미래지향적인 조직이 다루는 핵심 주제였다. 2006년에 앨 고어는 곧 발표할 〈불편한 진실〉의 일부를 미리 소개했다. 테드의 대표인 크리스 앤더슨은 너무나 많은 청중이 '그 이후 삶의 목표를 바꾸었다.'라는 말에 충격을 받았다.

테드 운영진은 핵심 구성원들의 요구에 따라 인류사 최대의 세계적 과제에 대응하는 과감하고 새로운 접근법을 실행했다. 카운트다운Countdown은 테드가 기후위기에 대한 해결책을 후원하고 가속하기 위해 만든 플랫폼이다. 수많은 단체가 이 플랫폼에 모여서 최고의 아이디어를 증폭하고, 행동으로 바꾸려고 시도한다. 크리스 앤더슨은 린지 레빈이 이끄는 단체인 퓨처 스튜어드와 협력하여 카운트다운을 만들었다. 카운트다운은 이 중요한 대화에 다양한 사고와 목소리를 전달한다.

2020년 10월, 첫 카운트다운 행사가 유튜브를 통해 전 세계에 실시간으로 방송되었다. 1,700만 명이 해당 채널에 들어와 전 유엔 기후책임자인 크리스티아나 피게레스부터 프란치스코 교황까지 다양한 리더와 선각자들의 이야기를 들었다. **이후 몇 달 동안 사전 녹화된 강연이 연이어 전 세계에 방송되면서 청중은 6,700만 명으로 늘었다.**[58] (https://countdown.ted.com에서 전체 행사를 시청할 수 있다.)

이후 몇 주 동안 수단, 엘살바도르, 인도네시아 등지에서 활동하는 600여 개의 지역 단체들이 가상 테드엑스TEDx 카운트다운 행사를 열었다. 이 행사들은 지역 리더 및 공동체와 이야기를 나누는 '메인스테이지'mainstage 대화를 포함했다. 테드는 그 어느 때보다 더 유의미하고 개인적이며 쉽게 접근할 수 있었다. 카운트다운은 현장에서 결실을 맺기 시작했다.

철학자이자 저널리스트인 로먼 크르즈나릭Roman Krznaric은 우리가 지금 내리는 결정이 수 세대에 걸쳐 영향을 미치는 양상에 있어서 '좋은 조상이 되는 법'을 강연했다.[59] 6개월 후, 파키스탄 대법원은 환경에 악영향을 미친다는 이유로 시멘트 공장의 확장을 금지하는 판결을 내렸다. 판사들은 로먼의 테드 강연을 인용하고 그 동영상에 링크를 걸었다.[60] 또한 친환경 시멘트에 대한 다른 두 카운트다운 강연을 추가로 인용했다.

이처럼 카운트다운의 영향력은 깊고 폭넓게 미친다. 지역 리더와 전문가들은 가까운 곳과 먼 곳에서 청중에게 접근할 수 있다. 선별된 교훈과 해결책이 세계의 모든 지역에 전파된다. 풍부하고 잘 짜인 스토리텔링이 뒷받침하는 과감한 아이디어와 함께 카운트다운 같은 운동은 변화를 더 빨리 이끌어낸다. 더 많은 장소, 더 많은 층위에서 더 많은 사람을 끌어들인다. 린지는 생각을 퍼트릴 힘을 부여하면 "사람들은 주인의식을 느껴요. 자신이 미래의 관리자라고 느껴요."라고 말한다.

너무나 많은 운동이 이룬 너무나 많은 일을 생각하면 우리가 추구하는 대의의 미래를 다시금 낙관하게 된다. 나는 실천을 위해 더 많이 노력하기로 마음먹었다. 미국의 청년 계관시인桂冠詩人인 어맨다 고먼Amanda Gorman이 〈지구돋이〉Earthrise라는 시에 이 느낌을 잘 담아냈다.[61]

리허설은 없다. 때는

지금

지금

지금,

해악을 되돌리고

너무나 보편적인 미래를 보호하는 일은

절대 논쟁의 대상이 될 수 없기에.

그러니 지구여, 창백한 푸른 점이여

우리는 너를 저버리지 않을 것이다.

변화에 대한 욕구는 가장 깊은 순식간에 펴져나갈 수 있다.

제9장

혁신하라!

Innovate!

혁신하라!

1957년 10월 4일 소련은 최초의 인공위성인 스푸트니크Sputnik를 발사했다. 미국인들은 우주 개발 경쟁에서 패하는 것이 어떤 의미인지를 깨닫고 점차 경각심을 품었다. 그에 따라 아이젠하워 대통령은 고등연구계획국Advanced Research Projects Agency, 일명 아르파ARPA를 설립했다.[1] 이 기관의 임무는 국방의 미래를 여는 것이었다. 의회는 무려 5억 2,000만 달러, 오늘날의 가치로 50억 달러의 예산을 지원했다. 우주 개발 연구를 나사로 이전한 후 아르파의 과학자와 공학자들은 전자 기기 소형화와 유선 통신망 단절(핵전쟁 발발 시 일어날 수 있는 일)에 대비한 새로운 통신수단 연구로 관심을 돌렸다. 마침내 그들은 1960년대에 인터넷의 전신인 아르파넷ARPANET을 고안했다.[2] 아르파는 정부가 지원하는 연구 기관이 혁신을 촉발하여 엄청난, 때로는 예상치 못한 성과를 낳은 가장 유명한 (하지만 절대 유일하지는 않은) 사례다.

국방부 산하로 들어간 후에도(이름을 다르파DARPA로 바꿈) 다르파의 연구는 여전히 우주 개발 프로그램을 지원했다. 아폴로 달 탐사는 다르파가 트랜지스터 기반 전자 기기 부문에서 돌파구를 열지 않았다면 이뤄지지 않았을 것이다. 다르파는 또한 위성 항법 시스템GPS의 토대를 놓았다.[3] 원래 군사 용도로 개발된 이 기술은 스마트폰과 자동차에 사용하는 내비게이션의 토대가 되었다.

이후 수십 년 동안 연방정부가 지원하는 연구개발은 계속 새로운 산업을 이끌었다. 오늘날의 기술 산업 리더들은 아르파가 지원한 연구자인 더글러스 엥겔바트Douglas Engelbart의 전설을 안다. 그는 컴퓨터 마우스라는 소형 탐색 도구를 갖춘 최초의 컴퓨터용 그래픽 인터페이스를 만들었다. 혁신을 위한 납세자들의 지원이 없었다면 우리는 매킨토시나 마이크로소프트 윈도우를 결코 갖지 못했을 것이다. 이런 초기의 획기적인 기술은 현재 전 세계 GDP의 약 15퍼센트를 차지하는 기술 부문을 도약시켰다.[4]

2007년에 미국의 에너지 독립에 대한 욕구가 아르파EARPA-E로 이어졌다.[5] 에너지부에서 추진하는 이 프로그램의 목표는 청정에너지 해결책 개발을 촉진하는 것이다. 그러나 부시 행정부는 자금 지원을 거부했다. 2008년 무렵 미국이 에너지 연구개발에 투입한 총 지출액은 물가상승률을 반영할 때 1980년대보다 적었다.[6] 당시는 지미 카터가 온수용으로 백악관 지붕에 설치한 태양광 패널을 레이건이 떼어내던 때였다.

뒤이어 리먼 브라더스 사태로 월가가 부너지면서 글로벌 금융위기가 발생하고 오바마가 당선되었다. 2009년 2월, 오바마는 미국 회복 및 재투자법에 서명했다. 이때 그는 250억 달러를 에너지 연구개발, 효율성 개선 프로그램, 대출 보증 사업에 책정했다. 그중 일부인 4억 달러가 아르파E에 투입되었다.[7]

거의 하룻밤 사이에 에너지부에는 요청하지 않은 아르파E 프로젝트에 대한 제안서가 넘쳐났다. 그러나 사실상 사업을 운영할 사람은 말할 것도 없고 제안서를 검토할 사람도 없었다. 그 무렵 듀크대학의 교수인 에릭 툰이 한 통의 전화를 받았다. 그는 미국의 에너지 연구개발 의제를 구성하는 데 자신이 어떤 역할을 맡을지 전혀 알지 못했다.

에릭 툰

다들 잘 모르겠지만 나는 캐나다 출신입니다. 토론토대학에서 유기화학 박사학위를 받았지요. 1990년에 듀크대학에서 교수가 되었는데, 지금은 노스캐롤라이나에서 자란 듯한 느낌이 듭니다.

내가 듀크에서 일할 때 크리스티나 존슨Kristina Johnson은 공학부 학장이었습니다. 그녀는 오바마 대통령에게 발탁되어 에너지부 차관을 지냈죠. 크리스티나는 내게 전화를 걸어서 "워싱턴으로 와서 두어 달 동안 우리를 좀 도와줄 수 있어요?"라고 말했어요.

나는 요청을 수락하고 곧 스티븐 추Steven Chu가 이끄는 멋진 세계에 들어섰습니다. 명민한 노벨상 수상자로서 미국의 12대 에너지부 장관이었던 그는 버클리국립연구소Berkeley National Labs의 아룬 마줌다르Arun Majumdar에게 아르파E의 책임자 자리를 맡겼습니다.

우리는 제안서를 검토하는 일부터 시작했어요. 나는 실현 가능성이 낮아 보이는 과감한 아이디어와 계획을 가진 사람들의 말을 듣는 것이 좋았습니다. 그 과정은 약간 〈어쩌다 여기까지 왔지?〉How did I get here?라는 토킹 헤즈Talking Heads의 노래를 듣는 것 같았어요.

우리는 100개의 프로젝트마다 최고를 하나씩 뽑는 것을 목표로 삼았습니다. 최종적으로 재생 에너지부터 효율성 개선, 바이오공학까지 여러 분야에 걸쳐 37개의 프로젝트가 선정되었습니다. 개발 목표는 액체금속을 쓰는 전력망 규모의 배터리, LED 조명을 위한 저비용 결정結晶,

햇빛을 흡수하여 탄화수소 바이오연료를 뱉어내는 박테리아 같은 것들이었습니다. 물론 초대형 기계나 심지어 미세 인공 효소를 활용하는 온갖 형태의 이산화탄소 포집 기술도 있었습니다.

스탠퍼드대학의 두 연구자는 저렴한 전기차 배터리에 대한 유망한 아이디어를 제시했습니다. '퀀텀스케이프'QuantumScape라는 프로젝트였어요. 우리는 개발을 지원하기 위해 100만 달러를 제공했습니다.

처음에는 혁신을 최대한 빨리 시장에 도입하는 것만이 중요했습니다. 우리는 기술 라이선스 계약을 척도로 성과를 측정했습니다. 그러나 곧 혁신의 규모를 키워서 거대한 에너지 시스템 안에서 변화를 일으킬 수 있는지가 더 중요하다는 사실을 깨달았습니다.

규모는 헤아리기 가장 어려운 문제지요. 엑손모빌을 생각해보세요. 그들은 유전을 개발할 때 거기서 30년을 보낼 사람들을 뽑습니다. 그들은 한 유전에서 직장생활 전체를 보낼 수도 있습니다. 그러나 그 기간 동안 그 유전은 전 세계 석유 공급량에서 약 일주일 치만을 생산할 것입니다. 당신의 평생 경력이 이 일주일 치 기름값이라고 상상해보세요.

에너지 기술은 질량을 수반합니다. 즉, 구글이나 페이스북처럼 규모를 키울 수 없습니다. 용량을 구축하는 데 수십 년이 걸릴 수 있어요. 이는 적은 예산으로 감당하기에는 훨씬 방대한 사업입니다. 나는 4년 동안 아르파E에서 일한 후 듀크로 돌아가 새로운 혁신 및 기업가정신 프로그램을 이끌었습니다.

규모는 헤아리기 가장 어려운 문제다.

에릭 툰만 의회의 추가 지원을 지지하는 것이 아니다. 2010년 빌 게이츠는 기후와 에너지에 대한 테드 강연으로 사람들을 놀라게 했다.[8] 그는 한 번도 이 주제로 강연한 적이 없었다. 마이크로소프트의 회장 자리를 떠난 빌은 20억 명의 전 세계 빈곤층에게 보건 서비스를 제공하는 자선사업에 관심을 기울였다. 그는 에너지 가격을 낮추는 것이 사람들을 빈곤층에서 벗어나게 하는 가장 강력한 요소임을 깨달았다. 하지만 어떻게 에너지를 더 저렴하게 만들면서 이산화탄소 배출을 줄일 수 있을까? 빌은 방법은 하나뿐이라고 결론내렸다. 바로 연구개발에 대한 지출을 크게 늘리는 것이었다.

2015년에 기후위기를 집중적으로 연구한 후 빌은 '에너지 문제 해결을 위한 획기적 노력'을 제안했다.[9] 이는 근본적으로 민간 부문의 아르파E로서 초기 단계의 클린테크 투자를 위한 것이었다. 또한 아직 규모화에 이르지 못한 중요하고 복잡한 기술에 투자하는 것이 목표였다. 이것은 리스크가 따르는 일이었다. 그러나 나는 이사회에 합류해달라는 빌의 요청을 곧바로 수락했다. 우리는 넷 제로에 이르기 위해서는 더 많은 혁신이 필요하다는 데 뜻을 같이했다.

그렇게 해서 획기적 에너지 연합 벤처스BEV가 탄생했다. 빌은 기후위기 해결에 지속적인 관심을 가진 전 세계의 리더들을 모았다. 현재 제프 베이조스, 애비게일 존슨Abigail Johnson, 마이클 블룸버그, 리처드 브랜슨Richard Branson, 존 아놀드John Arnold, 비노드 코슬라Vinod Khosla, 중국 알리바바 그룹Alibaba Group의 잭 마Jack Ma, 인도 릴라이언스 인더스트리Reliance Industries의 무케시 암바니Mukesh Ambani, 일본 소프트뱅크 회장 손정의 등이 그 명단에 이름을 올렸다. 지금까지 우리는 20억 달러를 출자하겠다고 약속했다. 이는 아르파E의 최고 연 예산보다 네 배 이상 많은 금액이다. 빌은 아마 다른 어떤 사람보다 기후 기술 혁신을 위한 의제 형성에 큰 도움을 준 사람일 것이다.

BEV의 대표인 로디 귀데로Rodi Guidero는 이사회와 협의하여 기술 및 사업 부문을 이끌 에릭 툰과 카마이클 로버츠를 영입했다. 에릭 툰은 BEV가 근본적으로 과학을 토대로 운용되도록 기술팀을 꾸렸다. 로버츠는 투자팀을 꾸리는 한편 학술기관, 기업, 벤처 파트너와 협력선을 구축했다. 처음부터 우리의 목표는 다양한 투자자들을 끌어들여서 혁신적인 기후 기술에 대한 전반적인 지원금을 크게 늘리는 것이었다. BEV는 200여 개의 파트너와 함께 첫 기금에 공동 투자할 것이다.

그러면 투자 대상은 어떻게 선정할까? 우리 팀은 최대 배출 산업에 주목하여 혁신을 뒷받침하는 과학과 기술을 선별한다. 기준은 높다. 최종심에 오르려면 온실가스를 연간 최소 0.5기가톤 또는 전 세계 연간 배출량의 약 1퍼센트를 감축할 수 있는 잠재력을 보여야 한다.

BEV와 클라이너퍼킨스에서 우리의 클린테크 투자 전략을 이끄는 것은 공개된 일련의 공격적인 목표다. 우리는 제안을 환영하지만 기다리지는 않는다. **최선의 방법을 찾아가는 과학을 기준으로 우리가 원하는 것을 탐색한다.** 우리는 특히 아직 획기적인 기술을 보지 못한 까다로운 분야에서 큰 파급력을 미칠 수 있는 기회를 발견할 때마다 소매를 걷어붙인다. 연구소와 대학들을 훑고, 대회를 후원하고, 열심히 인맥을 쌓는다. 결국 우리가 찾는 것은 기본 과학에서 출발하여 상업적 성공에 이어 지구적 규모로 아이디어를 키울 수 있는 탁월한 창업자다.

이런 노력에서 비용은 언제나 중요하다. 우리의 혁신 OKR이 넷 제로를 향한 전환을 앞당기는 데 필요한 신기술에 들어갈 비용 목표를 정한 이유가 여기에 있다. 이 목표는 우리가 제대로 나아가고 있는지 알려주는 다섯 가지 주요 지표로 구성된다.

배터리 KR(9.1)은 배터리 생산 규모를 키우는 동시에 비용을 킬로와트시당 139달러에서 80달러로 낮출 것을 요구한다. 모든 신규 판매 자동차(연간 6,000만

목표 9
혁신하라!

KR 9.1

배터리

2035년까지 연간 킬로와트시당 80달러 이하의 비용으로 1만 기가와트시의 배터리를 생산한다.

KR. 9.2

전기

2030년까지 제로 배출 전력의 킬로와트시당 비용이 기저부하基底負荷는 0.02달러, 최대 수요 시 전력은 0.08달러에 이른다.

KR 9.3

녹색 수소

제로 배출 에너지원에서 수소를 생산하는 비용이 2030년까지 킬로그램당 2달러, 2040년까지 킬로그램당 1달러로 떨어진다.

KR 9.4

탄소 제거

공학적 이산화탄소 제거 비용이 2030년까지 톤당 100달러, 2040년까지 톤당 50달러로 떨어진다.

KR 9.5

탄소중립 연료

2035년까지 합성 연료의 비용이 항공유는 1갤런당 2.5달러, 휘발유는 1갤런당 3.5달러까지 떨어진다.

대)를 전기차로 바꾸려면 1만 기가와트시ɢWh의 배터리가 필요하다.[10] 현재 우리가 배터리로 충당하는 전기는 그중 극히 일부에 불과하다. 그래서 추가로 1만 기가와트시와 더 많은 저장 용량이 필요하다. 세상은 곧 배터리에 굶주릴 것이다. 하지만 이 부문에서는 규모를 획득하기가 어렵다. 생산을 몇 배로 늘리려면 소재와 제조 둘 다에서 혁신이 필요하기 때문이다.

전기 KR(9.2)는 에너지를 전력망까지 전달하는 비용에 초점을 맞춘다. 석유와 천연가스를 대체하려면 안정적이고, 믿을 수 있는 제로 배출 에너지원이 필요하다. 청정에너지는 태양, 바람, 물 또는 지구나 원자에서 얻을 수 있다. 문제는 평소에 안정적으로 전기를 공급하는 한편 겨울에 눈폭풍이 불 때나 여름에 열파가 닥칠 때 급증하는 수요를 충족할 수 있도록 생산량을 늘리는 것이다. 신기술이 경쟁력을 얻으려면 비용 측면에서 화석연료를 이겨야 한다.

수소 KR(9.3)은 제로 배출 녹색 수소의 폭넓은 수용을 앞당긴다. 이 부문에서 목표를 달성하려면 대량의 청정에너지를 확보하고, 물을 수소 연료로 전환하는 과정의 효율을 높여야 한다. 저비용 녹색 수소는 제철, 시멘트, 화학처럼 초고온의 열이 필요한 에너지집약적 산업을 탈탄소화할 수 있다.

탄소 제거 KR(9.4)는 이산화탄소를 대기에서 직접 포집한 다음 격리하여 경제적 측면을 개선하려 한다. 이 기술은 아직 대규모로 실현되지 않았다. 또한 모든 이산화탄소를 저장할 장소를 찾는 일도 실로 어렵다. 탄소 제거의 규모화는 2050년까지 넷 제로에 이르기 위한 캠페인의 초석이다. 빌 게이츠가 지적한 대로 우리는 아직 직접 대기 포획의 비용을 톤당 100달러 아래로 낮추지 못했다. 빌은 "누군가가 톤당 50달러에 해낸다면 정말 획기적인 일이 될 겁니다. 더 나아가 톤당 25달러까지 비용을 낮춘다면 기후변화를 해결하는 데 우리가 접한 가장 큰 기여 중 하나가 될 겁니다."라고 말한다.

탄소중립 연료 KR(9.5)는 항공이나 해운처럼 결코 완전히 전기화할 수 없는 산업을 탈탄소화하는 길을 제공한다. 배터리나 수소 연료로 운행할 수 없는 운송수단이라도 탄소중립 연료를 쓸 수 있다. 문제는 비용 측면에서 오늘날의 화석연료와 경쟁할 수 있고, 기존 시스템을 활용할 수 있는 대체 연료를 찾는 것이다.

이 다섯 가지 핵심 결과를 달성하려면 아직 갈 길이 멀다.

혁신의 새로운 영역 제시하기

새로운 문제를 해결하려고 할 때 과거의 패턴을 참고하는 것이 합리적이다. 빌 게이츠는 일전에 내게 "우리가 성장하면서 만난 기술은 마법과 같았다."라고 말했다. 마이크로칩과 소프트웨어 분야에서 경력을 시작한 우리 같은 사람들은 무어의 법칙과 지난 반세기 동안 목격한 기하급수적 개선에 향수를 느끼는 경향이 있다. 이런 개선은 마이크로칩뿐 아니라 광섬유와 하드디스크 저장장치에서도 이뤄졌다. 어느 것도 기술의 빠른 성장을 막을 수 없는 것처럼 느껴졌다. 그러나 개인용 컴퓨터 산업에 속해 있다가 지금은 아주 다른 도전에 직면한 빌과 나는 더는 같은 방식으로 진전할 수 없다는 사실을 확인했다.

혁신의 핵심은 여전히 기술이 개선되는 속도다. 그러나 빌이 지적한 대로 클린테크에서는 기술 개선을 이루기가 훨씬 어렵다. 빌은 기후와 관련하여 읽을 수 있는 모든 책(반골 기질이 있는 체코계 캐나다 과학자이자 정책 분석가로서 제3장에서 소개한 바츨라프 스밀이 쓴 14권의 책을 포함하여)을 읽었다. 그래서 중요한 돌파구를 마련하고 이 심대한 도전에 대응하는 데 필요한 정교하고 다면적인 접근법을 만들어냈다.

빌 게이츠

문명을 함께 살피지 않고는 에너지를 살필 수 없습니다. 지금 이 문제에 대응하지 않으면 시간이 지날수록 피해가 심각해질 것입니다. 다음 세기로 넘어갈 무렵이 되면 지구의 많은 부분은 사람이 살 수 없는 곳이 될 겁니다. 심지어 인류가 멸종할 위기에 직면할 수도 있습니다.

바츨라프 스밀이 즐겨 말하는 대로 물리적 경제에서는 상황을 바꾸기가 아주 어렵습니다. 전 세계의 모든 시멘트 공장, 철강 공장을 대체하려면 수십 년이 걸리죠. 사람들은 전기차에 열광합니다. 그러나 자동차 산업은 너무나 거대해서 전기 승용차를 구매하는 사람의 비율은 4퍼센트에 불과하죠. 나머지 96퍼센트는 아직 전기차를 받아들이지 않았습니다.

우리는 개발도상국의 관점에서 문제를 바라보아야 합니다. 열대 지방에 사는 사람들은 탄소 배출에 따른 역사적 문제를 초래하는 데 거의 아무것도 하지 않았어요. 또한 그들은 새로운 접근법을 위해 혁신을 이룰 과학적 능력이 가장 뒤떨어집니다. 그럼에도 우리가 지금 아주 시급하게 행동하지 않으면 주로 그들이 고난, 영양부족, 강제 이주에 시달리게 될 것입니다. 따라서 우리는 그들을 위해 바로 행동해야 할 의무가 있습니다.

극적인 혁신이 없다면 개발도상국은 물리적 인프라, 전기, 교통, 농업에서 세계에 필요한 변화를 이루지 못할 것입니다. 내가 보기에, 힘든 경제적 측면 그리고 주거지와 영양 같은 삶의 기본 요소를 제공해야 하는 의무를 감안할 때 우리가 행동해야 한다는 사실은 명확해졌습니다.

나는 변화의 속도에 조급해졌습니다. 훨씬 빠른 속도로 개선이 이뤄지기를 원합니다.

모든 순 배출은 순 기온 상승으로 이어집니다. 우리의 목표는 넷 제로예요. 따라서 모든 부문에서 배출량을 제거해야 합니다. 그린 프리미엄이 너무나 중요한 이유가 여기에 있습니다. 그린 프리미엄은 모든 부문에서 친환경을 추구하는 데 따르는 추가 비용입니다. 인도 사람들에게 "시멘트 산업을 친환경으로 만들어요."라고 말하면 그들은 "뭐라고요? 비용이 두 배나 더 들어요."라고 대꾸할 거예요. 철강 산업을 친환경으로 전환한다고요? 그렇게 쉬운 일이 아닙니다. 비용이 50퍼센트나 더 들기 때문이죠.

따라서 중소득국들(인도나 나이지리아 같은)을 친환경으로 전환하게 하려면 모든 부문에 걸친 그린 프리미엄의 총합을 90퍼센트 넘게 낮춰야 합니다. 그린 프리미엄 감소는 우리가 얼마나 멀리 나아갔는지 그리고 얼마나 빨리 개선을 이룰 수 있는지 말해주는 척도이기도 합니다.

우리는 그린 프리미엄을 가장 많이 낮춰야 하는 부문에 집중해야 합니다. 거기에는 친환경 항공연료, 청정수소, 직접 대기 포획, 에너지 저장, 차세대 핵발전 등이 포함됩니다.

게임의 승패는 개발도상국에서 결정될 것입니다. 2050년 넷 제로 목표를 이루기 위해서는 모든 분야에서 그린 프리미엄이 아주 낮아야 합니다. 미국은 전 세계가 지닌 혁신 능력의 약 절반을 차지합니다. 우리는 전 세계에 대해 그 능력을 활용할 빚을 지고 있습니다. 그린 프리미엄을 낮춰 인도 같은 나라들이 해결책을 수용할 수 있도록 만들어야 합니다.

게임의 승패는 개발도상국에서 결정될 것이다.

획기적 에너지 연합

기술적 탐구

Breakthrough Energy COALITION

전기

- 차세대 핵분열 발전
- 심부 지열 발전enhanced geothermal systems, EGS
- 초저비용 풍력 발전
- 초저비용 태양광 발전
- 핵융합 발전
- 초저비용 전기 저장
- 초저비용 열 저장

- 초저비용 배전
- 저비용 해양 에너지
- 차세대 초유연超柔軟 전력망 관리
- 고속 증감, 저低 온실가스 발전소
- 저온실가스, 고안정성, 분산형 전력 해결책
- 이산화탄소 포집
- 이산화탄소 격리 및 활용

교통

- 휘발유 등가gasoline equivalent 전기차를 위한 배터리
- 저중량 소재 및 구조
- 저온실가스 액화 연료 생산 – 비非바이오매스
- 저온실가스 기체 연료 생산 – 수소, 메탄
- 고에너지 밀도 기체 연료 저장
- 고효율 열 기관

- 고효율, 저비용 전기화학 기관
- 저온실가스 액화 연료 생산-바이오매스
- 교통 시스템 효율 해결책
- 이동의 필요성을 제거하는 기술 해결책
- 기술 기반 도시계획 및 설계
- 저온실가스 항공여행
- 저온실가스 수상 운송

농업

- 농업 부문의 메탄 및 아산화질소 배출량 감축
- 무無온실가스 암모니아 생산
- 반추동물의 메탄 배출량 감축
- 저비용, 저온실가스의 새로운 단백질원 개발
- 식품 유통사슬의 부패/손실 제거

- 온실가스 감축 및 이산화탄소 저장을 위한 토양 관리 해결책
- 거름
- 농업 관련 삼림 벌채

제조

- 저온실가스 화학물질
- 저온실가스 철강
- 저/마이너스 온실가스 시멘트
- 폐열 포집/전환
- 저온실가스 산업용 열처리
- 저온실가스 종이 생산

- IT/데이터센터의 효율성 극대화
- 산업계의 비산 메탄 배출
- 에너지집약적 제품 및 소재의 내구성 극대화
- 에너지집약적 제품 및 소재의 전환적 재활용 해결책
- 바이오매스의 이산화탄소 흡수율 증가
- 환경으로부터의 이산화탄소 추출

건축

- 고효율, 비수소불화탄소 냉방 및 냉장
- 고효율 공간/물 가열
- 건물 단위 전기 및 열 저장
- 고효율 외장: 창문 및 단열재

- 고효율 조명
- 고효율 전기 기기 및 플러그 부하
- 차세대 건물 관리
- 기술 기반 고효율 건물 및 공동체 설계

← 획기적 에너지 연합은 연구
개발을 위한 가장 유망한 프
로젝트를 파악하기 위해 기후
과제의 전반적인 내역을 제시
했다.

2016년 획기적 에너지 연합 벤처스가 공식 출범
할 때 '기술적 탐구'의 초안을 만들었다. 거기에는
넷 제로에 이르는 데 필요한 혁신이 담겼다. 각 임
무는 획기적 기술로 온실가스 배출량을 감축할 수
있는 과학적 경로를 지향한다.

기술적 돌파구를 예정하거나 지시할 수는 없다. 새로운 아이디어는 본질적으
로 예측할 수 없다. **그러나 다음에 어떤 혁신이 만개할지 예측할 수는 없어도
기초 과학 및 응용 과학에 자금을 지원하여 씨를 뿌릴 수 있다.** 각 기술적 탐구
는 화학, 물리학, 생물학, 소재과학, 공학을 수반한다. 우리는 새로운 교훈을 얻
어가면서 각 기술을 연구소에서 가져와 지구적 규모로 키우기 위해 노력할 수
있다.

빌이 말한 대로 우리는 이 필수적이지만 비용이 많이 드는 기술을 시장에 내
보내는 일을 이제 시작했을 뿐이다. 이는 순환의 문제다. 비용을 낮추려면 규모
가 필요하다. 또한 규모를 달성하려면 비용과 가격을 낮춰야 한다.

우리의 속도와 규모 계획은 최우선순위 탐구 중 일부를 포함한다. 우리는 더
나은 배터리부터 탄소중립 연료에 걸쳐 앞으로 직면할 난관과 기회를 제시할
것이다. 또한 사회가 새로운 선택을 덜해도 되는 혁신을 요청할 것이다.

배터리 신기술을 추구하다

수십 년 동안 결의에 찬 과학자와 공학자들은 에너지 저장 기술을 진전시키려
애썼다. 알레산드로 볼타Alessandro Volta가 최초의 배터리를 선보인 1800년 이
후,[11] 더 나은 배터리를 개발하기 위한 경주가 시작되었다. 볼타가 만든 최초의

배터리는 일련의 종이컵에 전하를 띤 액체를 채우고 전선을 연결한 것이었다. 그래서 저장 용량이 아주 적었다. 그래도 이 발명품은 나폴레옹의 관심을 끌어서 실험을 지원하겠다고 나서게 하기에 충분했다. 보다 근래에는 부피가 크고 값비싼 납산 배터리lead-acid battery에서 효율성을 높인 수소화니켈 배터리를 거쳐 현재 우리의 컴퓨터와 휴대전화, 전기차에 전기를 공급하는 리튬이온 배터리로의 전환이 이뤄졌다. 지난 20년 동안 에너지 밀도(배터리가 중량에 대비하여 저장하는 에너지의 양)는 세 배로 늘었다.[12] 그러나 이 정도로는 여전히 불충분하다.

2008년에 자그딥 싱Jagdeep Singh이라는 공학자가 획기적으로 개선된 전기차용 배터리 개발에 나섰다. 뉴델리에서 태어난 자그딥은 10대 때 미국으로 이민 왔다. 스탠퍼드대학과 버클리대학에서 석사학위와 MBA 학위를 딴 그는 휴렛팩커드Hewlett-Packard에 다니다가 첫 회사를 공동 설립했다. 이후 첫 회사를 매각한 그는 3개의 다른 회사를 세워서 그중 2개를 매각하고 나머지 하나를 상장시켰다. 그제야 그는 꿈꾸던 전기차인 테슬라 로드스터를 샀다.

자그딥 싱

나는 매일 테슬라를 몰고 통근하면서 테슬라의 배터리보다 더 나은 게 있을 거라는 생각이 들었습니다. 2008년식 테슬라의 배터리는 휘발유 30리터와 같은 에너지를 담았으며, 10만 달러짜리 자동차를 만드는 비용의 대부분을 차지했어요. 이는 아주 좋지 않은 일이었습니다. 더 많은 사람이 전기차를 경험하게 하려면 배터리의 비용을 크게 낮추고 배터리의 에너지 밀도 또는 주행거리를 크게 늘리는 길밖에 없어요.

나는 동창을 통해 스탠퍼드대학 교수인 프리츠 프린즈Fritz Prinz와 박사후 연구원인 팀 홈Tim Holme을 소개받았습니다. 우리의 원래 구상은 퀀텀닷quantum dot으로 더 나은 배터리를 만드는 것이었습니다.

알고 보니 퀀텀닷은 다루기가 매우 힘들었어요. 그래도 우리는 회사 이름을 퀀텀스케이프로 정한 상태였습니다. 약 6개월 후 우리는 생각보다 상업화가 더 오래 걸릴 거라는 결론을 내렸습니다. 대신 우리는 훨씬 나은 배터리를 만들겠다는 목표를 달성할 최고의 수단은 리튬 금속 아노드lithium metal anode를 이용한 배터리라고 판단했습니다. 그러기 위해서는 아노드와 캐소드cathode 사이에 리튬이온 배터리처럼 액체 전해질이 아니라 고체 전해질을 넣어야 했습니다. 이는 회사의 명운이 걸린 위험부담이 큰 방향 전환이었어요. 그리고 우리가 내린 최고의 결정이기도 했습니다.

싱과 프린즈는 스탠퍼드대학에서 한창 첫 배터리를 개발할 때 아르파E에서 150만 달러를 지원받았다.[13] 그들은 지원금을 스탠퍼드대학에 넘기기로 했다. 그래도 아르파E의 인증 마크는 다른 투자자들이 퀀텀스케이프를 더 신뢰하게 만들었다. 클라이너퍼킨스는 내 친구 비노드 코슬라와 함께 초기 투자자 대열에 합류했다.

퀀텀스케이프의 창업자들은 고체 리튬 금속 배터리로 에너지 밀도를 두 배로 높인다는 인상적인 계획을 제시했다. 그들의 엔지니어링 팀은 전통적인 액체 전해질을 퀀텀스케이프의 비법인 맞춤형 세라믹 분리막으로 대체했다. 새로운 배터리는 더 작은 크기에, 더 낮은 비용으로, 더 많은 에너지를 담았다. 또한 세라믹은 방화성을 지니기 때문에 더 안전했다. 새로운 배터리를 개발하는 것은 어려운 일이다. 그러나 상업화와 규모화 또한 그에 못지않게 어려울 것이다.

자그딥 싱

퀀텀스케이프가 나의 첫 스타트업이었다면 아마 실패했을 것입니다. 다행히 앞서 4개의 회사를 만들면서 쌓은 경험 덕분에 퀀텀스케이프를 시작할 준비를 할 수 있었어요. 당시 더 나은 배터리를 만드는 것보다 더 원대하고 중요한 일을 떠올릴 수 없었습니다. 그래서 우리는 사명에 기반한 팀을 구축할 수 있었습니다.

우리의 작업은 주요 자동차 회사들의 이목을 끌었습니다. 폭스바겐은 일찍이 우리와 계약하고 투자했습니다. 2015년에 디젤게이트Dieselgate를 겪은 그들은 전기화 투자를 크게 늘렸습니다. 이후 6년 동안 그들이 우리에게 투자한 금액은 3억 달러에 달합니다. 덕분에 그들은 우리 회사의 최대 주주이자 환상적인 파트너가 되었어요.

이런 종류의 혁신에 대한 수요는 거의 무한합니다. 해마다 판매되는 차량 대수는 1억 대에 육박합니다. 개선된 배터리팩의 가격을 5,000달러로(현재 가격보다 훨씬 저렴함) 낮출 수 있다면 연간 5,000억 달러 규모의 시장이 됩니다. 우리는 최종적으로 해당 수요의 20퍼센트 이상을 충족하고자 합니다.

2018년, 퀀텀스케이프와 폭스바겐은 대량생산을 위한 합자회사를 설립했다.[14] 소규모 스타트업의 포부가 세계 최대 자동차 회사의 야심 및 힘과 결합한 것이다. 2020년에 폭스바겐은 퀀텀스케이프가 기업인수목적회사SPAC를 통해 상장되기 5개월 전에 추가로 2억 달러를 투자하겠다고 약속했다.[15] 연구 프로젝트로 시작한 일이 지금은 110억 달러의 가치가 된 것이다.

개발도상국에서 차량을 전기화하려면 더 밀도 높고 저렴한 배터리가 필요하다. 퀀텀스케이프는 실제 차량에서 시험할 충분한 고체 배터리 셀 생산라인을 구축하고 있다. 그들이 가격과 밀도에서 목표를 달성한다면(그리고 시장에서 경쟁자를 물리친다면) 인도나 아프리카 같은 지역에서 그린 프리미엄을 제거할 수 있다. 이들 지역에서 새 휘발유 차량의 가격은 미국의 절반 이하다.

우리는 에너지 밀도를 개선하는 일을 넘어서 배터리 인력, 공장, 소재를 현재 수준보다 훨씬 큰 규모로 키워야 한다. 배터리 KR(9.1)은 가격과 물량을 모두 점검한다. 모든 새 차를 전기화하려면 연간 1만 기가와트시에 해당하는 배터리를 생산해야 한다.[16] 이는 현재 용량의 20배에 가깝다.

이 일의 규모를 말해주는 멋진 척도가 있다. 네바다주에 있는 테슬라의 기가팩토리Gigafactory가 완성되면 축구장 100개 넓이로 세계 최대 면적을 자랑하는 건물이 될 것이다.[17] 또한 거의 1만 명의 직원을 고용할 것이다. 그러나 연간 생산량은 35기가와트시의 셀에 불과하다.[18] 머스크가 인정한 대로 전 세계 전기차에 전기를 공급하려면 같은 크기의 공장이 최소 100개가 필요하다.[19] 머스크는 중국, 미국, 유럽의 선도적인 기업들이 집단적으로 '지속가능한 에너지 전환을 앞당기면' 이 목표를 달성할 수 있다고 믿는다.[20]

총력을 기울인다고 해도 배터리 산업은 소재 희소성과 채굴 관행을 둘러싼 고질적인 이슈에 직면할 것이다. 리튬은 채굴하기에 비교적 안전하며, 공급이 수요를 따라잡을 수 있다. 반면 리튬이온 캐소드cathode에 들어가는 소재의 최대

20퍼센트를 차지하는 코발트cobalt는 문제가 많다. 전 세계 공급량의 60퍼센트는 불안정한 콩고민주공화국에서 나온다.[21] 이곳의 광산은 위험하기로 악명이 높고, 아동들의 강제노동이 자행된다.

배터리 전력에 대한 전 세계의 굶주림이 심해지고 있다. 그에 따라 공급사슬을 더 잘 감시하여 소재가 책임감 있게 채굴되도록 만들어야 한다. 새로운 버전의 캐소드 화학은 코발트 함량을 절반으로 줄일 것이다. 또한 새로운 배터리 기술은 코발트를 아예 제거할 수도 있다. 그러면 하나의 숙제가 해결될 것이다. 그래도 리튬이온 배터리의 한정된 수명(대개 10년에서 15년)을 감안할 때 대량의 폐기물 문제가 누적될 위험이 있다.[22] 다행히 배터리는 버리기보다 재활용하는 편이 경제적으로 더 타당하다.

2017년에 테슬라 공동 창립자인 제프리 스트로벨Jeffrey Straubel은 새로 만든 스타트업인 레드우드 머티리얼스Redwood Materials를 통해 중고 배터리를 재활용하기 시작했다. 이 사업의 목표는 폐쇄형 공급사슬로 니켈, 구리, 코발트의 채굴을 줄이는 것이다. 대규모 배터리 산업은 전기차와 전력망에서 나온 중고 배터리를 재활용함으로써 신규 채굴을 거의 또는 전혀 하지 않고도 운영될 수 있다.

더 저렴하고 환경친화적인 에너지 저장 기술에 대한 세계적 수요를 충족하려면 배터리 제조 회사(및 재활용 회사!)들이 훨씬 많은 돌파구를 마련해야 한다. 이 경주에는 여러 승자가 나올 여지가 있다.

겨울을 대비해 더 오랜 저장이 필요하다

2021년 밸런타인데이에 텍사스에 폭설이 내리고 기온이 영하 10도 이하로 떨어졌다. 텍사스주 전역의 주민들은 절박하게 난방 온도를 올렸다. 텍사스주에 있는 주택의 60퍼센트는 전기로 난방을 한다.[23] 이는 전국 평균의 거의 두 배에 달하는 수치다. 대다수 주택은 1989년에 주정부가 에너지 조례를 제정하기 전에 지어졌다.[24] 그래서 외풍이 심하고 단열이 부실한 경우가 많다. 결국 눈폭풍이 부는 동안 전력 수요가 급증했다. 비정상적으로 추운 날씨 때문에 천연가스 인프라와 풍력 발전설비가 얼어서 전력 공급에 차질이 생겼다. 수백만 가구가 혹한의 날씨에 정전 사태를 맞았다. 다수는 물조차 없었다. 이 사태로 150여 명이 사망했다.[25]

텍사스 정전 사태는 전력망이 극한의 기상이변에 매우 취약하다는 사실을 드러냈다. 문제는 기상이변이 갈수록 흔해진다는 것이다. 이 사태는 또한 견고한 에너지 저장설비와 더불어 보다 안정적인 전력 시스템의 필요성을 부각시켰다. 특히 심한 폭풍으로 수요가 급증할 때 그 필요성이 더욱 커진다. 텍사스에서 확인한 대로 이는 생사가 걸린 문제일 수 있다.

어떻게 하면 태양광 발전과 풍력 발전처럼 변동성 심한 에너지원의 안정성을 높일 수 있을까? 또한 어떻게 하면 절박한 상황에서 이런 제로 배출 해결책에 의지할 수 있을까? 그 답은 에너지를 더 오래 저장하는 새로운 방식을 발명하는 데 있다.

최근에서야 전력망 저장 용량이 메가와트 단위를 넘어섰다. 처음 1기가와트에 도달한 것이 2015년이었다. 2021년 기준으로 거의 10기가와트 용량이 설치되었다.[26] 또한 추가로 10기가와트 용량이 설치되는 중이거나 설치하겠다는 발표가 나왔다. 전기차가 부상하면서 배터리 가격을 낮추지 않았다면 이런 일은 일어나지 않았을 것이다.

저장 기술은 충전 및 방전 주기로 정의된다. 단기 저장(휴대전화, 노트북, 자동차, 주택을 위한)은 일상적인 활용을 위한 것이다. 전력망은 초과 생산 시간 동안

에너지를 포획한 다음 저장했다가 최대 수요 시간에 배전한다. 이처럼 주기가 짧은 경우 대중적이고 비용 면에서 효율적인 선택지는 리튬이온 배터리다.

전력망을 위한 장기 에너지는 한 번에 몇 주 또는 몇 달 동안 경제성 있게 저장되어야 한다. 배터리는 비용이 너무 많이 든다. 장기 저장을 위해서는 보다 효율적인 대안이 필요하다. 중력에 따른 수력을 활용하는 양수 발전이 한 예다. 버지니아주 웜 스프링스Warm Springs는 애팔래치아산맥에 자리 잡은 소도시다. 이곳에 있는 배스 카운티 양수 발전소Bath County Pumped Storage Station는 지금까지 30년 동안 운영되고 있다. '세상에서 가장 큰 배터리'로 알려진 이 발전소는 13개 주에 걸쳐 75만 가구에 안정적으로 전력을 공급한다.[27] 운영 방식은 야간에 수요가 적을 때 원자력 발전소에서 저렴한 전기를 끌어와 낮은 저수지에서 높은 저수지로 물을 끌어올린다. 그리고 전기가 필요할 때 물을 높은 저수지에서 방수하여 수력 발전 터빈을 돌린다. 이 기술은 수요 급증에 대비하는 오랜 수단인 천연가스 '피커'peaker 발전소보다 훨씬 가동 속도가 빠르다.

양수 발전은 장기 저장에 적합하다. 그러나 건설하는 데 비용이 많이 드는 데다 평지에 설치할 수

> 양수 발전소를 건설하기 위해 쏟아부은 콘크리트의 양은 320킬로미터의 고속도로를 깔기에 충분했다.

없다. 에너지볼트Energy Vault라는 스타트업은 중력을 다른 방식으로 활용한다. 그들은 35톤짜리 합성 블록을 끌어올리고, 쌓고, 떨어트리는 방식으로 에너지를 저장하고 방출한다.[28] 몰타Malta라는 기업은 에너지를 초고온 용융염이 든 대형 탱크에 열로 저장한다. 하이뷰 파워Highview Power와 하이드로스터Hydrostor는 여분의 에너지를 활용하여 가압된 공기를 저장했다가 나중에 배출하여 전기를 생산한다. 블룸에너지Bloom Energy는 현장에서 생산, 저장된 녹색 수소를 활용하여 연료전지에 전력을 공급한다.[29] 끝으로 폼에너지Form Energy와 다른 기업들은 새로운 화학 반응을 활용한다.

차세대 핵분열 기술

원자력 에너지는 현재 우리의 전력 공급원에서 핵심 요소이며 미래에도 그럴 가능성이 크다. 원자력 발전의 단점은 잘 알려져 있다. 발전소에 문제가 생기면 파국적인 결말을 맞을 수 있다. 지금까지 36개국에서 누계로 1만 8,500년 동안 원자력 발전소의 원자로가 가동되었다. 그동안 세 번의 중대한 원자로 사고가 있었다.[30] 1979년의 스리마일섬Three Mile Island 사고, 1986년의 체르노빌 사고, 2011년의 후쿠시마 사고다. 이 사고들은 원자력 발전의 위험성과 좀 더 안전한 원자로 설계의 필요성을 상기시킨다.

기술적 돌파구를 통해 더 안전하고 저렴한 원자력 발전을 이룰 수 있을까? 그 답은 '그렇다'이다. 다만 각국 정부가 기존 핵분열 기술을 개선하기 위해 자금 지원을 늘려야 한다.

현재 대다수 원자로는 일반적인 물로 냉각된다. 또한 방사능 물질의 누출을 막기 위해 자동으로 가동 중단되는 적극적인 안전 시스템을 갖추고 있다. 그러나 후쿠시마 사고에서 드러났듯이 이런 시스템이 있다고 해서 사고가 나지 않는 것은 아니다. 진도 9.0의 지진이 일본의 태평양 해안에서 발생했을 때 후쿠시마 발전소의 6개 원자로는 설계된 대로 자동으로 가동 중단되었다.[31] 그러나 5.8미터 높이의 방파제를 넘어서는 14미터 높이의 쓰나미에 대비한 설계는 되어 있지 않았다. 발전소의 저층이 물에 잠기면서 원자로의 예비 디젤 발전기가 차단되었다. 순환펌프를 돌리는 전기가 끊어지자 3개의 원자로에서 노심용융과 수소 폭발이 일어났다. 그로부터 10년 후 발전소를 식히는 데 사용된 물은 여전히 방사능에 오염되어 있다. 일본 정부는 오염수를 바다에 방류할 계획이다.[32] 일부 환경단체는 인근 지역 주민과 어업의 피해를 우려하고 있다.

후쿠시마 스타일의 원자로에 특정한 안전장치를 추가하면 노심용융을 막을 수 있다.[33] 그러나 그런 안전장치를 갖춘 원자로는 드물다. 앞으로 우리가 나아갈 길은 새로운 유형의 진전된 원자로다. 업계에서는 이를 '4세대 원자로'라 부른다. 50여 개의 연구소와 스타트업이 이 경로로 나아가고 있다.[34] 그들은 안전성, 지속가능성, 효율성, 비용 등 원자력 발전의 여러 측면을 발전시키고자 한다.

원자력 발전은 상당한 부담이 따른다. 안전과 보안에 대한 우려는 타당하다. 또한 발전소 부지가 선정되면 가난한 사람들이 밀려난다. 문제가 생기면 각국 정부는 안전을 위해 마땅히 더 많은 규제를 가한다. 그에 따라 발전소 운영비가 더욱 늘어난다. 그러나 이 모든 장애에도 불구하고 원자력 발전을 지지하지 않을 수 없다. 원자력 발전이 없으면 넷 제로에 이르기가 매우 어렵다는 사실을 제외하고도 그렇다. 빌 게이츠가 지적한 대로 **"원자력 발전은 밤낮으로, 모든 계절에 걸쳐서, 전 세계 거의 모든 지역에서, 대규모 발전이 가능하다는 사실이 검증되었으며, 안정적으로 전력을 공급할 수 있는 유일한 무탄소 에너지원"**이기 때문이다.

빌은 우리가 개발해야 하는 대형 전력망에 원자력 발전이 필수라고 믿는다. 그래서 테라파워TerraPower라는 소듐sodium 냉각 원자로 스타트업의 초기 후원자가 되었다.[35] 이 회사의 장기 목표는 수백만 가구에 상시 기저부하, 제로 배출 전력을 공급하는 발전소를 짓는 것이다. 그러나 안타깝게도 걷잡을 수 없이 늘어나는 미국의 원자력 발전소 건설 비용에 발목이 잡혀서 아직 착공도 하지 못했다. 테라파워는 베이징 남부에 실험용 원자로를 건설하기 위해 중국의 국영 핵공업총공사를 접촉했다. 하지만 두 기업 사이의 계약은 미·중 갈등으로 틀어지고 말았다. 2021년 2월, 빌은 미국 TV 프로그램 〈식스티 미니츠〉60 Minutes에서 원자로 건설의 필요성을 사람들에게 설득하는 일이 실제 건설만큼이나 힘들다고 말했다.[36] 원자력 발전이 전력망 탈탄소화를 위해 맡은 역할을 계속하려면 민관의 적극적인 지원과 투자가 필요하다.

2021년 6월, 테라파워는 와이오밍주에 있는 폐쇄 예정 석탄 발전소 자리에 첫 시범 발전소를 건설한다고 발표했다.[37] 나는 빌에게 테라파워의 미래를 평가해달라고 요청했다.

핵융합 발전을 위한 원대한 시도

과학자들은 제어할 수 있고, 실제로 작동하는 핵융합 원자로를 오랫동안 꿈꿨다. 원자를 분열시켜서 에너지를 생성하는 전통적인 핵분열 원자로와 달리 핵융합 원자로는 원자를 융합하여 에너지를 발산시킨다. 이는 태양과 다른 항성에 에너지를 부여하는 반응과 같다. 원자핵을 뭉치려면 말도 안 되게 높은 온도와 압력이 필요하다.[38] 또한 실용성을 갖추기 위해서는 가동하는 데 필요한 에너지보다 많은 에너지를 생성해야 한다. 대규모 핵융합 발전을 통해 지속적으로 순에너지 증가를 최초로 이뤄내는 과학자는 노벨상을 받을 수도 있다.

전 세계 과학자들이 이 원대한 탐구에 나섰다. 그들은 핵융합 반응을 일으키기에 충분한 열을 생성할 원자로를 서둘러 만들고 있다. MIT의 핵융합 연구소에서 갈라져 나온 커먼웰스 퓨전 시스템Commonwealth Fusion Systems은 국제적인 컨소시엄과 건전한 경쟁을 벌이는 중이다.[39] 그들은 플라스마라는 초고온의 이온화 기체를 형성하는 초전도 전자석을 개발하고 있다. **만약 성공한다면 그들은 소비하는 에너지보다 더 많은 에너지를 생성하는 시스템이라는 성배를 얻게 될 것이다.**

핵융합 원자로의 연료는 풍부하게 존재하는 원소인 수소다. 이론적으로는 1갤런의 바닷물에서 수소를 걸러내어 최대 300갤런의 휘발유에 해당하는 에너

빌 게이츠

테라파워는 미래의 거대한 전력망에 의미 있는 기여를 할 잠재력을 지녔습니다. 다만 넘어야 할 난관이 아주 높습니다. 특히 네 가지 큰 숙제를 해결해야 하는데, 원자력 발전소의 안전, 핵무기에 사용될 수 있는 물질의 확산 방지, 핵 폐기물 처리 그리고 비용입니다.

테라파워는 2018년에 거의 문을 닫을 뻔했습니다. 진전된 원자로의 시범 운영을 위한 자금 지원을 받지 못했다면 나도 포기했을지 모릅니다. 미 정부는 시범 발전소 운영비의 절반을 부담합니다. 나는 민간에서 맡을 나머지 절반의 기금을 마련하고 있습니다.

5년 후 우리는 세상을 향해 "안전과 경제성 측면에서 4세대 원자력 발전이 해결책의 일부가 되어야 한다."라고 말할 수 있을지도 모릅니다. 지금 나는 시범 발전소를 지어서 이 기술의 실효성을 증명할 기회를 얻으리라는 사실에 매우 들떠 있습니다.

4세대 원자력 발전이 해결책의 일부가 되어야 한다.

지를 생산할 수 있다.[40] 다만 이 기술은 아직 증명되지 않았다. 구성요소와 부품은 연구와 시험을 거쳤으나 아직 시제품이 나오지 않았다.

일각에서는 태양광 발전과 풍력 발전이 너무나 저렴한데 핵융합 같은 잠정적인 신기술에 너무 많은 돈을 쓴다고 말한다. 하지만 나는 단지 대규모로 실현이 가능한지 판단하는 목적으로라도 핵융합 연구에 자금을 지원하는 것이 매우 중요하다고 믿는다. 벨 연구소Bell Labs가 1950년대에 처음 태양 전지를 시연했을 때 기술적으로 탁월하지만 재정적으로는 비실용적이라는 평가를 받았다.[41] 당시 한 가구에 전력을 공급하는 데 150만 달러의 비용이 들었기 때문이다. 혁신은 본질적으로 처음에는 불가능해 보인다. 나중에 세상을 바꿀 혁신이라고 해도 말이다.

탄소중립 연료

2040년이 되면 5억 대의 전기차가 도로를 달릴 가능성이 크다. 연 주행거리는 16조 킬로미터에 이를 것이다. 이 시점까지 전력망이 탄소중립이 된다면 차량 주행은 100퍼센트 제로 배출로 이뤄질 것이다. 그러나 휘발유 및 경유가 전 세계에 걸쳐 단계적으로 폐기될 때까지 전통적인 내연 차량은 끊임없이 16조 킬로미터의 주행거리를 쌓아갈 것이다. 또한 대기로 이산화탄소를 끊임없이 뿜어낼 것이다. 내연 승용차와 트럭을 차치하더라도 장거리용 선박과 항공기는 한동안 계속 액체 연료를 태울 것이 거의 확실하다.

식물, 곡물, 조류藻類(물속에 사는 하등 식물의 한 무리), 식물성 기름, 동물성 기름, 지방으로 만드는 바이오연료를 활용하면 교통 부문의 배출량을 줄일 수 있다. 산업 공정은 바이오매스를 에탄올, 경유, 항공유로 바꿔준다. 바이오연료를 태우는 데 따른 배출량은 바이오매스가 대기에서 흡수하는 이산화탄소로 상쇄된다. 다만 배출량이 완전히 상쇄되는 것은 아니다. 공정과 거기에 필요한 화석 연료 에너지에 따라 30~80퍼센트까지 감축이 이뤄진다.[42]

여러 바이오연료 기업의 투자자로서 말하면 이 부문에서는 규모를 달성하기 어렵다. 또한 비용이 연료 채택 여부를 결정적으로 좌우한다. 유가가 낮으면 모든 대안 연료가 경제성을 지니기가 더 어렵다.

무시할 수 없는 한 가지 난제는 바이오매스의 필요성이다. 완벽한 상황에서는 잔여 사탕수수, 옥수수대, 사용된 조리용 오일 같은 폐기물에서 모든 바이오 연료의 원료를 구할 수 있을 것이다. 그러나 수요가 증가하면 바이오연료가 곡물이나 삼림과 경쟁할 위험이 커진다.[43] 따라서 바이오연료 산업의 규모를 키울 때 대지 활용 문제를 염두에 둬야 한다.

세계자원연구소의 티머시 서칭어는 지적한다. "훨씬 많은 식량과 삼림이 필요하고, 식량을 생산하기 위해 삼림을 벌채하는 세상에서 에너지를 생산하는 것이 농경지를 최고로 잘 활용하는 길이라고 직관적으로 생각할 사람이 과연 있을까?"

이 딜레마가 가장 잘 드러나는 곳이 브라질이다. 태양은 에너지로 가득하다. 그러나 브라질산 사탕수수를 우리가 활용할 수 있는 에너지로 바꾸기는 힘들다. 1에이커의 태양광 패널은 100에이커의 사탕수수만큼 많은 에너지를 생산할 수 있지만 말이다.

넷 제로로 향하는 경로는 대지나 식량과 경쟁하지 않는 100퍼센트 제로 배출 에너지원에서 추출한 합성 연료가 필요하다. 유망한 접근법은 태양광이나 풍력을 활용하여 물에서 분리한 수소를 대기에서 추출한 이산화탄소와 결합하는 것이다. 이런 연료에서 배출되는 이산화탄소는 생산 과정에서 포집한 이산화탄소보다 많지 않기 때문에 탄소중립을 달성할 수 있다.

이 말이 사실이라고 하기에 너무 좋게 들린다면 이유가 있다. 탄소중립 연료는 아직 경제적 타당성을 확보하지 못했다. 계산이 맞으려면 연료를 생산하는 데 사용되는 제로 배출 원료가 극도로 저렴해야 한다. 또는 화석연료(탄소 가격이 붙은)의 가격이 상당히 더 비싸야 한다. 다행인 점은 두 가지 요소가 모두 진전될 가능성이 있다는 것이다. 자금을 확보했다는 사실을 감안하면 곧 합성 연료 부문의 창업자들이 성공할 여건이 무르익을 것이다.

에너지 효율성을 위한 돌파구

지난 50년 동안 에너지 효율은 크게 개선되었다. 그러나 아직도 그 잠재력은 훨씬 크다. 미국의 경우 화석연료에서 생산되는 모든 에너지의 3분의 2 이상은 생산 과정이나 소비 과정에서 낭비된다.[44]

태양광과 풍력을 포함하여 모든 형태의 에너지는 자원을 소비한다. 효율성을 높이려면 가동 부품을 위한 보다 가벼운 소재와 기계, 히트 펌프, 양수 펌프, 팬을 위한 보다 효율적인 모터가 필요하다. 또한 조명 및 냉난방에 에너지를 덜 사용하는(또는 아예 사용하지 않는) 보다 스마트한 빌딩이 필요하다. 공급사슬은 포장을 최소화하고, 소재 사용량을 줄이는 한편 지속가능하고 재활용 가능한 소재로 바꾸도록 방향을 재설정해야 한다. 이러한 진전으로 우리가 구축한 세계의 탄소발자국을 크게 줄일 수 있다.

예를 들어 BMW i3 해치백 승용차는 탄소섬유 재질로 제조된다.[45] 그래서 배터리 팩의 크기를 줄이고, 주행거리를 크게 늘릴 수 있다. 이 초경량, 초강도 소재는 무게당 가격이 강철보다 비싸다. 그러나 가격 격차는 배터리를 줄이고 제조가 단순해지는 것으로 상쇄할 수 있다. 가벼운 차는 이동하는 데 에너지가 덜

든다. 소재를 강철에서 알루미늄으로 바꾸기만 해도 효율성이 크게 늘어난다. 포드의 인기 차종인 F-150 픽업트럭은 소재를 알루미늄으로 바꾸면서 중량을 320킬로그램 가까이 줄였다.[46] 덕분에 연비가 30퍼센트나 향상되었다. 투박한 대형 픽업트럭이 고속도로에서 갑자기 리터당 11킬로미터나 달리게 된 것이다.

전 세계에서 생산되는 전기 중 절반 이상은 차량과 전자 기기, 냉난방 시스템, 산업 기계에 들어 있는 모터를 지닌다. 모터 자체가 효율적이라도 제어장치가 부실하면 소비 전력의 절반을 낭비할 수밖에 없다. 새롭게 개선된 한 가지 제품은 '스위치드 릴럭턴스 모터'switched reluctance motor라는 보다 가벼운 유형의 모터다. 이 모터는 다양한 속도로, 양방향으로 가동된다. 테슬라의 모델3과 모델Y에 이 모터가 쓰이면서 주행거리는 늘어나는 한편 비용은 줄었다. 턴타이드Turntide라는 스타트업은 냉난방 및 배기 시스템의 효율을 개선하기 위해 이 모터를 사용한다.

발광 다이오드light-emitting diode 또는 LED를 쓰는 전등은 소비자의 습관을 대폭 바꿈으로써 탄소 배출을 줄이는 동시에 돈을 아낄 수 있음을 보여준다. 2018년에 LED는 미국에서 사용되는 모든 조명기구의 30퍼센트를 차지했다.[47] 또한 150억 달러의 전기요금과 5퍼센트의 건물 전기 사용량을 줄인 것으로 추정된다. 단지 플러그를 꽂거나, 전구를 끼우거나, 매장을 방문하기만 하면 되는 경우 혁신의 수용률은 더욱 높아진다.

에너지 효율 부문에서는 사소해 보이는 일도 큰 영향을 미칠 수 있다. 애플은 에너지 사용을 최소화하고, 재활용성을 극대화하며, 생산부터 배송까지 모든 단계에서 비용을 낮추면서 제품을 지속적으로 개선하고 있다. 최신 아이폰은 파워 어댑터 없이 출고해 플라스틱, 아연 등의 소재를 절감한다.[48] 또한 포장의 크기와 무게를 줄인 덕분에 한 팔레트pallet에 70퍼센트나 더 많은 박스를 올릴 수 있게 되었다. 애플은 새로운 마이크로프로세서와 소프트웨어를 통해 제품의 에너지 효율을 계속해서 개선 중이다. 이는 배터리 수명 향상과 탄소발자국 감소라는 두 가지 성과를 안긴다.

기후 엔지니어링

우리가 탄소 배출량을 충분히 빠르게 감축하지 못해 넷 제로 목표를 달성하지 못했다고 한번 가정해보자. 그러면 우리는 큰 대가가 걸린 선택을 할 수밖에 없다. 당연히 걷잡을 수 없는 지구온난화와 함께 그와 관련된 온갖 고통으로 가득한 세상에서 사는 것이다. 이는 악몽과 같은 시나리오다.

혹은 자연 그 자체를 바꾸려고 시도할 수 있다.

인류는 역사시대 이전부터 기후에 적응하기 위한 엔지니어링을 활용했다. 최초로 알려진 바닷물을 막는 방조제는 7,000년 전 현재 이스라엘 북부 해안에 살던 석기시대 부락민들이 만들었다.[49] 하지만 지구공학geoengineering은 완전히 다른 것이다. 지구공학의 목표는 기후변화에 적응하는 것이 아니라 자연 자체를 대규모로 조작하는 것이다.

최근 대기에 이산화황 입자를 뿌려서 햇빛을 반사시킨다는 구상과 관련한 논쟁이 뜨겁다. 이 방법이 성공하면 온난화 수위를 낮추고 극지방의 빙원이 녹는 것을 늦추거나 심지어 멈출 수 있다. 이산화황의 작용을 실증한 사례가 있냐고? 1815년에 현재 인도네시아에 있는 탐보라산Mount Tambora이 역사상 가장 강력한 화산 분화를 일으켰다.[50] 2,500킬로미터 떨어진 곳에서도 폭발음이 들릴 정도로 규모가 매우 컸다. 이산화황이 가득한 초고온의 화산재 기둥이 110킬로미터 이상 치솟아 상층 대기로 날아올랐고, 분화 현장에서 1,200킬로미터 넘게 떨어진 지역까지 퍼져나갔다.[51] 미세 입자들은 몇 년 동안 하늘에 머물면서 상당한 양의 태양 복사열을 차단했다.

그 효과는 놀라웠다. 1816년은 비정상적으로 밝은 일몰을 넘어서 '여름이 없는 해'로 알려졌다.[52] 그해는 최소 4세기를 거슬러 올라가 북반구에서 두 번째로 추운 해였다. 뉴욕주 올버니Albany에서는 6월에 눈이 내렸다. 탐보라 화산 폭발로 분출된 이산화황은 산성비를 만들어서 식량 생산을 망쳤다.[53] 그 결과 수만 명이 기아와 질병으로 사망했다. 아마도 이는 분화 자체로 사망한 사람의 수와 비슷할 것이다.

2세기 후 데이비드 키스David Keith는 하버드대학에 태양 지구공학 연구 프로그램Solar Geoengineering Research Program을 만들었다.[54] 이 작업은 겁 많은 사람이 할 수 있는 일이 아니었다. 키스는 적지 않은 살해 위협을 받았다. 그래도 지구공학 연구가 반드시 필요하다는 그의 믿음은 흔들리지 않았다. 지구공학을 연구해야 적어도 예기치 못한 결과를 피할 수 있기 때문이다. 즉, 이 극단적 선택지에 따른 잠재적 위험을 최대한 낮출 수 있다.

이산화황보다 안전한 수단이 있을까? 혹시 석회암 입자는 어떨까? 누구도 확실히 알지 못한다. 퓰리처상 수상자인 엘리자베스 콜버트Elizabeth Kolbert는《화이트 스카이》에서 키스와 다른 과학자들이 예측하는 한 가지 불안한 영향을 묘사한다. 대기에 석회암 먼지를 쏘아올리면 하늘이 하얗게 변할 수 있다. 그러면 매일, 항상 구름이 끼어 있는 새로운 날씨가 생길 것이다.[55]

반면 앨 고어는 지구공학이 탄소를 제거한다는 목적을 제외하면 잘못된 도덕적 선택이라고 주장한다. 어떤 영향을 미칠지 알 수 없는 데다가, 더 안전하고 확실한 선택지를 아직 시도해보지 않았기 때문이다. 앨은 지구공학이 원대한 해결책이라기보다는 자연을 상대로 한 파우스트적 거래에 가깝다고 말한다.

그럼에도 일부 세계적인 정상급 전문가들은 이런 극적인 방식이 필요할지 모른다고 믿는다. 배출량 감축을 위한 대체재가 아니라 다른 모든 방식이 실패했을 때를 대비한 비상 수단으로서 말이다. 《화이트 스카이》에는 지구과학자인 대니얼 슈라그Daniel Schrag와 앨리슨 맥팔레인Allison Macfarlane의 폭로하는 듯한 대화가 나온다.[56] 슈라그가 **"세상이 우리에게 형편없는 패를 줬기 때문에"** 지구공학이 필요할지도 모른다고 말한다. 그러자 맥팔레인이 이렇게 대꾸한다.

"그 패를 돌린 건 우리 자신이에요."

도시 건설 및 재건설

기후는 지구에서 가장 강력한 사회적 추세인 도시화로 인한 피해를 입고 있다. 2000년에 전 세계에 걸쳐 100만 명 이상의 인구가 살고 있는 도시는 371개였다.[57] 지금은 그 수가 540개다. 2030년이 되면 700개에 이를 것이다. 현재 중국이 2년 동안 쏟아붓는 시멘트의 양은 미국이 20세기 내내 쏟아부은 양보다 많다.[58] (동시에 중국은 2050년까지 50개의 '넷 제로' 도시 탄소 지역을 만든다는 야심 찬 계획을 발표했다.)[59] 전 세계 도시들이 미래의 경로를 그리는 동안 세 가지 선택이 모든 도시개발의 탄소 배출 양상을 정의한다.

1. 어떤 소재로 건물을 설계하고 건축할 것인가?

2. 어떤 수단으로 사람들을 이동시킬 것인가?

3. 녹지를 어느 정도나 유지할 것인가?

지금까지 오랫동안 각 질문에 대한 답은 '콘크리트와 강철', '자동차', '전혀 충분치 않게'였다. **넷 제로 세상을 달성하고 유지하려면 새로운 답이 필요하다.**

어떻게 건물을 설계하고 건축할 것인가?

새로운 도시를 건설할 때 도시계획자들은 제로 배출 선택지를 우선시할 수 있다. 중요한 첫걸음은 계획의 모든 측면에서 최대한의 효율을 추구하는 것이다. 인도에서 미래의 도시를 위해 믿을 만한 계획이 주목받고 있다. 인도의 도시 인구는 2010년에서 2030년 사이에 두 배인 6억 명까지 늘어날 것으로 추정된다. 현재 해안 도시인 뭄바이의 먼 변두리에 건설되고 있는 팔라바 시티Palava City는 200만 명을 수용할 예정이다.[60]

인도 최대의 부동산 개발 회사인 로다 그룹Lodah Group은 팔라바 시티의 넷 제로 목표를 달성하기 위해 록키마운틴연구소와 협력하고 있다.[61] 옥상 공간은 건물에 전력을 공급하고 차량을 충전할 태양광 패널로 덮일 것이다. 창문과 공간 배치는 아파트 내부의 자연스런 공기 흐름을 극대화하여 냉난방에 대한 필요를 줄일 것이다. '효율성 최대'라는 철칙 아래 팔라바 시티의 건물들은 인도 평균보다 60퍼센트 적게 에너지를 소비할 것이다. 매장, 회사, 아파트는 걸어 다닐 수 있을 만큼 가까울 것이다. 공원과 나무는 이산화탄소를 흡수하는 데 도움을 줄 것이다. 빗물은 모아서 사용할 것이며, 폐수는 재활용될 것이다. 팔라바 시티의 도시 설계는 기존 인프라보다 3분의 2만큼 더 효율적일 것이다.

이 모든 효율성을 높이는 데 먼 미래의 검증되지 않은 기술이 필요하진 않다. 우리는 수십 년 동안 이 모든 해결책을 갖고 있었다. 혁신은 이 해결책들을 하나의 일관된 계획으로 통합하는 데서 나온다. 다만 도시의 탄소발자국을 추가로

374

줄이려면 효율성과 저탄소 시멘트와 철강 같은 제조 방법 및 자재 부분에서 더 많은 돌파구가 필요하다.

어떤 수단으로 사람들을 이동시킬 것인가?

안전하게 자전거를 탈 수 있고, 충분한 대중교통을 제공하며, 승용차의 역할을 줄이는 도시와 동네를 만들어야 한다. 덴마크의 수도인 코펜하겐은 세계를 선도하는 자전거 통근 도시가 됨으로써 배출량을 감축했다.[62] 코펜하겐에는 380킬로미터에 달하는 넓은 자전거 전용 도로가 있다. 또한 라이더의 안전을 위해 대다수 자전거 도로는 지면보다 높게 되어 있으며, 연석으로 자동차 도로와 분리되어 있다. 2019년에 코펜하겐의 직장인과 학생들 중 60퍼센트 이상은 자전거로 통근과 통학을 했다.[63] 이는 2012년의 36퍼센트보다 크게 늘어난 수치다.

설문조사에 따르면 자전거가 교통수단으로 인기가 적은 도시는 잘 보호된 자전거 도로가 부족한 것이 그 원인이다.[64] 차들과 같이 쓰는 도로에 선을 긋는 것으로는 충분치 않다. 코로나 팬데믹이 발생한 동안 미국의 많은 도시는 물리적으로 보호된 자전거 도로를 추가했다. 그러자 더 안전하다고 느낀 자전거 라이더들이 거리로 몰려나왔다.

스페인에서는 차 없는 구역으로 바르셀로나가 유명하다.[65] 바르셀로나의 상상력 넘치는 도시 설계는 관광과 지역 경제를 활성화시켰다. 전 세계에서 '슈퍼블록'superblock(교통을 차단한 주택·상업 지구) 모델을 따라 했다. 2020년에 아다 콜라우Ada Colau 시장은 4,500만 달러를 들여서 슈퍼블록을 확대하겠다고 발표했다. 이 계획에 따라 21개의 보행자 광장과 6만 5,000제곱미터의 새로운 공원이 조성될 것이다. 콜라우는 "현재와 미래를 위한 새로운 도시를 생각해보세요.

오염은 줄고, 새로운 이동방식과 새로운 공적 공간이 생길 것입니다."라고 선언했다.

넷 제로 운동이 거둔 또 다른 성과로 바르셀로나는 2000년 이전에 구매한 휘발유 차량과 2006년 이전에 구매한 모든 경유 차량의 주행을 금지했다. 감시카메라로 단속이 이뤄지며, 위반자는 최대 500유로의 벌금을 물 수 있다. 바르셀로나는 훌륭한 대중교통 시스템에 대한 투자를 두 배로 늘려서 2024년까지 12만 5,000대의 차량을 도로에서 몰아낼 계획이다.[66]

코펜하겐과 바르셀로나는 메데인Medellín, 파리, 오슬로와 더불어 도시의 탄소 배출 문제에 대응하는 인상적인 모범 도시이다. 이 도시들이 시행하는 프로그램 중 어느 것도 국가적 명령이나 획기적 기술에 의존하지 않는다. 그들은 명민하고 창의적인 설계가 얼마나 많은 성과를 낼 수 있는지 보여준다.

녹지를 어느 정도 유지할 것인가?

싱가포르는 더운 도시를 식히기 위해 건물 주위로 나무, 수풀, 풀밭을 많이 배치하도록 의무화한다. 싱가포르는 도시의 표면적에서 녹지의 비율을 따지는 척도인 녹지 비율을 처음 도입했다.[67] 고층 아파트는 공중 테라스, 공동 화단, 공동 지상 정원을 통해 요건을 충족할 수 있다.[68]

지상 녹지는 지면 온도를 2도에서 9도까지 낮춰준다.[69] 옥상과 벽에 식물을 가꾸면 냉각 효과가 더 커서 표면 온도를 17도나 낮춰준다. 게다가 건물 자체에 대한 단열 효과까지 얻을 수 있다.

지난 20년 동안 뉴욕시는 설계, 이동성, 녹지라는 도시계획의 세 가지 핵심 원칙을 모두 적용했다. 2006년에 뉴욕시는 버려진 하이라인high line 산업용 철도

자리에 만든 보행자 전용 그린웨이(큰 공원을 연결하는 보행자·자전거 전용 도로, 산책로)와 공원의 첫 구간을 개장했다.[70] 이 사업은 풍부한 상징적 의미가 있다. 버려진 공간이 지금은 이산화탄소를 흡수하면서 넷 제로 미래를 위한 나름의 역할을 하고 있다.

5년 후, 마이클 블룸버그 시장은 또 다른 프로젝트를 이끌었다. 그에 따라 뉴욕은 유명한 타임스 스퀘어를 차 없는 보행자 구역으로 바꾸는 6년짜리 프로젝트를 시작했다. 또한 뉴욕시 전체에 걸쳐서 640킬로미터의 보호된 자전거 도로가 만들어졌다.[71] 이후 빌 드 블라시오Bill de Blasio 시장 시절에는 동서를 가로지르는 간선도로인 14번가에서 차량 주행이 금지되었다.[72] 그로부터 1년 안에 도시 횡단 버스의 속도가 빨라지면서 승객이 17퍼센트 늘었다. 2005년부터 2016년까지 뉴욕은 인구가 늘어나는 와중에도 이산화탄소 배출량을 15퍼센트 감축했다.[73] 총 감축량은 연간 1,000만 톤에 이르렀다. 이는 2050년까지 배출량을 80퍼센트 줄이겠다는 계획을 달성하기 위한 첫걸음에 해당한다.[74] 뉴욕은 현재 친환경 도시 운동의 모범이다. 프랭크 시나트라Frank Sinatra가 말한 대로 "거기서 성공한다면 어디서든 성공할 수 있다."[75]

연구개발 자체의 규모 키우기

넷 제로로 향하는 전환을 가속하려면 차세대 돌파구를 마련하는 동안에도 기존 기술의 규모를 키워야 한다. 동시에 전환을 복잡하게 하거나 지연시키는 점진적 조치에서 벗어나야 한다. 예를 들어 단지 석탄이 두 배나 대기를 더럽힌다는 이유로 천연가스 설비에 안주할 수 없다. 온실가스 배출에서는 허용할 수 있는 수준이란 없다.

나는 혁신을 생각할 때마다 애플의 초대 수석 과
학자인 앨런 케이_{Alan Kay}의 격언을 떠올린다. "미
래를 예측하는 최선의 방식은 그것을 발명하는 것
이다." 나는 여기에 덧붙여 두 번째 최선의 방식은

뉴욕시는 버려진 철로를 청정
에너지로의 전환을 상징하는
하이라인 보행자 전용 그린웨
이로 바꿔놓았다.

그것에 투자하는 것이라고 말하고 싶다. 그래서 나는 한 바퀴를 돌아서 나의 기후 여정이 시작된 지점으로 돌아오게 되었다. 내가 미래를 위한 청정에너지 투자에 나서던 때 말이다.

제10장

투자하라!

Invest!

투자하라!

2006년에 클라이너퍼킨스의 친환경 투자팀은 클린테크 투자 여정을 시작했다. 우리는 초기 투자금으로 3억 5,000만 달러를 내걸었다. 그로부터 6년 후에도 상황은 그다지 밝아 보이지 않았다. 그때부터 저격이 시작되었다. 《와이어드》에 실린 "클린테크 붐이 꺼진 이유"라는 기사는 기후위기에 대한 나의 격정적인 테드 강연을 꼬집었다. 또한 태양광, 전기차, 바이오디젤 부문에서 진전을 이루지 못한 클라이너의 투자 내역을 제시했다. 그러고도 행여나 요점을 놓치는 사람이 있을까 봐 바이오디젤이 담긴 병이 화염에 휩싸인 이미지까지 넣었다. 이 기사는 다음과 같은 구절로 끝난다. "다시 말해서, 존 도어에게는 또 한 번 눈물을 흘릴 충분한 이유가 생길지 모른다."[1]

그나마 이 기사는 몇 년 전에 《포춘》이 낸 기사와 비교하면 아주 우호적인 편이다. 《포춘》의 기사는 클라이너의 '몰락'을 알리는 제목 아래 '한때 실리콘밸리 창업투자사의 대표주자'이던 클라이너가 '재생에너지 쪽으로 파멸적인 우회'를 했다고 한탄했다.[2]

이런 기사들이 신경 쓰인다는 사실은 부정하지 않겠다. 하지만 **갈지자로 나아가는 것은 혁신에 투자하는 사업의 일부다.** 창업투자사는 잘못된 확신과 집요한 의심에 취약하다. 앞으로 나아가는 길은 종종 어지럽고 심지어 위험하기까지 하다. 대다수 스타트업은 실패한다. 일론 머스크, 린 주리치, 이선 브라운 같은 창업자는 부침을 견딜 수 있는 기개를 지녔다.

나는 오랜 경험을 통해 뛰어난 벤처기업은 몇 가지 요소로 두각을 드러낸다는 사실을 깨달았다. 그것은 기술적 우수성, 탁월한 팀, 타당한 자금 조달, 기존의 대규모 시장이나 빠르게 성장하는 새로운 시장에 대한 집중이다. 끝으로 두드러지는 벤처기업은 끈기, 인내, 시급성이라는 역설적인 조합을 필요로 한다. 그러나 처음부터 이 모든 미덕을 지닌 젊은 기업은 드물다. 승자는 시간이 지남에 따라 이런 미덕을 습득한다.

나는 투자에 대한 리스크와 보상의 역학을 이렇게 바라본다. 손해는 1배에 불과하다. 그러나 잠재적 이익은 투자한 금액의 몇 배다. 때로는 1,000배 이상일 수도 있다.

창업투자사는 창업자들에게, 즉 더 적은 것을 가지고 흔히 가능하다고 생각하는 것보다 더 많은 것을, 더 빨리 이루는 탁월한 사람들에게 투자한다. 대개 우리는 인터넷, 생명공학, 클린테크 부문이 첨단에 속한다고 생각한다. 그러나 절대 그것이 전부는 아니다. 모든 창업자가 회사를 세우지는 않는다. 새로운 사업을 키우는 기업의 리더들, 소위 내부창업자intrapreneur도 창업자다. 또한 사회적 행동과 정책 그리고 지구온난화를 막는 데 열정과 목적의식을 지닌 비영리 기후 운동 부문에도 창업자들이 있다.

스티브 잡스는 그들 모두를 이렇게 칭송했다. "부적응자들, 반골들, 문제아들…, 세상을 다르게 보는 사람들… 그들이 인류를 전진시킵니다. 어떤 사람들은 그들을 미쳤다고 생각하지만 우리는 천재라고 생각합니다. 세상을 바꿀 수 있다고 생각할 만큼 미친 사람들이 그 일을 해내기 때문입니다."[3]

거대한 전통적 시장(예를 들어 에너지 시장)을 붕괴시키는 것은 엄청난 과제다.

혁신의 단계 : 구상에서 규모까지

구상

제품 개발

상업화

규모

창업 자금　1차 투자　2차 투자　3, 4, 5…차 투자　프로젝트 파이낸싱

클린테크 투자에서 외야의 벽은 높고 멀어서 넘기기 어렵다. 게다가 맞바람이 분다. 홈런을 치려면 주주들을 위한 수익을 창출하는 것 이상의 일을 해야 한다. 비록 수익을 중심으로 이 세계가 돌아가기는 하지만 말이다. 클린테크 부문에서는 기후 목표에 더 가까이 데려가는 것이 홈런이다. 이런 홈런은 클라이너퍼킨스나 획기적 에너지 연합 벤처스가 지원했든 아니든 모두 지구를 위한 승리를 안겨준다.

《포춘》을 존중하지만 클린테크 투자로 클라이너가 망했다는 기사는 성급했다.《포춘》이 우리의 부고를 알린 지 일주일 후 비욘드미트가 상장되면서 시장가치가 15억 달러에서 38억 달러로 급등했다.[4] 이로써 새로운 시장 범주가 유효하다는 사실이 확인되었다. 이후 몇 달 동안 비욘드미트의 주가는 네 배나 상승했다. 역시 클라이너가 투자한 회사로서 주택용 태양광 발전설비를 판매하는 인페이즈 에너지 Enphase Energy 는 안정된 흑자

2021년 6월 30일 기준으로 비욘드미트의 시장가치는 98억 달러다.

기조로 돌아서면서 시장가치가 200억 달러로 급증했다. 또한 우리는 미국의 전기버스 시장을 선도하는 프로테라와 스탠퍼드대학에서 갈라져 나와 획기적인 배터리 기술을 개발하는 퀀텀스케이프에도 일찍이 투자했다.

기후 문제에 대한 투자에서 냉엄한 사실은 아주 긴박한 시한 속에서 유례없는 속도와 규모로 대도약을 이뤄야 한다는 것이다. 혁신에 투자하는 시스템은 미국식 자본주의가 지닌 우수성 중 하나다. 그러나 우리는 목표를 달성하기에 충분한 자금을 투자하지 않고 있다. 우리에게는 더 많은 혁신과 그 혁신을 이끌 더 많은 창업자 또는 억만장자 벤처캐피털리스트 비노드 코슬라가 말한 대로 "더 많은 유효 슈팅"이 필요하다. 투자 간극을 메워야 하는 5개 범주는 정부 연구개발 지원 및 금전적 인센티브, 창업 투자, 자선 투자, 프로젝트 파이낸싱이다. 대개 창업 자금 지원은 창업투자사에서 시작된다. 그러나 스타트업의 요구는 절대 거기서 끝나지 않는다. 훨씬 많은 자금 유입은 성장금융growth capital과 프로젝트 파이낸싱(은행, 기업, 공공 부문이 출자하는)에서 나온다.

우리가 계산한 바로는 **전 세계적으로 넷 제로 목표를 달성하려면 해마다 최대 1조 7,000억 달러가 필요하며, 20년 넘게 전속력으로 나아가야 한다.** 이것이 우리가 이 엄청난 노력을 위해 제안하는 기준이다. 우리의 계획은 다섯 가지 핵심 결과를 수반하며, 각 결과는 5개 투자 범주와 호응한다.

금전적 인센티브 KR(10.1)은 정부가 변화의 속도를 높이기 위해 활용할 수 있는 프로그램들로 구성된다. 거기에는 제로 배출 기술에 대한 대출 보증, 세액 공제, 보조금이 포함된다. 전 세계적으로 이런 인센티브들이 현재의 미미한 수준인 연 1,280억 달러에서 6,000억 달러로 늘어나야 한다. 이 핵심 결과를 위한 재원은 명확하게 파악된다. 다만 자금을 끌어오는 과정은 정치적 문제로 가득할 것이다. 그래도 화석연료를 위한 보조금을 없애면 필요한 재원을 모두 확보할 수 있다.[5]

목표 10
투자하라!

KR 10.1   금전적 인센티브

전 세계에 걸쳐 청정에너지에 대한 정부 보조금 및 지원금을 1,280억 달러에서 6,000억 달러로 늘린다.

KR 10.2   정부 연구개발 지원

미국에서 에너지 연구개발에 대한 공공 부문의 지원액을 연간 78억 달러에서 400억 달러로 늘린다. 다른 국가들은 현재 지원액을 세 배로 늘리는 것을 목표로 해야 한다.

KR 10.3   창업 투자

연간 투자 금액을 136억 달러에서 500억 달러로 늘린다.

KR 10.4   프로젝트 파이낸싱

제로 배출 프로젝트에 대한 투자를 연간 3,000억 달러에서 1조 달러로 늘린다.

KR 10.5   자선 투자

자선 기금을 연간 100억 달러에서 300억 달러로 늘린다.

정부 연구개발 지원 KR(10.2)는 넷 제로 미래에 대한 공공 부문의 투자를 점검한다. 미국의 경우 에너지 부문의 기초과학 및 응용과학 연구를 위한 연방정부의 지원금을 다섯 배로 늘려야 한다. 다시 말해서 우리는 미국 정부가 연구개발 지원금을 현재 연간 약 400억 달러인 국립보건원National Institutes of Health 예산과 맞출 것을 제안한다.[6] 다른 나라들은 현재 지출에서 세 배 늘어난 수준을 목표로 삼아야 한다.

창업 투자 KR(10.3)은 새로운 회사를 만들고, 훨씬 빨리 규모를 키울 수 있는 혁신적인 해결책을 찾기 위해 투자를 네 배 가까이 늘린다. 이 자본은 종종 기관투자자들(대학 기부금, 연기금, 정부)과 자산가들이 대며 기업에 투자된다. 투자 금액은 작게는 25만 달러, 많게는 2억 5,000만 달러에 이른다.

프로젝트 파이낸싱 KR(10.4)는 가장 규모가 큰 범주로서 검증된 기술에 대한 투자와 연계된다. 국영 및 민간 은행은 재생에너지 보급, 저장, 탄소 감축 프로젝트를 뒷받침하는 데 더 많은 자금을 빌려줘야 한다.

자선 투자 KR(10.5)는 기후정의나 대지, 삼림, 해양보호처럼 대개 직접적인 수익이 없는 활동에 대한 자금 지원을 세 배로 늘린다. 이 분야에서 활동하는 비영리단체들은 전 세계적으로 1조 5,000억 달러, 미국에서만 해도 8,900억 달러를 관리하는 여러 재단들로부터 더 많은 지원이 필요하다.[7]

정부 인센티브의 방향 전환

전 세계 정부는 특혜성 세제, 면세 혜택, 군사비 지출을 활용하여 화석연료 산업을 보조하고 보호한다. 다른 한편 석유, 석탄, 천연가스 기업들은 대기오염의 파괴적 영향을 무시하도록 허용된다. 전체적으로 우리는 이 부문에 무려 4,470억 달러의 직접 보조금을 제공한다.[8] 우리의 계획은 화석연료에 대한 호혜적 세제 조치를 폐지하고 방대한 보조금을 제로 배출 대안을 진전시키는 쪽으로 돌릴 것을 요구한다.

세법은 혜택을 받는 산업에 명확한 이점을 제공한다. **화석연료 산업은 채굴부터 소비까지 모든 단계에서 환경과 집단 건강을 마음대로 파괴해도 아무런 처벌을 받지 않는다. 그들은 덕분에 인위적으로 낮춰진 비용의 혜택을 누린다.** 바츨라프 스밀은 단도직입적으로 "어떤 화석연료도 이산화탄소 배출로 인한 지구온난화라는 최종 비용을 부담하지 않았다."라고 말한다.[9] 기후변화부터 대기오염에 따른 사망과 질병까지 모든 비용을 고려하면 화석연료 부문은 연간 3조 달러 이상의 부담을 져야 할 것이다.

각 정부는 친환경 기술 수용을 앞당길 수 있는 다양한 수단을 가지고 있다. 특정한 프로젝트에 대한 지원금, 이자가 붙는 직접적인 대출, 정부가 미상환에 따른 모든 위험을 부담하는 대출 보증, 구매 가격을 낮추는 데 따른 인센티브로 제공되는 보조금, 세액 공제 등이 그것이다.

오랫동안 기후행동 반대파들이 선택한 공격 대상은 미국 에너지부의 대출 프로그램 사무국Loan Programs Office, LPO이었다. 그들의 주요 표적은 태양광 발전 스타트업인 솔린드라Solyndra였다. 이 업체는 오바마 행정부 초기에 에너지부의 보증을 통해 5억 3,500만 달러를 대출받았다. 그로부터 2년 후 저렴한 중국산 태양광 패널에 압도당한 솔린드라는 파산하고 말았다. (참고로 클라이너는 솔린드라를 지원하지 않았다. 대신 다른 7개 태양광 PV 패널 스타트업을 상대로 모험을 걸었다. 그중 4개가 비슷한 시기에 망했다.)

솔린드라는 사실을 크게 부풀린 전형적인 사례다. 솔린드라가 망하는 바람에 정부가 5억 달러의 손실을 입은 것은 맞다. 그러나 언론 보도에서 빠진 부분은 솔린드라에 대한 대출 보증이 중국과 다른 나라들을 상대로 클린테크 부문의 경쟁력을 유지하기 위한 폭넓은 전략의 일부일 뿐이라는 것이다. 정부의 포괄적인 목표는 태양광 발전 및 풍력 발전 기술을 발전시키고, 그 과정에서 청정 에너지 일자리를 창출하는 것이었다. 이 전략이 성공했다는 점에는 논쟁의 여지가 없다. 2010년부터 2019년 사이에 미국 태양광 산업의 고용은 9만 3,000명에서 거의 25만 명으로 167퍼센트 증가했다.[10]

사실 LPO는 국민이 낸 세금으로 엄청난 성과를 거뒀다. 대출이든, 지원금이든 여러 스타트업에 투자하면 일부는 망하기 마련이다. LPO는 설립 이후 350억 달러 이상을 대출하거나 보증을 섰다.[11] 그중 미상환 비율은 3퍼센트 이하다. 또한 현재와 미래의 이자 수익으로 손실을 보상하고도 남는다.

오바마 행정부에서 LPO 국장을 지낸 조너선 실버Jonathan Silver가 말한 대로 '연방 대출 프로그램의 역할은 중요하면서 상업적으로 타당하지만 혁신에 내재된 재정적 리스크 때문에 아직 폭넓게 보급되지 않은 해결책을 지원하는 것'이다. 정부 보증은 민간 투자자와 대부업체들이 보다 편안하게 해당 프로젝트에 자금을 지원하게 해주는 안전망 역할을 한다. 실버는 연방의 지원으로 기업이 새롭고 유용한 기술을 개발하고, 시장에서 규모화에 성공하며, 자립을 시작하는 것이 이상적이라고 덧붙인다.

실버가 지적한 대로 연방의 클린테크 대출은 수익을 극대화하도록 설계되지 않았다. 지원 기업을 늘리기 위해 이자율은 손익분기점에 맞춰진다. 실버는 상업은행들이 일반 이자율대로 혁신적인 전력망 규모의 친환경 프로젝트에 투자하여 3퍼센트의 미상환율을 기록했다면 '엄청난 수익'을 올렸을 것이라는 점을 지적한다.

한 예로 2010년에 LPO는 간신히 버티고 있는 사업 초기 단계의 기업들에 4억 6,500만 달러를 제공했다.[12] 당시 테슬라 모터스는 위기에 처해 있었다. 대공황 이후 최악의 경기 하강 국면에서 자본집약적인 로드스터를 만드는 데 매달렸기 때문이다. LPO는 테슬라의 생명을 유지시켰다. **2013년에 일론 머스크는 해당 대출을 이자와 함께 10년 일찍 상환하겠다고 발표했다. 모두에게 행복한 결말이었다.** 다만 대출이 없었다면 지금의 테슬라도 없었을 것이라는 사실을 잊지 말아야 한다.

2010년 연방 회계연도에 오바마 행정부는 클린테크 연구개발 지원에 4억 달러를 지출했고, 700억 달러에 대한 대출 보증을 섰다. 이는 인상적인 금액처럼 들린다. 그러나 중국이 우리보다 앞서 있다. 2012년에서 2020년 사이에 중국 정부는 태양광 패널이나 전기차 또는 다른 클린테크 해결책을 생산하는 정부 소유 또는 정부 지원 기업들을 지원하는 데 해마다 평균 770억 달러를 배정했다.[13] 이는 탁월한 일자리 창출 사업이었다. 모든 성省에 갑자기 자체 태양광 패널 제조 회사가 생겼다. 또한 회사가 망하기 시작하면 대개 정부가 구제해주었다.

기본적으로 태양광 패널이 너무나 빨리 저렴해지고, 아주 빨리 보급된 이유가 여기 있었다. 그것은 중국이 세계에 주는 선물이었다. 또한 이는 클라이너퍼킨스가 투자한 5개의 태양광 패널 기업이 뒤이은 가격 전쟁에서 완패한 이유를 설명한다. 그 이유는 미국 정부가 무모하게 또는 과도하게 돈을 썼기 때문이 아니었다. 오히려 너무나 오랫동안 너무나 적게 투자했기 때문이었다. 그 결과 중국은 현재 국제 태양광 패널 제조 시장의 70퍼센트를 차지한다.[14]

창업투자사의 힘

좋은 아이디어와 실행은 전혀 다른 문제다. 세상에 필요한 것을 발견하는 것만으로는 충분치 않다. 신생 기업이 성공하려면 세상이 받아들일 준비가 된 것을 만들어야 한다. 팀을 꾸리고, 판매하고, 제조하고, 제품을 지원하는 각 단계에는 모두 돈이 필요하다. 이 대목에서 창업투자사가 등장한다. 창업자들은 일부 지분을 넘기고 필수 자금을 확보한다. 그래서 자신의 아이디어를 연구실에서 시장까지 이끌어갈 수 있다. 창업자들을 물색하고, 자금을 지원하고, 성공을 촉진하는 것이 클라이너퍼킨스 같은 기업이 맡은 역할이다.

지난 5년 동안 전 세계에 걸쳐 520억 달러 이상의 창업 자금이 클린테크 부문에 투입되었다.[15] 1차 자금(종잣돈) 투자가 가장 리스크가 크다. 초창기에 사업이 망해서 투자자들의 돈을 날릴 가능성이 크기 때문이다. 클라이너는 리스크를 줄이기 위해 클린테크 투자에서 체계적으로 과학에 기반한 접근법을 따른다. 앞서 언급한 대로 우리는 해결책이 절실한 소수의 '주요 기후 과제'를 파악했다.

내가 〈불편한 진실〉을 보고 경각심을 가진 지 얼마 되지 않은 2006년에 우리 투자팀은 기회를 찾고 창업자들을 만나는 일에 뛰어들었다. 우리는 태양광 발전, 바이오연료, 제철, 시멘트 기업에 대한 3,000여 건의 제안서를 검토하면서 기후 해결책을 찾기 위한 창업 투자의 물결을 이끌었다. 2001년 기준으로 창업 투자 산업은 80건의 기후 관련 사업을 대상으로 4억 달러에 못 미치는 자금을 투자했다.[16] 그로부터 7년 후, 거의 70억 달러가 400건의 계약에 투입되었다.[17]

결과적으로 이렇게 투자 자금이 급증한 타이밍은 별로 좋지 않았다. 2008년에 금융위기가 발생하면서 태동기이던 클린테크 부문이 많이 와해되었다. 석유와 천연가스 가격의 하락, 뒤이은 신용 경색, 정부 보조금을 받는 중국의 경쟁기업들을 따라잡지 못하는 미국 기업들의 무능이 몰락을 촉발했다. 일부 기술은 연구소에서 상업 시장까지 도약하지 못했다. 다른 기술들은 아예 작동하지 않았다.

2009년에 청정에너지 투자는 급감하고 말았다. 특히 초기 단계 펀딩funding이 심한 타격을 입었다. 한편 수십억 달러가 소프트웨어와 바이오테크를 비롯한 다른 산업으로 흘러갔다.《와이어드》에 클라이너의 부고가 실린 2012년에 우리

첫 10년에 걸친 초기 단계 클린테크 투자: 급증에서 급락까지

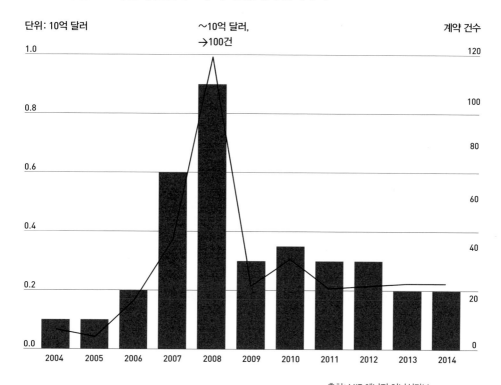

단위: 10억 달러

~10억 달러,
→100건

계약 건수

◆ 출처: MIT 에너지 이니셔티브Energy Initiative

의 클린테크 투자 기업 중 다수는 망해버렸다. 그래서 우리가 돈을 모조리 날린 것처럼 보였다.

그러나 이후(점차, 예기치 못하게, 심지어 기적적으로) 투자 기업 중 소수가 폐허를 딛고 일어섰다. 프로테라와 그들의 전기버스는 살아남았다. 미국 최대의 공용 전기차 충전소 네트워크(11만 2,000개소이며 계속 늘어나는 중)를 운영하며, 현재 뉴욕증권거래소에 상장된 차지포인트ChargePoint(전기차 충전 인프라 기업)도 마찬가지다. 클라이너가 지원한 다른 기업들은 대기업에 인수되었다. 구글은 2014년에 디지털 온도조절기를 개발하는 스타트업인 네스트Nest를 32억 달러에 낚아챘다. 2년 후에는 전력기업용 소프트웨어를 제공하는 오파워Opower가오라클에 인수되었다. 우리는 기회가 커지고 있음을 깨닫고 클린테크 투자팀을 분리하여 새로운 펀드 회사인 G2 벤처 파트너스G2 Venture Partners를 만들었다.

우리의 클린테크 포트폴리오를 회생시킨 최대 요소는 2019년 5월에 이뤄진 비욘드미트의 주식시장 상장이었다. 클라이너는 여러 차례에 걸쳐 비욘드미트에 1,000만 달러를 투자했다. 현재 비욘드미트 주식은 나스닥에 상장되어 있다. 2021년 1월, 이선 브라운이 이끄는 비욘드미트는 식물 기반 육류 대체재 시장을 확대하기 위해 2억 4,000만 달러의 자금을 모았다. 덕분에 클라이너의 지분 가치는 14억 달러로 늘었다. 무려 투자액의 140배에 이르는 수익을 얻은 것이다. 창업 투자에서는 두세 건, 때로는 한 건만 성공해도 수많은 실패에 따른 손실을 충당할 수 있다.

2006년 이후 클라이너는 66개 클린테크 스타트업에 총 10억 달러를 투자했다. 2021년 기준으로 우리가 가진 지분의 가치는 세 배인 32억 달러로 늘었다. 또한 클린테크 부문의 창업 투자 금액은 역대 최고를 기록하고 있다. 우리는 이러한 우여곡절을 통해 성공적인 기후 지향 비즈니스를 구축하는 일에 대한 다섯 가지 값비싼 교훈을 얻었다.

당면한 핵심 리스크를 냉정하게 파악하고 제거하라. 창업자와 투자자들은 기술 리스크(작동하지 않음), 시장 리스크(두드러지지 않음), 소비자 리스크(잘 팔리지 않음), 규제 리스크(허가받지 못함)를 직시해야 한다. 핵심 리스크는 무엇인지, 초기 단계 자본으로 제거할 수 있는지 따져야 한다. 그렇지 않다면 후기 단계에 자본을 모으기가 거의 불가능하다.

언제나 자본을 모아야 한다. 창업자들에게 전할 메시지는 단순하다. 자금을 잘 모아야 한다. 그것도 엄청나게 잘 모아야 한다. 펀딩 단계마다 폭넓은 투자자들, 특히 거액을 제공할 수 있는 투자자들을 끌어들여라. 그리고 엄청난 가치를 지닌 기업 파트너를 찾아라.

비용이 왕이며, 성능이 중요하다. 전력이나 철강 또는 연료 같은 범용품 시장에서 경쟁할 때는 단가가 매우 중요하다. 소비자들은 친환경 마크가 붙었다고 해서 부족한 제품에 더 많은 돈을 지불하지 않는다. 그들은 보다 우월한 제품 또는 최소한 동등한 제품을 원한다. 테슬라, 비욘드미트, 네스트는 3개의 탁월한 사례다.

고객과의 관계를 유지하라. 대불황을 잘 견뎌낸 기업은 자사 제품의 최종 구매자들과 직접적인 관계를 유지했다.

기성 업체들은 싸울 것이다. 그중 일부는 적응하고 다른 일부는 망할 것이다. 그러나 거의 모두는 죽자 사자 싸울 것이다. 어쨌든 그들의 사업은 탄소 배출이 공짜임을 전제로 구축되었기 때문이다.

매트 로저스는 이런 교훈을 빠르게 학습해 역경을 이겨낸 사례다. 아직 40세가 되지 않은 매트는 첫 아이폰 개발에 참여한 소프트웨어 엔지니어, 네스트를 공동 창립한 기후위기 관련 창업자 그리고 현재는 창업투자자로서 3개의 성공적인 경력을 쌓았다. 2017년에 매트는 기성 업체들과 맞서는 것을 두려워하지 않았으며, 사명에 이끌리는 클린테크 창업자들을 지원하기 위해 인사이트Incite라는 투자 펀드를 만들었다.

매트 로저스

나는 스물여섯 살 때인 2009년에 애플을 떠났습니다. 인류를 위한 원대한 도전을 생각했고 그 중에서도 기후가 최우선이었죠. 당시 너무나 많은 두뇌, 능력, 금융 자원, 재능이 앵그리 버즈 Angry Birds 같은 앱 부문에 투입되었습니다. 하지만 기후 문제에는 별나른 자원이 투입되지 않았어요.

공동 창립자인 토니 파델Tony Fadell과 나는 시장을 분석했습니다. 우리는 아이팟과 아이폰을 같이 개발한 경험을 바탕으로 고객들의 인식을 파악했습니다. 또한 미국 에너지부Department of Energy의 흐름도flow diagram를 보고 무엇이 중요한지, 누구도 노력을 기울이지 않는 부분이 무엇인지 살폈습니다. 해마다 냉난방이 최상위에 있었어요. 냉난방은 일반 가구에서 이뤄지는 에너지 소비의 절반을 차지했습니다.

당시 나는 실리콘밸리에 있는 1973년에 지어진 콘도에서 살았어요. 우리는 마루와 주방 카운터톱을 새로 설치했지만 베이지색 플라스틱 조절장치가 여전히 냉난방을 제어했습니다. 우리는 얼마 전에 아이폰4를 개발했습니다. 전체가 반짝이는 유리와 알루미늄으로 된 매끈한 디자인이었죠. 반면 우리가 사는 콘도에 사용된 설계와 기술은 1970년대에 머물러 있었어요. 베이지색 플라스틱 쪼가리가 해마다 1,000달러가 들어가는 냉난방을 제어하고 있다니! 1980년대에는 밤에 난방 온도를 낮춰서 에너지를 아끼는 온도조절기를 프로그래밍하는 기술이 개발되었습니다. 그러나 사용자 인터페이스가 너무 나빠서 누구도 사용하려 들지 않았어요. 이것이 네스트의 이면에 있는 근본적인 문제의식이었습니다. 우리는 아름다운 제품을 만들 수 있었습니다. 그러나 그와 더불어 쓰기 쉽고 자동으로 에너지를 절약할 수 있는 온도조절기를 만들어야 했지요.

이것이 우리의 핵심 통찰이었습니다. 이는 에너지 효율 문제인 동시에 사용자 인터페이스 문제였습니다. 또한 네스트는 사명 우선 기업인 동시에 제품 우선 기업이었습니다.

우리는 이 부문에 전문성이 없었어요. 그래서 조사를 많이 하고, 여러 전문가와 대화했습니다. 우리는 공조 시스템HVAC이 어떻게 작동하는지, 환경보호국은 어떤 말을 하는지 알아야 했어요. 당시 환경 연구 분야에서는 소비자 시장으로 스며들지 못한 활동이 많았습니다.

새로운 시장을 창출하는 것은 매우 어려운 일입니다. 나는 기성 시장을 노리는 것을 좋아하죠. 사람들은 이미 온도조절기를 가지고 있어요. 우리가 온도조절기를 발명한 것이 아니에요. 기성 시장을 공략할 때는 기성 업체들이 변화에 어떻게 대응하는지 확인해야 합니다. 그들은 때로 변화를 억누르거나, 통합하여 사업을 키우기 위해 기업을 사들입니다. 또한 때로 시장 지배력이 있다는 이유로 고소를 통해 겁주려 합니다. 그리고 때로는 무시하기도 합니다.

네스트의 경우 기성 업체가 우리를 고소했습니다. 하니웰Honeywell은 우리가 가령 원형 조절기를 달았다는 이유로 특허를 침해했다고 말했어요. 4년 후 소송은 취하되었지요.

신규 진입 업체는 기성 업체들에는 없는 기민함을 지녔습니다. 위계구조가 7단계로 되어 있으면 결정을 내리기가 정말 어렵습니다. 너무나 많은 사람과 우선순위가 있으면 새로운 아이디어가 위로 올라가기 힘듭니다.

네스트의 운영 방식은 재빠르게 움직이는 것이었어요. 빠르게 결정하고, 사람들이 생각하는 것보다 더 빨리 진화하는 것이었죠. 일찍이 우리는 정말로 멋지고 획기적인 제품을 발표했습니다. 그러나 거기서 멈추지 않았습니다. 석 달 후 새로운 소프트웨어를 업데이트해서 내놓았습니다. 해마다 신규 하드웨어 업데이트를 선보였습니다. 최대한 빨리 계속 앞으로 나아갔어요. 경쟁사가 우리의 첫 번째 버전을 모방할 때쯤 이미 세 번째 버전을 준비하고 있었죠. 우리는 하나의 아이디어에서 출발했습니다. 어떻게 하면 사람들이 집에서 에너지를 아끼도록 도울수 있을까? 하지만 우리의 목표는 언제나 규모를 키우는 것, 현재 사람들의 집에 있는 수천만개의 온도조절기를 바꾸는 것이었습니다. 그 결과 해마다 수천만 메가와트시의 전기를 아끼고 있습니다.

네스트가 성공한 것은 적절한 때와 장소에, 적절한 제품을 내놓았기 때문입니다.

2021년 1월 한 달 동안 친환경 기술 투자액이 2015년 한 해 전체의 투자액을 넘어섰다.[18] 10년에 걸친 부진 끝에 클린테크에 대한 창업 투자가 활기를 되찾았다. 획기적 에너지 연합 벤처스의 비즈니스 책임자인 카마이클 로버츠는 모든 개발 단계에서 50여 개의 스타트업에 대한 투자를 감독했다. 나는 카마이클에게 이 부문에서 창업자로서 성공하기 위해 필요한 자질이 무엇인지 물었다.

어떻게 하면 사람들이 진해서 에너지를 아끼도록 도울 수 있을까?

카마이클 로버츠

성공적인 창업자들은 파도가 보이기도 전에 서프보드에 올라타서 바다로 나아갑니다. 그들은 가장 아름다운 파도가 올 것이며 다른 누구도 그것을 보지 못할 것임을 직감합니다. 그들은 파도가 왔을 때 일어서서 탈 수 있도록 준비하기 위해 정말로 열심히 노력하죠.

획기적 에너지 연합 벤처스에는 정직원으로 현장에서 뛰는 30명의 과학자, 창업자, 기업 구축자들이 있습니다. 조직 내부의 누구도 자신을 순수한 투자자라고 말하지 않습니다. 우리는 최대한 성공적으로 구현되도록 도울 수 있는 획기적인 기후 기술을 찾습니다. 그러려면 때로 창업자들과 같이 바다로 나가야 하죠. 때로는 그들을 구명정에 태워야 하기도 하고요.

성공하려면 창업자들은 확신을 가져야 합니다. 동시에 감수성이 높고 약간은 신경증적이어야 합니다. 최근 한 창업자가 나를 찾아와 "x, y, z에 대해 불안해하는 게 맞나요?"라고 물었어요. 나는 그렇다고 말했어요. 그리고 "이제 문제가 드러났으니 같이 대처합시다."라고 덧붙였습니다.

사람들은 우리가 투자한 기업들이 잘되고 있는지 알고 싶어 합니다. 획기적 에너지 연합 벤처스는 생긴 지 4년밖에 되지 않았습니다. 아직 우리는 여정의 초반을 지나고 있을 뿐이죠. 하지만 누구도 모르는 사실이 하나 있어요. 나는 모든 투자 결정을 내리고 나면 식은땀을 흘립니다. 나의 파트너도, 전체 팀도 마찬가지입니다. 우리는 이렇게 자문하죠. "이번 건에 대해 정신

나간 결정을 한 게 아닐까?" 그러고 나서 뭘 하는지 아세요? 이후 몇 달 동안 우리는 지난 결정이 정신 나간 것이 되지 않도록 최선을 다하죠. 우리는 인맥을 깊이 파고듭니다. 협력 대상을 찾아 주위를 살피고, 함께할 사람을 최대한 많이 끌어들입니다.

우리가 가진 기술적 전문성을 남김없이 제공합니다. 실로 열심히 일하는 창업자들을 지원하는 것이 우리의 일이죠. 그들이 성공하면 기가톤의 온실가스가 사라질 것입니다. 그리고 모든 기가톤은 중요합니다.

투자자로서 우리가 성공한다면 기후 문제 해결에 가장 중요한 150개 기업을 책임지게 될 것입니다. 그뿐 아니라 우리와 다른 창투사 및 기업의 협력은 2050년까지 넷 제로에 이르도록 해줄 1,000개의 기업을 책임질 것입니다.

우리는 뒤늦게 기후변화에 대응하고 있어요. 이 점은 부정할 수 없습니다. 하지만 나는 순수한 인간의 정신(우리의 상상력과 헌신)이 우리를 구해주리라 굳게 믿어요. 과거에도 그런 적이 있었고, 앞으로도 그럴 것입니다. 물론 현실을 직시해야 하지만 동시에 진취적인 노력도 필요합니다.

우리가 하는 일은 열심히 일하는 창업자들을 지원하는 것이다.

이것은 거품이 아니라 열풍이다

1800년대 초 산업 규모의 자본주의가 발원한 이래 소위 투자 거품이 철도와 자동차부터 통신과 인터넷까지 새로운 산업에 자금을 공급했다. 새로운 혁신 기술이 나올 때마다 산더미 같은 돈이 쏟아졌다. 그중 다수는 손실로 끝났다. 하지만 사회는 이득을 누렸다.

친환경 기술에서도 자본의 수문을 열어야 한다. 주목해야 할 한 가지 추세는 스팩Special Purpose Acquisition Company, SPAC이라고도 하는 기업인수목적회사이다. 스팩을 만드는 목적은 대개 수익을 내지 못해서 아직 상장 준비가 되지 않은 초기 단계의 기업들을 인수하는 것이다. 스팩은 고위험 투자다. 그러나 우리에게 너무나 필요한 기술에 자금을 투입하는 중요한 수단이 될 것이다. 스팩이 없으면 혁신이 느려진다.

차지포인트, 퀀텀스케이프, 프로테라는 모두 스팩에 인수되어 상장 기업이 되었다. 2018년에 46건이던 스팩 계약이 2020년에 248건으로 늘어난 데서 알 수 있듯이 투자 열기가 고조되고 있다.[19] 그중 20퍼센트는 에너지 및 기후와 관련 있다.[20] 일각에서는 스팩 투자에 대해 투기성 과투자에 따른 거품을 경고하는 지경에 이르렀다.

하지만 그것은 거품이 아니라 열풍이다. 스팩이 지원하는 많은 벤처기업이 망할 것임은 분명하다. 그래도 스팩은 사라지지 않을 것이다. 열풍은 좋은 것이다. 열풍은 더 많은 투자, 완전 고용, 건강한 경쟁으로 이어진다. 또한 안일한 기성 업체들을 자극하며, '창조적 파괴'를 통해 시장을 변화시킨다.[21]

인페이즈의 성공 이유

클라이너가 지원한 모든 클린테크 기업 중에서 인페이즈 에너지가 가르쳐준 교훈이 많다. 내 파트너인 벤 커틀랑Ben Kortlang은 아마도 세계에서 태양광 발전 부문에 대한 투자 경험이 가장 많을 것이다. 벤은 2010년에 인페이즈에 대한 투자를 이끌었다. 당시 인페이즈는 인버터inverter 시장의 규모를 키우는 데 애를 먹고 있었다. 인버터는 주택 지붕에 설치한 태양광 패널과 전력 공급 시스템을 연결하는 회로 상자였다. 우리는 인버터 시장이 폭발적으로 성장할 준비가 되었으며, 인페이즈가 상당한 시장점유율을 차지하리라 믿었다. 그러나 인페이즈의 매출은 2,000만 달러 수준에 머물렀다. 10여 개의 다른 스타트업들이 같은 시장에 진입했다. 한동안은 인페이즈가 실패한 우리의 다른 태양광 기술 투자와 마찬가지로 암울한 운명을 맞을 것처럼 보였다.

우리는 사이프레스 반도체Cypress Semiconductors의 전설적인 창립 대표이자 우리의 첫 에너지 부문 대규모 투자 대상 기업인 블룸에너지의 이사, 서먼 로저스Thurman Rogers에게 자문을 구했다. 서먼은 막 100만 대째 인버터를 출하한 인페이즈에 아직 활용하지 못한 잠재력이 있다고 보았다. 전체 퍼즐에서 빠진 조각은 신선한 시각으로 회사의 과제에 접근하는 역동적인 리더십이었다. 서먼은 사이프레스에서 떠오르는 유망주에게 대표 자리를 맡길 것을 제안했다.

그렇게 해서 우리는 바드리 코산다라만을 만났다. 인도 첸나이에서 태어나고 자란 바드리는 캘리포니아대학 버클리 캠퍼스에서 소재공학 석사학위를 딴 후 사이프레스에서 21년간 경력을 쌓았다. 그는 인페이즈를 능숙하게 이끌었다. 클린테크 부문에서 새로운 틈새시장을 확보하는 데 탁월한 운영이 얼마나 중요한지 잘 보여준다.

바드리 코산다라만

다른 모든 투자자가 시장을 떠났습니다. 그들은 인버터 제조가 아무런 수익을 내지 못하고 끝없이 가격전쟁을 벌이는 범용품 사업이 될까 두려워했어요. 그들의 우려가 근거 없는 것은 아니었습니다. 인페이즈는 손실을 내고 있었으며 자본은 떨어져가고 있었으니까요.

나는 2017년에 인페이즈에서 일을 시작했습니다. 첫 2년 동안 내가 대표로서 집중한 것은 운영 측면의 탁월성이었습니다. 우리는 모든 것을 측정했습니다. 상황실을 만들고 매일 현금과 매출채권, 매입채무를 관리했습니다. 가격팀을 꾸려서 차상위 대안과 비교하여 제품이 창출하는 가치를 토대로 가격을 매기게 했어요. 우리는 가격전쟁에 작별을 고하고 수익이 나지 않는 거래는 거절했습니다.

또한 제품 비용을 개선하는 데 많은 시간을 보냈습니다. 우리는 진전을 측정할 현황판과 전체 직원에 대한 분기별 목표 시스템을 만들었습니다. 보너스 프로그램은 기업과 개별 직원의 목표 관련 성과에 따라 운영되었습니다. 목표를 달성하지 못하면 보너스도 없죠!

투자자들에 대한 우리의 전략도 크게 다르지 않았습니다. 2017년 6월, 우리는 애널리스트 데이analyst day를 맞아 명확한 의지를 밝혔습니다. 우리는 투자자들에게 30-20-10 재정 모델을 달성하는 데 6분기가 걸릴 것이라고 말했습니다. 이는 총이윤율 30퍼센트, 운영비용 20퍼센트, 영업이익 10퍼센트를 알기 쉽게 표현한 것이었죠.

전략은 성과를 내기 시작했습니다. 2018년 말에 30−20−10 재정 모델을 실현했고 그 이후 매출은 급성장했습니다.

우리가 어떻게 성장했을까요? 운영 효율화를 이룬 후 매출 증대에 더 많은 시간을 들였습니다. 제품 혁신, 품질 관리, 고객 서비스에 집중했지요. 우리는 지붕에 고압 직류 전선을 깔고 고객이 대형 인버터를 차고에 설치하게 만드는 방식을 버렸습니다. 대신 지붕에 설치하는 각 태양광 패널 밑에 달 수 있을 만큼 작은 반도체 기반 마이크로인버터를 만들었습니다.

태양광 패널이 20개라면 1개가 아니라 20개의 마이크로인버터가 필요합니다. 그래도 상당한 이점이 있어요. 바로 안전한 교류 전기를 쓴다는 점입니다. 우리의 소형 인버터 라인업은 세계적인 수준으로서 매끈하고, 고전력 및 고효율이며, 쉽게 설치하여 클라우드에 연결할 수 있습니다.

우리는 품질 개선에 줄기차게 매진했습니다. 품질은 반품이나 결함을 기준으로 측정되었습니다. 또한 고객 서비스에도 역시 전념했습니다. 설치업체뿐 아니라 주택소유자들로부터도 상담전화를 받기 시작했습니다. 우리는 미국, 프랑스, 호주, 인도의 서비스센터에 인력을 배치했습니다. 내가 주재하는 주간 직원 회의는 언제나 서비스 현황판을 검토하면서 시작되었습니다. 거기에는 순추천지수net promoter score, 평균 고객 대기시간, 최초 통화 해결률 등이 있었죠.

2017년에 한 자릿수이던 우리의 순추천지수는 2020년에 60퍼센트가량 개선되었습니다. 그러나 절대 거기서 멈추지 않았어요. 2021년에는 연중무휴 24시간 고객 서비스 체제를 도입했습니다. 또한 설치업체들이 효율을 높일 수 있도록 현장 서비스팀을 창설했습니다. 배터리 저장설비도 우리의 제품라인에 추가했습니다. 현재는 고객들이 믿을 수 있는 최신식 가정용 에너지 관리 시스템을 구축하는 중입니다. 다른 모든 일과 마찬가지로 우리는 고객이 에너지를 얼마나 절감하는지 측정합니다. 이는 최고의 고객 경험을 보장하는 유일한 길입니다.

짐작했겠지만 성과 측정을 바탕으로 한 바드리의 경영은 내게 너무나 기쁜 일이다. 인페이즈는 투자자들의 믿음이 옳았음을 입증하는 동시에 탄소 배출 위기에 효과적으로 대응하고 있다. 클라이너의 최초 투자 10년 후인 2020년에 인페이즈는 200억 달러의 시가총액을 기록하면서 세계에서 가장 가치가 높은 태양광 기술기업이 되었다. 또한 2021년 1월에는 규모와 안정성을 인정받아 S&P 500 지수에 편입되었다.

프로젝트 파이낸싱의 가동

지난 17년 동안 친환경 에너지 부문의 신규 설비 및 개보수를 위한 프로젝트 파이낸싱은 330억 달러에서 5,240억 달러로 급증했다.[22] 그중 대다수는 태양광발전단지 및 풍력발전단지에 할애되었다. 또한 열처리 및 교통 부문의 전기화에 투입되는 금액도 점차 늘었다. 이런 추세는 희망적이다. 다만 이 자금을 더 새롭고 반드시 필요한 기술에 투입하면 더 큰 변화를 이룰 수 있다.

프로젝트 파이낸싱 KR(10.4)는 투자액이 연간 1조 달러에 달하고, 보다 빠르게 배분될 것을 요구한다. 국영 은행 및 민간 은행은 검증된 기술에 대한 자금 지원을 넘어서 새로운 에너지원, 새로운 유형의 저장설비, 새로운 탄소 제거 프로젝트에 대한 대출을 늘려야 한다.

2021년에 만들어진 획기적 에너지 연합의 캐털리스트Catalyst 프로그램은 프로젝트 파이낸싱이 그린 프리미엄을 줄이는 데 더 많은 역할을 하게 하는 획기적 아이디어다. 이 프로그램을 만든 조나 골드먼은 다음과 같이 단도직입적으로 말한다. "태양광 발전과 풍력 발전 부문에 5,000억 달러가 넘는 돈을 투자하는 것은 자선 활동이 아닙니다. 이런 투자는 수익성을 수반합니다. 혁신가, 기후

규모가 늘어나는 청정에너지 부문의 프로젝트 파이낸싱

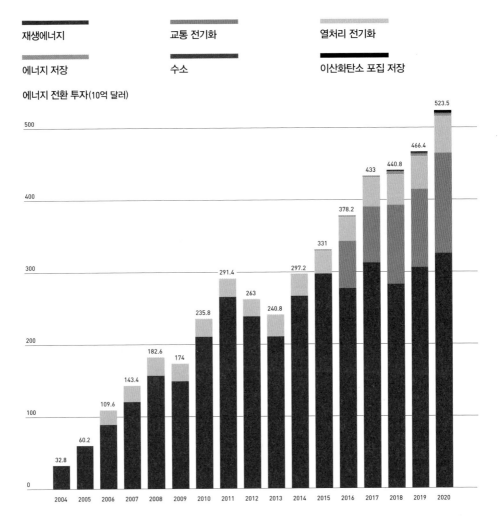

재생에너지 　　　　 교통 전기화 　　　　 열처리 전기화

에너지 저장 　　　　 수소 　　　　 이산화탄소 포집 저장

에너지 전환 투자(10억 달러)

공동체, 정부가 50년 동안 활동한 이유가 여기에 있습니다." 조나는 '영웅적이고 용기 있는 자본'이 제로 배출 항공유, 친환경 시멘트, 탄소 제거처럼 리스크가 있는 신기술을 위한 시장을 만들어야 한다고 요청한다.

반드시 필요한 4개의 자금 제공자는 정부, 기업, 은행, 자선가다. 이들이 그린 프리미엄을 지불하고 해당 기업들을 키우는 데 필요한 자금을 제공하겠다는 의지를 보인다면 라이트의 법칙을 더 빨리 실현할 수 있을 것이다. 더 큰 설비와 더 많은 수요가 뒷받침하면 신기술은 훨씬 빠르게 비용을 감당할 수 있다. 조나가 상기시킨 대로 '태양광 발전 비용 곡선이 아래로 휘어지게 만드는 데 50년이 걸렸다.' 그는 그 속도를 높이기 위해서는 신기술을 구현한 소수의 시범용 공장을 건설하고 실효성을 증명하는 데 충분한 자본을 투자해야 한다고 말한다.

프로젝트 파이낸싱은 자연스럽게 태양광 패널 보급과 효율성 개선을 위한 개보수처럼 검증된 기술을 중심으로 이뤄진다. 이는 좋은 일이다. 해당 부문에서 비용을 낮추려면 훨씬 많은 프로젝트 파이낸싱이 필요할 것이다. 그러나 새로운 기술을 사들이기 위한 과감한 움직임도 필요하다. 구글은 퍼보Fervo 같은 차세대 지열 발전 회사로부터 에너지를 매입하겠다고 약속했다. 그들은 이를 통해 전체 시장을 활성화한다. 스트라이프가 그린 프리미엄을 지불함으로써 탄소 제거 기술을 위한 시장을 창출했듯이 프로젝트 파이낸싱 자금은 대규모 수요를 제공하여 비용을 낮출 수 있다.

새로운 종류의 자본 끌어모으기

1998년에 클라이너퍼킨스는 두 명의 스탠퍼드 대학원 중퇴생들이 창립한 웹 스타트업의 지분 12퍼센트를 확보하는 데 1,200만 달러를 베팅했다. 세르게이 브린과 래리 페이지가 만든 구글은 시장점유율 6위로 검색엔진 사업에 뛰어들었다. 1년 후 나는 앤디 그로브의 단순한 경영 시스템이 그들에게 도움이 되기를 바라면서 구글의 옛 본사에서 목표 및 핵심 결과에 대해 강연했다. 래리는 나의 접근법을 "시도해보기로 결정했다."라고 말했다. 이후 수천 명의 구글 직원들이

OKR을 받아들여서 높이 겨냥하고, 멀리 나아가려는 의욕을 품었다.

넷 제로를 향한 노력에서 구글보다 빨리 움직인 기업은 드물다. 2007년에 구글은 재생에너지와 남은 배출량에 대한 양질의 탄소 상쇄carbon offset를 일찍이 사용했다. 탄소 상쇄는 순배출량을 줄이는 대신 삼림 조성, 탄소 감축시설 등을 설치해 남은 배출량을 줄이는 방식이다. 덕분에 구글은 운영 전반에 걸쳐서 탄소중립을 달성했다. 또한 2012년에는 2020년까지 태양광과 풍력 같은 재생에너지원으로 사업 운영에 필요한 전력을 100퍼센트 충당한다는 좀 더 야심 찬 목표를 설정했다. 구글은 그보다 3년 빠른 2017년에 목표를 달성했다.[23]

현재 구글과 모회사인 알파벳의 사명은 세상에서 가장 어려운 과제를 해결하기 위해 대규모 투자를 벌이는 것이다. 이 두 조직을 이끄는 인물은 32세 때인 2004년에 제품 매니저로 구글에 입사한 순다르 피차이다. 순다르는 2015년에 구글 역사상 3대 CEO에 선임되었다.

2015년은 구글이 케이트 브랜트를 최고지속가능성책임자로 영입한 해이기도 하다. 케이트는 오바마 재임 기간 동안 연방정부에서도 같은 직책을 맡았다. 이후 케이트는 구글의 시야를 회사 자체의 탄소발자국 너머로 확장했다. 즉, 구글의 기술 플랫폼을 활용하여 전 세계 탄소 배출량 감축을 앞당기기 위해 나섰다.

순다르 피차이

수십 년 앞을 내다보는 사고방식은 원대한 포부와 아주 큰 야심을 갖게 합니다. 우리가 투자할 당시 풍력 발전과 태양광 발전은 너무 값비싼 것으로 간주되었습니다. 대다수 사람들은 친환경 발전을 대규모로 운용한다는 데 회의적이었어요. 알파벳은 현재 전 세계에서 가장 큰 재생 에너지 구매자 중 하나입니다. 초기 투자는 비용을 낮추는 데 도움을 주었습니다.

우리는 2030년을 내다보면서 모든 것을 연중무휴, 24시간 무탄소로 운영하려는 목표를 세웠습니다. 이는 구글에서 이뤄지는 모든 검색, 당신이 보내는 모든 지메일, 구글 클라우드에서 성사되는 모든 거래가 탄소 배출을 수반하지 않는다는 뜻입니다.

우리는 목표를 이룰 방법을 완전히 알지는 못합니다. 더 많은 혁신이 필요하죠. 또한 더 많은 프로젝트 파이낸싱이 필요합니다. 우리가 친환경 프로젝트 파이낸싱을 통해 57억 5,000만 달러에 달하는 회사 역사상 최대 규모의 지속가능성 채권을 발행한 이유가 여기에 있습니다.[24]

이 프로젝트 중 하나는 차세대 지열 에너지를 중심으로 진행됩니다. 우리는 내년부터 네바다에서 개발한 새로운 지열 에너지원을 전력망에 연결할 계획입니다. 이 전력망은 구글 클라우드를 운용하는 데이터센터에 전력을 공급할 것입니다. 또한 우리는 인공지능을 활용하여 실시간으로 수요에 대응하고 연중무휴, 24시간 전력 공급을 달성할 것입니다. 플랫폼과 규모를 토대로 클라우드를 활용하여 사업 운영에서 배출량 감축을 실현할 수 있습니다.

케이트 브랜트

우리는 지속가능성 채권의 가치를 보여주고, 이 자산군을 구축하는 데 어떤 역할을 할 수 있을지 궁리했습니다. 일단 자금 배분에 대한 기준틀을 제시했어요. 이 기준틀은 환경 부문에서 우리가 추진하는 활동의 여러 범주를 중심으로 삼았습니다. 거기에는 재생에너지 조달, 에너지 효율을 기하는 데이터센터, 순환성 소재 등이 포함되었습니다. 환경 문제와 사회 문제는 매우 깊이 연관되어 있습니다. 그래서 인종 평등 같은 사회적 측면도 끌어들였습니다.

이 프로그램에 실로 자부심을 느낍니다. 목표는 이 채권이 지속가능성 부문에 더 많은 자본을 끌어올 수 있음을 보여주는 것입니다. 다른 기업들이 우리의 뒤를 따르고, 환경적·사회적 책임을 다하는 펀딩 프로젝트가 탄력받는 것을 지켜보는 일은 아주 흐뭇했습니다.

우리는 에너지 효율을 크게 증대하는 데 인공지능을 활용하여 데이터센터에서 큰 효과를 거두었습니다. 지금은 외부로 이 기술을 전파하여 다른 데이터센터 운영업체와 대형 건물 운영업체들도 에너지 효율을 높일 수 있도록 노력하고 있습니다. 또한 네스트를 통해 가정의 에너지 사용을 최적화하기 위한 주거 시장용 학습형 온도조절기를 제공하고 있습니다. 이 두 요소를 합치면 상업용 건물과 주거용 건물에서 인공지능을 활용하고, 상당한 탈탄소화를 이룰 수 있을 것입니다.

순다르 피차이

세상을 넷 제로로 이끌면서 가장 흥분되는 점은 양극단에 걸친 변화가 필요하다는 것입니다. 즉, 거대하고 과감한 조치와 더불어 작지만 의미 있는 변화가 필요합니다.

우리는 다른 방식으로 구글의 영향력을 극대화하기 위해 사용자들이 탄소발자국을 줄이도록 유도합니다. 가령, 현재 구글 맵은 기본적으로 가장 환경친화적인 경로를 제시합니다.

전 세계적인 관점에서 상위 500개 도시가 2030년까지 1기가톤의 온실가스를 추가로 감축하도록 돕는 목표를 수립했습니다. 이 도시들은 전 세계 인구의 50퍼센트, 배출량의 70퍼센트를 차지합니다. 인공지능, 데이터, 센서를 통해 그 일을 할 수 있습니다. 도시 관리자들은 어디서 탄소 배출이 이뤄지는지 모를 때가 많습니다. 코펜하겐과 런던 같은 도시에서 우리는 지역 리더들과 협력하여 탄소 배출을 즉시 감지할 수 있는 대기질 센서를 설치하고 있습니다. 도시의 정책결정자들은 이 정보를 통해 배출량 감축 프로그램을 위한 탄탄한 청사진을 개발할 수 있지요. 우리는 1기가톤 목표를 달성하기 위해 여러 도시에 걸쳐 이 프로그램을 체계적으로 확대하고 있습니다.

나는 인도 첸나이에서 자랐습니다. 어린 시절 매해 심각한 가뭄이 거듭됐어요. 2015년 첸나이는 100년 이래 최대 규모의 홍수로 타격을 입었어요. 가뭄에 이은 홍수는 기후변화의 영향을 명확하게 드러냈습니다.

2020년 우리가 사는 캘리포니아는 산불에 뒤덮였습니다. 어느 날 아침, 우리 집 아이들이 나를 깨우더니 주황색 하늘을 가리키며 매우 걱정스러운 표정을 지었습니다. 나는 마음속 깊이 다음 세대에 대한 부채의식을 생생하게 느꼈습니다.

우리 회사의 창립자인 래리와 세르게이는 시대를 앞서간 사람들이에요. 구글은 2007년에 탄소중립을 달성했습니다. 두 사람은 대다수 기업이 관심을 기울이기 전부터 지속가능성에 대해 이야기했습니다. 지속가능성은 구글이 한결같이 추구하는 가치죠.

모든 기업은 지속가능성을 근본적인 가치 중 하나로 삼을 수 있습니다. 이 일은 매우 중요합니다. 그들의 소비자들이 그것을 요구하기 때문입니다. 최고의 인재들도 마찬가지입니다.

리더로서 지속가능성으로의 전환을 더 빨리 받아들일수록 성공할 수 있는 더 나은 위치에 설수 있습니다. 고객과 직원들이 이를 요구하는 것도 있지만, 거기에는 더 큰 의미가 있습니다. 그것은 바로 국민, 국가, 세계를 위한 올바른 일이라는 것입니다.

돈은 어떻게 흐르는가?

2003년, 데이비드 블러드는 골드만삭스에서 은퇴한 후 사회적 책임을 다하는 투자가 언젠가는 다른 모든 자산군을 앞지를 것이라고 앞장서서 주장했다. 당시 '녹색 투자'는 금융계에서 작은 틈새시장만 차지하고 있었다. 기준에 못 미치는 수익률은 당연하거나 심지어 불가피한 것으로 여겨졌다. 그러나 데이비드가 앨 고어와 손잡고 런던에 제너레이션 인베스트먼트 매니지먼트Generation Investment Management를 설립한 후 모든 것이 바뀌었다. 두 사람은 그야말로 클린 테크 부문의 자금 운용에 대한 새로운 모델을 만들었다.

우리는 빈곤과
기후변화가
같은 문제이며,
동전의 양면일 뿐임을
깨달았다.

데이비드 블러드

나는 아버지가 브라질로 전근한 후 그곳에서 자랐습니다. 거기서 목격한 빈곤은 대단히 충격적이었습니다. 나는 골드만삭스에서 자산관리 책임자로 일하다가 은퇴한 후 자본시장을 활용하여 지속가능한 개발이라는 과제에 대응하는 일을 돕고 싶었습니다.

2003년 10월, 보스턴에서 앨 고어를 만나 지속가능한 투자에 대해 대화를 나눴습니다. 나의 관심사는 빈곤과 사회 정의였고, 앨의 관심사는 당연히 기후변화였습니다. 우리는 첫 만남에서 빈곤과 기후변화가 같은 문제이며, 동전의 양면일 뿐임을 깨달았습니다.

우리는 고객에게 강력한 리스크 조정 투자 성과를 안기는 동시에 지속가능성 투자를 주류로 만든다는 이중의 사명과 함께 제너레이션을 창립했습니다. 당시 투자계는 지속가능성과 ESG(기업 경영의 비재무적 요소인 환경environment·사회social·지배구조governance를 뜻하는 말−옮긴이)를 진지하게 받아들이지 않았어요. 그래서 우리는 비즈니스 측면을 살리는 데 집중했습니다.

우리는 장기 투자를 모범 관행으로, 지속가능성을 세계 경제의 조직적 토대로 봅니다. 또한 환경, 사회, 지배구조라는 ESG 요소를 기업과 경영팀의 질을 평가하는 도구로 사용합니다. 우리는 이 접근법이 다른 투자 체계에서는 간과된 중요한 통찰을 드러내며, 이 통찰은 궁극적으로 리스크를 조정한 뛰어난 투자 성과로 이어진다고 믿습니다. 단언컨대 우리는 가치관을 가치와 바꾸지 않습니다. 가장 중요한 점은 우리가 고객을 만족시킨다는 것입니다. 2004년에 0에서 시작한 고객 수탁금은 현재 330억 달러에 이르렀습니다.

지속가능성 및 ESG 투자가 크게 성장해 매우 기쁩니다. 자산보유자, 자산운용사, 은행, 보험사들이 넷 제로를 추구하겠다는 중요한 약속을 한 것도 고무적입니다. 우리는 지난 10년 동안 실로 탁월한 진전을 이뤘어요. 하지만 그것으로는 충분치 않습니다. 기온 상승 폭을 1.5도로 제한한다는 목표를 달성하려면 환골탈태의 변화가 필요합니다.

개발도상국과 선진국의 국민과 공동체에 미치는 영향에 대처해야만 기후 문제를 해결하는 데 성공할 수 있다는 사실을 놓쳐서는 안 돼요.

우리 제너레이션은 향후 10년이 가장 중요하리라 믿습니다. 세상은 금융 부문의 선도를 필요로 하며, 그것을 요구할 권리가 있습니다. 우리는 야심을 키워야 합니다. 안주하지 말아야 합니다. 사람들이 가능하다고 생각하는 수준을 바꿔야 합니다. 그리고 무엇보다 실천하려는 줄기찬 노력이 필요합니다.

우리는 지속가능성을
세계 경제의
조직적 토대로 본다.

412

친환경 경제는 모든 시장의 어머니

이 책을 쓰는 동안 그린 그로스 펀드Green Growth Fund를 만드는 데 영감을 준 말이 떠올랐다. 토머스 프리드먼이 2008년에 지구온난화에 대한 세계적 대응을 촉구하기 위해 쓴 예언적 선언서,《코드 그린》에서 인용한 한 투자은행가의 말이었다. 그 주인공인 파이퍼 재프리Piper Jaffray의 로이스 쾀Lois Quam은 "친환경 경제는 모든 시장의 어머니가 될 채비를 갖추었습니다. 그것은 일생일대의 경제적 투자 기회예요."라고 말했다.[25]

이제 마침내 쾀의 말이 옳았던 것으로 증명되고 있다. 다만 클린테크는 모든 신기술 시장에 작용하는 단호한 힘으로부터 절대 자유롭지 않다는 사실을 명심해야 한다. 프리드먼이 지적한 대로 "진정한 혁명에서는 승자와 패자가 있다."

친환경 기술을 선도하는 국가들은 제조업 확대, 일자리 증가 그리고 최종적으로 생활수준 향상이라는 보상을 누릴 것이다. 청정에너지로의 전환은 인터넷과 달리 지역 수준에서 전개될 것이다. 예컨대 우리 동네에 조용한 새 버스를, 우리 집 지붕에 태양광 패널을, 우리 해안에 방대한 풍력발전단지를 들일 것이다. 우리는 세계 경제의 규모를 키우는 일과 기후위기를 해결하는 일 사이에 절충이 필요하다는 생각이 잘못되었음을 밝혀냈다. 이제는 수익을 올리는 동시에 지구도 구할 수 있다는 사실이 분명해졌다.

커져가는 기부의 필요성

수많은 가치 있는 기후 해결책은 열 배의 투자수익을 안기지 않는다. 그들은 일군의 주주를 부자로 만드는 것 이상의 목적에 따라 설계된다. 그럼에도 지구를 보호하는(기후정의에 대한 약속과 함께) 일에는 진지한 의도를 지닌 자본이 필요하다. 관심과 여유를 가진 사람들에게 우리는 돈과 더불어 더 귀중한 것을 요청한다. 바로 그들의 시간과 전략적 기부에 대한 능력이다. 유명한 일부 개인, 기업 들은 이미 그 요청에 화답하고 있다.

기후행동을 위한 자금은 심하게 부족하다. 어느 정도인지 가늠해보면 2019년에 기부금 총액은 7,300억 달러였다.[26] **그중에서 기후위기에 대응하기 위한 기부금의 비중은 2퍼센트 이하였다.** 자선재단들은 기부금 중 상당액을 보건과 교육에 쓴다. 왜 그럴까? 기후 리더십 이니셔티브Climate Leadership Initiative의 대표인 제니퍼 키트에 따르면 기후 해결책은 덜 '사람 중심적'으로 보일 수 있기 때문이다. 사실은 그 반대다. 제니퍼는 "많은 기부자가 기후 문제를 외면하는 것은 정부나 시장이 해결해줄 거라고 생각하기 때문"이라고 말한다. 그러나 그녀는 "기후위기를 자각하고, 거기에 두려움을 느끼며, 실제로 행동할 준비가 된" 새로운 세대의 기부자들이 있다고 덧붙인다. 그녀는 진정한 변화를 일으킬 수 있는 야심 찬 프로젝트를 위한 유연한 지원 수단으로서 자선의 힘을 믿는다. 기후 리더십 이니셔티브는 2년 동안 기후 관련 기부금으로 12억 달러를 새롭게 모금했다.

기후 관련 기부에 앞장서는 기관 중 하나가 이케아재단IKEA Foundation이다.[27] 이 재단은 같은 이름의 스웨덴 유통 체인을 보유한 모회사의 자선 활동 조직이다. 이사장인 페르 헤게네스Per Hegenes는 20억 달러의 자금을 보유한 이케아재단의 주요 활동은 저개발 지역에서 지저분한 에너지를 재생가능 에너지로 대체하는 속도를 높이는 것이라고 말한다. 다른 한편 이케아의 유통사업 부문은 2030년까지 공급사슬을 비롯해 전 영역에서 배출하는 탄소보다 더 많이 배출량을 줄이는 탄소 네거티브carbon-negative를 달성하겠다고 약속했다.

2020년 2월, 개인의 기후 관련 자선 활동에 새로운 기록을 세우는 일이 일어났다. 바로 제프 베이조스가 100억 달러를 투자하여 베이조스 어스 펀드를 설립

기후위기에 맞서 싸우는 자선재단들

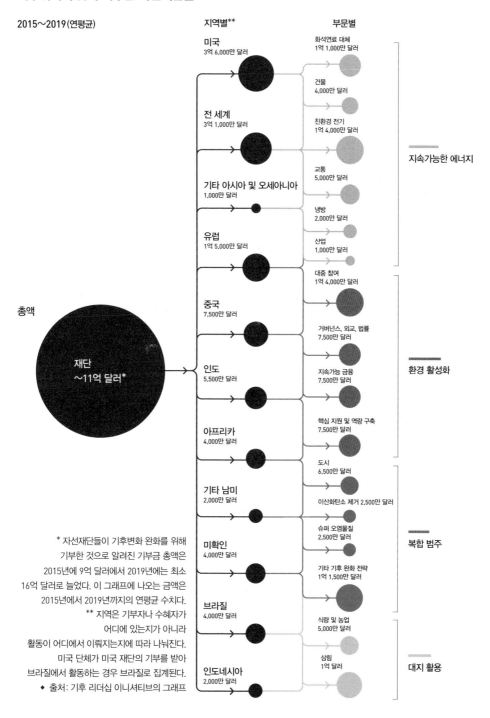

2015~2019(연평균)

총액

재단
~11억 달러*

지역별**

미국
3억 6,000만 달러

전 세계
3억 1,000만 달러

기타 아시아 및 오세아니아
1,000만 달러

유럽
1억 5,000만 달러

중국
7,500만 달러

인도
5,500만 달러

아프리카
4,000만 달러

기타 남미
2,000만 달러

미확인
4,000만 달러

브라질
4,000만 달러

인도네시아
2,000만 달러

부문별

화석연료 대체
1억 1,000만 달러

건물
4,000만 달러

친환경 전기
1억 4,000만 달러

교통
5,000만 달러

냉방
2,000만 달러

산업
1,000만 달러

대중 참여
1억 4,000만 달러

거버넌스, 외교, 법률
7,500만 달러

지속가능 금융
7,500만 달러

핵심 지원 및 역량 구축
7,500만 달러

도시
6,500만 달러

이산화탄소 제거 2,500만 달러

슈퍼 오염물질
2,500만 달러

기타 기후 완화 전략
1억 1,500만 달러

식량 및 농업
5,000만 달러

삼림
1억 달러

지속가능한 에너지

환경 활성화

복합 범주

대지 활용

* 자선재단들이 기후변화 완화를 위해
기부한 것으로 알려진 기부금 총액은
2015년에 9억 달러에서 2019년에는 최소
16억 달러로 늘었다. 이 그래프에 나오는 금액은
2015년에서 2019년까지의 연평균 수치다.
** 지역은 기부자나 수혜자가
어디에 있는지가 아니라
활동이 어디에서 이뤄지는지에 따라 나눠진다.
미국 단체가 미국 재단의 기부를 받아
브라질에서 활동하는 경우 브라질로 집계된다.
◆ 출처: 기후 리더십 이니셔티브의 그래프

하겠다고 약속한 것이다. 많은 사람들은 베이조스가 빌 게이츠의 획기적 에너지 연합 벤처스를 모방하여 베이조스 어스 펀드를 또 다른 초기 단계 창업투자사로 만들 것이라고 예상했다. 아마존은 이미 리비안 같은 클린테크 스타트업을 지원했다. 리비안은 세계 최대 온라인 유통업체인 아마존에 납품할 10만 대의 전기 밴을 바쁘게 생산하고 있다. 이는 2040년까지 넷 제로에 이른다는 아마존의 목표를 달성하는 데 중요한 요소다.

그러나 베이조스는 어스 펀드에 대해 다른 구상을 하고 있었다. 그는 16개의 1차 자금 지원 대상을 발표하면서 고도로 집중된 자선 활동에 가까운 접근법을 드러냈다. 지원 대상 단체는 세계자연기금World Wildlife Fund, 네이처 컨서버토리Nature Conservatory, 록키마운틴연구소, 참여 과학자 모임Union of Concerned Scientists, 환경방어기금, 기후 및 젠더 정의를 위한 하이브 펀드Hive Fund for Climate and Gender Justice 등이었다.[28] 이 중 어느 단체도 수익을 내거나, 주식을 발행하거나, 상장할 계획이 없다. 그러나 이 비영리단체들은 필수적인 생태계를 보호하고 대기에서 수 기가톤의 온실가스를 제거하기 위해 영리 기업만큼 규율과 결의를 가지고 있다.

해양과 수로를 보호하고 열대우림을 보존하며 재생농업을 육성하는 일은 환경적·경제적 측면에서 엄청난 혜택을 준다. 베이조스는 "지난 몇 달 동안 기후 변화와 그것이 전 세계의 지역사회에 미치는 악영향과 싸우는 것을 평생의 과업으로 삼은 명민한 사람들에게 많은 것을 배웠습니다. 그들의 활동 규모를 키울 수 있도록 기꺼이 돕고 싶습니다."라고 말했다. 베이조스는 새 비영리단체를 운영하기 위해 당시 세계자원연구소의 대표이던 앤드루 스티어를 영입했다. 나는 두 사람과 나눈 대화에서 그들이 기후 관련 자선 활동을 완전히 새로운 수준으로 높이고 있음을 알 수 있었다.

416

제프 베이조스

이번 10년은 결정적인 시기입니다. 2030년까지 올바른 진전을 이루지 못하면 때를 놓칠 것입니다. 나는 진전을 이루는 일이 가능하며, 낙관적인 시각을 가질 근거가 있다고 믿습니다.

그렇기는 해도 해야 할 일이 하나만 있는 게 아닙니다. 아주 많은 일을 해야 합니다. 게다가 규모가 아주 크기 때문에 상당히 벅차기도 합니다. 우리는 100년 동안 대기에 탄소를 뿜어내는 것이 공짜인 듯 행동했습니다. 이는 고전경제학 용어로 비용이 매겨지지 않은 외부효과에 해당합니다. 즉, 우리는 매일 잘못된 가정을 하는 수조 달러 규모의 자본 인프라를 구축했습니다. 또한 지금도 잘못된 가정을 하는 인프라를 계속 구축하고 있습니다. 이제는 그 일을 멈추고 지구를 보살펴야 합니다.

이 문제는 집단적으로 행동해야 할 규모입니다. 자선은 그 행동을 촉발하는 데 아주 중요한 역할을 할 수 있습니다. 자선가들은 정부와 기업이 감수할 수 없거나 감당하기 어려운 위험부담을 감수할 수 있습니다. 자선은 활동을 시작하게 하고, 해결책을 검증할 수 있습니다. 그러면 뒤이어 정부와 시장이 해결책의 규모를 키울 수 있습니다.

베이조스 어스 펀드는 순전히 기부 목적으로 운영됩니다. 어떤 영리 활동도 지원하지 않습니다. 나는 탄소를 배출하지 않는 새로운 방식을 개발한 친환경 스타트업에 자금을 지원할 필요가 있으며, 그런 지원이 중요하다고 믿습니다. 하지만 이는 어스 펀드의 설립 취지가 아닙니다. 내가 실태를 알고 나서 놀란 한 가지 사실은 기후 관련 기부금이 사실 아주 적다는 것입니다. 또한 증가율도 연간 2, 3퍼센트에 불과합니다. 이는 기후변화와 싸우기에는 턱없이 부족합니다.

이번 10년은 결정적인 시기다.

앤드루 스티어

베이조스 어스 펀드의 출발점은 이번 10년 동안 이뤄야 할 시스템 변화를 진단하는 것입니다. 또한 자선 기금이 변화를 촉발하고 추동할 수 있는 분야가 어디인지를 파악하는 것이죠. 큰 변화가 필요한 각 부문(에너지, 교통, 산업, 식량 및 농업, 금융 시스템 등)마다 여러 '작은' 변화들이 있습니다. 그래도 이 변화들 자체는 상당히 거대하지요. 가령 교통 부문의 경우 내연기관에 작별을 고해야 합니다. 또한 해상 운송과 항공 운송을 위한 수소 기술을 개발해야 하고, 대중교통을 획기적으로 뜯어고치며, 도시계획을 재고해야 합니다. 식량 시스템의 경우 기후위기를 막는 데 도움이 되는 새롭고 명민한 농업 기술이 필요합니다. 또한 공급사슬을 재편하고, 식물 기반 식품으로 식습관을 바꾸며, 이번 세기에 식품 손실과 낭비를 절반으로 줄여야 합니다.

우리는 모두 이제 이런 변화가 가능할 뿐 아니라 경제적·재정적·사회적 혜택을 준다는 사실을 알고 있습니다. 다만 필요한 속도로 변화가 일어나지 못하게 막는 온갖 장벽, 지식 간극, 위험 회피, 경로의존성이 존재합니다. 이 부분에 베이조스 어스 펀드가 개입할 수 있어요.

각각의 변화는 서로 다른 단계를 거칩니다. 일부 변화는 상당히 진행되어 전환점에 접근하고 있는 반면, 다른 변화는 이제 막 시작되고 있습니다. 우리의 역할은 그에 맞춰져야 합니다. 어떤 곳엔 기초 연구를 지원할 것이고, 다른 곳에는 신기술을 위한 시장을 창출하거나 투자 위험을 제거하는 일을 도울 것입니다. 또한 어떤 곳에는 정책 변화나 정보 시스템 및 투명성이 필요할 수도 있습니다. 그래서 우리는 운동단체나 감시 체계를 지원하거나, 함께 추진력을 만들어낼 수 있는 리더들을 규합할 것입니다. 모든 경우에 우리는 환경 정의 문제를 시급하게 해결해야 한다는 사실을 인식하고 사회적 문제를 고려할 것입니다.

베이조스 어스 펀드의 1차 지원 대상을 보면 이 모든 유형의 개입이 이뤄지는 사례를 확인할 수 있지요. 우리는 모든 활동에서 변화를 위한 동력을 강화하고자 해요. 변화에 저항하지 않고 멈출 수 없게 하기 위해서죠.

제프 베이조스

지금 투입에 매우 신중해야 합니다. 퍼즐 조각을 한데 맞추면 모두가 체계적으로 협력할 수 있게 만들어야 해요.

우리는 참여를 통해 투자 대비 최대의 효과를 얻을 수 있는 분야를 찾습니다.

이는 변화에 대한 일원화된 이론이 아닙니다. 한 전략이 전체 문제를 구성하는 50여 개의 하부 분야에 모두 통하는 것은 아닙니다. 변화를 일으키는 것은 벅차고, 아주 힘든 일입니다. 하지만 힘들어야 마땅합니다. 그런 각오로 시작하지 않으면 낙담하여 그만두기 쉽죠.

이 대의를 위한 텐트가 계속 넓어지고 있어요. 아군으로 이 활동에 합류하는 사람들은 이런 기부금이 거대한 규모의 목표를 달성하는 데 도움이 된다는 사실을 잘 압니다.

이렇게 설명해볼까요. 우리는 조부모보다 나은 삶을 삽니다. 그들은 자신들의 조부모보다 나은 삶을 살았습니다. 우리는 그 사이클을 끊는 세대가 될 수 없습니다. 즉 이것은 미래에 남길 유산을 위한 것이 아니라 지금 필요한 일을 하는 것에 관한 것입니다.

자선의 임무

더 많은 후원이 필요해지자 이는 '자선 자본'의 부상으로 이어졌다. 세상에서 가장 세심하고 역동적인 기부자 중 한 명이 이 혼합형 투자 범주를 완벽하게 다듬고 있다. 1989년에 로린 파월이라는 창업자가 스탠퍼드대학 경영대학원에 다니던 도중 캠퍼스에서 스티브 잡스의 강연을 들었다. 그로부터 2년 후 그들은 결혼했다. 2004년, 로린 파월 잡스는 에머슨 컬렉티브를 설립했다. 이 단체는 캘리포니아주 이스트 팰로앨토East Palo Alto 같은 저소득 지역을 대상으로 교육 진흥과 사회 정의를 위해 12억 달러를 기부하겠다고 약속했다. 이스트 팰로앨토는 스탠퍼드대학으로 유명한 부자 동네인 팰로앨토와 붐비는 고속도로 사이에 자리 잡고 있다.

에머슨 컬렉티브는 비영리단체로 설립되지 않았다. 대신 세후 자금을 활용하고, 수익을 안길 수 있는 벤처기업에 투자한다. 그래서 선택적 수익사업이라고 부를 수 있다. (때로는 영리 사업이 성과를 내는 최선의 수단이다.) 컬렉티브의 활동이 기후정의라는 대의를 추구하는 쪽으로 기울어지면서 로린은 운영에 더 깊이 참여했다. 2009년에 그녀는 에머슨 엘리멘털Emerson Elemental이라는 자선 벤처기업을 출범시켰다. 이는 향후 15년 동안 재산의 많은 부분을 기후행동에 투자하려는 계획의 일부였다.

로린은 나와 대화를 나누면서 엘리멘털의 설립 취지가 "리스크를 감수하고, 새로운 개념을 증명하고, 시범 프로젝트를 구현하는 것"이라고 설명했다. 나는 그녀에게 개인적 이야기를 요청하면서 무엇이 미래를 내다보는 노력으로 이끌었는지 물었다. 나는 그녀의 대답을 통해 그녀의 삶 전체가 이 중요한 일을 위한 준비 과정이었음을 알게 되었다.

로린 파월 잡스

나는 북서부 도시인 뉴저지의 시골 동네에서 자랐습니다. 우리 동네 옆에는 스키장이 있는 산들이 있었어요. 집 뒤쪽은 물길이 흐르는 산마루와 닿아 있었으며, 앞마당을 가로지르면 작은 호수가 나왔어요. 엄마는 신선한 공기를 마시는 것이 아주 중요하다고 생각했지요. 나는 여름 캠프에 다니면서 성장했고, 엄마는 집을 여름 캠프처럼 운영했습니다. 나와 형제들은 호수에서 수영을 하고 보트를 탔습니다. 겨울에는 스케이트와 스키를 즐겼습니다. 세상에 대한 나의 감각은 계절의 변화, 창조와 파괴의 리듬, 재탄생과 재생을 통해 형성되었어요.

해병대 조종사였던 아버지는 서른다섯 살 때 추락 사고로 돌아가셨어요. 그때 나는 고작 세 살이었죠. 나와 형제들은 삶이 일찍 끝날 수도 있다는 사실을 알게 되었습니다. 어쩌면 그래서 내가 아주 어릴 때부터 책 읽는 법을 배우고 싶어 했던 것인지도 모릅니다. 1학년 때 선생님이 보통은 3학년 때부터 주는 도서관 카드를 내게 준 일이 기억납니다. 우리는 여행을 하지 않았습니다. 그래서 나의 세계관은 대개 독서를 통해 형성되었어요. 여행하는 대신 나는 우표 수집가가 되었습니다. 모든 나라의 우표로 앨범을 채웠습니다. 우표 수집은 세상에서 보고 싶은 것과 하고 싶은 것에 대한 상상력을 키우는 데 도움을 주었어요.

나이가 들어서 아버지가 사망한 나이에 가까워지자 삶에 대한 개인적 시각에 약간의 조급증이 생겼습니다. 시간의 유한성과 죽음을 예측할 수 없다는 사실이 목적의식과 열정을 심어주었습니다.

나는 사랑하는 남편을 잃으면서 그 사실을 다시 확연하게 깨달았습니다. 스티브는 쉰여섯 살에 너무 빨리 우리 곁을 떠났어요. 10년이 지난 지금도 그가 이 세상에서 증명한 일들은 여전히 깊은 영감을 줍니다. 스티브는 나의 아버지와 달리 자신의 유산과 파급효과, 어떻게 삶이 지속적인 의미를 가질지 생각할 시간을 가졌어요. 그 영향은 내 안에도 남아 있습니다. 이 세상에서 내가 보낼 시간들을 나와 다른 사람들에게 의미 있게 하기 위해 어떤 일을 할 수 있을까요?

스티브는 일이 삶의 큰 부분을 차지했어요. 진정한 만족을 얻는 유일한 길은 훌륭한 일이라고 생각되는 일을 하고, 자신의 일을 사랑하는 것이라고 말하곤 했습니다. 우리 둘은 성인이 되어 함께 성장했습니다. 나는 그에게 팀과 함께 탁월한 성과를 내는 법, 사람들의 내면에서 자신도 깨닫지 못한 최고의 미덕을 이끌어내는 법 등 너무나 많은 걸 배웠습니다.

30년 전 스탠퍼드대학 경영대학원에 다닐 때 나는 겨우 몇 킬로미터 떨어진 이스트 팰로앨토에 실리콘밸리의 폐기물 처리장이 있다는 사실을 알게 되었습니다. 대량의 반도체 폐기물이 생체의학 폐기물과 함께 그곳에 버려졌습니다. 이스트 팰로앨토는 그 보상을 받았지만 적절하게 이뤄지지 않았습니다.

전 세계의 저소득 지역에서 이런 일이 일어납니다. 지하수면에는 온갖 독성물질이 흘러 들어갔고, 비소와 라돈 수치가 높아졌습니다. 이런 독성물질은 거기서 자라는 식량으로 전이되며, 정원에도, 식수에도 존재합니다. 우리는 부동산세를 통해 지역 교육 예산을 충당합니다. 이스트 팰로앨토의 학교들은 웨스트 팰로앨토의 학교들보다 훨씬 열악해요. 이스트 팰로앨토에는 탄탄한 세수 기반이 없습니다. 그래서 좋은 도로와 하수 처리 시스템을 갖추지 못했죠. 식료품점도, 은행도, 건강한 지역사회를 만들 인프라도 없었습니다.

2004년 나는 우리가 해결하려는 모든 문제, 지구에서 살아가는 우리의 삶과 관련되는 모든 시스템이 서로 연관되어 있다고 믿으며 에머슨 컬렉티브를 만들었습니다.

먼저 이스트 팰로앨토의 교육을 개선하는 일부터 시작했습니다. 우리는 대학까지 학비를 지원했습니다. 문제는 학생들이 이스트 팰로앨토로 돌아오려 하지 않는다는 것이었어요. 일자리가 없었기 때문입니다.

우리가 배운 큰 교훈은 동시에 모든 문제에 대응해야 한다는 것이었죠. 환경 불평등은 전국 수치보다 다섯 배 높은 아동 천식 발병률로 나타났습니다. 이스트 팰로앨토는 수많은 차가 지

422

나치는 지역이고 하루에 5시간 넘게 교통 정체가 발생해요. 결국 남는 것은 배기가스뿐입니다. 이스트 팰로앨토는 통행료를 징수하지 않지만 보건 측면에서 아주 심한 불이익을 받고 있지요. 아이가 천식에 걸리면 두 가지 일이 일어납니다. 1) 학교를 자주 결석하고, 2) 평생 건강상의 불이익을 받는 거죠.

에머슨은 기획, 설계, 행동의 영역에서 일합니다. 우리는 시스템을 재설계하려면 종종 지역 정책을 재설계해야 한다는 사실을 압니다. 그래서 그 부분도 노력하고 있어요. 나는 우리가 개발하는 모델을 다른 지역에도 전파하고 싶습니다.

우리는 돈 리퍼트를 알게 되었습니다. 그녀는 엘리멘털 엑셀러레이터Elemental Excelerator의 전신에 해당하는 비영리 조직을 설립한 사람입니다. 기후위기 대응 기술을 전파하기 위한 최초의 추진 조직이었죠. 돈은 이전에 하와이에서 클린 에너지 이니셔티브를 이끌었습니다. 거기서 그녀는 지역사회가 화석연료에서 벗어나려면 혁신이 어떤 역할을 해야 하는지 알게 되었습니다. 엘리멘털은 정부와 자선단체로부터 자금을 지원받았습니다. 이는 획기적인 기후 혁신과 진정한 지역사회의 목소리 그리고 기후 해결책을 위한 리더십을 통합하는 새로운 방식을 찾는 실험이었습니다.

엘리멘털은 최선의 기후 해결책이 가장 평등하다는 철학을 갖고 있습니다. 나는 돈이 하는 일에 매료되었습니다. 그래서 곧바로 "어떻게 하면 이 모델을 키울 수 있나요?"라고 물었습니다. 그렇게 해서 엘리멘털 엑셀러레이터가 만들어졌습니다.

하와이주는 로린, 돈 리퍼트, 엘리멘털 엑셀러레이터에게 특별한 기회를 제공했다. 2008년까지 하와이주는 운송하기 가장 쉬운 화석연료인 석유를 태워서 전력의 90퍼센트를 얻었다.[29] 하지만 편의성은 건강에 해로운 대기와 상당한 온실가스 배출량은 말할 것도 없고 형편이 어려운 사람들이 감당하기 어려운 비싼 전기라는 대가를 수반했다. 하와이에서 재생에너지로의 전환을 수월하게 만든 것은 높은 유가였다. 태양광 패널과 온수기는 다른 지역보다 훨씬 빠르게 경제적 타당성을 확보했다. 하와이는 친환경 에너지, 물, 식량, 교통을 위한 혁신적이고 평등한 기술을 시험하기에 이상적인 캔버스였다. 이런 해결책은 또한 기후 평등과 정의 문제에도 대응했다.

돈 리퍼트

하와이에 왔을 때 에너지와 관련된 수많은 문제와 마주쳤습니다. 또한 기후위기로 인해 지역 사회가 이미 대처하는 데 어려움을 겪는 여러 문제가 악화되는 것을 직접 목격했습니다. 가령 물, 교통, 교육, 노동력 같은 문제에 직면하지 않고는 에너지 문제에 대해 5분 이상 이야기할 수 없었습니다. 이것이 섬에서 일하는 미덕이죠. 크기가 작아서 전체 시스템이 연결된 양상을 볼 수 있답니다.

전 세계에서 기후 해결책을 전파하고 사회적 평등을 촉진하는 우리의 활동은 2009년 하와이 에서 친환경 기술을 위한 자금을 지원하는 데서 시작했습니다. 그 과정에서 중대한 간극을 발 견했습니다. 우리의 기술적 성과는 대규모로 받아들여지지 않고 있었죠. 상업과 지역사회 측 면의 맥락을 놓치고 있었습니다.

기후 해결책이 전개되는 곳은 지역사회입니다. 엘리멘털은 기술과 사람이 아주 실용적이고 지 역적인 수준에서 교차하는 양상을 설계하는 데 도움을 줍니다. 세계 최고의 기술을 가졌어도 사람들이 받아들이지 않으면 규모를 키울 수 없어요. 우리는 기술이 해결책의 절반이라면 나 머지 절반은 지역사회임을 깨달았습니다.

기업들이 지역사회(그리고 폭넓은 상업화)와의 간극을 메우도록 돕는 한 가지 수단은 시범 프로 젝트를 위한 자금을 지원하는 것입니다. 전 세계에서 70건 이상의 시범 프로젝트가 출범했습니다. 예를 들어 소스 글로벌SOURCE Global이라는 기업은 아무런 인프라 없이 태양광과 공기에서 식수를 만들어내는 '하이드로패널'hydropanel을 만듭니다. 하이드로패널은 대개 가정과 학교에 설치됩니다. 소스 글로벌은 수백 또는 심지어 수천 개의 하이드로패널을 연결하여 지역사회 규모의 해결책을 만드는 새로운 비즈니스 모델을 탐구하고 싶어 했습니다. 우리는 프로젝트 파이낸싱을 통해 그들이 호주에서 토착민이 보유한 지역 협력업체와 함께 최초의 식수 매입 협약을 맺도록 도왔습니다. 그들은 이 새로운 비즈니스 모델이 지역사회 규모에서도 통한다는 사실을 실제 데이터로 증명해냈어요. 이는 그들이 프로젝트 파이낸싱을 확보하고 전 세계 50여 개 나라에서 사업을 전개하는 데 도움을 주었습니다.

우리는 지난 12년 동안 66개국에서 활동하는 총 5,000여 개의 스타트업을 평가했으며, 100여 개의 스타트업에 투자했습니다. 현재 이 탄탄한 기업 공동체는 2,000명 이상을 고용하며, 엘리멘털의 지원을 토대로 후속 펀딩을 통해 80배인 40억 달러를 모았습니다.

우리는 이 스타트업들과 협력하는 과정에서 기후 기술을 상업화하는 기술적·과학적 방법을 발굴했습니다. 또한 그들의 진전을 앞당기는 새로운 방법론을 개발했습니다. 우리는 창업자들과 협력하기를 좋아합니다. 그들은 빠르게 변화를 일으키고 기존 구도에 도전하려는 기질이 있기 때문입니다. 또한 그들은 올바른 도구와 지원이 주어지면 기술을 활용하여 회사 안팎에서 사회적 평등을 촉진할 수 있는 고유한 위치에 있습니다.

엘리멘털은 기후 해결책이 지역사회의 필요를 충족할 수 있는 양상을 보여준다. 또한 창업자와 투자자들이 기후정의를 우선시함으로써 실용적이고, 규모화가 가능한 활동으로 엮어내는 양상을 보여준다. 엘리멘털은 소프트웨어를 활용하여 대중교통을 보다 평등하게 만드는 스타트업을 지원했다. 이 지원 덕분에 또 다른 스타트업은 일선 지역사회에서 에너지 효율을 높이기 위한 개보수 작업을 진행할 수 있었다.

엘리멘털은 지원 기업과 다른 기후 관련 활동에서 청소년 인턴 제도를 운영하도록 도움을 준다. 또한 향후 5년 동안 전통적으로 소외되었던 집단과 유색인종에 중점을 두어 500개의 기후 관련 일자리를 만들 것이다.

전체적으로 현재 하와이에는 1만 명이 청정에너지 부문에 종사하는 것으로 추정된다.[30] 하와이는 가정용 에너지 효율과 곧 대다수 전력을 차지할 친환경 전력 분야에서 미국을 선도한다. 2020년에 하와이는 청정에너지의 비율을 30퍼센트로 맞춘다는 목표를 초과 달성했으며, 2030년까지 70퍼센트, 2045년까지 100퍼센트로 맞추는 과정을 순조롭게 진행하고 있다.[31]

로린이 말한 대로 우리는 동시에 전체 시스템을 바꿔야 한다. 우리의 에너지·식량·물·교통 시스템은 교육, 주택, 사법 정의, 정치 체제와 긴밀하게 연계되어 있다. 창업자들은 미래의 대기업을 키우는 과정에서 중추적인 역할을 맡을 것이다.

로린 파월 잡스

그렇다면 자선 자본이 할 수 있는 일은 무엇일까요? 바로 리스크를 감수하고, 개념 증명POC을 하고, 시범 프로젝트를 진행하는 것입니다. 정부 지원의 자리를 차지해서는 안 됩니다. 우리는 개념을 증명한 다음 규모화에 나설 기업으로 전환하거나, 규모화 할 수 있게 다른 기업으로 넘겨야 합니다. 자선 자본은 대규모 자본이 할 수 있는 일을 해서는 안 됩니다. 자선 자본은 리스크를 감수하는 자본입니다. 포트폴리오의 30퍼센트가 실패해도 빠르게 실패하고, 빠르게 배우고, 빠르게 나아갈 수 있다면 괜찮습니다.

또 다른 30퍼센트는 기업으로 독립해나갈 수 있습니다. 이 기업들은 평등하고, 관대하며, 실행력이 뛰어난 방식으로 만들어져야 합니다. 나머지 30퍼센트는 좋은 일을 하지만 재정적으로 힘들 수 있습니다. 그래도 괜찮습니다. 우리는 이 30×30×30 비율을 성공적인 구도로 봅니다. 모든 지원 사업을 성공시키려 들면 많은 것을 놓치기 마련입니다.

세상에는 자금을 지원받지 못한 수많은 아이디어와 명민한 사람들이 있습니다. 문제는 이것입니다. 우리가 과연 넷 제로에 이를 수 있을까? 기후 파국을 피할 수 있을까?

내가 가진 자원의 상당 부분을 기후위기에 대응하는 데 쓰고 있습니다. 우리는 앞으로 15년 동안 이 자원을 투입할 것입니다. 향후 10년에서 15년이 실로 중요합니다. 이 책의 OKR을 살펴보면 모든 것을 바꿔야 하는데, 이 일에는 우리 모두의 노력이 필요합니다. 모든 부문과 산업에 걸친 변화가 필요합니다. 이는 우리가 이전에 했던 어떤 일과도 다릅니다.

그래도 새로운 코로나바이러스에 대항해 백신을 개발하고, 보급했듯이 기후위기에 맞서는 일도 가능합니다. 다만 같은 수준의 집중과 시급성에 대한 인식이 필요하죠. 이제 우리는 만지고 느낄 수 없으며, 그 영향을 아직 완전히 느끼지 못하는 대상과 싸워야 합니다.

그래도 나는 창업자들을 만날 때 아주 낙관적으로 전망합니다. 혁신하고, 창조하고, 전파하는 것은 우리 종이 가장 잘하는 일입니다. 우리는 이 문제를 둘러싼 창의성을 촉진하고 축복해야 합니다.

아주 좋은 일은 기후위기를 해결하려는 노력이 자연계와, 계절의 리듬과 다시 조화를 이루도록 만든다는 것입니다. 결과적으로 이는 건강하고 아름다운 일이 될 겁니다.

기후위기는 인류에게 주어진 최고의 기회 중 하나입니다.

Conclusion

결론

이 책의 서두에서 나는 59기가톤의 온실가스를 제거하고 기후 파국을 피할 행동 계획을 제시하겠다고 약속했다. 그 일을 이루기 위한 목표와 지렛대를 파악하기 위해 최선을 다했다. 하지만 이 거대한 규모로 목표를 달성하려면 인류사의 그 어느 때보다 더 많은 사람을 동원하고, 더 많은 기술을 보급하며, 더 많은 신기술을 발명해야 한다. 또한 사람이 살 수 있는 지구를 구하려면 더 많은 자금과 훨씬 많은 리더십 그리고 단결이 필요하다. 아직 갈 길이 까마득하다.

솔직히 말해 내 딸과 그레타 툰베리만 미래를 두려워하는 게 아니다. 나도 가끔은 우리가 해내지 못할 거라는 두려움을 느끼며 잠에서 깨어난다. 탄소가 가득한 대기를 들이마시면 정신이 번쩍 든다. (패닉이 실로 적절한 반응인 때가 있다.) 이 책이 당신에게 두려움을 일으켜 행동에 나서게 했다면, 나만큼이나 두려움을 느끼게 만들었다면 나는 할 일을 한 것이다. 다만 두려움이 도움이 되려면 우리를 마비시키는 것이 아니라 자극해야 한다. 두려움이 우리를 북돋으려면 희망과 이어져야 한다.

그렇다면 이런 의문이 생길 수 있다. 무엇이 우리가 제때 넷 제로에 이를 수 있다는 희망을 품게 할까? 무엇이 백기를 들지 않게 만들까? 불가피한 결과에 승복하고 그저 다가오는 태풍을 맞아 아이들을 끌어안는 것은 어떨까?

나의 대답은 인류의 창의성 그리고 협력에 대한 성향에서 시작된다. 우리 모두의 모험담은 불과 바퀴에서 인터넷과 스마트폰까지 끝없는 변경邊境을 개척하는 이야기다. 미국은 마땅히 혁신의 수도로 불릴 만하다. 그래서 전 세계의 창의성과 영감을 끌어들인다. 이제 우리는 대륙 횡단 철도의 규모와 코로나 백신을 개발하기 위한 경주의 속도를 재현해야 한다. 그보다 더 크고 빠르게 말이다. 이는 유례없는 일이며, 미국 혼자 할 일도 아니다. 독자적으로 전 세계적 문제를 해결할 수 없다.

이 책의 서두에 소개한 루스벨트의 냅킨을 기억하는가? 추축국들이 연합군을 앞서던 때가 있었다. 히틀러의 군대는 덴마크, 네델란드, 벨기에, 노르웨이, 프랑스를 정복했다. 일본 제국은 동남아시아를 휩쓸었다. 영국은 나치의 공습에 휘청거렸다. 자유세계는 존재를 위협받고 있었다.

이 흐름을 바꾸려면 전 세계가 이전에 본 적 없는 대규모로 단합된 노력을 펼쳐야 했다. 거기에는 양방향 무선통신, 레이더, 소나, 보다 강력한 컴퓨터 그리고 음성 암호화 장치 같은 일련의 신기술이 필요했다.[1] 루스벨트와 처칠 영국 총리는 최초의 음성 암호화 장치 덕분에 대서양을 가로질러 대화를 나누면서 보안을 유지할 수 있었다. 미국과 영국 그리고 우방국은 자동차와 가전 기기의 생산을 중단하고 역사적인 전시 생산 체제를 가동했다.[2] 그 결과 1만 4,000척의 함선, 8만 6,000대의 탱크, 28만 6,000대의 비행기, 250만 대의 트럭, 4억 3,400만 톤의 철강, 410억 발의 탄환을 생산할 수 있었다.

기후위기를 물리치려면 이 모든 집중과 헌신 그리고 그 이상이 필요하다. 온실가스는 독일 공군보다 덜 눈에 띄고 겨냥하기 어렵다. 그러나 제2차 세계대전 때처럼 이 일에 인류의 미래가 걸려 있다. 루스벨트와 처칠이 처했던 상황처럼 우리에게 낭비할 시간이 없다. 화석연료 기업들이 스스로 탈바꿈하여 우리의 대열에 합류하기를 마냥 기다릴 수 없다. 우리는 아직 상상하지 못한 돌파구를 기다릴 수 없다. 현재 가진 도구로 전진해야 한다. **새로운 기술을 찾을 때만큼 열성적으로 지금 가진 기술을 보급해야 한다.**

근본적인 변화는 단지 바람직하다는 이유만으로 일어나지 않는다. 그것은 경제적으로 타당해야 일어난다. 우리는 올바른 결과를 수익성 있는 결과로, 따라서 이뤄질 법한 결과로 만들어야 한다.

청정에너지가 보편적인 수준에 가깝게 보급되려면 경쟁우위를 제공해야 한다. 창업자와 창투사들은 독자적으로 우리를 그 수준까지 데려갈 수 없다. 가장 명민하고 획기적인 기술도 지원이 없으면 시들어버린다. 시장의 강력한 바람을 순풍으로 만들려면 과감한 국가 정책이 필요하다. 또한 2050년까지 넷 제로에 이르려면 그보다 많은 것, 즉 기후 평등과 정의가 필요하다. **친환경 기술에 대한 접근이 탐욕이나 이기심, 시장 실패나 무능한 정부 때문에 가로막힌다면 우리는 실패할 것이다.**

코로나 팬데믹만 봐도 충분히 교훈을 얻을 수 있다. 얼마 전까지만 해도 많은 사람은 전 세계적인 집단면역이 이뤄질 것이라고 낙관했다. 그러나 현재 그럴 가능성은 낮아 보인다. 리더십의 차이, 인간 행동의 변덕 그리고 무엇보다 백신 가용성과 의료 지원 체계의 극단적인 불평등이 문제를 일으켰다.

기후 측면에서는 부국들(최우선적으로 지금까지 세계에서 가장 많은 오염을 저지른 미국)이 더 많은 일을 해야 한다. 바이든 행정부가 최근에 대외적으로 천명한 약속을 압도하는 기후 마셜 플랜Marshall Plan(제2차 세계대전 후 미국이 서유럽을 대상으로 기획한 대규모 원조 계획 – 옮긴이)이 필요하다. 북미, 유럽, 아시아의 부국들은 아직 스스로 해낼 능력이 없는 나라들이 친환경 에너지로 전환하는 데 필요한 지원금과 보조금을 제공해야 한다. 화석연료로부터 멀어지는 전환은 저소득국에서도 안정적이고 저렴한 재생에너지가 폭넓게 보급될 때 자리를 잡을 것이다. 그렇게 되면 변화의 동력은 거침없을 것이다. 클린테크는 21세기 최대의 사업 기회가 될 것이다.

우리의 넷 제로 계획은 목표 및 핵심 결과, 즉 OKR을 토대로 삼는다. 지금까지 이 책을 읽었으니 10개의 고차원적 목표와 55개의 핵심 결과를 살펴봤을 것이다. 우리의 OKR은 당면한 위기를 극복하는 데 가장 중요한 지향점이다. 나는 우리의 OKR이 영적 아버지인 앤디 그로브로부터 합격점을 받으리라 확신한다. 전체적으로 우리의 OKR은 사람이 살 수 있는 지구를 구하기 위한 최후의 제안으로서 대상과 방법을 포괄한다. 열의에 넘치는 사람들이 과감한 목표를 달성하기 위해 검증된 방법론을 활용하면 모든 기대를 뛰어넘는 결과를 낼 수 있다.

OKR은 집중, 정렬, 헌신, 야심 등 여러 미덕을 지닌다. 그중에서도 가장 중요한 미덕은 소위 점검 또는 지속적 측정일 것이다. 점검은 다음과 같은 이유로 최고의 지위를 누린다. 중요한 것을 측정하지 못하면 우리가 가야 할 곳에 이를 확실한 방법이 없다.

온실가스는 실로 끈질기고 파악하기 힘든 문제다. 제때 넷 제로에 이르려면 모든 나라가 정확하게 얼마나 탄소를 배출하는지, 어디서 배출하는지, 누가 배출하는지를 모두 실시간으로 측정해야 한다. 그러기 위해서는 수학적 모형부터 인공지능, 최신 위성까지 일련의 정밀한 도구가 필요하다. 국가와 기업들에 책임을 묻고, 가장 중요한 곳에 시간과 자원을 집중하려면 신뢰할 수 있는 데이터가 있어야 한다.

측정은 이 책의 모든 챕터를 관통하는 근간이다. 또한 각 목표에 의미를 부여하는 보편적인 촉진제다. 불가능해 보이는 목표에 얼마나 가까워졌는지 점검하다 보면 결국 도달할 수 있을지도 모른다.

우리 내면의 엔지니어는 이산화탄소 등가물과 메탄 농도, 섭씨와 기가톤 같은 정확한 척도를 좋아한다. 그러나 우리가 가진 지식의 한계를 겸허하게 인정해야 한다. 아인슈타인이 칠판에 썼다는 말처럼 중요한 모든 문제를 계산할 수 있는 것은 아니다. 인간의 창의성과 영감에 대해서는 수정구슬은 말할 것도 없고 척도도 없다. 지금부터 2050년까지는 과학과 기술 측면에서 보면 아주 오랜 기간이다. 30년에 걸친 모든 예측의 불확실성은 실로 크다. 그럼에도 우리는 미래를 내다보기 위해 최선을 다해야 한다.

우리에게 불리하게 작용하는 것은 꾸준히 늘어나는 세계 인구다. **59기가톤을 감축한다는 우리의 과제는 줄어들기 전에 먼저 커질 것이다.** '뉴 노멀'new normal은 곧 악화될 것이다. 늘어난 수십억 명은 더 많은 땅, 건물, 자재, 교통, 식량, 에너지를 요구할 것이다. 특히 에너지는 더 저렴한 대체재를 제공하기 전까지는 지저분한 종류를 요구할 것이다.

반면 우리에게 유리한 요소는 규모를 확대할 수 있는 검증된 친환경 기술의 힘과 획기적 혁신의 잠재력이다. 우리는 합성 연료, 켈프 숲, 공학적 탄소 제거, 녹색 수소, 핵융합 원자로의 잠재력이 어느 정도인지 모른다. 지금은 공상과학처럼 보이는 것이 나중에는 표준 관행이 될 수 있다. 이런 한두 가지 해결책이 우리가 여전히 집이라고 부르고 싶은 지구를 구할 수 있다. 그 가능성은 많은 희망을 품고 있다.

어떤 사람은 이를 믿음의 도약이라 부를지 모른다. 하지만 나는 그것을 치명적인 위험에 마주했을 때 보이는 건강한 생리적 반응인 투쟁 또는 도피fight or flight response의 문제라고 본다. **이 문제에서 도피는 선택지가 아니다. 우리는 지구온난화로부터 도망갈 수 없다. 따라서 떠올릴 수 있는 모든 무기를 들고 싸워야 한다.**

이 싸움에는 희망의 빛이 넘쳐난다. 우리에게는 30년 넘게 싸워온 기후 전사들이 있다. 신선한 시각으로 앞장서는 젊은 목소리와 창업자들이 있다. 우리는 그들이 더 많은 일을 하고, 더 빨리 나아갈 수 있도록 필요한 도움을 제공해야 한다.

2021년 4월 독일 대법원은 지금 할 수 있는 일을 마땅히 존중하는 판결을 내렸다. 그들은 청년 환경운동가의 고소에 대응하여 연방정부에 2030년까지 배출량 감축 목표에 도달할 수 있도록 '보다 시급하고 단기적인 조치'를 시행하라고 명령했다. 판사들은 지구온난화가 1.5도선을 크게 넘으면 '인류의 미래에 대한 청년들의 기본 권리'가 위태로워질 것이라고 선언했다.[3]

글래스고 및 이후의 국제 기후변화회의도 같은 방식으로 접근해야 한다. 자발적인 서약과 약속은 더 이상 충분치 않다. **각국은 목표를 세우고 실행해야 한다.** 화석연료를 친환경 대안으로 대체하고 불가피하게 배출한 탄소를 제거하는 일에 **스스로 책임을 져야 한다.** 태양광과 풍력 그리고 부상하는 다른 청정에너지원으로부터 전력을 얻는 세상에 대한 전망이 밝아지고 있다. 우리는 진작에 그런 전망을 실현했어야 했다.

이 책은 모병문募兵文, 즉 우리의 지구 수호군에 합류하라는 초청장이다. 지금까지 우리는 주로 정부, 운동단체, 비영리단체, 기업, 투자자 등 세상을 움직이는 핵심 세력들의 의무에 초점을 맞췄다. 그러나 개인들이 맡을 역할도 있다. (당신은 조명을 LED 전등으로 교체하는 데서 그치지 않고 지역구 의원을 바꿔야 할지도 모른다.)

어떻게 하면 기후 문제의 리더가 될 수 있을까? 첫째, 공부와 대화 그리고 논쟁을 통해 무엇을 해야 하는지 파악하라. 둘째, 다른 사람들도 그 일을 하고 싶어 하도록 만들어라. 셋째, 당신만의 목소리와 방식으로 다른 사람들을 움직여라.

이 책에 담긴 청사진은 우리 앞에 주어진 과업과 씨름하기 위한 정직한 시도다. 이는 출발점 그 이상도, 그 이하도 아니다. 그 청사진은 우리의 부지런한 관심과 공동의 기여를 통해 개선될 것이다. 그러기 위해서는 당신이 필요하다.

speedandscale.com을 통해 참여하라. 우리는 토론과 논쟁 그리고 비판을 기대한다. 우리 중 누구도 답을 알지 못한다. 그래도 우리는 함께 해결책을 찾을 것이다.

나는 기후위기에 대한 인식을 아버지, 투자자, 운동가, 자선가로서 삶의 모든 측면에 투영한다. 그리고 지금 당신이 들고 있는 이 책도 썼다. 이 책을 쓰는 일은 평생 가장 보람차고 계몽적이며 힘든 일 중 하나였다. 물론 애정을 수반한 고생이었지만 그래도 고생이기는 했다. 내가 감당할 수 없는 일을 시작한 게 아닌가 하는 순간들도 있었다. (일부 비평가들은 그런 식으로 말했다.) 하지만 어떤 일이 생기든 전력을 기울여야 하는 때가 있다면 바로 지금이다. 누구도 "기후변화는 내 문제가 아냐."라고 말할 수 없기 때문이다.

우리는 다 같이 이 위기에 처해 있기 때문이다.

나는 다른 베이비부머들처럼 2050년까지 살지 못할 것이다. 우리 세대는 전후 번영의 시대에 성인이 되었다. 이 번영을 촉진한 것은 3억 년 전의 화석연료와 온실가스가 아무런 악영향을 초래하지 않는다는 착각이었다. 나는 제2차 세계대전 이후에 성장기를 보냈다. 당시에는 뒷마당에서 바비큐를 먹는 것이 좋은 삶의 상징이었다. 친구들은 휘발유를 들이마시는 차를 타고 멀리서 찾아왔다. 우리는 제단과도 같은 강철 그릴을 중심으로 콘크리트 테라스 위에 모였다. 그리고 라이터 기름을 뿌려서 숯에 불을 붙이고 고기를 구웠다. 탄소가 가득한 연기 때문에 눈이 매웠지만 그래도 모두 즐겁게 시간을 보냈다. 지구온난화에 대한 데이터는 거의 존재하지 않았다. 우리 중 누구도 탄소를 마구 배출하는 데 따른 영향을 잠깐이라도 생각한 적이 없었다.

넷 제로에 이르는 길을 막는 모든 장애물 중에서 내가 방금 묘사한 향수 어린 풍경이 가장 넘기 힘든 장애물일지 모른다. 익숙한 삶을 고수하려는 것은 인간 본성이다. 포기는 쉬운 일이 아니다. 하지만 선택의 여지가 없다. 좋은 삶에 대한 새로운 무탄소 패러다임을 받아들였어야 할 때는 이미 지났다.

오늘 메리에게 무슨 말을 해야 할까? 우리의 아들딸에게 전하는 나의 메시지는 무엇일까? 우선, 나는 우리 세대가 실패했다는 사실을 고백할 것이다. 그리고 이 암울한 비상사태에 대응하기 위해 내 몫의 노력을 계속하겠다고 약속할 것이다. 그다음 메리의 질문(어떻게 할 거예요?)을 되돌려줄 것이다. 지구를 구하려면 그녀의 세대가 성마르게 주도권을 잡아야 하기 때문이다.

오늘날의 청년들은 기후위기가 닥친 세계에서 성인이 되었다. 그들은 2050년까지 그리고 그 이후까지 정당하고 살 만한 세계를 누릴 권리가 있다. 용기 있는 리더와 활동가들, 멀리 내다보는 투자자들, 자극받은 기업들, 계몽된 자선가들 그리고 무엇보다 명민한 혁신가들의 도움을 받으면 그들은 우리를 넷 제로로 이끌지도 모른다. 우리가 기운과 재능과 영향력을 한데 모으면 그 증폭효과는 산을 움직일 것이다. 아니면 적어도 우리의 해양과 삼림을 구할 것이다.

불리한 여건과 어두운 전망 속에 지독할 만큼 힘든 문제에 직면해 있지만, 열정적인 청년들은 무엇보다 내게 희망과 영감을 준다.

우리 중 누구도
답을 알지 못한다.
그래도 우리는 함께
해결책을 찾을 것이다.

Acknowledgments

감사의 말

윈스턴 처칠은 "책을 쓰는 일은 모험이다. 처음에는 장난감이자 오락으로 시작된다. 그러다가 정부情婦가 되고 뒤이어 주인이 되며 종국에는 폭군이 된다. 마지막 단계에서 노예가 되기 직전에 겨우 괴물을 죽여서 사람들 앞에 내던지게 된다."라고 썼다.

책이라는 괴물을 독자 여러분 앞에 내던지는 지금 나는 엄청난 고마움을 느낀다. 첫째, 나는 거대한 문제들을 해결하고 인간의 잠재력을 증폭하기 위해 앤디 그로브의 OKR 시스템을 너무나 운 좋게도 물려받았다. 둘째, 리스크 감수를 보상하고 존중하는 미국 그리고 무엇보다 전 세계의 기관에 감사드린다. 리스크를 감수하는 사람들이 지금 그 어느 때보다 필요하기 때문이다.

나의 아내, 앤과 딸, 메리와 에스더에게 변함없는 감사를 전한다. 그들의 인내, 격려, 애정은 이 길고도 힘든 프로젝트를 끝낼 수 있게 해주었다.

기후위기에 대한 의견과 참여 그리고 개인적 리더십에 대해 독자들에게 미리 감사드린다. 여러분의 노력과 수완이 다른 사람들도 '해야 하는 일을 하고 싶게' 만들 것이라고 믿는다.

그 일에 대해 내 이메일 john@speedandscale.com으로 편지를 보내주기 바란다.

우리 팀: 알릭스, 안잘리, 에반, 제프리, 저스틴, 퀸

이 책을 만들면서 성공하기 위해서는 팀이 필요하다는 나의 지론이 옳았음을 다시 한번 확인했다. 나의 파트너인 라이언 판차드사람Ryan Panchadsaram과 이 책을 같이 만들었다. 초기 구상부터 OKR 핵심 내용까지 라이언의 조율, 추진력, 탁월한 판단력이 없었다면 우리의 속도와 규모 계획(그리고 그것이 낳은 책과 웹사이트)은 존재하지 않았을 것이다.

이 책과 나는 재능 있는 공동 저술팀의 은총으로 축복을 받았다. 제프리 코플론Jeffrey Coplon과 안잘리 그로버Anjali Grover는 특히 나의 첫 책, 《OKR, 전설적인 벤처투자자가 구글에 전해준 성공 방식》에서 살아남은 사람들이다. 나는 엔지니어라서 문장과 단어에 때로 애를 먹는다. 제프리는 나의 메시지를 훼손하는 일 없이 거친 부분들을 능숙하게 다듬어준다. 이는 결코 쉬운 일이 아니다. 그리고 논리, 구성, 지적 엄격성의 대가인 안잘리도 있다. 이 책이 지닌 명료함과 투철함은 안잘리 그로버의 공이다.

에반 슈워츠Evan Schwartz는 상상력이 풍부하고 경험 많은 환경 관련 스토리텔러이자 다큐멘터리 작가다. (그리고 켈프 애호가이기도 하다.) 알릭스 번스Alix Burnes는 정책 및 정치와 관련된 모든 문제에 대한 현명하고, 열정적이고, 강력한 파트너다. 저스틴 길리스Justin Gillis는 《뉴욕타임스》의 과학 및 기후 선임 기자 출신으로서 다이아몬드처럼 단단하고 빛난다. 모호한 생각을 고도로 정밀하게 잘라내는 그는 팩트와 명료성 측면에서 탁월하다.

유능하고 꼼꼼한 퀸 마빈Quinn Marvin은 조사와 데이터 팀[하이커 메디나Heiker Medina, 줄리언 칸나Julian Khanna를 포함하는]을 이끌었다. 그들은 거의 1,000개에 달하는 데이터와 씨름하여 성실하게 출처를 밝힌 500여 개의 미주로 바꾸었다.

앨_{Al}이라 불러다오,[1] 할_{Hal}이라 불러다오

내게 영감을 준 주요한 사상가이자 활동가를 어떻게 하면 가장 명예롭게 소개할 수 있을까? 2007년에 노벨위원회는 '인간이 초래한 기후변화…, 그리고 기후변화에 맞서는 데 필요한 조치에 대해 더 많은 지식을 구축하고 전파하기 위한 노력'을 기울인 공로로 그(그리고 IPCC)를 수상자로 선정했다. 15년 동안 매주 나와 통화를 나눈 앨 고어는 이 존재론적 위기를 막기 위해 평생 노력하며 낙관적이고, 결연하고, 이타적인 태도를 유지했다. 기후 현실 프로젝트를 이끄는 앨의 팀(리사 버그Lisa Berg, 브래드 홀Brad Hall, 베스 프리처드 기어Beth Prichard Geer, 브랜든 스미스Brandon Smith)은 대단하다. 여러분도 나와 5만 명의 훈련된 자원봉사자들과 함께 앨의 기후 현실 리더십 코어Climate Reality Leadership Core에 참여하기를 권한다. 나는 그의 파트너이자 친구인 것이 자랑스럽다.

자세한 내용은 climatereality project.org에서 확인하라.

할 하비는 겸손하고 조용한 기후운동가이자 스탠퍼드대학 출신 엔지니어다. 할이 기획한 정책들은 탄소 배출량을 직접 감축하는 200여 개의 법안과 기준으로 확립되었다. 그럼에도 더 많은 변화를 위한 그의 열의는 아직 수그러들지 않았다. 할은 워싱턴부터 브뤼셀, 베이징까지 모든 곳에서 신뢰받는다. 그는 대단히 유능하고, 집중력이 뛰어나며, 데이터를 중시하는 기후운동가다. 에너지 이노베이션을 이끄는 그의 팀에는 브루스 닐스, 민슈 덩Minshu Deng, 로비 오비스, 메건 마하잔이 있다. 그들 모두 우리의 네트워크, 이야기, 기후 모델링에 크게 기여했다.

설립자들: 제프 베이조스, 빌 게이츠, 로린 파월 잡스

제프 베이조스와 그의 강인한 아마존 사람들은 우리가 추진하는 다면적 기후 캠페인의 헌신적이고 반가운 리더들이다. '크고, 빠르게 가는' 아마존의 본능은 글로벌 운영, 물류, 공급사슬, 10만 대의 리비안 전기차, 아마존웹서비스AWS '넷 제로 클라우드'에서 엿볼 수 있다. 아마존은 내부 운영을 넘어서 다른 기업들도 기후 서약에 참여하도록 독려하고 있다. 또한 베이조스는 100억 달러를 들여서 어스 펀드를 만들었다. 우리의 이야기를 만들어준 제프, 카라 허스트, 앤드루 스티어, 제이 카니Jay Carney, 드루 허드너Drew Herdener, 앨리슨 리더Allison Leader, 루이스 다빌라Luis Davilla, 피오나 맥레이스Fiona McRaith에게 감사드린다.

빌 게이츠와 나는 마이크로프로세서, 무어의 법칙, 소프트웨어의 마법 같은 세상에서 일하는 동안 처음 만났다. 이 만남은 교육, 전 세계적 빈곤, 자선, 기후 위기에 대한 활기찬 협력의 토대가 되었다. 빌 그리고 래리 코헨, 조나 골드먼, 로디 귀데로, 에릭 툰, 카마이클 로버츠, 에릭 트루시에비치를 비롯한 전문가로 이루어진 팀과 게이츠 벤처스, 획기적 에너지 연합의 모든 훌륭한 분들에게 고마움을 전한다.

로린 파월 잡스는 에머슨 컬렉티브의 선지자적 설립자다. 우리는 또한 에머슨의 기후 이니셔티브 중 하나인 엘리멘털 엑셀러레이터의 돈 리퍼트를 소개했다. 로스 젠슨Ross Jensen을 비롯한 에머슨 팀은 탁월하다. 로린, '기후위기는… 인류에게 주어진 적 없는 최고의 기회 중 하나다'라는 멋진 결론을 우리 책에 보태줘서 고마워요.

세계적인 정책결정자들 : 크리스티아나 피게레스, 존 케리

크리스티아나 피게레스와 존 케리의 열의와 쉼 없고 절박한 글로벌 리더십은 말로 표현할 수 없다. 크리스티아나는 법적 구속력을 지니는 최초의 기후 협약으로서 만장일치로 채택된 파리기후협약의 핵심 설계자였다. 제프 베이조스가 말한 대로 "크리스티아나는 누구도 막지 못하는 굉장한 사람"이다.

존 케리는 국무부 장관과 파리기후협약 협상단 대표를 역임했다. 현재 그는 바이든 대통령이 현명하게 선택한 기후특사다. 존의 과제는 2030년까지 전 세계가 탄소 배출량을 50퍼센트 줄이도록(그리고 2050년까지 넷 제로에 이르도록) 만드는 것이다. 그는 기후위기 해결과 우리의 책에 엄청난 도움을 준 달변가이자 우아한 거리의 싸움꾼이다.

세계적인 CEO들 :
메리 바라, 더그 맥밀런, 순다르 피차이, 헨리크 포울센

이 책을 쓰기 위해 자료조사를 할 때 나는 세계적인 기업들의 힘, 진전, 약속에 고무되었다. 제너럴 모터스, 월마트, 알파벳/구글, 외르스테드는 교통, 상거래, 기술, 재생에너지 부문에서 세계를 선도하는 모범적인 기업들이다.

제너럴 모터스의 대표인 메리 바라는 2035년까지 내연기관 차량의 생산을 중지하겠다는 과감한 약속으로 이 책의 서두를 열었다. 메리는 혁신, 실행, 고객에 대한 집중, 절실함이라는 강력한 조합을 GM에 가져온다.

더그 맥밀런은 월마트 대표이며, 강한 영향력을 지닌 비즈니스라운드테이블의 회장이다. 더그는 월마트가 2040년까지 넷 제로(상쇄 없이)를 달성하고, 20만 제곱킬로미터의 대지와 260만 제곱킬로미터의 바다를 보호하는 '재생 회사'가 되려는 이유와 방법을 솔직하게 제시한다. 월마트는 방대한 공급사슬을 끌어들여서 지속가능한 가치 네트워크를 만들었다.

순다르 피차이는 구글의 모회사이자 민간 부문에서 재생에너지를 가장 많이 구매하는 기업 중 하나인 알파벳의 대표다. 순다르는 투자, 산업 표준, 조달, 인공지능, 사회사업에 대한 알파벳의 과감한 투자가 공동 창립자인 래리 페이지와 세르게이 브린 그리고 케이트 브랜트, 루스 포랏Ruth Porat, 에릭 슈미트Eric Schmidt, 수전 워치츠키Susan Wojcicki, 닉 자크라섹Nick Zakrasek의 덕이라고 말한다. 톰 올리베리Tom Oliveri, 베스 도드Beth Dowd 그리고 훌륭한 알파벳 팀에게 감사드린다.

헨리크 포울센은 외르스테드의 전 대표(및 레고 출신의 혁신가)로서 덴마크의 국영 화석연료 기업을 연안 풍력 발전 부문에서 세계를 선도하는 개발업체로 변신시킨 이야기를 들려주었다.

사상 리더들: 짐 콜린스, 토머스 프리드먼, 빌 조이

나는 "아이디어는 쉽다. 중요한 것은 실행이다."라고 자주 말하지만 그래도 아이디어의 제단에 경배한다. 또한 사상思想 리더들의 창의성에 경탄한다.

가장 먼저 언급할 사람은 저술가, 연구자, 전 스탠퍼드대학 경영대학원 교수 그리고 반골인 짐 콜린스Jim Collins다. 나는 뜻은 좋지만 모호한 리더십의 정의에 대해 오랫동안 짜증을 느꼈다. 짐은 최근에 펴낸 《BE 2.0》 개정판에서 아이젠하워의 말을 빌려서 리더십을 확실하게 정의한다. 거기에 따르면 "리더십은 해야 하는 일을 다른 사람들이 하고 싶어 하게 만드는 기술이다." 소크라테스식 질문법의 대가인 짐은 이 책의 집필에서 엄정성과 명료성을 요구했다. 또한 올바른 질문을 던졌다(그리고 거기에 대답하는 데 도움을 주었다). 그것은 무엇을, 어떻게 진전시킬지 그리고 중요하게는 왜 진전시키는가에 대한 질문이었다.

《뉴욕타임스》 칼럼니스트인 토머스 프리드먼은 《코드 그린》과 《늦어서 고마워》에서 시장(세계화), 무어의 법칙(인터넷), 대자연 사이에 충돌이 심화되는 양상을 명민하게 조합해냈다. (힌트: 대자연이 항상 이긴다.) 토머스, 실상을 드러내고, 나아갈 길을 가리키고, 당신만의 역할을 해줘서 고마워요.

빌 조이Bill Joy는 인터넷의 에디슨이자 명민한 엔지니어다. 또한 진정한 미래학자로서 우리보다 훨씬 빨리 변화를 내다본다. 빌은 우리에게 필요한 친환경 기술을 발견하고 개발한다는 원대한 과제를 위한 클라이너퍼킨스의 과학 기반 기준틀을 만들었다.

창업자들

마거릿 미드Margaret Mead의 말을 빌리자면 "소수의 창업자들이 가진, 세상을 바꾸는 힘을 절대 과소평가하지 마라. 그것은 세상을 바꾼 유일한 힘이다." 이 책과 우리의 세계는 창업자들의 이야기, 고난, 성공으로부터 엄청난 혜택을 누렸다. 속도와 규모 계획에 중요한 기여를 한 사람들로는 이선 브라운(비욘드미트), 아몰 데슈판데(파머스 비즈니스 네트워크), 테일러 프랜시스, 크리스천 앤더슨, 아비 이츠코비치(워터셰드), 린 주리치(선런), 바드리 코산다라만(인페이즈), 낸 랜소호프(스트라이프), 피터 라인하트(참 인더스트리얼), 자그딥 싱(퀀텀스케이프), KR 스리다르(KR Sridhar, 블룸에너지), 제프리 스트로벨(레드우드 머티리얼스)이 있다. 여러분과 여러분의 팀 그리고 전 세계의 혁신가들에게 감사드린다.

투자자들

데이비드 블러드는 앨 고어가 공동 설립한 지속가능성 펀드인 제너레이션 인베스트먼트의 대표다. 데이비드 그리고 세계 최대 자산운용사로서 자본시장의 관리자로 폭넓게 여겨지는 블랙록의 대표인 래리 핑크에게 깊이 감사드린다.

아이라 에렌프리스Ira Ehrenpreis, 비노드 코슬라, 매트 로저스, 얀 반 도쿰은 나의 친구들이자 탁월한 창업투자자들이다. 아이라는 일론 머스크의 테슬라와 스페이스엑스SpaceX를 현명하게 지원했으며, 차세대 일론 머스크의 등장을 기대하고 있다. 비노드는 과감하고 두려움 없는 투자자로서 언제나 더 많은 벤처 '유효 슈팅'을 추구한다. 매트는 10세대에 걸친 아이팟, 뒤이어 5세대에 걸친 아이폰을 위한 소프트웨어 팀을 구축했다. 그는 네스트를 공동 창립했으며, 현재 초기 단계 투자사인 인사이트 벤처스를 이끌고 있다. 얀 반 도쿰은 임페러티브 벤처스Imperative Ventures의 유능한 운영 책임자이자 투자자다.

그리고 오바마 행정부의 에너지부 대출 프로그램 사무국 국장으로서 누구보다 기후 관련 대출과 보증을 확실하게 많이 해준 조너선 실버도 있다.

이들 그리고 다른 많은 투자자들의 용기와 통찰에 감사드린다. 그리고 투자에 대해서도. 다만 더 많은 투자가 필요하다!

과학자와 활동가들

나는 기후 관련 과학자와 활동가들의 기여를 동등하게 인정한다. 그들은 두 세계가 지닌 최고의 미덕을 통합한다. 크리스 앤더슨과 린지 레빈은 기후 문제에 대한 완전히 새로운 세대의 목소리를 듣기 위해 테드 카운트다운 플랫폼을 만들었다. 사피나 후사인은 최고의 파급력을 지닐지도 모르는 기후 프로그램, 에듀케이트 걸스를 이끈다.

세계자원연구소는 기후 시스템에 대한 풍부한 데이터와 경험 그리고 정확성에 대해 비할 데 없는 의지를 지닌 글로벌 비영리 연구조직이다. 임시 대표인 마니시 바프나Manish Bapna에게 감사드린다. 또한 지혜, 명료한 시각, 변함없는 협조에 대해 켈리 레빈과 최고의 팀에게 특별히 고마움을 전한다.

브라이언 폰 헤르젠은 우즈 홀 연구소Woods Hall Institute 산하 기후재단의 대표이자 켈프 영속 재배 분야의 전문가다. 로버트 잭슨Robert Jackson은 스탠퍼드대학에서 연구하는 탄소 분야의 권위자다.

프레드 크루프는 1984년부터 명망 높은 환경방어기금의 대표로 활동하고 있다. 프레드와 그의 팀(스티브 햄버그, 어맨다 릴런드Amanda Leland, 냇 코헤인, 마고 브라운을 포함한)은 메탄 비상사태, 위성 감시 그리고 특히 기후정의와 관련하여 뛰어난 기여를 했다.

에이머리 러빈스는 록키마운틴연구소의 대표 겸 수석 과학자로서 에너지 시스템의 효율성을 높여야 한다고 주장한다. 텐시 웰런은 열대우림동맹을 만들었으며, 현재 스턴경영대학원의 지속가능한 비즈니스연구소를 운영하고 있다.

파트리크 그라이헨은 독일 유수의 에너지 싱크탱크인 아고라 에네르기벤데의 대표다. 아누미타 로이 초두리는 인도 과학환경센터의 대표다. E2 공동 설립자 밥 엡스타인Bob Epstein과 클라이멋 보이스Climate Voice의 빌 웨일Bill Weihl은 기술 커뮤니티 출신의 유능한 활동가들이다.

제임스 와키비아는 케냐의 사진작가이자 환경운동가다. 나이절 토핑Nigel Topping과 알렉스 조스Alex Joss는 제26차 유엔기후변화협약 당사국총회COP26를 위한 유엔 산하 단체에 소속된 명민한 기후운동가들이다. 세계자원연구소의 켈리 레빈도 그들의 작업에 동참하여 도움을 주었다.

운동가, 자선가, 파트너들

나는 자선을 통해 세상을 바꾸는 놀라운 사람들의 활동에 영감을 받았다. 이미 언급한 사람들 외에 존 아놀드, 조시 베켄스타인Josh Bekenstein과 아니타 베켄스타인Anita Bekenstein, 마이클 블룸버그, 리처드 브랜슨, 세르게이 브린, 매트 콜러Matt Cohler, 마크 헤이싱Mark Heising, 리즈 시몬스Liz Simons, 크리스 혼Chris Hohn, 래리 크레이머Larry Kramer, 냇 시몬스Nat Simons와 로라 백스터 시몬스Laura Baxtor-Simons, 톰 스타이어Tom Steyer, 샘 월튼이 거기에 해당한다.

제니퍼 키트는 새로운 기후 자선가들을 육성하는 기후 리더십 이니셔티브의 활동적인 대표다.

클라이너퍼킨스에서 기후 문제와 창업자들에게 도움을 주려는 우리 파트너들의 노력은 매일 나를 북돋는다. 우리의 여정을 같이해준 다음 분들에게 진심으로 감사드린다. 수 비글리에리Sue Biglieri, 브룩 바이어스Brook Byers, 애니 케이스Annie Case, 조시 코인Josh Coyne, 모니카 데사이 와이스Monica Desai Weiss, 에릭 펑Eric Feng, 일리야 푸시먼Ilya Fushman, 빙 고든Bing Gordon, 마문 하미드Mamoon Hamid, 웬 셰이Wen Hsieh, 하오먀오 황Haomiao Huang. 그리고 노아 크나우프Noah Knauf, 랜디 코미사르Randy Komisar, 레이 레인Ray Lane, 메리 미커Mary Meeker, 버키 무어Bucky Moore, 무드 로가니Mood Rowghani, 테드 슐레인Ted Schlein, 데이비드 웰스David Wells에게도 감사드린다.

벤 커틀랑, 브룩 포터, 데이비드 마운트David Mount, 댄 오로스Dan Oros, 라이언 포플, 자크 바라즈Zach Barasz는 뛰어난 클라이너퍼킨스의 클린테크 투자팀 출신으로서 G2VP를 결성하여 지속가능한 투자에 집중하는 2개의 기금을 조성했다.

원고

원고를 검토해준 친구와 파트너들에게 깊이 감사드린다. 여러분이 곧 OKR로부터 한숨 돌릴 수 있는 주말의 휴식을 갖기를! 래 넬 로즈Rae Nell Rhodes, 앨리 세팔로Allie Cefalo, 신디 장Cindy Chang, 소피아 쳉Sophia Cheng, 지니 김Jini Kim, 글라피라 마르콘Glafira Marcon, 리사 슈프로Lisa Shufro, 이고르 코프만Igor Kofman, 데비 라이Debbie Lai, 레슬리 슈록Leslie Schrock, 산제이 시바네산Sanjey Sivanesan, 존 스트랙하우스John Strackhouse에게 감사드린다.

구상부터 완성까지 이 책이 세상에 나올 수 있게 해준 포트폴리오와 펭귄 팀에게 감사드린다. 이 책의 잠재력을 예견한 출판 담당자, 에이드리언 잭하임Adrian Zackheim과 너무나 많은 수고를 하면서도 웃음을 잃지 않은 최고의 편집자 트리시 데일리Trish Daly에게 감사드린다. 또한 제시카 레지온Jessica Regione, 메건 게러티Megan Gerrity, 케이티 헐리Katie Hurley, 제인 카볼리나Jane Cavolina, 메건 맥코맥Megan McCormack, 젠 호이어Jen Heuer, 톰 더셀Tom Dussel, 타라 길브라이드Tara Gilbride, 어맨다 랭Amanda Lang에게 감사드린다. 그리고 나의 에이전트인 미르시니 스테파니데스Myrsini Stephanides와 변호사인 피터 몰다브Peter Moldave에게도 고마움을 전한다.

수치, 팩트, 그림으로 가득한 이 책을 정렬하여 하나의 예술 작품으로 만들었다. 흔들림 없는 협조와 놀라운 작업에 대해 제시 리드Jesse Reed, 메건 나르디니Megan Nardini, 에밀리 클레이브Emily Klaebe에게 감사드린다. 로드리고 코랠 디자인Rodrigo Corral Design은 기고자들의 아름다운 초상을 그려주었다.

이 감사의 말에서 분명히 드러나듯이 나는 폭넓은 전문가와 리더 들의 도움을 받았다. 각자 지구에 절실히 필요한 해결책을 새롭게 조명해주었다. 모든 페이지에 그들의 통찰이 스며 있다. 다만 오류가 있다면 온전히 나의 몫이다.

계획의
세부 내역

How the Plan Adds Up

계획의 세부 내역

배출량 기준선

이 책은 유엔이 발표한 온실가스 배출량 수치를 활용한다. 구체적으로는 2020년에 발표된 유엔환경계획 배출격차보고서 UNEP Emissions Gap Report가 그것이다. 이 보고서는 2019년의 부문별 배출량을 상세히 제시한다. 그 내역은 다음과 같다.

전 세계 온실가스 배출량은 2019년에 3년 연속 증가하면서 역대 최대 기록인 52.4GtCO$_2$e(이산화탄소 등가물 기가톤/범위: ±5.2)에 이르렀다. 여기에 토지 이용 변화 Land-Use Change, LUC에 따른 배출량은 제외된다. 이 배출량을 포함하면 59.1GtCO$_2$e(범위: ±5.2)이 된다.

우리는 59기가톤을 현재 배출량으로 산정한다.

부문별 배출량

유엔 보고서는 1990년부터 2019년까지 전체 배출량 추이와 각 부문의 비중을 제시한다.

배출격차보고서 2020

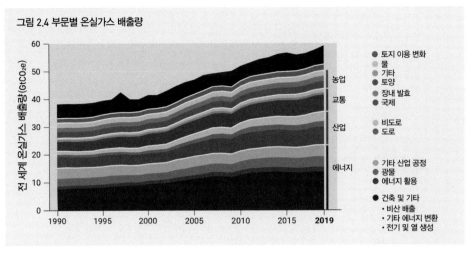

그림 2.4 부문별 온실가스 배출량

● 토지 이용 변화
● 물
● 기타
● 토양
● 장내 발효
● 국제

● 비도로
● 도로

● 기타 산업 공정
● 광물
● 에너지 활용

● 건축 및 기타
 • 비산 배출
 • 기타 에너지 변환
 • 전기 및 열 생성

◆ 출처: 크리파Crippa 외(2020)

우리는 이 데이터를 교통, 에너지, 농업, 자연, 산업이라는 5개 주요 부문으로
취합했다. 데이터는 근사치이므로 반올림했다.

2019년 부문별 온실가스 배출량

부문	비중(%)	수치(GtCO$_2$e)
교통	14	8
에너지	41	24
농업	15	9
자연	10	6
산업	20	12
총계	100	59

이 5개 부문은 이 책의 첫 5개 챕터에 해당한다.

2050년 예측치

이 책은 현재 배출량에 초점을 맞추었다. 그러나 우리는 비즈니스가 평상시와 같이 번창하고, 세계 인구가 예측한 만큼 늘어나며, 산업화가 현재 추세로 계속될 경우 2050년에 배출량이 얼마나 될지도 염두에 두었다.

2050년 부문별 온실가스 배출량

부문	비중(%)	수치(GtCO$_2$e)
교통	17	12
에너지	38	28
농업	14	10
자연	11	8
산업	20	14
총계	100	72

우리의 2050년 배출량 추정치는 72기가톤이다. 이 수치는 여러 기후 보고서BNEF, IPCC, IEA, EIA, EPA, WRI, CAT를 취합한 것이다. 이들 보고서는 다양한 보급률 및 정책에 대한 추정을 토대로 폭넓은 '현행 유지' 시나리오를 제공한다.

속도와 규모 계획의 핵심 결과는 공격적이며, 2050년까지 글로벌 배출량의 감축 및 상쇄를 시도한다. 그러나 2050년 배출량 추정치의 변동성과 불확실성을 감안하여 잘 알려지고 받아들여진 2019년 배출량(59기가톤)을 기준으로 우리의 계획이 미칠 파급력을 따지기로 했다.

속도와 규모 계획의 세부 내역

우리의 계획은 여섯 가지 목표를 지닌다. 첫 다섯 가지 목표는 각 부문별(교통, 에너지, 농업, 자연, 산업)로 배출량을 감축하기 위해 해야 하는 일을 제시한다. 우리가 요구하는 행동은 실천하기 벅차다. 그럼에도 넷 제로에 이르는 데는 불충분하다. 넷 제로에 이르기 위해 우리는 잔여 배출량에 대응할 여섯 번째 목표를 추가했다.

교통 → 교통을 전기화하라

유엔 보고서에 따르면 교통 부문 배출량은 총배출량의 14퍼센트 또는 8기가톤이다. 우리는 보다 자세한 내용을 확인하기 위해 국제에너지기구IEA의 2018년 교통 보고서를 참고했다. 항공 분야의 경우 아워 월드 인 데이터의 교통 부문 배출량 자료를 참고했다. 이 자료는 IEA와 국제클린운송위원회ICCT의 데이터를 활용한다.

교통 부문의 배출량을 줄이려면 전기화가 필요하다. 이 목표를 달성하기 위한 여섯 가지 핵심 결과가 있다. 첫 세 가지 핵심 결과인 KR 1.1(가격), KR 1.2(승용차), KR 1.3(버스 및 트럭)은 이 부문의 진전을 나타내는 초기 지표다.

교통

분야별 구분	현재 배출량(GtCO₂e)	감축 배출량(GtCO₂e)
도로 교통	6.0	1.0
승객 운송	3.6	0.2
→ 승용차	3.2	0.2
→ 소형 상용차	0.1	0.0
→ 버스 및 소형 버스	0.2	0.0
→ 이륜차/삼륜차	0.1	0.0
화물 운송(중대형 트럭)	2.4	0.8
항공 교통	0.9	0.6
승객 운송	0.7	0.5
→ 국제	0.4	0.3
→ 국내	0.2	0.1
화물 운송	0.2	0.1
해상 교통	0.9	0.3
철도 교통	0.1	0.0
기타(파이프 등)	0.4	0.1
총계	8.3	2.0

기가톤 단위의 감축은 KR 1.4(주행거리), KR 1.5(항공기), KR 1.6(해운)의 진전을 통해 이뤄진다.

KR 1.4－주행거리: 전 세계의 도로에서 주행하는 차량(이륜차, 삼륜차, 승용차, 버스, 트럭)의 주행거리 중 전기가 차지하는 비중이 2040년까지 50퍼센트, 2050년까지 95퍼센트에 이른다. → 5.0기가톤 감축.

KR 1.5-항공기: 항공기의 비행거리에서 저탄소 연료가 차지하는 비중이 2025년까지 20퍼센트, 탄소중립 연료가 차지하는 비중이 2040년까지 40퍼센트에 이른다. → 0.3기가톤 감축.

KR 1.6-해운: 2030년까지 새로 건조되는 모든 선박을 좀 더 깨끗한 동력원을 활용하여 '제로레디' 선박으로 전환한다. → 0.6기가톤 감축.

우리는 2050년까지 배출량을 95퍼센트 감축하기 위해 거의 모든 승객 운송용 도로 교통수단이 전기화된다고 가정한다. 그러기 위해서는 차량의 전환 속도를 앞당겨야 한다. 반면 우리는 화물 운송, 항공, 해운처럼 감축하기 어려운 분야에 대해서는 보다 보수적인 관점을 취한다. 화물 운송과 해운 분야는 최종적으로 탈탄소화될 것이다. 또한 도로 교통 분야보다 훨씬 속도가 느릴 것이다. 그리고 규모화가 가능한 선택지가 없어서 2050년 목표 시한을 넘길 가능성이 크다. 따라서 우리는 배출량을 65퍼센트 감축할 수 있다고 가정한다. 항공 분야는 탈탄소화하기 가장 어려울 것이다. 우리는 탄소중립 연료를 위한 혁신적인 해결책이 나오기를 바란다. 다만 우리의 계획은 배출량을 20퍼센트만 감축할 수 있다고 가정한다.

전체적으로 이 핵심 결과들은 거의 6기가톤에 이르는 감축으로 이어진다.

에너지 → 전력망을 탈탄소화하라

유엔 보고서에 따르면 에너지 부문 배출량은 총배출량의 41퍼센트 또는 24기가톤이다. 우리는 IEA의 2018년 연료 소비에 따른 이산화탄소 배출량 보고서를 토대로 수치를 세분화했다.

이 부문에서 배출량을 감축하려면 전력망을 탈탄소화해야 한다. 이 목표는 6개

에너지

분야별 구분	현재 배출량(GtCO₂e)	감축 배출량(GtCO₂e)
전력(전기 및 열 생성)	14.0	1.9
석탄	10.1	0.5
석유	0.6	0.5
천연가스	3.1	1.1
기타	0.2	0.1
기타 에너지산업	1.6	0.4
건축(주거용+상업용 및 공공 서비스)	2.9	0.9
석탄	0.4	0.0
석유	0.8	0.3
천연가스	1.6	0.6
기타	0.1	0.0
기타 및 비산 배출	5.9	0.3
총계	24.4	3.5

의 핵심 결과를 수반한다. 그중 4개는 전력망에서 배출량을 감축하고 냉난방용 화석연료에서 멀어지는 일에서 우리가 이룬 진전을 점검하는 구체적인 척도다. 구체적으로 KR 2.2는 태양광 및 풍력, KR. 2.3은 저장, KR 2.4는 석탄 및 천연가스, KR. 2.8은 친환경 경제에 대한 것이다.

기가톤 단위의 감축은 제로 배출에 대한 KR 2.1, 메탄 배출에 대한 KR 2.5, 난방 및 조리에 대한 KR 2.6에서 나온다.

KR 2.1 −제로 배출: 전 세계 제로 배출 전력원의 비중이 2025년까지 50퍼센트, 2035년까지 90퍼센트에 이른다(2020년의 38퍼센트에서 상승). → 16.5기가톤 감축.

KR 2.5 −메탄 배출: 2025년까지 석탄, 석유, 천연가스 채굴지에서 발생하는 누출, 배기, 연소에 따른 배출을 없앤다. → 3기가톤 감축.

KR 2.6 −난방 및 조리: 난방 및 조리를 위한 천연가스, 석유의 소비량을 2040년까지 절반으로 줄인다. → 1.5기가톤 감축.

우리의 모델은 2050년까지 거의 모든 석탄 사용을 중단하고, 배출량을 95퍼센트 감축할 것이라고 가정한다. 천연가스는 풍부성, 안정성, 저비용 때문에 재생에너지로 대체하기가 훨씬 어렵다. 따라서 우리는 2050년까지 해당 배출량을 65퍼센트 감축하는 것이 최선의 시나리오라고 가정한다. 끝으로 석유를 살펴보자. 대다수 석유 소비량은 교통 부문에서 처리된다. 그래도 전력과 건축 분야에서 1기가톤 조금 넘는 잔여 배출량이 나온다. 우리는 KR 2.1과 2.6을 통해 그중 70퍼센트가 감축된다고 가정한다. KR 2.1을 설정할 때 이 추가 배출량을 고려했다. 메탄 누출의 경우 현재 기술로 80퍼센트가 감축된다고 가정한다.

전체적으로 이 핵심 결과들은 21기가톤 감축으로 이어진다.

농업 → 식량을 바로잡아라

유엔 보고서에 따르면 농업 부문 배출량은 총배출량의 15퍼센트 또는 9기가톤이다. 우리는 세계자원연구소WRI의 지속가능성 보고서를 토대로 수치를 세분화했다.

농업 부문의 배출량을 감축하려면 식량을 바로잡아야 한다. 이 일은 농업 시

농업

분야별 구분	현재 배출량(GtCO₂e)	감축 배출량(GtCO₂e)
농업 생산	6.9	2.8
반추동물 장내 발효	2.3	1.4
에너지(농장 내)	1.5	0.1
쌀(메탄)	1.1	0.5
토양 비옥화	0.9	0.4
배설물 관리	0.6	0.2
방목지 반추동물 배설물	0.5	0.2
농지 토양	0.0	−2.0
에너지(농업 에너지원)	0.4	0.0
폐기물	1.6	0.9
총계	8.9	1.7

스템과 소비 측면의 변화를 수반한다. 다섯 가지 핵심 결과가 이 목표를 추동한다. 모든 핵심 결과는 기가톤 단위의 감축으로 직결된다.

KR 3.1—농지 토양: 표토의 탄소 함량을 최소 3퍼센트 늘리는 관행을 통해 토질을 개선한다. → 2기가톤 감축.

KR 3.2—비료: 질소 기반 비료의 과다 사용을 중단하고 친환경 대체재를 개발하여 2050년까지 배출량을 절반으로 줄인다. → 0.5기가톤 감축.

KR 3.3-소비: 저배출 단백질의 소비를 촉진하고 소고기와 유제품의 연간 소비량을 2030년까지 25퍼센트, 2050년까지 50퍼센트 줄인다. → 3기가톤 감축.

KR 3.4-쌀: 쌀 경작에 따른 메탄 및 아산화질소 배출량을 2050년까지 절반으로 줄인다. → 0.5기가톤 감축.

KR 3.5-음식물 쓰레기: 음식물 쓰레기의 비중을 전체 생산 식품의 33퍼센트에서 10퍼센트로 낮춘다. → 1기가톤 감축

우리의 모델은 사람들이 육류와 유제품을 더 이상 먹지 않을 것이라고 가정하지 않는다. 다만 저배출 단백질로 전환하여 배출량을 60퍼센트 감축하라고 촉구한다. 농업의 일반적인 관행을 개선하는 것이 매우 중요하다. 토양의 탄소 함량을 늘리면 추가로 2기가톤의 탄소를 흡수시킬 수 있다. 토양 탄소 흡수의 잠재력에 대한 일부 연구 결과는 대단히 낙관적이다. 우리는 그보다 보수적인 관점을 취한다. 비료를 정밀하게 뿌리고 '친환경 비료'로 바꾸면 비료가 초래하는 배출량을 50퍼센트 감축할 수 있다. 모든 음식 중 3분의 1은 버려진다. 음식물 쓰레기를 줄이려면 농장, 저장, 유통, 가정이나 식당에서의 조리 단계에서 변화가 필요하다. 우리의 계획은 2050년까지 음식물 쓰레기의 비중을 절반 이상인 10퍼센트로 줄이는 것이다. 이는 1기가톤의 감축으로 이어진다. 국제연합식량농업기구FAO 보고서를 비롯한 다른 보고서는 음식물 쓰레기를 줄이는 데 따른 잠재적 감축량을 더 크게 산정한다. 그러나 이런 계산은 전력망 전환 및 토지 이용 변화 분야의 배출량 감축을 포함한다. 우리는 그 부분을 다른 목표에서 다룬다.

전체적으로 이 핵심 결과는 7기가톤 감축으로 이어진다. 그중에서 5기가톤은 배출 회피, 2기가톤은 흡수를 통해 감축된다.

자연 → 자연을 보호하라

유엔 보고서에 따르면 토지 이용 변화 부문 배출량은 총배출량의 10퍼센트 또는 6기가톤이다. 이 부문은 '직접적인 토지 활용 및 개발과 삼림 활동에 따른 배출과 제거를 포괄한다.'

자연

분야별 구분	현재 배출량(GtCO₂e)	감축 배출량(GtCO₂e)
토지 이용 변화, 'LUC'	5.9	−5.9
총계	5.9	−5.9

이 부문의 배출량을 감축하려면 자연을 보호해야 한다. 기가톤 단위의 감축과 흡수를 이끌어내는 두 가지 핵심 결과가 있다.

KR 4.1−삼림: 2030년까지 모든 삼림 벌채를 중단한다. → 6기가톤 감축.

KR 4.2−해양: 심해 저인망 어획을 중단하고 2030년까지 최소 해양의 30퍼센트, 2050년까지 50퍼센트를 보호한다. → 1기가톤 감축.

우리는 더 많은 대지(50퍼센트)와 해양(50퍼센트)을 보호하고 삼림 벌채를 중단함으로써 토지 이용 변화에 따른 배출량을 없애고, 자연을 탄소 흡수원으로

되돌리고자 한다.

전체적으로 이 핵심 결과들은 7기가톤 감축으로 이어진다.

산업 → 산업을 정화하라

유엔 보고서에 따르면 산업 부문 배출량은 총배출량의 20퍼센트 또는 12기가톤이다. 우리는 유엔환경계획의 2019년 배출격차보고서를 토대로 수치를 세분화했다.

산업

분야별 구분	현재 배출량(GtCO₂e)	감축 배출량(GtCO₂e)
순철 및 강철	3.8	0.9
시멘트	3.0	1.2
기타 소재	5.0	1.7
화학제품(플라스틱 및 고무)	1.4	0.4
기타 광물	1.1	0.4
목재	0.9	0.3
알루미늄	0.7	0.3
기타 금속	0.5	0.2
유리	0.4	0.1
총계	**11.8**	**3.8**

이 부문의 배출량을 줄이려면 산업을 정화해야 한다. 이 목표는 기가톤 단위의 배출량 감축을 위해 세 가지 핵심 결과를 수반한다.

KR 5.1—철강: 철강 생산 부문의 총 탄소집약도를 2030년까지 50퍼센트, 2050년까지 90퍼센트 낮춘다. → 3기가톤 감축.

KR 5.2—시멘트: 시멘트 생산 부문의 총 탄소집약도를 2030년까지 25퍼센트, 2040년까지 90퍼센트 낮춘다. → 2기가톤 감축.

KR 5.3—기타 산업: 산업 부문의 기타 배출원(예를 들어 플라스틱, 화학제품, 종이, 알루미늄, 유리, 의류)에서 나오는 배출량을 2050년까지 80퍼센트 낮춘다. → 3기가톤 감축.

이 배출량은 탈탄소화하기 어려울 것이다. 그래서 대규모로 전개할 수많은 새로운 혁신이 필요하다. 우리는 이 핵심 결과를 달성하는 데 성공하면 그 효과로 2050년까지 산업 부문 배출량의 3분의 2를 감축할 수 있다고 가정한다.

전체적으로 이 핵심 결과들은 8기가톤의 감축으로 이어진다.

잔여 배출량→ 탄소를 제거하라

속도와 규모 계획은 희망을 담지만 동시에 현실적이기도 하다. 우리는 모든 배출량을 제거하기 위해 매진하는 한편 감축이 어려운 부문도 있음을 인정해야 한다. 개발도상국은 성장을 보조하기 위해 단기적으로 화석연료에 의존할 것이다.

탄소를 제거하라

분야별 구분	현재 배출량(GtCO₂e)	감축 배출량(GtCO₂e)
자연 기반 제거	0.0	−5.0
공학적 제거	0.0	−5.0
총계	0.0	−10.0

이 간극을 메우려면 탄소를 제거해야 한다. 기가톤 단위의 감축을 이끌어내는 두 가지 핵심 결과가 있다.

KR 6.1－자연 기반 제거: 2025년까지 해마다 최소 1기가톤, 2030년까지 3기가톤, 2040년까지 5기가톤을 제거한다. → 5기가톤 제거.

KR 6.2－공학적 제거: 2030년까지 해마다 최소 1기가톤, 2040년까지 3기가톤, 2050년까지 5기가톤을 제거한다. → 5기가톤 제거.

우리의 모델은 전 세계가 탄소를 제거하고 에너지를 보다 효율적으로 사용하는 일을 우선시할 것이라고 가정한다. 그러나 그것만으로는 부족하다. 10기가톤이라는 목표에 이르려면 다양한 탄소 제거 해결책(자연 기반 제거나 공학적 제거 또는 혼합형)이 필요하다.

총 감축량 정리

속도와 규모 계획 – 감축

목표		감축량(GtCO$_2$e)
	교통을 전기화하라	6
	전력망을 탈탄소화하라	21
	식량을 바로잡아라	7
	자연을 보호하라	7
	산업을 정화하라	8
	탄소를 제거하라	10
총계		59

미국에서
필요한 정책

Policy Needed in the
United States

미국에서 필요한 정책

이 책은 세계 각국과 해당 정부들이 2050년까지 넷 제로를 앞당기는 데 필요한 주요 정책들에 대한 목표 및 핵심 결과OKR를 포함한다.

KR 7.1−약속: 각국은 2050년까지 넷 제로 배출량에, 2030년까지 최소한 절반에 이른다는 국가적 약속을 법제화한다.

KR 7.1.1−전력: 전력 부문의 배출량 감축 요건을 2025년까지 50퍼센트, 2030년까지 80퍼센트, 2035년까지 90퍼센트, 2040년까지 100퍼센트로 정한다.

KR 7.1.2−교통: 2035년까지 모든 신규 승용차, 버스, 경트럭을, 2030년까지 화물선을, 2045년까지 대형 트럭을 탈탄소화하고, 2040년까지 항공 교통의 40퍼센트를 탄소중립으로 만든다.

KR 7.1.3−건물: 제로 배출 기준을 2025년까지 신규 주거용 건물에, 2030년까지 상업용 건물에 적용하고, 2030년까지 비전기설비의 판매를 금지한다.

KR 7.1.4−산업: 2050년까지 산업 공정용 화석연료 사용을 단계적으로 폐지하고, 2040년까지 최소 절반을 폐지한다.

KR 7.1.5−탄소 라벨링: 모든 상품에 배출 내역 라벨을 의무화한다.

KR 7.1.6−누출: 연소를 억제하고, 배기를 금지하며, 메탄 누출에 대한 즉각적인 봉쇄를 의무화한다.

KR 7.2−보조: 화석연료 기업과 유해한 농업 관행에 대한 직간접적 보조를 중단한다.

KR 7.3−탄소 가격: 온실가스에 대한 국가적 가격을 톤당 최소 55달러로 정하고, 해마다 5퍼센트씩 인상한다.

KR 7.4−국제적 금지: 수소불화탄소 HFC를 냉매로 쓰지 못하게 하고, 모든 비의료 목적 일회용 플라스틱을 금지한다.

KR 7.5−정부 연구개발: 연구개발에 대한 공공 투자를 두 배(최소치)로, 미국의 경우 다섯 배로 늘린다.

이 요건을 충족하는 정책들이 없는 나라는 넷 제로 목표를 초과 달성할 가능성이 낮다. 우리는 이 OKR들을 수립하는 과정에서 많은 도구를 활용했다. 그중에서 두드러진 것으로는 에너지 이노베이션에서 개발한 에너지 정책 시뮬레이터가 있다.

이 시뮬레이터는 각 정책이 할 수 있는 일과 정책 사이의 상호작용이 이뤄지는 양상에 대한 모델을 만든다. 이 모델은 각 정책이 현행 유지 조건과 비교하여 어떻게 탄소를 감축할 수 있는지 보여준다.

전체 모델은 오픈소스로 공개되어 있고, 웹 브라우저에서 구현된다. 또한 즉각 결과를 보여주고, 확실하게 기록된다. 그리고 세 곳의 국립 연구소와 대여섯 곳의 대학에서 동료 평가를 거쳤다.

이 모델이 드러내는 사실은 다음과 같다.

기술적 측면에서 순풍이 불고 있다: 고효율 가전 기기와 설비를 비롯한 수많은 무탄소 기술 비용이 지난 10년 동안 크게 줄었으며, 앞으로도 계속 줄어들 것이다. 그에 따라 저렴하게 전환이 이뤄질 것이다.

청정에너지로의 전환은 저절로 이뤄지지 않을 것이다: 추가 정책 없이 이 전환이 기후변화에 관한 정부 간 패널이 제시한 기한에 일어나지 않을 것임은 분명하다. 잘 기획된 정책만이 필요한 속도로 이 기술적 탈바꿈을 이끌어낼 것이다.

정책 조합이 필요하다: 각 부문에는 독자적인 정책 패키지가 필요하다. 탄소 감축에는 묘책이 없다. 우리 경제의 모든 부분을 바꿔야 한다.

---

https://energypolicy.solutions에서 직접 시뮬레이터를 사용해보라.

에너지 정책 시뮬레이터는 8개국에서 활용되었으며, 정책 리더들이 가장 파급력 있는 기후 및 에너지 정책과 기후 목표 달성에 기여하는 방법을 파악하는 데 도움을 주었다.

KR을 에너지 정책 시뮬레이터에 입력하기

우리의 OKR을 시험하기 위해 각 핵심 결과에 해당하는 정책을 미국에서 실행했을 경우 어떤 효과가 나오는지 시뮬레이션했다. 다음은 그 결과다.

검은 실선은 해마다 6기가톤 정도를 방출하는 현행 유지 상태를 나타낸다. 각 쐐기는 일련의 정책이 배출량에 미치는 영향을 나타낸다. 이 야심 차지만 필요한 정책들은 미국의 배출량을 0.5기가톤으로 감축한다. 우리는 잔여 배출량을 자연 기반 또는 공학적 탄소 제거로 상쇄하리라 기대한다.

미국의 배출량

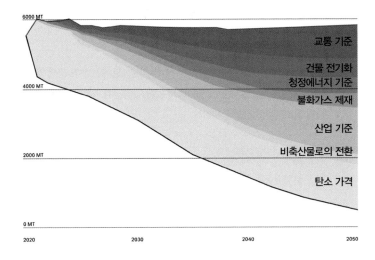

현행 유지

속도와 규모 계획

교통 기준
건물 전기화
청정에너지 기준
불화가스 제재
산업 기준
비축산물로의 전환
탄소 가격

6000 MT

4000 MT

2000 MT

0 MT

2020   2030   2040   2050

핵심 배출량 감축 정책

`전력`

청정에너지 기준

청정 전력 기준을 적용하여 배출량을 2025년까지 최소 50퍼센트, 2030년까지 80퍼센트, 2035년까지 90퍼센트, 2040년까지 100퍼센트 감축한다.
송전 시스템을 구축하고, 전력망 배터리 저장 및 수요 대응과 같은 유연한 자원 배치 정책으로 뒷받침한다.

모델링 가정: 이 시나리오는 2040년까지 100퍼센트 무탄소 전력을 기준으로 설정한다. 거기에는 재생에너지, 원자력, 탄소 포집 및 저장ccs 장치를 갖춘 소량의 천연가스가 포함된다. 또한 이 시나리오에는 2050년까지 송전 시스템을 현행 수준보다 두 배로 키우고, 저장 용량을 510기가와트, 수요 대응 용량을 450기가와트로 늘리는 것도 포함된다.

차량 기준

신규 판매분에 대한 제로 배출 기준을 2035년까지 경량 자동차, 버스, 소형 트럭, 2045년까지 대형 트럭, 2030년까지 모든 선박에 적용한다.

구입 보조금이나 폐기 인센티브처럼 전환을 앞당기는 정책으로 뒷받침한다.

모델링 가정: 이 시나리오는 2035년까지 신규 판매되는 경량 자동차와 버스, 2045년까지 대형 트럭, 2030년까지 모든 선박이 100퍼센트 전기화하는 것을 가정한다.

지속가능한 항공 교통 촉진

항공 교통에서 탄소중립 연료에 대한 최소 사용 기준을 설정한다.

모델링 가정: 이 시나리오는 2040년까지 항공 교통에서 탄소중립 연료가 40퍼센트 사용되는 것을 가정한다.

건물

건물 구성요소 기준

모든 신규 건물 설비를 2030년까지 전기화하는 건축법과 가전 기기 기준을 만든다.

건물 개보수에 대한 인센티브로 이 기준을 보완한다.

모델링 가정: 이 시나리오는 신규 판매되는 모든 건물의 구성요소를 2030년까지 전기화하는 것을 가정한다.

산업

산업용 연료 전환

산업용 연료를 2050년까지 100퍼센트 무탄소로 전환하도록 기준과 인센티브를 정한다. 거기에는 수소 같은 무탄소 연료의 생산도 포함된다.

모델링 가정: 이 시나리오는 산업용 화석연료를 2050년까지 전기 및 수소로 100퍼센트 대체한다. 대체 수단은 모델이 포괄하는 각 산업 범주에서 전기화가 가능한지에 달려 있다. 수소는 모두 전기로 물을 수소와 산소로 분해하는 전기분해를 통해 생산된다.

메탄 누출 방지	메탄 누출 및 배기를 막고, 연소에 따른 배출을 통제하는 기준을 설정한다.
	모델링 가정: 이 시나리오는 국제에너지기구가 파악한 전체 메탄 감축 잠재력을 2030년까지 적용한다.
수소불화탄소 금지	몬트리올 의정서 키갈리 개정안의 요구 조건에 따라 수소불화탄소의 소비 및 생산을 금지하는 정책을 채택하고 집행한다.
	모델링 가정: 이 시나리오는 몬트리올 의정서 키갈리 개정안을 준수한다고 가정한다.

농업

육류 및 유제품에 대한 수요 감소	식품 산업이 제품의 탄소발자국을 포장에 인쇄하도록 요구하여 소비자들이 저배출 식품을 고르는 데 도움이 되는 정보를 제공한다.
	모델링 가정: 영양성분 표시는 사람들의 식습관을 바꾸었다. 그러나 탄소 라벨링의 효과를 보여주는 조사나 연구는 충분히 이뤄지지 않았다. 우리의 바람은 탄소 라벨링이 소비자 행동의 의미 있는 변화로 이어지는 것이다. 이 시나리오는 축산물의 소비가 50퍼센트 줄어든다고 가정한다.

교차 부문

탄소 가격	경제 전반에 탄소가격제를 적용하고 톤당 55달러에서 출발하여 해마다 5퍼센트씩 인상한다.
	모델링 가정: 이 시나리오는 2021년에 톤당 55달러로 탄소가격제가 시행되고 해마다 5퍼센트씩 인상된다고 가정한다. 탄소가격제는 전체 온실가스에 적용된다.

참고 자료

For Further Reading

참고 자료

기후위기에 대한 이해

- 토머스 프리드먼, 《늦어서 고마워》, (21세기북스, 2017)
- 토머스 프리드먼, 《CODE GREEN 코드 그린》, (21세기북스, 2008)
- 앨 고어, 《불편한 후속편》 An Inconvenient Sequel, (Emmaus, PA: Rodale, 2017)
- 앨 고어, 《불편한 진실》 An Inconvenient Truth, (Emmaus, PA: Rodale, 2006)
- 엘리자베스 콜버트, 《화이트 스카이》 (쌤앤파커스, 2022)
- 로렌스 크라우스 Lawrence Krauss, 《기후변화의 물리학》 The Physics of Climate Change, (New York: Posts Hill Press, 2021)
- 데이비드 포그(David Pogue), 《기후변화에 대비하는 법》 How to Prepare for Climate Change, (New York: Simon & Schuster, 2021)
- 조지프 롬 Joseph Romm, 《기후변화》 Climate Change, (New York: Oxford University Press, 2018)
- 바츨라프 스밀, 《에너지와 문명》 Energy & Civilization, (Cambridge, MA: MIT Press, 2018)

넷 제로 배출량을 위한 계획

- 빌 게이츠, 《빌 게이츠, 기후재앙을 피하는 법》, (김영사, 2021)
- 살로몬 골드스타인 로즈 Salomon Goldstein-Rose, 《100퍼센트 해결책》 The 100% Solution, (Melville House, 2020)
- 할 하비 Hal Harvey, 저스틴 길리스 Justin Gillis, 《중대한 교정》 The Big Fix, (New York: Simon & Schuster, forthcoming, 2022)
- 폴 호큰 Paul Hawken 외, 《감축》 Drawdown, (New York: Penguin Books, 2017)

자연 기반 해결책

- 팀 플래너리 Tim Flannery, 《햇빛과 해초》 Sunlight and Seaweed, (Washington, DC: Swann House, 2017)
- 데이비드 몽고메리 David Montgomery, 《혁명을 재배하다》 Growing a Revolution, (New York: W. W. Norton, 2017)

- 엔릭 살라Enric Sala, 《자연의 본성》The Nature of Nature, (Washington, DC: National Geographic, 2020)
- 줄리아 왓슨Julia Watson, 《로 텍: 급진적 문화부흥운동에 따른 디자인》Lo-TEK: Design by Radical Indigen ism, (Cologne, Germany: Taschen, 2020)
- 에드워드 윌슨, 《지구의 절반》, (사이언스북스, 2017)

정책과 운동

- 할 하비, 《기후 해결책의 설계》Designing Climate Solutions, (Washington, DC: Island Press, 2018)
- 아야나 엘리자베스 존슨Ayana Elizabeth Johnson 외, 《우리가 구할 수 있는 모든 것》(All We Can Save), (London: One World, 2020)
- 마이클 만Michael Mann, 《새로운 기후 전쟁》The New Climate War, (New York: PublicAffairs, 2021)
- 빌 맥키번Bill McKibben, 《폴터》, (생각이음, 2020)
- 바시니 프라카시, 《그린 뉴딜 성공시키기》Winning the Green New Deal, (New York: Simon & Schuster, 2020)
- 레아 스토크스Leah Stokes, 《정책 단락시키기》Short Circuiting Policy, (New York: Oxford University Press, 2020)

리더십

- 제프 베조스, 《제프 베조스, 발명과 방황》, (위즈덤하우스, 2021)
- 짐 콜린스 외, 《BE 2.0》, (New York: Penguin/Portfolio, 2020)
- 짐 콜린스, 《좋은 기업을 넘어 위대한 기업으로》, (김영사, 2021)
- 아서 허먼Arthur Herman, 《자유의 용광로》Freedom's Forge, New York: Random House, 2012
- 그레타 툰베리, 《아무리 어려도 변화를 일으킬 수 있어요》No One Is Too Small to Make a Difference, (New York: Penguin, 2018)
- 샘 월튼, 《불황 없는 소비를 창조하라》, (21세기북스, 2008)

인터넷 자료 출처

- 《속도와 규모》-OKR 점검, speedandscale.com
- AAAS, whatweknow.aaas.org
- 블룸버그 뉴에너지 파이낸스Bloomberg New Energy Finance, bnef.com
- 획기적 에너지 연합, breakthroughenergy.org
- 이산화탄소 제거 기본 정보, cdrprimer.org
- 카본플랜CarbonPlan, carbonplan.org
- 카본 트래커Carbon Tracker, carbontracker.org
- COP26 유엔기후변화회의, unfccc.int
- 국제에너지기구 보고서, iea.org/reports/net-zero-by-2050
- 기후변화에 관한 정부 간 패널 보고서, ipcc.ch
- 《OKR, 전설적인 벤처투자자가 구글에 전해준 성공 방식》-OKR 관련 자료, whatmatters.com
- 나사, climate.nasa.gov/evidence/

- 아워 월드 인 데이터, ourworldindata.org
- 파리기후협약, unfccc.int/sites/default/files/english_paris_agreement.pdf
- 테드 카운트다운—동영상 및 이벤트, countdown.ted.com

운동단체

- 350.org
- 아고라 에네르기벤데(독일)
- C40 시티즈 C40 Cities
- 생물다양성센터 Center for Biological Diversity
- 클라이멋 파워 Climate Power
- 기후 현실 프로젝트 Climate Reality Project
- 열대우림국가연합 Coalition for Rainforest Nations
- 컨서베이션 인터내셔널 Conservation International
- 어스저스티스 EarthJustice
- 에너지재단 Energy Foundation
- 환경방어기금 Environmental Defense Fund
- 유럽기후재단 European Climate Foundation
- 공공환경문제연구소 Institute of Public & Environmental Affairs (중국)
- 국가자원방어위원회 National Resources Defense Council
- 네이처 컨서번시 Nature Conservancy
- 열대우림행동네트워크 Rainforest Action Network
- 열대우림동맹 Rainforest Alliance
- 재생에너지연구소 Renewable Energy Institute (일본)
- RMI Responsible Minerals Initiative
- 시에라 클럽 Sierra Club
- 선라이즈 무브먼트 Sunrise Movement
- 전미기후행동네트워크 U.S. Climate Action Network
- 세계자원연구소 World Resources Institute
- 세계자연기금 World Wildlife Fund

기후 관련 재단

- 베이조스 어스 펀드 Bezos Earth Fund
- 캠페인 포 네이처 The Campaign for Nature
- 아동투자기금재단 Children's Investment Fund Foundation
- 휴렛재단 Hewlett Foundation
- 이케아재단 IKEA Foundation
- 맥아더재단 MacArthur Foundation

- 맥나이트재단 McKnight Foundation
- 마이클 블룸버그 Michael Bloomberg
- 팩커드재단 Packard Foundation
- 쿼드러처 Quadrature
- 세쿼이아재단 Sequoia Foundation

기후 중점 투자자들

- 획기적 에너지 연합 벤처스 Breakthrough Energy Ventures
- 기후자연기금 Climate and Nature Fund (유니레버)
- 기후혁신기금 Climate Innovation Fund (마이크로소프트)
- 기후서약기금 Climate Pledge Fund (아마존닷컴)
- 컨그루언트 벤처스 Congruent Ventures
- DBL Double Bottom Line (더블 바텀 라인) 파트너스
- 어스샷 벤처스 Earthshot Ventures
- 엘리멘털 엑셀러레이터
- 엔진 The EngineMIT
- 제너레이션 인베스트먼트 매니지먼트 Generation Investment Management
- G2 벤처 파트너스 G2 Venture Partners
- 그린 클라이멋 펀드 Green Climate Fund
- 그린하우스 캐피털 파트너스 Greenhouse Capital Partners
- 코슬라 벤처스 Khosla Ventures
- 클라이너퍼킨스 Kleiner Perkins
- 임페러티브 사이언스 벤처스 Imperative Science Ventures
- 인사이트 Incite
- 로워 카본 캐피털 Lower Carbon Capital
- OGCI 클라이멋 인베스트먼트 OGCI Climate Investments
- 페일 블루 닷 Pale Blue Dot
- 프라임 임팩트 펀드 Prime Impact Fund
- 프렐루드 벤처스 Prelude Ventures
- S2G 벤처스 S2G Ventures
- 세쿼이아 캐피털 Sequoia Capital
- 유니언 스퀘어 벤처스 Union Square Ventures
- 와이 콤비네이터 Y Combinator
* 클라이멋 50(climate50.com)에서 추가 목록 확인 가능.

투자한
기업 공개

Disclosures & Investments

투자한 기업 공개

이 책에 언급된 기업 중에서 클라이너퍼킨스나 획기적 에너지 연합 벤처스 또는 존 도어가 투자한 기업의 목록이다.

- 알파벳 / 구글 Alphabet / Google
- 아마존 Amazon
- 비욘드미트 Beyond Meat
- 블룸에너지 Bloom Energy
- 차지포인트 Chargepoint
- 참 인더스트리얼 Charm Industrial
- 커먼웰스 퓨전 Commonwealth Fusion
- 사이프레스 반도체 Cypress Semiconductor
- 인페이즈 Enphase
- 파머스 비즈니스 네트워크 Farmer's Business Network
- 피스커 Fisker
- G2 벤처 파트너스 G2 Venture Partners
- 제너레이션 인베스트먼트 Generation Investment
- 네스트 Nest (구글에서 인수)
- 오파워 OPower (오라클에서 인수)
- 프로테라 Proterra
- 퀀텀스케이프 Quantumscape
- 레드우드 머티리얼스 Redwood Materials
- 솔리디아 Solidia
- 스트라이프 Stripe
- 트레데시 Tradesy
- 워터셰드 Watershed

Notes

주석

프롤로그

1 Apple. "Apple launches iPhone SDK." 2008. 3. 6. www.speedandscale.com/ifund.
2 "Salvation (and Profit) in Greentech." Ted, TEDxTalks 업로드, 2007. 3. 1, www.ted.com/talks/john_doerr_salvation_and_profit_in_greentech/transcript.
3 Alberts, Elizabeth. "'Off the Chart': CO₂ from California Fires Dwarf State's Fossil Fuel Emissions." Mongabay. com, 2020. 9. 18, news.mongabay.com/2020/09/off-the-chart-co2-from-california-fires-dwarf-states-fossil-fuel-emissions.

서문: 계획이 무엇인가?

1 "Climate and Earth's Energy Budget." NASA Earth Observatory, earthobservatory.nasa.gov/features/EnergyBalance/page6.php. 2012년 6월 14일 접속.
2 European Environment Agency. "Atmospheric Greenhouse Gas Concentrations." European Environment Agency, 2020. 10. 4, www.eea.europa.eu/data-and-maps/indicators/atmospheric-greenhouse-gas-concentrations-7/assessment.
3 "NOAA Global Monitoring Laboratory-The NOAA Annual Greenhouse Gas Index(AGGI)." NOAA Annual Greenhouse Gas Index(AGGI), 2012, gml.noaa.gov/aggi/aggi.html.
4 Conlen, Matt. "Visualizing the Quantities of Climate Change." Global Climate Change: Vital Signs of the Planet, 2020. 3. 12, climate.nasa.gov/news/2933/visualizing-the-quantities-of-climate-change.
5 CO₂e는 대개 기가톤 또는 10억 톤 단위로 측정된다. "Greenhouse Gas Equivalencies Calculator." U.S. Environmental Protection Agency, 2021. 5. 26, www.epa.gov/energy/greenhouse-gas-equivalencies-calculator.
6 "World of Change: Global Temperatures." NASA Earth Observatory, earthobservatory.nasa.gov/world-of-change/global-temperature. 2021년 6월 13일 접속.
7 Stainforth, Thorfinn. "More Than Half of All CO₂ Emissions Since 1751 Emitted in the Last 30 Years." Institute for European Environmental Policy, 2020. 4. 29, ieep.eu/news/more-than-half-of-all-co2-emissions-since-

1751-emitted-in-the-last-30-years.

8   Roston, Eric. "Economists Warn That a Hotter World Will Be Poorer and More Unequal." *Bloomberg Green*,
    2020. 7. 7. www.bloomberg.com/news/articles/2020-07-07/global-gdp-could-fall-20-as-climate-change-
    heasts-up.

9   비틀스. "Revolution 1."(1968). 존 레논, 폴 매카트니 작사, 작곡. Apple Records, 1968.

10 "Salvation (and Profit) in Greentech." Doerr, John. TEDxTalk, 2007. 3. 1. www.ted.com/talks/john_doerr_
    salvation_and_profit_in_greentech/transcript.

11 "Temperatures." Climate Action Tracker, 2021. 5. 4. climateactiontracker.org/global/temperatures.

12 UNEP and UNEP DTU Partnership. "UNEP Report-The Emissions Gap Report 2020." *Management of
    Environmental Quality : An International Journal*, 2020, https://www.unep.org/emissions-gap-report-2020.

13 The Energy & Climate Intelligence Unit, Oxford Net Zero. "Taking Stock : A Global Assessment of Net Zero
    Targets." The Energy & Climate Intelligence Unit, 2021. ca1-eci.edcdn.com/reports/ECIU-Oxford_Taking_Stock.
    pdf.

14 Tollefson, Jeff. "COVID Curbed Carbon Emissions in 2020-but Not by Much." *Nature* 589, no.7842,2021,343,
    doi:10.1038/d41586-021-00090-3.

제1장 교통을 전기화하라

1   Tesla. "All Our Patent Are Belong to You." Tesla, 2019. 7. 27. www.tesla.com/blog/all-our-patent-are-belong-
    you.

2   "EV Sales." BloombergNEF, www.bnef.com/interactive-datasets/2d5d59acd90000014?data-hub=11. 2021년 6
    월 13일 접속.

3   "Q4 and FY2020 Update." Tesla, 2020, tesla-cdn.thron.com/static/1LRLZK_2020_Q4_Quarterly_Update_
    Deck_-_Searchable_LVA2GL.pdf?xseo=&response-content-disposition=inline%3Bfilename%3D%22TSLA-Q4-
    2020-Update.pdf%22.

4   TSLA Stock Price, Tesla Inc. Stock Quote(U.S. : Nasdaq). MarketWatch, 2021. 6. 20. www.marketwatch.com/
    investing/stock/tsla.

5   Degen, Matt. "2012 Fisker Karma Review." Kelly Blue Book, 2019. 12. 23. www.kbb.com/fisker/karma.

6   Lavrinc, Damon. "At Least 16 Fisker Karmas Drown, Catch Fire at New Jersey Port." *Wired*, 2012. 10. 30. www.
    wired.com/2012/10/fisker-fire-new-jersey.

7   "Fisker Says $30 Million in Luxury Cars Destroyed by Sandy in NJ Port." Reuters, 2012. 11. 7. www.reuters.
    com/article/us-fisker-sandy/fisker-says-30-million-in-luxury-cars-destroyed-by-sandy-in-nj-port-
    idUSBRE8A60382012107.

8   Frangoul, Anmar. "Global Electric Vehicle Numbers Set to Hit 145 Million by End of the Decade, IEA Says."
    CNBC, 2021. 4. 29. www.cnbc.com/2021/04/29/global-electric-vehicle-numbers-set-to-hit-145-million-by-
    2030-iea.html.

9   "New Energy Outlook 2020." BloombergNEF, 2021. 4. 20. about.bnef.com/new-energy-outlook.

10 Budd, Ken. "How Today's Cars Are Built to Last." AARP, 2018. 11. 1. www.aarp.org/auto/trends-lifestyle/info-
    2018/how-long-do-cars-last.html.

11 Harvard University et al. "Fossil Fuel Air Pollution Responsible for 1 in 5 Deaths Worldwide." C-CHANGE,
    Harvard T. H. Chan School of Public Health, 2021. 2. 9. www.hsph.harvard.edu/c-change/news/fossil-fuel-air-

pollution-responsible-for-1-in-5-deaths-worldwide.

12 Integrated Science Assessment(ISA) for Particulate Matter(Final Report, 2019. 12). U.S. Environmental Protection Agency, Washington, DC, EPA/600/R-19/188, 2019.

13 "Who Is Willing to Pay More for Renewable Energy?" Yale Program on Climate Change Communication, 2019. 7. 16, climatecommunication.yale.edu/publications/who-is-willing-to-pay-more-for-renewable-energy; Walton, Robert. "Americans Could Pay More for Clean Energy, But Will They Really?" Utility Dive, 2015. 3. 9, www.utilitydive.com/news/americans-could-pay-more-for-clean-energy-but-will-they-really/372381.

14 전기: "Electric Power Monthly-U.S. Energy Information Administration(EIA)." U.S. Energy Information Administration, www.eia/gov/electricity/monthly/epm_table_grapher.php. 2021년 6월 13일 접속; Matasci, Sara. "Understanding Your Sunrun Solar Lease, PPA and Solar Contract Agreement." Solar News, 2020. 7. 15, https://news.energysage.com/sunrun-solar-lease-ppa-solar-contract-agreement/.
승용 전기차: "Google." Google Search-2021 Chevy Blot MSRP, www.google.com. 2021년 6월 23일 접속; "Google." Google Search-2021 Toyota Camry MSRP, www.google.com. 2021년 6월 23일 접속.
장거리 화물 운송 연료: "Alternative Fuel Price Report." U.S. Department of Energy, 2021. 1, https://afdc.energy.gov/fuels/prices.html.
시멘트: "IBISWorld-Industry Market Research, Reports, and Statistics." IBISWorld, www.ibisworld.com/us/bed/price-of-cement/190. 2021년 6월 22일 접속.
항공유: "Jet Fuel Price Monitor." IATA, www.iata.org/en/publications/economics/fuel-monitor. 2012년 6월 14일 접속; Robinson, Daisy. "Sustainable Aviation Fuel (Part 1): Pathways to Production." BloombergNEF, 2021. 3. 29, www.bnef.com/insights/25925?query=eyJxdWVyeSI61lNBRiIsInBhZ2UiOjEsIm9yZGVyIjoicmVsZXZhbmNlIn0%3D.
샌프란시스코에서 하와이 왕복 항공요금 (이코노미): "Google." Travel, www.google.com/travel/unsupported?ucpp=CoVodHRwczovL3d3dy5nb29nbGUuY29tL3RyYXZlbC9mbGlnaHRz. 2021년 5월 4일 접속.
햄버거용 간 소고기: "Average Retail Food and Energy Prices, U.S. and Midwest Region: Mid-Atlantic Information Office: U.S. Bureau of Labor Statistics." U.S. Bureau of Labor Statistics, www.bls.gov/regions/mid-atlantic/data/averageretailfoodandenergyprices_usandmidwest_table.htm. 2021년 6월 20일 접속.

15 7쪽 표와 다음 자료를 참고할 것. Breakthrough Energy. "The Green Premium." Breakthrough Energy, 2020, www.breakthroughenergy.org/our-challenge/the-green-premium.

16 "Trends and Developments in Electric Vehicle Markets-Global EV Outlook 2021-Analysis." International Energy Agnecy, 2021, www.iea.org/reports/global-ev-outlook-2021/trends-and-developments-in-electric-vehicle-markets.

17 "Transportation: In China's Biggest Cities, 1 in 5 Cars Sold Is Electric." E&E News, 2021. 5. 11, www.eenews.net/energywire/2021/05/11/stories/1063732167.

18 Rauwald, Christoph. "VW Boosts Tech Spending Within $177 Billion Investment Plan." Bloomberg Green, 2020. 11. 13, www.bloomberg.com/news/articles/2020-11-13/vw-boosts-tech-spending-in-177-billion-budget-amid-virus-hit.

19 "Electric Vehicle Outlook." BloombergNEF, www.bnef.com/interactive-datasets/2d5d59acd900003d?data-hub=11&tab=Buses. 2021년 6월 13일 접속.

20 "Transport Sector CO_2 Emissions by Mode in the Sustainable Development Scenario, 2000-2030-Charts-Data & Statistics." IEA, www.iea.org/data-and-statistics/charts/transport-sector-co2-emissions-by-mode-in-the-sustainable-development-scenario-2000-2030. 2021년 6월 13일 접속.

21 "Electric Vehicle Outlook."

22 Gallucci, Maria. "At Last, the Shipping Industry Begins Cleaning Up Its Dirty Fuels." Yale E360, Yale Environment 260, 2018. 6. 28, e360.yale.edu/features/at-last-the-shipping-industry-begins-cleaning-up-its-dirty-fuels.

23 Gallucci, Maria. "At Last, the Shipping Industry Begins Cleaning Up Its Dirty Fuels."

24 Strohl, Daniel. "Fact Check: Did a GM President Really Tell Congress 'What's Good for GM Is Good for America?'" Hemmings, 2019. 9. 5. www.hemmings.com/stories/2019/09/05/fact-check-did-a-gm-president-really-tell-congress-whats-good-for-gm-is-good-for-america.

25 "Twelve U.S. States Urge Biden to Back Phasing Out Gas-Powered Vehicle Sales by 2035." Reuters, 2021. 4. 21. www.reuters.com/business/twelve-us-states-urge-biden-back-phasing-out-gas-powered-vehicle-sales-by-2035-2021-04-21.

26 Huang, Echo. "How Much Financial Help Does China Give EV Maker BYD?" Quartz, 2019. 3. 27. qz.com/1579568/how-much-financial-help-does-china-give-ev-maker-byd.

27 Vincent, Danny. "The Uncertain Future for China's Electric Car Makers." BBC News, 2020. 3. 27. www.bbc.com/news/business-51711019.

28 Quarles, Neil, et al. "Costs and Benefits of Electrifying and Automating Bus Transit Fleets." Multidisciplinary Digital Publishing Institute, 2020. www.caee.utexas.edu/prof/kockelman/public_html/TRB18AeBus.pdf.

29 Gilpin, Lyndsey. "These City Bus Routes Are Going Electric-and Saving Money." Inside Climate News, 2017. 10. 23. insideclimatenews.org/news/23102017/these-city-bus-routes-are-going-all-electric.

30 "Revolutionizing Commercial Vehicle Electrification." Proterra, 2021. 4. www.proterra.com/wp-content/uploads/2021/04/PTRA-ACTC-Analyst-Day-Presentation-4.8.21-FINAL-1.pdf.

31 "Long-Term Electric Vehicle Outlook 2021." BloombergNEF, 2021. 6. 9. www.bnef.com/insights/26533/view.

32 Bui, Quan, et al. "Statistical Basis for Predicting Technological Progress." Santa Fe Institute, 2012. 7. 5. www.santafe.edu/research/results/working-paperes/statistical-basis-for-predicting-technological-pro.

33 "Evolution of Li-Ion Battery Price, 1995-2019-Charts-Data & Statistics." IEA, 2020. 6. 30. www.iea.org/data-and-statistics/charts/evolution-of-li-ion-battery-price-1995-2019. 2021년 6월 13일 접속.

34 Gold, Russell, and Ben Foldy. "The Battery Is Ready to Power the World." *Wall Street Journal*, 2021. 2. 5. www.wsj.com/articles/the-battery-is-ready-to-power-the-world-11612551578.

35 Boudette, Neal. "Ford's Electric F-150 Pickup Aims to Be the Model T of E.V.s." *New York Times*, 2021. 5. 19. www.nytimes.com/2021/05/19/business/ford-electric-vehicle-f-150.html.

36 Watson, Kathryn. "Biden Drives Electric Vehicle and Touts It as the 'Future of the Auto Industry.'" CBS News, 2021. 5. 18. www.cbsnews.com/news/biden-ford-electric-car-plant-michigan-watch-live-stream-today-05-18-2021.

37 "The Ford Electric F-150 Lightning's Astonishing Price." *Atlantic*, 2021. 5. 19. www.theatlantic.com/technology/archive/2021/05/f-150-lightning-fords-first-electric-truck/618932.

38 "Car Prices in India-Latest Models & Features 23 Jun 2021." BankBazaar. www.bankbazaar.com/car-loan/car-prices-in-india.html. 2021년 6월 22일 접속; Mehra, Jaiveer. "Best Selling Cars in November 2020: Maruti Swift Remains Top Seller." Autocar India, 2020. 12. 5. www.autocarindia.com/car-news/best-selling-cars-in-november-2020-maruti-swift-remains-top-seller-419341.

39 "2020 Global Automotive Consumer Study." Deloitte, 2020. www2.deloitte.com/content/dam/Deloitte/us/Documents/manufacturing/us-2020-global-automotive-consumer-study-global-focus-countries.pdf.

제2장 전력망을 탈탄소화하라

1 Newton, James D. *Uncommon Friends: Life with Thomas Edison, Henry Ford, Harvey Firestone, Alexis Carrel, & Charles Lindbergh.* New York: Mariner Books, 1989.

2 Schwartz, Evan. "The German Experiment." *MIT Technology Review,* 2020. 4. 2, www.technologyreview. com/2010/06/22/26637/the-german-experiment; "Feed-in Tariffs in Germany." Wikepedia, 2021. 3. 21, en.wikipedia.org/wiki/Feed-in_tariffs_in_Germany.

3 Schwarz, Evan. "The German Experiment." *MIT Technology Review,* 2010. 6. 22, www.technologyreview. com/2010/06/22/26637/the-german-experiment.

4 *Nova.* PBS, 2007. 4. 24, www.pbs.org/wgbh/nova/video/saved-by-the-sun.

5 Schwartz, Evan. "The German Experiment."

6 Buchholz, Katharina. "China Dominates All Steps of Solar Panel Production." Statista Infographics, 2021. 4. 21, www.statista.com/chart/24687/solar-panel-global-market-shares-by-production-steps.

7 Sun, Xiaojing. "Solar Technology Got Cheaper and Better in the 2010s. Now What?" Wood Mackenzie, 2019. 12. 18, www.woodmac.com/news/opinion/solar-technology-got-cheaper-and-better-in-the-2010s-now-what.

8 "Renewables Meet 46.3% of Germany's 2020 Power Consumption, up 3.8 Pts." Reuters, 2020. 12. 14, www. reuters.com/article/germany-power-renewables-idUKKBN2801AH.

9 Randowitz, Bernd. "Germany's Renewable Power Share Surges to 56% amid Covid-19 Impact." Recharge, 2020. 7, www.rechargenews.com/transition/germany-s-renewable-power-share-surges-to-56-amid-covid-19-impact/2-1-837212.

10 "U.S. Nuclear Industry-U.S. Energy Information Administration(EIA)." U.S. Energy Information Administration, 2021. 4. 6, www.eia.gov/energyexplained/nuclear/us-nuclear-industry.php.

11 "World Energy Outlook 2020-Analysis." IEA, 2020. 10, www.iea.org/reports/world-energy-outlook-2020.0.

12 "Renewable Energy Market Update 2021." World Energy Outlook 2020-Analysis, International Energy Agency, https://www.iea.org/reports/renewable-energy-market-update-2021/renewable-electricity; "New Global Solar PV Installations to Increase 27% to Record 181 GW This Year." IHS Markit, 2021. 3. 29, https://www. reuters.com/business/energy/new-global-solar-pv-installations-increase-27-record-181-gw-this-year-ihs-markit-2021-03-29.

13 Brandily, Tifenn, and Amar Vasdev. "2H 2020 LCOE Update." BloombergNEF, 2020. 12. 10, www.bnef.com/login ?r=%2Finsights%2F24999%2Fview.

14 "Net Zero by 2050-Analysis." International Energy Agency, 2021. 5, www.iea.org/reports/net-zero-by-2050.

15 "Net Zero by 2050-Analysis."

16 Piper, Elizabeth, and Markus Wacket. "In Climate Push, G7 Agrees to Stop International Funding for Coal." Reuters, 2021. 5. 21, www.reuters.com/business/energy/g7-countries-agree-stop-funding-coal-fired-power-2021-05-21.

17 "Net Zero by 2050-Analysis."

18 "Methane Emissions from Oil and Gas-Analysis." International Energy Agency, www.iea.org/reports/methane-emissions-from-oil-and-gas. 2021년 6월 18일 접속.

19 McKenna, Claire, et al. "It's Time to Incentivize Residential Heat Pumps." RMI, 2020. 7. 22, rmi.org/its-time-to-incentivize-residential-heat-pumps.

20 "Solar Energy Basics." National Renewable Energy Laboratory, 2021, www.nrel.gov/research/re-solar.html.

21 "Renewable Energy Market Update 2021." IEA 2021, www.iea.org/reports/renewable-energy-market-update-2021/renewable-electricity.

22 "Net Metering." Solar Energy Industries Association, 2017. 5, www.seia.org/initiatives/net-metering.

23 "U.S. Solar Market Insight." Solar Energy Industries Association, 2021. www.seia.org/us-solar-market-insight. 2012년 3월 16일 업데이트.

24 "India Exceeding Paris Targets; to Achieve 450 GW Renewable Energy by 2030; PM Modi at G20 Summit." *Business Today,* 2020. 11. 22, www.businesstoday.in/current/economy-politics/india-exceeding-paris-targets-to-achieve-450-gw-renewable-energy-by-2030-pm-modi-at-g20-summit/story/422691.html.

25 Russi, Sofia. "Global Wind Report 2021." Golbal Wind Energy Council, 2021. 4. 30. gwec.net/global-wind-report-2021.

26 Besta, Shankar. "Profiting Ten of the Biggest Onshore Wind Farms in the World." NS Energy, 2019. 12. 9. www.nsenergybusiness.com/features/worlds-biggest-onshore-wind-farms.

27 Gross, Samantha. "Renewables, Land Use, and Local Opposition in the United States." Brookings Institution, 2020. 1. www.brookings.edu/wp-content/uploads/2020/01/FP_20200113_renewables_land_use_local_opposition_gross.pdf.

28 "Natural Gas Prices-Historical Chart." MacroTrends, 2021. www.macrotrends.net/2478/natural-gas-prices-historical-chart.

29 베스타스는 1987년부터 풍력 발전에 집중했다. "Vestas History." Vestas, 2021. www.vestas.com/en/about/profile#!from-1987-1998.

30 "Our Green Business Transformation: What We Did and Lessons Learned." Ørsted, 2021. 4. https://orsted.com/en/about-us/whitepapers/green-transformation-lessons-learned.

31 Scott, Mike. "Top Company Profile: Denmark's Ørsted Is 2020's Most Sustainable Corporation." Corporate Knights, 2020. 1. 21. www.corporateknights.com/reports/2020-global-100/top-company-profile-orsted-sustainability-15795648.

32 "Satellite Data Reveals Extreme Methane Emissions from Permian Oil & Gas Operations; Shows Highest Emissions Ever Measured from a Major U.S. Oil and Gas Basin." Environmental Defense Fund, 2020. 4. 22. www.edf.org/media/satellite-data-reveals-extreme-methane-emissions-permian-oil-gas-operations-shows-highest.

33 Chung, Tiy. "Global Assessment: Urgent Steps Must Be Taken to Reduce Methane Emissions This Decade." United Nations Environment Programme(UNEP), 2021. 5. 6. www.unep.org/news-and-stories/press-release/global-assessment-urgent-steps-must-be-taken-reduce-methane.

34 Plant, Genevieve. "Large Fugitive Methane Emissions from Urban Centers Along the U.S. East Coast." *AGU Journals*, 2019. 7. 28. agupubs.onlinelibrary.wiley.com/doi/full/10.1029/2019GL082635; Lebel, Eric D., et al. "Quantifying Methane Emissions from Natural Gas Water Heaters." ACS Publications, 2020. 4. 6. pubs.acs.org/doi/10.1021/acs.est.9b07189; "Major U.S. Cities Are Leaking Methane at Twice the Rate Previously." *Science | AAAs*, 2019. 7. 19. www.sciencemag.org/news/2019/07/major-us-cities-are-leaking-methane-twice-rate-previously-believed.

35 "Gas Leak Detection & Repair." MBS Engineering, 2021. www.mbs.engineering/gas-leak-detection-repair.html; "Perform Valve Leak Repair During Pipeline Replacement." U.S. Environmental Protection Agency, 2016. 8. 31. www.epa.gov/sites/production/files/2016-06/documents/performleakrepairduringpipelinereplacement.pdf.

36 Lipton, Eric, and Hiroko Tabuchi. "Driven by Trump Policy Changes, Fracking Booms on Public Lands." *New York Times*, 2018. 10. 27. www.nytimes.com/2018/10/27/climate/trump-fracking-drilling-oil-gas.html; Davenport, Coral. "Trump Eliminates Major Methane Rule, Evenas Leaks Are Worsening." 2021년 4월 18일 업데이트, https://www.nytimes.com/2020/08/13/climate/trump-methane.html.

37 "Natural Gas Flaring and Venting: State and Federal Regulatory Overview, Trends and Impacts." Office of Fossil Energy(FE) of the U.S. Department of Energy, 2019. 6. www.energy.gov/sites/prod/files/2019/08/f65/Ntural%20Gas%20Flaring%20and%20Venting%20Report.pdf.

38 Jacobs, Nicole. "New Poll: Natural Gas Still the Top Choice for Cooking." Energy in Depth, 2021. 2. 16. www.energyindepth.org/new-poll-natural-gas-still-the-top-choice-for-cooking.

39 National Renewable Energy Laboratory, 2020. www.nrel.gov/state-local-tribal/basics-net-metering.html.

40 "Net Zero by 2050-Analysis."

41 Popovich, Nadja. "America's Light Bulb Revolution." *New York Times*, 2019. 3. 8. www.nytimes.com/

interactive/2019/03/08/climate/light-bulb-efficiency.html.

42 Lovins, Amory B. "How Big Is the Energy Efficiency Resource?" IOP Science, IOP Publishing Ltd, 2018. 9. 18, iopscience.iop.org/article/10.1088/1748-9326/aad965/pdf.

43 Carmichael, Cara, and Eric Harrington. "Project Case Study: Empire State Building." Rocky Mountain Institute, 2009, rmi.org/wp-content/uploads/2017/04/Buildings_Retrofit_EmpireStateBuidling_CaseStudy_2009.pdf.

44 "Quandrennial Technology Review." Chapter 5: Increasing Efficiency of Building Systems and Technologies. United States Department of Energy, 2015. 9, www.energy.gov/sites/prod/files/2017/03/f34/qtr-2015-chapter5. pdf.

45 "How Much Does an Electric Furnace Cost to Install?" Modernize Home Services, 2021, modernize.com/hvac/ heating-repair-installation/furnace/electric.

46 "ENERGY STAR Impacts." ENERGY STAR, 2019, www.energystar.gov/about/origins_mission/impacts.

47 Castro-Alvarez, Fernando, et al. "The 2018 International Energy Efficiency Scorecard." ©American Council for an Energy-Efficient Economy, 2018. 6, www.aceee.org/sites/default/files/publications/researchreports/i1801. pdf.

48 Komanoff, Charles, et al. "California Stars Lighting the Way to a Clean Energy Future." Natural Resources Defense Council, 2019. 5, www.nrdc.org/sites/default/files/california-stars-clean-energy-future-report.pdf.

제3장 식량을 바로잡아라

1 Ontl, Todd A., and Lisa A. Schulte. "Soil Carbon Storage." Knowledge Project, Nature Education, 2012, www. nature.com/scitable/knowledge/library/soil-carbon-storage-84223790/.

2 "Global Plans of Action Endorsed to Halt the Escalating Degradation of Soils." Food and Agriculture Organization of the United States, 2014. 7. 24, www.fao.org/news/story/en/item/239341/icode.

3 Tian, Hanqun, et al. "A Comprehensive Quantification of Global Nitrous Oxide Sources and Sinks." *Nature*, 2020. 10. 7, www.nature.com/articles/s41586-020-2780-0.

4 UNEP and UNEP DTU Partnership. "UNEP Report-The Emissions Gap Report 2020." *Management of Environmental Quality: An International Journal*, 2020, https://www.unep.org/emissions-gap-report-2020.

5 Ranganathan, Janet, et al. "How to Sustainability Feed 10 Billion People by 2050, in 21 Charts." World Resources Institute, 2018. 12. 5, www.wri.org/insights/how-sustainably-feed-10-billion-people-2050-21-charts.

6 Zomer, Robert. "Global Sequestration Potential of Increased Organic Carbon in Cropland Soils." Scientific Reports, 2017. 11. 14, www.nature.com/articles/s41598-017-15794-8?error=cookies_not_supported&code=4f2 be93e=fd6c=4958-814b-d7ea0549ee8e.

7 "Worldwide Food Waste." UN Environment Programme, 2010, www.unep.org/thinkeatsave/get-informed/ worldwide-food-waste.

8 Ott, Giffen. "We're a Climate Fund-Why Start with Waste?" FullCycle, www.fullcycle.com/insights/were-a-climate-fund-why-start-with-waste. 2021년 6월 13일 접속.

9 Funderburg, Eddie. "What Does Organic Matter Do in Soil?" North Noble Research Institute, 2001. 7. 31, www. noble.org/news/publications/ag-news-and-views/2001/august/what-does-organic-matter-do-in-soil.

10 Kautz, Timo. "Research on Subsoil Biopores and Their Functions in Organically Managed Soils: A Review." *Renewable Agriculture and Food Systems*, Cambridge University Press, 2014. 1. 15, www.cambridge.org/

core/journals/renewable-agriculture-and-food-systems/article/research-on-subsoil-biopores-and-their-functions-in-organicallymanaged-soils-a-review/A72F0E0E7B86FE904A5EC5EE37F6D6C09.

11 Plumer, Brad. "No-Till Farming Is on the Rise. That's Actually a Big Deal." *Washington Post*, 2013. 11. 9, www.washingtonpost.com/news/wonk/wp/2013/11/09/no-till-farming-is-on-the-rise-thats-actually-a-big-deal; "USDA ERS-No-Till and Strip-Till Are Widely Adopted but Often Used in Rotation with Other Tillage Practices." Economic Research Service, U.S. Department of Agriculture, www.ers.usda.gov/amber-waves/2019/march/no-till-and-strip-till-are-widely-adopted-but-often-used-in-rotation-with-other-tillage-practices. 2021년 6월 13일 접속.

12 Creech, Elizabeth. "Saving Money, Time and Soil: The Economics of No-Till Farming." U.S. Department of Agriculture, 2017. 11. 30, www.usda.gov/media/blog/2017/11/30/saving-money-time-and-soil-economics-no-till-farming.

13 Gianessi, Leonard. "Importance of Herbicides for No-Till Agriculture in South America." CropLife International, 2014. 11. 16, croplife.org/case-study/importance-of-herbicides-for-no-till-agriculture-in-south-america.

14 Smil, Vaclav. *Energy and Civilization : A History*. Boston : The MIT Press, 2018.

15 Poeplau, Christopher, and Axel Don. "Carbon Sequestration in Agricultural Soils via Cultivation of Cover Crops-A Meta-Analysis." *Agriculture, Ecosystems & Environment* 200, 2015, 33-41, doi: 10.1016/j.agee.2014.10.024.

16 Ahmed, Amal. "Last Year's Historic Floods Ruined 20 Million Acres of Farmland." *Popular Science*, 2021. 4. 26, www.popsci.com/story/environment/2019-record-floods-midwest.

17 UNEP and UNEP DTU Partnership, "UNEP Report-The Emissions Gap Report 2020." *Management of Environmental Quality : An International Journal*, 2020, https://www.unep.org/emissions-gap-report-2020.

18 Waite, Richard, and Alex Rudee. "6 Ways the US Can Curb Climate Change and Grow More Food." World Resources Institute, 2020. 8. 20, www.wri.org/insights/6-ways-us-can-curb-climate-change-and-grow-more-food.

19 Boerner, Leigh Krietsch. "Industrial Ammonia Productdion Emits More CO_2 than Any Other Chemical Making Reaction. Chemists Want to Change That." *Chemical & Engineering News*, 2019. 6. 15, cen.acs.org/environment/green-chemistry/Industrial-ammonia-production-emits-CO2/97/i24.

20 Tullo, Alexander H. "Is Ammonia the Fuel of the Future?" *Chemical & Engineering News*, 2021. 3. 8, cen.acs.org/business/petrochemicals/ammonia-fuel-future/99/i8.

21 "Agricultural Output-Meat Consumption-OECD Data." OECD.org, 2020, data.oecd.org/agroutput/meat-consumption.htm.

22 Durisin, Megan, and Shruti Singh. "Americans Will Eat a Record Amount of Meat in 2018." Bloomberg, 2018. 2. 2, www.bloomberg.com/news/articles/2018-01-02/have-a-meaty-new-year-americans-will-eat-record-amount-in-2018.

23 Wood, Laura. "Fast Food Industry Analysis and Forecast 2020-2027." Business Wire, 2020. 7. 16, www.businesswire.com/news/home/20200716005498/en/Fast-Food-Industry-Analysis-and-Forecast-2020-2027---ResearchAndMarkets.com.

24 "Key Facts and Findings." Food and Agriculture Organization of the United States, 2020, www.fao.org/news/story/en/item/197623/icode.

25 "Tackling Climate Change Through Livestock." Food and Agriculture Organization of the United Nations, 2013, http://www.fao.org/3/i3437e/i3437e.pdf.

26 "Which Is a Bigger Methane Source: Cow Belching or Cow Flatulence?" Climate Change: Vital Signs of the Planet, 2021, climate.nasa.gov/faq/33/which-is-a-bigger-methane-source-cow-belching-or-cow-flatulence.

27 "Animal Manure Management." U.S. Department of AgrICulutre, 1995. 12, www.nrcs.usda.gov/wps/portal/nrcs/detail/null/?cid=nrcs143_014211.

28 "How Much of the World's Land Would We Need in Order to Feed the Global Population with the Average Diet of a Given Country?" Our World in Data, 2017. 10. 3, ourworldindata.org/agricultural-land-by-global-diets.

29 "How Much of the World's Land Would We Need in Order to Feed the Global Population with the Average Diet of a Given Country?"

30 Nelson, Diane. "Feeding Cattle Seaweed Reduces Their Greenhouse Gas Emissions 82 Percent." University of California, Davis, 2021. 3. 17, www.ucdavis.edu/news/feeding-cattle-seaweed-reduces-their-greenhouse-gas-emissions-82-percent.

31 Shangguan, Siyi, et al. "A Meta-Analysis of Food Labeling Effects on Consumer Diet Behaviors and Industry Practices." *American Journal of Preventive Medicine* 56, no. 2, 2019, 300-314, doi:10.1016/j.amepre.2018.09.024.

32 Camilleri, Adrian, et al. "Consumers Underestimate the Emissions Associated with Food but Are Aided by Labels." *Nature Climate Change* 9, 2018. 12. 17, www.nature.com/articles/s41558-018-0354-z.

33 Donnellan, Douglas. "Climate Labels on Food to Become a Reality in Denmark." Food Tank, 2019. 4. 11, foodtank.com/news/2019/04/climate-labels-on-food-to-become-a-reality-in-denmark.

34 "RELEASE: New 'Cool Food Meals' Badge Hits Restaurant Menus Nationwide, Helping Consumers Act on Climate Change." World Resources Institute, 2020. 10. 14, www.wri.org/news/release-new-cool-food-meals-badge-hits-restaurant-menus-nationwide-helping-consumers-act.

35 "How Much Would Giving Up Meat Help the Environment?" *Economist*, 2019. 11. 18, www.economist.com/graphics-detail/2019/11/15/how-much-would-giving-up-meat-help-the-environment; Kim, Brent F., et al. "Country-Specific Dietary Shifts to Mitigate Climate and Water Crises." ScienceDirect, 2020. 5. 1, www.sciencedirect.com/science/article/pii/S0959378018306101.

36 O'Connor, Anahad. "Fake Meat vs. Real Meat." *New York Times,* 2020. 12. 2, www.nytimes.com/2019/12/03/well/eat/fake-meat-vs-real-meat.html.

37 Mount, Daniel. "Retail Sales Data: Plant-Based Meat, Eggs, Dairy." Good Food Institute, 2021. 6. 9, gfi.org/marketresearch/#:%7E:text.

38 Poinski, Megani. "Plant-Based Food Sales Outpace Growth in Other Categories during Pandemic." Food Dive, 2020. 5. 27, www.fooddive.com/news/plant-based-food-sales-outpace-growth-in-other-categories-during-pandemic/578653.

39 Lucas, Amelia. "Beyond Meat Unveils New Version of Its Meat-Free Burgers for Grocery Stores." CNBC, 2021. 4. 27, www.cnbc.com/2021/04/27/beyond-meat-unveils-new-version-of-its-meat-free-burgers-in-stores.html.

40 Card, Jon. "Lab-Grown Food: 'The Goal Is to Remove the Animal from Meat Production.'" *Guardian*, 2018. 8. 9, www.theguardian.com/small-business-network/2017/jul/24/lab-grown-food-indiebio-artificial-intelligence-walmart-vegetarian.

41 Mount, Daniel. "U.S. Retail Market Data for Plant-Based Industry."

42 Ritchie, Hannah. "You Want to Reduce the Carbon Footprint of Your Food? Focus on What You Eat, Not Whether Your Food Is Local." Our World in Data, 2020. 1. 24, ourworldindata.org/food-choice-vs-eating-local.

43 University of Adelaide. "Potential for Reduced Methane from Cows." ScienceDaily, 2019. 7. 8, www.sciencedaily.com/releases/2019/07/190708112514.htm.

44 "System of Rice Intensification." Project Drawdown, 2020. 8. 7, drawdown.org/solutions/system-of-rice-intensification.

45 Proville, Jeremy, and K. Kritee. "Global Risk Assessment of High Nitrous Oxide Emissions from Rice Production." Environmental Defense Fund, 2018, www.edf.org/sites/default/files/documents/EDF_White_Paper_Global_Risk_Analysis.pdf.

46 "Overview of Greenhouse Gases." U.S. Environmental Protection Agency, 2021. 4. 20, www.epa.gov/ghgemissions/overview-greenhouse-gases#nitrous-oxide.

47 "Nitrous Oxide Emissions from Rice Farms Are a Cause for Concern for Global Climate." Environmental

Defense Fund, 2018. 9. 10. www.edf.org/media/nitrous-oxide-emissions-rice-farms-are-cause-concern-global-climate.

48 Dawson, Fiona. "Mars Food Works to Deliver Better Food Today." Mars, 2020, www.mars.com/news-and-stories/articles/how-mars-food-works-to-deliver-better-food-today-for-a-better-world-tomorrow.

49 "Cattle Population Worldwide 2012-2021." Statista, 2021. 4. 20, www.statista.com/statistics/263979/global-cattle-population-since-1990.

50 Nepveux, Michael. "USDA Report: U.S. Dairy Farm Numbers Continue to Decline." American Farm Bureau Federation, 2021. 2. 26, fb.org/market-intel/usda-report-u.s.-dairy-farm-numbers-continue-to-decline.

51 Calder, Alice. "Agricultural Subsidies: Everyone's Doing It." Hinrich Foundation, 2020. 10. 15, www.hinrichfoundation.com/research/article/protectionism/agricultural-subsidies/#:%7E:text.

52 "Food Loss and Food Waste." Food and Agriculture Organization of the United Nations, 2021, http://www.fao.org/food-loss-and-food-waste/flw-data.

53 "World Hunger Is Still Not Going Down After Three Years and Obesity Is Still Growing-UN Report." World Health Organization, 2019. 7. 15, www.who.int/news/item/15-07-2019-world-hunger-is-still-not-going-down-after-three-years-and-obesity-is-still-growing-un-report.

54 Center for Food Safety and Applied Nutrition. "Food Loss and Waste." U.S. Food and Drug Administration, 2021. 2. 23, www.fda.gov/food/consumers/food-loss-and-waste.

55 Yu, Yang, and Edward C. Jaenicke. "Estimating Food Waste as Household Production Inefficiency." *American Journal of Agricultural Economics* 102, no. 2, 2020, 525-47, doi:10.1002/ajae.12036; Bandoim, Lana. "The Shocking Amount of Food U.S. Households Waste Every Year." *Forbes,* 2020. 1. 27, www.forbes.com/sites/lanabandoim/2020/01/26/the-shocking-amount-of-food-us-households-waste-every-year.

56 "Is France's Groundbreaking Food-Waste Law Working?" PBS *NewsHour,* 2019. 8. 31, www.pbs.org/newshour/show/is-frances-groundbreaking-food-waste-law-working.

57 "United States Summary and State Data." U.S. Department of Agriculture, 2019. 4, www.nass.usda.gov/Publications/AgCensus/2017/Full_Report/Volume_1_Chapter_1_US/usv1.pdf.

58 Capper, J. L. "The Environmental Impact of Beef Production in the United States: 1977 Compared with 2007." *Journal of Animal Science* 89, no. 12, 2011, 4249-61, doi:10.2527/jas.2010-3784.

59 Ranganathan, Janet. "How to Sustainably Feed 10 Billion People by 2050, in 21 Charts." World Resources Institute, www.wri.org/insights/how-sustainably-feed-10-billion-people-2050-21-charts, 2021년 6월 18일 접속.

제4장 자연을 보호하라

1 Schädel, Christina. "Guest Post: The Irreversible Emissions of a Permafrost 'Tipping Point.'" Carbon Brief, 2020. 2. 12, www.carbonbrief.org/guest-post-the-irreversible-emissions-of-a-permafrost-tipping-point.

2 Prentice, L. C. "The Carbon Cycle and Atmospheric Carbon Dioxide." IPCC, www.ipcc.ch/site/assets/uploads/2018/02/TAR-03.pdf.

3 Betts, Richard. "Met Office: Atmospheric CO_2 Now Hitting 50% Higher than Pre-Industrial Levels." Carbon Brief, 2021. 3. 16, www.carbonbrief.org/met-office-atmospheric-co2-now-hitting-50-higher-than-pre-industrial-levels.

4 Wilson, Edward O. *Half-Earth,* New York: Liveright, 2017.

5 Mark, Jason. "A Conversation with E. O. Wilson." *Sierra,* 2021. 5. 13, www.sierraclub.org/sierra/conversation-

eo-wilson.

6 Roddy, Mike. "We Lost a Football Pitch of Primary Rainforest Every 6 Seconds in 2019." *Global Forest Watch*(블로그), 2020. 6. 2, www.globalforestwatch.org/blog/data-and-research/global-tree-cover-loss-data-2019/.

7 Gibbs, David, et al. "By the Numbers: The Value of Tropical Forests in the Climate Change Equation." World Resources Institute, 2018. 10. 4, www.wri.org/insights/numbers-value-tropical-forests-climate-change-equation; Mooney, Chris, et al. "Global Forest Losses Accelerated Despite the Pandemic, Threatening World's Climate Goals." *Washinton Post*, 2021. 3. 31, www.washintonpost.com/climate-environment/2021/03/31/climate-change-deforestation.

8 Helmholtz Centre for Environmental Research. "The Forests of the Amazon Are an Important Carbon Sink." ScienceDaily, 2019. 11. 18, www.sciencedaily.com/release/2019/11/191118100834.htm.

9 "By the Numbers: The Value of Tropical Forests in the Climate Change Equation." World Resources Institute, 2018. 10. 4, www.wri.org/insights/numbers-value-tropical-forests-climate-change-equation.

10 Cullenward, Danny, and David Victor. *Making Climate Policy Work*. Polity, 2020.

11 Ritchie, Hannah. "Deforestation and Forest Loss." Our World in Data, 2020, ourworldindata.org/deforestation.

12 "Kraft's Annual Report 2001." Kraft, 2001, www.annualreports.com/HostedData/AnnualReportArchive/m/NASDAQ_mdlz_2001.pdf.

13 Kraft Foods, "Kraft Foods Maps Its Total Environmental Footprint." PR Newswire, 2011. 12. 14, www.prnewswire.com/news-releases/kraft-foods-maps-its-total-environmental-footprint-135585188.html.

14 "Carbon Emission from Forests down by 25% Between 2001-2015." Food and Agriculture Organization of the United Nations, 2015. 3. 20, www.fao.org/news/story/en/item/281182/icode.

15 "Return on Sustainability Investment(ROSITM)." New York University Stern School of Business, 2021, www.stern.nyu.edu/experience-stern/about/departments-centers-initiatives/centers-of-research/center-sustainable-business/research/return-sustainabilty-investment-rosi.

16 "Paris Agreement." United Nations Framework Convention on Climate Change, 2015. 12. 12, unfccc.int/sites/default/files/english_paris_agreement.pdf.

17 "Where We Focus: Global." Climate and Land Use Alliance, 2018. 11. 16, www.climateandlandusealliance.org/initiatives/global.

18 "Indigenous Peoples." World Bank, 2020, www.worldbank.org/en/topic/indigenouspeoples.

19 "Indigenous Peoples' Forest Tenure." Project Drawdown, 2020. 6. 30, www.drawdown.org/solutions/indigenous-peoples-forest-tenure.

20 Blackman, Allen, "Titled Amazon Indigenous Communities Cut Forest Carbon Emissions." ScienceDirect, 2018. 11. 1, www.sciencedirect.com/sceince/article/abs/pii/S0921800917309746.

21 Veit, Peter, and Katie Reytar. "By the Numbers: Indigenous and Community Land Rights." World Resources Institute, 2017. 3. 20, www.wri.org/insights/numbers-indigenous-and-community-land-rights.

22 "New Study Finds 55% of Carbon in Amazon Is in Indigenous Territories and Protected Lands, Much of It at Risk." Environmental Defense Fund, www.edf.org/media/new-study-finds-55-carbon-amazon-indigenous-territories-and-protected-lands-much-it-risk, 2021년 6월 18일 접속.

23 "How Much Oxygen Comes from the Ocean?" National Oceanic and Atmospheric Administration, 2021. 2. 26, oceanservice.noaa.gov/facts/ocean-oxygen.html.

24 Sabine, Chris. "Ocean-Atmosphere CO_2 Exchange Dataset, Science on a Sphere." National Oceanic and Atmospheric Administration, 2020, sos.noaa.gov/datasets/ocean-atmosphere-co2-exchange.

25 Thomas, Ryan. *Marine Biology: An Ecological Approach*, Waltham Abbey, U.K.: ED-TECH Press, 2019.

26 "The Ocean as a Solution to Climate Change." World Resources Institute: Ocean Panel Secretariat, 2019, live-oceanpanel.pantheonsite.io/sites/default/files/2019-10/19_4PAGER_HLP_web.pdf.

27 Diaz, Cristobal. "Open Ocean." National Oceanic and Atmospheric Administration, 2021. 2. 26, oceana.org/

marine-life/marine-science-and-ecosystems/open-ocean.

28 "The Carbon Cycle." NASA Earth Observatory, earthobservatory.nasa.gov/features/CarbonCycle, 2021년 6월 22
일 접속.

29 Sala, Enric, et al. "Protecting the Global Ocean for Biodiversity, Food and Climate." *Nature* 592, no. 7854, 2021,
397-402, doi:10.1038/s41586-021-03371-z.

30 Sala, Enric, et al. "Protecting the Global Ocean for Biodiversity, Food and Climate."

31 Cave, Damien, and Justin Gillis. "Large Sections of Australia's Great Reef Are Now Dead, Scientiest Find." *New
York Times*, 2020. 8. 22, www.nytimes.com/2017/03/15/science/great-barrier-reef-coral-climate-change-
dieoff.html.

32 Sala, Enric. "Let's Turn the High Seas into the World's Largest Nature Reserve." TED Talks, 2018. 6. 28, https://
www.ted.com/talks/enric_sala_let_s_turn_the_high_seas_into_the_world_s_largest_nature_reserve.

33 Bland, Alastair. "Could a Ban on Fishing in International Waters Become a Reality?" NPR, 2018. 9. 14, www.
npr.org/sections/thesalt/2018/09/14/647441547/could-a-ban-on-fishing-in-international-waters-become-a-
reality.

34 "The Economics of Fishing the High Seas." *Science Advances* 4, no. 6, 2018. 6. 6, advances.sciencemag.org/
content/4/6/eaat2504.

35 Bland, Alastari, "Could a Ban on Fishing in International Waters Become A Reality?"

36 Hurlimann, Sylvia. "How Kelp Naturally Combats Global Climate Change." Science in the News, 2019. 7. 4, sitn.
hms.harvard.edu/flash/2019/how-kelp-naturally-combats-global-climate-change.

37 Hawken, Paul. *Drawdown: The Most Comprehensive Plan Ever Proposed to Reverse Global Warming*. New
York: Penguin Books, 2017.

38 Bryce, Emma. "Can the Forests of the World's Oceans Contribute to Alleviating the Climate Crisis?" GreenBiz,
2020. 7. 16, www.greenbiz.com/article/can-forests-worlds-oceans-contribute-alleviating-climate-crisis.

39 "Peatland Protection and Rewetting." Project Drawdown, 2020. 3. 1, www.drawdown.org/solutions/peatland-
protection-and-rewetting.

40 Günther, Anke. "Prompt Rewetting of Drained Peatlands Reduces Climate Warming despite Methane
Emissions." Nature Communications, 2020. 4. 2, www.nature.com/articles/s41467-ff81-4cb7-a65a-
2cdc90c77af1.

41 Zimmer, Carl. "How Many Species? A Study Says 8.7 Million, but It's Tricky." *New York Times*, 2011. 8. 29, www.
nytimes.com/2011/08/30/science/30species.html.

42 "UN Report: Nature's Dangerous Decline 'Unprecedented'; Species Extinction Rates 'Accelerating.'" United
Nations Sustainable Development Group, 2019. 5. 6, www.un.org/sustainabledevelopment/blog/2019/05/
nature-decline-unprecedented-report.

43 "50 Countries Announce Bold Commitment to Protect at Least 30% of the World's Land and Ocean by 2030."
Campaign for Nature, 2021. 6. 10, www.campaignfornature.org.

제5장 산업을 정화하라

1 "King Kibe Meets the Guy behind #BANPLASTICKE, James Wakibia." YouTube, 2017. 9. 13, www.youtube.com/
watch?v=a0MSp-IssHU.

2 "Meet James Wakibia, the Campaigner Behind Kenya's Plastic Bag Ban." United Nations Environment

Programme, 2018. 5. 4, www.unep.org/news-and-stories/story/meet-james-wakibia-campaigner-behind-kenyas-plastic-bag-ban.

3 Reality Check Team. "Has Kenya's Plastic Bag Ban Worked?" BBC News, 2019. 8. 28, www.bbc.com/news/world-africa-49421885.

4 Reality Check Team. "Has Kenya's Plastic Bag Ban Worked?"

5 "Meet James Wakibia, The Campaigner behind Kenya's Plastic Bag Ban." United Nations Environment Programme, 2018. 5. 4, www.unep.org/news-and-stories/story/meet-james-wakibia-campaigner-behind-kenyas-plastic-bag-ban.

6 Nichols, Mike. *The Graduate*. Los Angeles: Embassy Pictures, 1967.

7 Parker, Laura. "The World's Plastic Pollution Crisis Explained." *National Geographic*, 2019. 6. 7, www.nationalgeographic.com/environment/article/plastic-pollution.

8 "Emissions Gap Report 2019." United Nations Environment Programme, 2019, www.unep.org/resources/emissions-gap-report-2019.

9 "Emissions Gap Report 2019."

10 Leahy, Meredith. "Aluminum Recycling in the Circular Economy." Rubicon, 2019. 9. 11, www.rubicon.com/blog/aluminum-recycling.

11 Joyce, Christopher. "Where Will Your Plastic Trash Go Now That China Doesn't Want It?" NPR, 2019. 3. 13, https://www.npr.org/sections/goatandsoda/209/03/13/702501726/where-will-your-plastic-trash-go-now-that-china-doesnt-want-it.

12 Joyce, Christopher. "Where Will Your Plastic Trash Go Now That China Doesn't Want It?"

13 Sullivan, Laura. "How Big Oil Misled the Public into Believing Plastic Would Be Recycled." NPR, 2020. 9. 11, www.npr.org/2020/09/11/897692090/how-big-oil-misled-the-public-into-believing-plastic-would-be-recycled.

14 Hocevar, John. "Circular Claims Fall Flat: Comprehensive U.S. Survey of Plastics Recyclability." Greenpeace Inc., 2020. 2. 18, www.greenpeace.org/usa/research/report-circular-claims-fall-flat.

15 Katz, Cheryl. "Piling Up: How China's Ban on Importing Waste Has Stalled Global Recycling." Yale Environment 360, 2019. 3. 7, e360.yale.edu/features/piling-up-how-chinas-ban-on-importing-waste-has-stalled-global-recycling.

16 Herring, Chris. "Coke's New Bottle Is Part Plant." *Wall Street Journal*, 2010. 1. 24, www.wsj.com/articles/SB10001424052748703672104574654212774510476.

17 Cho, Renee. "The Truth About Bioplastics.@ Columbia Climate School, 2017. 12. 13, news.climate.columbia.edu/2017/12/13/the-truth-about-bioplastics.

18 Oakes, Kelly. "Why Biodegradables Won't Solve the Plastic Crisis." BBC Future, 2019. 11. 5, www.bbc.com/future/article/20191030-why-biodegradables-wont-solve-the-plastic-crisis.

19 Oakes, Kelly. "Why Biodegradables Won't Solve the Plastic Crisis." BBC Future, 2019. 11. 5, www.bbc.com/future/article/20191030-why-biodegradables-wont-solve-the-plastic-crisis.

20 Geyer, Roland, et al. "Production, Use, and Fate of All Plastics Ever Made." *Science Advances* 3, no. 7, 2017, p. e1700782, doi:10.1126/sciadv.1700782.

21 "Plastic Pollution Affects Sea Life Throughout the Ocean." Pew Charitable Trusts, 2018. 9. 24, www.pewtrusts.org/en/research-and-analysis/articles/2018/09/24/plastic-pollution-affects-sea-life-throughout-the-ocean; "New UN Report Finds Marine Debris Harming More Than 800 Species, Costing Countries Millions." 2016. 12. 5, https://news.un.org/en/story/2016/12/547032-new-un-report-finds-marine-debris-harming-more-00-species-costing-countries.

22 Leung, Hillary. "E.U. Sets Standard with Ban on Single-Use Plastics by 2021." *Time*, 2019. 3. 28, time.com/5560105/european-union-plastic-ban.

23 Excell, Carole. "127 Countries Now Regulate Plastic Bags. Why Aren't We Seeing Less Pollution?" World

Resources Institute, 2019. 3. 11. www.wri.org/insights/127-countries-now-regulate-plastic-bags-why-arent-we-seeing-less-pollution.

24 Thomas, Dana. "The High Price of Fast Fashion." *Wall Street Journal,* 2019. 8. 29. www.wsj.com/articles/the-high-price-of-fast-fashion-11567096637.

25 Webb, Bella. "Fashion and Carbon Emissions: Crunch Time." Vogue Business, 2020. 8. 26. www.voguebusiness.com/sustainability/fashion-and-carbon-emissions-crunch-time.

26 Schwartz, Evan. "Anchoring OKRs to Your Mission." What Matters, 2020. 6. 26. www.whatmatters.com/articles/okrs-mission-statement-allbirds-sustainability.

27 Verry, Peter. "Allbirds Is Making Its Carbon Footprint Calculator Open-Source Ahead of Earth Day." Footwear News, 2021. 4. 18. footwearnews.com/2021/business/sustainability/allbirds-carbon-footprint-calculator-open-source-earth-day-1203132233; "Carbon Footprint Calculator & Tools." Allbirds, 2021. www.allbirds.com/pages/carbon-footprint-calculator.

28 Bellevrat, Elie, and Kira West. "Clean and Efficient Heat for Industry." International Energy Agency, 2018. 1. 23. www.iea.org/commentaries/clean-and-efficient-heat-for-industry.

29 Roelofsen, Occo, et al. "Plugging in: What Electrification Can Do for Industry." McKinsey & Company, 2020. 5. 28. www.mckinsey.com/industries/electric-power-and-natural-gas/our-insights/plugging-in-what-electrification-can-do-for-industry#.

30 "1H 2021 Hydrogen Levelized Cost Update." BloombergNEF, www.bnef.com/insights/26011/. 2021년 6월 14일 접속.

31 "Available and Emerging Technologies for Reducing Greenhouse Gas Emissions from the Portland Cement Industry." U.S. Environmental Protection Agency, 2010. 10. www.epa.gov/sites/production/files/2015-12/documents/cement.pdf.

32 "Investors Call on Cement Companies to Address Business-Critical Contribution to Climate Change." Institutional Investors Group on Climate Change, 2019. 7. 22. www.iigcc.org/news/investors-call-on-cement-companies-to-address-business-critical-contribution-to-climate-change.

33 Frangoul, Anmar. "'We Have to Improve Our Operations to Be More Sustainable,' LafargeHolcim CEO Says." CNBC, 2020. 7. 31. www.cnbc.com/2020/07/31/lafargeholcim-ceo-stresses-importance-of-sustainability.html.

34 "LafargeHolcim Signs Net Zero Pledge with Science-Based Targets." BusinessWire, 2020. 9. 21. www.businesswire.com/news/home/20200921005750/en/LafargeHolcim-Signs-Net-Zero-Pledge-with-Science-Based-Targets.

35 "Steel Production." American Iron and Steel Institute, 2020. 11. 2. www.steel.org/steel-techonology/steel-production; Hites, Becky. "The Growth of EAF Steelmaking." Recycling Today, 2020. 4. 30. www.recyclingtoday.com/article/the-growth-of-eaf-steelmaking.

36 "Steel Statistical Yearbook 2020 Concise Version." World Steel Association, www.worldsteel.org/en/dam/jcr:5001dac8-0083-46f3-aadd-35aa357acbcc/Steel%2520Statistical%2520Yearbook%25202020%2520%2528concise%2520version%2529.pdf. 2021년 6월 21일 접속.

37 "First in the World to Heat Steel Using Hydrogen." Ovako, 2021. www.ovako.com/en/newsevents/stories/first-in-the-world-to-heat-steel-using-hydrogen.

38 Collins, Leigh. "'Ridiculous to Suggest Green Hydrogen Alone Can Meet World's H2 Needs.'" Recharge, 2020. 4. 27. www.recharge.com/transition/-ridiculous-to-suggest-green-hydrogen-alone-can-meet-world-s-h2-needs-/2-1-797831.

39 "Speech by Prime Minister Stefan Löfven at Inauguration of New HYBRIT Pilot Plant." Government Offices of Sweden, 2020. 8. 31. www.government.se/speeches/2020/08/speech-by-prime-minister-stefan-lofven-at-inauguration-of-new-hybrit-pilot-plant.

40 "HYBRIT: SSAB, LKAB and Vattenfall to Start Up the World's First Pilot Plant for Fossil-Free Steel." SSAB,

2020. 8. 21. www.ssab.com/news/2020/08/hybrit-ssab-lkab-and-vattenfall-to-start-up-the-worlds-first-pilot-plant-for-fossilfree-stell.

제6장 탄소를 제거하라

1 Wilcox, J., et al. "CDR Primer." CDR, 2021. cdrprimer.org/read/concepts.

2 Cembalest, Michael. "Eye on the Market: 11th Annual Energy Paper." J.P. Morgan Asset Management, 2021. am.jpmorgan.com/us/en/asset-management/instituional/insights/market-insights/eye-on-the-market/annual-energy-outlook.

3 Wilcox, J., et al. "CDR Primer." CDR, 2021. cdrprimer.org/read/chapter-1.

4 Sönnichsen, N. "Distribution of Primary Energy Consumption in 2019, by Country." Statista, 2021. www.statista.com/statistics/274200/countries-with-the-largest-share-of-primary-energy-consumption.

5 Lebling, Katie. "Direct Air Capture: Resource Considerations and Costs For Carbon Removal." World Resources Institute, 2021. 1. 6. www.wri.org/insights/direct-air-capture-resource-considerations-and-costs-carbon-removal.

6 Masson-Delmotte, Valérie. "Global Warming of 1.5℃." Intergovernmental Panel on Climate Change, 2018. www.www.ipcc.ch/site/assets/uploads/sites/2/2019/06/SR15_FUll_Report_Low_Res.pdf.

7 Badgley, Grayson, et. al. "Systematic Over-Crediting in California's Forest Carbon Offsets Program." BioRxiv, doi.org/10.1101/2021.04.28.441870.

8 Gates, Bill. *How to Avoid a Climate Disaster: The Solutions We Have and the Breakthroughs We Need*. New York: Knopf, 2021.

9 Welz, Adam. "Are Huge Tree Planting Projects More Hype than Solution?" Yale E360, 2021. 4. 8. https://e360.yale.edu/features/are-huge-tree-planting-projects-more-hype-than-solution.

10 Gertner, Jon. "The Tiny Swiss Company That Thinks It Can Help Stop Climate Change." *New York Times*, 2019. 2. 14. www.nytimes.com/2019/02/12/magazine/climeworks-business-climate-change.html.

11 Doyle, Alister. "Scared by Global Warming? In Iceland, One Solution Is Petrifying." Reuters, 2021. 2. 4. https://www.reuters.com/article/us-climate-change-technology-emissions-f/scared-by-global-warming-in-iceland-one-solution-is-petrifying-idUSKBN2A415R.

12 Carbon Engineering Ltd. "Carbon Engineering Breaks Ground at Direct Air Capture Innovation Centre." Oceanfront Squamish, 2021. 6. 11. oceanfrontsquamish.com/stories/carbon-engineering-breaking-ground-on-their-innovation-centre.

13 Gertner, Jon. "The Tiny Swiss Company That Thinks It Can Help Stop Climate Change." *New York Times*, 2019. 2. 14. www.nytimes.com/2019/02/12/magazine/climeworks-business-climate-change.html.

14 "Stripe Commits $8M to Six New Carbon Removal Companies." Stripe, 2021. 5. 26. stripe.com/newsroom/news/spring-21-carbon-removal-purchases.

15 Smith, Brad. "Microsoft Will Be Carbon Negative by 2030." *Official Microsoft Blog*, 2020. 1. 16. blogs.microsoft.com/blog/2020/01/16/microsoft-will-be-carbon-negative-by-2030.

16 "Microsoft Carbon Removal: Lessons from an Early Corporate Purchase." Microsoft, 2021. query.prod.cms.rt.microsoft.com/cms/api/am/binary/RE4MDlc.

1 "Investing in Green Technology as a Strategy for Economic Recovery." U.S. Senate Committee on Environment and Public Works, 2009, www.epw.senate.gov/public/index.cfm/2009/1/full-committee-briefing-entitled-investing-in-green-technology-as-a-strategy-for-economic-recovery.

2 Encyclopaedia Britannica, "United Nations Conference on Environment and Development | History & Fact." Britannica.com, 2021. 5. 27, www.britannica.com/event/United-Nations-Conference-on-Environment-and-Development.

3 Palmer, Geoffrey. "The Earth Summit: What Went Wrong at Rio?" *Washington University Law Review* 70, no. 4, 1992, openscholarship.wustl.edu/cgi/viewcontent.cgi?article=1867&context=law_lawreview; UNCED Secretary General Maurice Strong, https://openscholarship.wustl.edu/cgi/viewcontent.cgi?article=1867&context=law_lawreview.

4 Palmer, Geoffrey. "The Earth Summit: What Went Wrong at Rio?"

5 Plumer, Brad. "The 1992 Earth Summit Failed. Will This Year's Edition Be Different?" *Washington Post*, 2012. 6. 7, www.washingtonpost.com/blogs/ezra-klein/post/the-1992-earth-summit-failed-will-this-years-edition-be-different/2012/06/07/gJQAARikLV_blog.html.

6 Dewar, Helen, and Kevin Sullivan. "Senate Republicans Call Kyoto Pact Dead." *Washington Post*, 1997, www.washingtonpost.com/wp-srv/inatl/longterm/climate/stories/clim121197b.htm.

7 "Paris Agreement." United Nations Framework Convention on Climate Change(UNFCCC), 2015. 12, cop23.unfccc.int/sites/default/files/english_paris_agreement.pdf.

8 Lustgarten, Abraham. "John Kerry, Biden's Climate Czar, Talks About Saving the Planet." ProPublica, 2020. 12. 18, www.propublica.org/article/john-kerry-biden-climate-czar.

9 "Achieving Energy Efficiency," California Energy Commission, https://www.energy.ca.gov/about/core-responsibility-fact-sheets/achieving-energy-efficiency. 2021년 6월 22일 접속.

10 "California's Energy Efficiency Success Story: Saving Billions of Dollars and Curbing Tons of Pollution." Natural Resources Defense Council, 2013. 7, www.nrdc.org/sites/default/files/ca-success-story-FS.pdf.

11 "Methane Emissions from Oil and Gas-Analysis." International Energy Agency. www.iea.org/reports/methane-emissions-from-oil-and-gas. 2021년 6월 21일 접속.

12 Coady, David, et al. "Global Fossil Fuel Subsidies Remain Large: An Update Based on Country-Level Estimates." International Monetary Fund, 2019. 5. 2, www.imf.org/en/Publications/WP/Issues/2019/05/02/Global-Fossil-Fuel-Subsidies-Remian-Large-An-Update-Based-on-Country-Level-Estimates-4650.

13 Coady, David, et al. "Global Fossil Fuel Subsidies Remain Large: An Update Based on Country-Level Estimates." International Monetary Fund, 2019. 5. 2, www.imf.org/en/Publications/WP/Issues/2019/05/02/Global-Fossil-Fuel-Subsidies-Remian-Large-An-Update-Based-on-Country-Level-Estimates-4650.

14 DiChristopher, Tom. "US Spends $81 Billion a Year to Protect Global Oil Supplies, Report Estimates." CNBC, 2018. 9. 21, www.cnbc.com/2018/09/21/us-spends-81-billion-a-year-to-protect-oil-supplies-report-estimates.html.

15 UNEP and UNEP DTU Partnership. "UNEP Report-The Emission Gap Report 2020." *Management of Environmental Quality: An International Journal*, 2020, https://www.unep.org/emissions-gap-report-2020.

16 "Summary of GHG Emissions for Russian Federation." United Nations Framework Convention on Climate Change, 2018, di.unfccc.int/ghg_profiles/annexOne/RUS/RUS_ghg_profil.pdf.

17 "Average Car Emissions Kept Increasing in 2019, Final Data Show." European Environment Agency, 2021. 6. 1, www.eea.europa.eu/highlights/average-car-emissions-kept-increasing.

18 5대 배출국의 정책:

7.1: Frangoul, Anmar. "President Xi Tells UN That China Will Be 'Carbon Neutral' within Four Decades." CNBC, 2020. 9. 23, www.cnbc.com/2020/09/23/china-claims-it-will-be-carbon-neutral-bythe-year-2060.html; "FACT SHEET: President Biden Sets 2030 Greenhouse Gas Pollution Reduction Target Aimed at Creating Good-Paying Union Jobs and Securing U.S. Leadership on Clean Energy Technologies." 2021. 4. 22, www.whitehouse. gov/briefingroom/statements-releases/2021/04/22/fact-sheet-president-biden-sets2030-greenhouse-gas-pollution-reduction-target-aimed-at-creatinggood-paying-union-jobs-and-securing-u-s-leadership-on-clean-energytechnologies; "2050 Long-Term Strategy." European Commission, 2016. 11. 23, ec.europa.eu/clima/policies/strategies/2050_en.

7.1.1: "China's Xi Targets Steeper Cut in Carbon Intensity by 2030." Reuters, 2020. 12. 12, www.reuters.com/world/china/chinas-xi-targets-steeper-cut-carbon-intensity-by-2030-2020-12-12; Shields, Laura. "State Renewable Portfolio Standards and Goals." National Conference of State Legislatures, 2021. 4. 7, www.ncsl. org/research/energy/renewable-portfolio-standards.aspx; "2030 Climate & Energy Framework." European Commission, 2017. 2. 16, ec.europa.eu/clima/policies/strategies/2030_en; "India Targeting 40% of Power Generation from Non-Fossil Fuel by 2030: PM Modi." Economic Times, 2018. 10. 2, economictimes.indiatimes. com/industry/energy/power/india-targeting-40-of-power-generation-from-non-fossilfuel-by-2030-pm-modi/articleshow/66043374.cms?from=mdr.

7.1.2: "Electric Vehicles." Guide to Chinese Climate Policy, 2021, chineseclimatepolicy.energypolicy.columbia. edu/en/electric-vehicles; Tabeta, Shunsuke. "China Plans to Phase Out Conventional Gas Burning Cars by 2035." Nikkei Asia, 2020. 10. 27, asia.nikkei.com/Business/Automobiles/China-plans-to-phase-out-conventionalgas-burning-cars-by-2035; "Overview-Electric Vehicles: Tax Benefits & Purchase Incentives in the European Union." ACEA-European Automobile Manufacturers' Association, 2020. 7. 9, www.acea. auto/fact/overview-electric-vehicles-tax-benefits-purchase-incentivesin-the-european-union; "Faster Adoption and Manufacturing of Hybrid and EV (FAME) II." International Energy Agency, 2020. 6. 30, www. iea.org/policies/7450-faster-adoption-and-manufacturingof-hybrid-and-ev-fame-ii; Kireeva, Anna. "Russia Cancels Import Tax for Electric Cars in Hopes of Enticing Drivers." Bellona.org, 202. 4. 16, bellona.org/news/transport/2020-04-russia-cancels-import-taxfor-electric-cars-in-hopes-of-enticing-drivers.

7.1.3: "A New Industrial Strategy for Europe." European Commission, 2020. 3. 10, ec.europa.eu/info/sites/default/files/communicationeu-industrial-strategy-march-2020_en.pdf.

7.1.4: "Zero Net Energy." California State Portal, 2021, www.cpuc.ca.gov/zne; Energy Efficiency Division. "High Performance Buildings." Mass.gov, 2021, www.mass.gov/high-performance-buildings; "Nzeb." European Commission, 2016. 10. 17, ec.europa.eu/energy/content/nzeb-24_en.

7.1.5: University of Copenhagen Faculty of Science. "Carbon Labeling Reduces Our CO_2 Footprint-Even for Those Who Try to Remain Uninformed." ScienceDaily, 2021. 3. 29, www.sciencedaily.com/releases/2021/03/210329122841.htm.

7.1.6: Adler, Kevin. "US Considers Stepping up Methane Emissions Reductions." IHS Markit, 2021. 4. 7, ihsmarkit.com/researchanalysis/us-considers-stepping-up-methane-emissions-reductions.html; "Press Corner." European Commission, 2020. 10. 14, ec.europa.eu/commission/presscorner/detail/en/QANDA_20_1834.

7.2: Coady, David, et al. "Global Fossil Fuel Subsidies Remain Large: An Update Based on Country-Level Estimates." IMF Working Papers 19, no. 89, 2019, 1, doi:10.5089/9781484393178.001.

7.3: Buckley, Chris. "China's New Carbon Market, the World's Largest: What to Know." *New York Times*, 2021. 7. 26, www.nytimes.com/2021/07/16/business/energy-environment/china-carbon-market.html.

7.4: "EU Legislation to Control F-Gases." Climate Action-European Commission, 2017. 2. 16, ec.europa.eu/clima/policies/f-gas/legislation_en.

7.5: "R&D and Technology Innovation-World Energy Investment 2020." World Energy Investment, 2020, www.

iea.org/reports/world-energy-investment-2020/rd-and-technology-innovation; "India 2020: Energy Policy Review." International Energy Agency, 2020, iea.blob.core.windows.net/assets/2571ae38-c895-430e-8b62-bc19019c6807/India_2020_Energy_Policy_Review.pdf.

19   "The Secret Origins of China's 40-Year Plan to End Carbon Emissions." *Bloomberg Green*, 2020. 11. 22, www.bloomberg.com/news/features/2020-11-2/china-s-2060-climate-pledge-inside-xi-jinping-s-secret-plan-to-end-emissions.

20   "International-U.S. Energy Information Administration(EIA)." China, www.eia.gov/international/analysis/country/CHN. 2021년 6월 18일 접속.

21   Feng, Hao. "2.3 Million Chinese Coal Miners Will Need New Jobs by 2020." China Dialogue, 2017. 8. 7, chinadialogue.net/en/energy/9967-2-3-million-chinese-coal-miners-will-need-new-jobs-by-2-2.

22   McSweeney, Eoin. "Chinese Coal Projects Threaten to Wreck Plans for a Renewable Future in Sub-Saharan Africa." CNN, 2020. 12. 9, edition.cnn.com/2020/12/09/business/africa-coal-energy-goldman-prize-dst-hnk-intl/index.html.

23   "The Secret Origins of China's 40-Year Plan to End Carbon Emissions."

24   "CORRECTED: Smog Causes an Estimated 49,000 Deaths in Beijing, Shanghai in 2020-Tracker." Reuters, 2020. 7. 9, www.reuters.com/article/china-pollution/corrected-smog-causes-an-estimated-49000-deaths-in-beijing-shanghai-in-2020-tracker-idUSL4N2EG1T5.

25   Statista. "Global Cumulative CO_2 Emissions by Country 1750-2019." Statista, 2021. 3. 29, www.statista.com/statistics/1007454/cumulative-co2-emissions-worldwide-by-country.

26   Goldenberg, Suzanne. "The Worst of Times: Bush's Environmental Legacy Examined." *Guardian*, 2009. 1. 16, www.theguardian.com/politics/2009/jan/16/greenpolitics-georgebush.

27   Clark, Corrie E. "Renewable Energy R&D Funding History: A comparison with Funding for Nuclear Energy, Fossil Energy, Energy Efficiency, and Electric Systems R&D." Congressional Research Service Report, 2018, fas.org/sgp/crs/misc/RS22858.pdf.

28   "Use of Gasoline-U.S. Energy Information Administration(EIA)." U.S. Energy Information Association, 2021. 5. 26, www.eia.gov/energyexplained/gasoline/use-of-gasoline.php.

29   "Salty Snacks: U.S. Market Trends and Opportunities: Market Research Report." Packaged Facts, 2018. 6. 21, www.packagedfacts.com/Salty-Snacks-Trends-Opportunities-11724010.

30   "National Institute of Health(NIH) Funding: FY1995-FY2021." Congressional Research Service, 2021, fas.org/sgp/crs/misc/R43341.pdf.

31   Frangoul, Anmar. "EU Leaders Agree on 55% Emissions Reduction Target, but Activist Groups Warn It Is Not Enough." CNBC, 2020. 12. 11, www.cnbc.com/2020/12/11/eu-leaders-agree-on-55percent-greenhouse-gas-emissions-reduction-target.html.

32   "EU." Climate Action Tracker, 2020, climateactiontracker.org/countries/eu.

33   Jordans, Frank. "Germany Maps Path to Reaching 'Net Zero' Emissions by 2045." AP News, 2021. 5. 12, apnews.com/article/europe-germany-climate-business-environment-and-nature-6437e64891d8117a9c0bff7cabb200eb.

34   Amelang, Sören. "Europe's 55% Emissions Cut by 2030: Proposed Target Means Even Faster Cola Exit." Energy Post, 2020. 10. 5, energypost.eu/europes-55-emissions-cut-by-2030-proposed-target-means-even-faster-coal-exit.

35   Manish, Sai. "Coronavirus Impact: Over 100 Million Indians Could Fall Below Poverty Line." Business Standard, 2020, www.business-standard.com/article/economy-policy/coronavirus-impact-over-100-million-indians-could-fall-below-poverty-line-120041700906_1.html.

36   "India Exceeding Paris Targets; to Achieve 450 GW Renewable Energy by 2030: PM Modi at G20 Summit." *Business Today*, 2020. 11. 22, www.businesstoday.in/current/economy-politics/india-exceeding-paris-targets-

to-achieve-450-gw-renewable-energy-by-2030-pm-modi-at-g20-summit/story/422691.html.

37 Ritchie, Hannah. "Who Has Contributed Most to Global CO₂ Emissions?" Our World in Data, 2019. 10. 1, ourworldindata.org/contributed-most-global-co2.

38 Jaiswal, Anjali. "Climate Action: All Eyes on India." Natural Resources Defense Council, 2020. 12. 12, www.nrdc. org/experts/anjali-jaiswal/climate-action-all-eyes-india.

39 "Russia's Putin Says Climate Change in Arctic Good for Economy." CBC, 2017. 3. 30, www.cbc.ca/news/science/russia-putin-climate-change-beneficial-economy-1.4048430.

40 Agence France-Presse. "Russia Is 'Warming 2.5 Times Quicker' Than the Rest of the World." The World, 2015. 12. 25, www.pri.org/stories/2015-12-25/russia-warming-25-times-quicker-rest-world.

41 Struzik, Ed. "How Thawing Permafrost Is Beginning to Transform the Arctic." Yale Environment 360, 2020. 1. 21, e360.yale.edu/features/how-melting-permafrost-is-beginning-to-transform-the-arctic.

42 Alekseev, Alexander N., et al. "A Critical Review of Russia's Energy Strategy in the Period Until 2035." International Journal of Energy Economics and Policy 9, no. 6, 2019, 95-102, doi:10.32479/ijeep.8263.

43 "California Leads Fight to Curb Climate Change." Environmental Defense Fund, 2021, www.edf.org/climate/california-leads-fight-curb-climate-change.

44 Weiss, Daniel. "Anatomy of a Senate Climate Bill Death." Center for American Progress, 2010. 10. 12, www.americanprogress.org/issues/green/news/2010/10/12/8569/anatomy-of-a-senate-climate-bill-death.

45 Song, Lisa. "Cap and Trade Is Supposed to Solve Climate Change, but Oil and Gas Company Emissions Are Up." ProPublica, 2019. 11. 15, www.propublica.org/article/cap-and-trade-is-supposed-to-solve-climate-change-but-oil-and-gas-company-emissions-are-up.

46 Descant, Skip. "In a Maryland County, the Yellow School Bus Is Going Green." GovTech, 2021. 6. 17, www.govtech.com/fs/in-a-maryland-country-the-yellow-school-bus-is-going-green.

47 Beyer, Scott. "How the U.S. Government Destroyed Black Neighborhoods." Catalyst, 2020. 4. 2, catalyst.independent.org/2020/04/02/how-the-u-s-government-destroyed-black-neighborhoods.

48 "Exxon's Climate Denial History: A Timeline." Greenpeace USA, 2020. 4. 16, www.greenpeace.org/usa/ending-the-climate-crisis/exxon-and-the-oil-industry-knew-about-climate-change/exxons-climate-denial-history-a-timeline; Mayer, Jane. "'Kochland' Examines the Koch Brothers' Early, Crucial Role In Climate-Change Denial." New Yorker, 2019. 8. 13, www.newyorker.com/news/daily-comment/kochland-examines-how-the-koch-brothers-made-their-fortune-and-the-influence-it-bought.

49 Westervelt, Amy. "How the Fossil Fuel Industry Got the Media to Think Climate Change Was Debatable." Washington Post, 2019. 1. 10, www.washingtonpost.com/outlook/2019/01/10/how-fossil-fuel-industry-got-media-think-climate-change-was-debatable.

50 Newport, Frank. "Americans' Global Warming Concerns Continue to Drop." Gallup, 2010. 3. 11, news.gallup.com/poll/126560/americans-global-warming-concerns-continue-to-drop.aspx.

51 Funk, Car, and Meg Hefferon. "U.S. Public Views on Climate and Energy." Pew Research Center Science & Society, 2019. 11. 25, www.pewresearch.org/science/2019/11/25/u-s-public-views-on-climate-and-energy.

52 "Net Zero by 2050-Analysis." International Energy Agency, 2021. 5, www.iea.org/reports/net-zero-by-2050.

제8장 운동을 행동으로 옮겨라

1 Workman, James. "'Our House Is On Fire.' 16-Year-Old Greta Thunberg Wants Action." World Economic Forum,

2019. 1. 25. www.weforum.org/agenda/2019/01/our-house-is-on-fire-16-year-old-greta-thunberg-speaks-truth-to-power.

2 Sengupta, Somini. "Protesting Climate Change, Young People Take to Streets in a Global Strike." *New York Times,* 2019. 9. 20. www.nytimes.com/2019/09/20/climate/global-climate-strike.html.

3 "Transcript: Greta Thunberg's Speech at the U.N. Climate Action Summit." NPR, 2019. 9. 23. https://www.npr.org/2019/09/23/763452863/transcript-greta-thunbergs-speech-at-the-u-n-climate-action-summit.

4 Department for Business, Energy & Industrial Strategy, and Chris Skidmore. "UK Becomes First Major Economy to Pass Net Zero Emissions Law." GOV.UK, 2019. 6. 27. www.gov.uk/government/news/uk-becomes-first-major-economy-to-pass-net-zero-emissions-law.

5 Alter, Charlotte, et al. "Greta Thunberg: TIME's Person of the Year 2019." *Time,* 2019. 12. 11. time.com/person-of-the-year-2019-greta-thunberg.

6 Prakash, Varshini, and Guido Girgenti, eds. *Winning the Green New Deal: Why We Must, How We Can.* New York: Simon & Schuster, 2020.

7 Glass, Andrew. "FDR Signs National Labor Relations Act, July 5, 1935." *Politico,* 2018. 7. 5. www.politico.com/story/2018/07/05/fdr-signs-national-labor-relations-act-july-5-1935-693625.

8 Nicholasen, Michelle. "Why Nonviolent Resistance Beats Violent Force in Effecting Social, Political Change." *Harvard Gazette,* 2019. 2. 4. news.harvard.edu/gazette/story/2019/02/why-nonviolent-resistance-beats-violent-force-in-effecting-social-political-change.

9 Saad, Lydia. "Gallup Election 2020 Coverage." Gallup, 2020. 10. 29. news.gallup.com/opinion/gallup/321650/gallup-election-2020-coverage.aspx.

10 "Europeans and the EU Budget." Standard Eurobarometer 89, 2018. publications. europa.eu/resource/cellar/9cacfd6b-9b7d-11e8-a408-01aa75ed71a1.0002.01/DOC_1.

11 "Autumn 2019 Standard Eurobarometer: Immigration and Climate Change Remain Main Concerns at EU Level." European Commission, 2019. 12. 20. https://ec.europa.eu/commission/presscorner/detail/en/IP_19_6839.

12 Rooij, Benjamin van. "The People vs. Pollution: Understanding Citizen Action against Pollution in China." Taylor & Francis, 2010. 1. 27. www.tandfonline.com/doi/full/10.1080/10670560903335777.

13 "China: National Air Quality Action Plan(2013)." Air Quality Life Index, 2020. 7. 10. aqli.epic.uchicago.edu/policy-impacts/china-national-air-quality-action-plan-2014.

14 Greenstone, Michael. "Four Years After Declaring War on Pollution, China Is Winning." *New York Times,* 2018. 3. 12. www.nytimes.com/2018/03/12/upshot/china-pollution-environment-longer-lives.html.

15 "Climate Change in the Chinese Mind Survey Report 2017." Energy Foundation China, 2017. www.efchina.org/Attachments/Report/report-comms-20171108/Climate_Change_in_the_Chinese_Mind_2017.pdf.

16 Crawford, Alan. "Here's How Climate Change Is Viewed Around the World." *Bloomberg,* 2019. 6. 25. www.bloomberg.com/news/features/2019-06-26/here-s-how-climate-change-is-viewed-around-the-world.

17 First-Arai, Leanna. "Varshini Prakash Has a Blueprint for Change." *Sierra,* 2019. 11. 4. www.sierraclub.org/sierra/2019-4-july-august/act/varshini-prakash-has-blueprint-for-change.

18 Prakash, Varshini. "Varshini Prakash on Redefining What's Possible." *Sierra,* 2020. 12. 22. www.sierraclub.org/sierra/2021-1-january-february/feature/varhini-prakash-redefining-whats-possible.

19 Friedman, Lisa. "What Is the Green New Deal? A Climate Proposal, Explained." *New York Times,* 2021. 2. 21. www.nytimes.com/2019/02/21/climate/green-new-deal-questions-answers.html.

20 Krieg, Gregory. "The Sunrise Movement Is an Early Winner in the Biden Transition. Now Comes the Hard Part." CNN, 2021. 1. 2. edition.cnn.com/2021/01/02/politics/biden-administration-sunrise-movement-climate/index.html.

21 "2020 Presidential Candidates on Energy and Environmental Issues." Ballotpedia, 2021. ballotpedia.org/2020_

presidential_candidates_on_energy_and_environmental_issues.

22 Krieg, Gregory. "The Sunrise Movement Is an Early Winner in the Biden Transition. Now Comes the Hard Part."

23 Hattam, Jennifer. "The Club Comes Together." *Sierra*, 2005, vault.sierraclub.org/sierra/200507/bulletin.asp.

24 Bloomberg, Michael, and Carl Pope. *Climate of Hope*. New York : St. Martin's Press, 2017.

25 "Bruce Nilles." Energy Innovation : Policy and Technology, 2021. 1. 7, energyinnovation.org/team-member/bruce-nilles.

26 Riley, Tess. "Just 100 Companies Responsible for 71% of Global Emissions, Study Says." *Guardian*, 2017. 7. 10, www.theguardian.com/sustainable-business/2017/jul/10/100-fossil-fuel-companies-investors-responsible-71-global-emissions-cdp-study-climate-change. .

27 "American Business Act on Climate Pledge." White House, 2016, obamawhitehouse.archives.gov/climate-change/pledge.

28 Hölzle, Urs. "Google Achieves Four Consecutive Years of 100% Renewable Energy." Google Cloud Blog, cloud.google.com/blog/topics/sustainability/google-achieves-four-consecutive-years-of-100-percent-renewable-energy. 2021년 6월 21일 접속.

29 Jackson, Lisa. "Environmental Progress Report." Apple, 2020, www.apple.com/environment/pdf/Apple_Environmental_Progress_Report_2021.pdf.

30 "Net zero emissions." Glossary, Intergovernmental Panel on Climate Change, 2021, www.ipcc.ch/sr15/chapter/glossary.

31 "Foundation for Science Based Net-Zero Target Setting in the Corporate Sector." Science Based Targets, 2020. 9, sciencebasedtarget.org/resources/legacy/2020/09/foundations-for-net-zero-full-paper.pdf.

32 Day, Matt. "Amazon Tries to Make the Climate Its Prime Directive." *Bloomberg Green*, 2020. 9. 21, www.bloomberg.com/news/features/2020-09-21/amazon-made-a-climate-promise-without-a-plan-to-cut-emissions.

33 Palmer, Annie. "Jeff Bezos Unveils Sweeping Plan to Tackle Climate Change." CNBC, 2019. 9. 19, www.cnbc.com/2019/09/19/jeff-bezos-speaks-about-amazon-sustainability-in-washington-dc.html.

34 "The Climate Pledge." Amazon Sustainability, 2021, sustainability.aboutamazon.com/about/the-climate-pledge.

35 "Colgate-Palmolive." Climate Pledge, 2021. www.theclimatepledge.com/us/en/Signatories/colgate-palmolive.

36 "PepsiCo Announces Bold New Climate Ambition." PepsiCo, 2021. 1. 14, www.pepsico.com/news/story/pepsico-announced-bold-new-climate-ambition.

37 "Business Roundtable Redefines the Purpose of a Corporation to Promote 'An Economy That Serves All Americans.'" Business Roundtable, 2019. 8. 19, www.businessroundtable.org/business-roundtable-redefines-the-purpose-of-a-corporation-to-promote-an-economy-that-serves-all-americans.

38 Walton, Sam, and John Huey. *Sam Walton : Made in America*. New York : Bantam Books, 1993.

39 "About Us." BlackRock, 2021, www.blackrock.com/sg/en/about-us.

40 Fink, Larry. "Larry Fink's 2021 Letter to CEOs." BlackRock, 2021, www.blackrock.com/corporate/investor-relations/larry-fink-ceo-letter.

41 Engine No. 1, LLC. "Letter to ExxonMobil Board of Directors." Reenergize Exxon, 2020. 12. 7, reenergizexom.com/materials/letter-to-the-board-of-directors.

42 Engine No. 1, LLC. "Letter to the ExxonMobil Board of Directors."

43 Merced, Michael. "How Exxon Lost a Board Battle with a Small Hedge Fund." *New York Times*, 2021. 5. 28, www.nytimes.com/2021/05/28/business/energy-environment/exxon-engine-board.html.

44 Krauss, Clifford, and Peter Eavis. "Climate Change Activists Notch Victory in ExxonMobil Board Elections." *New York Times*, 2021. 5. 26, www.nytimes.com/2021/05/26/business/exxon-mobile-climate-change.html.

45 Sengupta, Somini. "Big Setbacks Propel Oil Giants Toward a 'Tipping Point.'" *New York Times*, 2021. 5. 29, www.

nytimes.com/2021/05/29/climate/fossil-fuel-courts-exxon-shell-chevron.html.

46 Herz, Barbara, and Gene Sperling. "What Works in Girl's Education: Evidence and Policies from the Developing World by Barbara Herz." 2004. 6. 30, Paperback. Council on Foreign Relations, 2004.

47 Sperling, Gene, et al. "What Works in Girls' Education: Evidence for the World's Best Investment." Brookings Institution Press, 2015.

48 "Malala Fund Publishes Report on Climate Change and Girls' Education." Malala Fund, 2021, malala.org/newsroom/archive/malala-fund-publishes-report-on-climate-change-and-girls-education.

49 Evans, David K., and Fei Yuan. "What We Learn about Girls' Education from Interventions That Do not Focus on Girls." Policy Research Working Papers, 2019, doi:10.1596/1813-9450-8944.

50 Cohen, Joel E. "Universal Basic and Secondary Education." American Academy of Arts and Sciences, 2006, www.adacad.org/sites/default/files/publication/downloads/ubase_universal.pdf.

51 Sperling, Gene, et al. "What Works in Girls' Education: Evidence for the World's Best Investment." Brookings Institution Press, 2015.

52 "Health and Education." Project Drawdown, 2020. 2. 12, drawdown.org/solutions/health-and-education/technical-summary.

53 Chaisson, Clara. "Fossil Fuel Air Pollution Kills One in Five People." NRDC, www.nrdc.org/stories/fossil-fuel-air-pollution-kills-one-five-people. 2021년 6월 20일 접속.

54 Pandey, Anamika, et al. "Health and Economic Impact of Air Pollution in the States of India: The Global Burden of Disease Study 2019." *Lancet Planetary Health* 5, no. 1, 2021, e25-38, doi:10.1016/s2542-5196(20)30298-9.

55 Mikati, et al. "Disparities in Distribution of Particulate Matter Emission Sources by Race and Poverty Status." *American Journal of Public Health* 108, 2018, 480-85, http://ajph.aphapublications.org/doi/pdf/10.2105/AJPH.2017.304297.

56 "Unlocking the Inclusive Growth Story of the 21st Century." New Climate Economy, 2018, newclimateeconomy.report/2018/key-findings.

57 "Unlocking the Inclusive Growth Story of the 21st Century." New Climate Economy, 2018, newclimateeconomy.report/2018/key-findings.

58 "Countdown." TED, 2021, www.ted.com/series/countdown.

59 Krznaric, Roman. "How to Be a Good Ancestor." TED Countdown, 2020. 10. 10, www.ted.com/talks/roman_krznaric_how_to_be_a_good_ancestor.

60 Supreme Court of Pakistan, D. G. Khan Cement Company Ltd. Versus Government of Punjab through its Chief Secretary, Lahore, etc. 2021. Climate Change Litigation Databases, http://climatecasechart.com/climate-change-litigation/non-us-case/d-g-khan-cement-company-v-government-of-punjab/.

61 "24 Hours of Reality: 'Earthrise' by Amanda Gorman." YouTube, 2018. 12. 4, www.youtube.com/watch?v=xwOvBv8RLmo.

제9장 혁신하라!

1 Lyon, Matthew, and Katie Hafner. *Where Wizards Stay Up Late: The Origins of the Internet.* New York: Simon & Schuster, 1999, 20.

2 "Paving the Way to the Modern Internet." Defense Advanced Research Projects Agency, 2021, www.darpa.mil/about-us/timeline/modern-internet.

3 "Where the Future Becomes Now." Defense Advanced Research Projects Agency, 2021, www.darpa.mil/about-us/darpa-history-and-timeline.

4 Henry-Nickie, Makada, et al. "Trends in the Information Technology Sector." Brookings Institution, 2019. 3. 29, www.brookings.edu/research/trends-in-the-information-technology-sector.

5 "ARPA-E History." ARPA-E, 2021, arpa-e.energy.gov/about/arpa-e-history.

6 Clark, Corrie E. "Renewable Energy R&D Funding History: A Comparison with Funding for Nuclear Energy, Fossil Energy, Energy Efficiency, and Electric Systems R&D." Congressional Research Service Report, 2018, fas.org/sgp/crs/misc/RS22858.pdf.

7 "ARPA-E: Accelerating U.S. Energy Innovation." ARPA-E, 2021, arpa-e.energy.gov/technologies/publications/arpa-e-accelerating-us-energy-innovation.

8 Gates, Bill. "Innovating to Zero!" TED, 2010. 2. 18, www.ted.com/talks/bill_gates_innovating_to_zero.

9 Wattles, Jackie. "Bill Gates Launches Multi-Billion Dollar Clean Energy Fund." CNN Money, 2015. 11. 30, money.com/2015/11/29/news/economy/bill-gates-breakthrough-energy-coalition.

10 "2020 Battery Day Presentation Deck." Tesla, 2019. 9. 22, tesla-share.thron.com/content/?id=96ea71cf-8fda-4648-a62c-753af436c3b6&pkey=S1dbei4.

11 "BU-101: When Was the Battery Invented?" Battery University, 2019. 6. 14, batteryuniversity.com/learn/article/when_was_the_battery_invented.

12 Field, Kyle. "BloombergNEF: Lithium-Ion Battery Cell Densities Have Almost Tripled Since 2010." CleanTechnica, 2020. 2. 19, cleantechnica.com/2020/02/19/bloombergnef-lithium-ion-battery-cell-densities-have-almost-tripled-since-2010.

13 Heidel, Timothy, and Kate Chesley. "The All-Electron Battery." ARPA-E, 2010. 4. 29, arapa-e.energy.gov/technologies/projects/all-electron-battery.

14 "Volkswagen Partners with QuantumScape to Secure Access to Solid-State Battery Technology." Volkswagen Aktiengesellschaft, 2018. 6. 21, www.volkswagen.com/en/news/2018/06/volkswagen-partners-with-quantumscape.html.

15 Korosec, Kristen. "Volkswagen-Backed QuantumScape to Go Public via SPAC to Bring Solid-State Batteries to EVs." *TechCrunch*, 2020. 9. 3, techcrunch.com/2020/09/03/vw-backed-quantumscape.

16 Xu, Chengjian, et al. "Future Material Demand for Automotive Lithium-Based Batteries." *Communications Materials* 1, no. 1, 2020, doi:10.1038/s43246-020-00095-x, https://www.nature.com/articles/s43246-020-00095-x.

17 "Tesla Gigafactory." Tesla, 2014. 11. 14, www.tesla.com/gigafactory.

18 Lambert, Fred. "Tesla Increases Hiring Effort at Gigafactory 1 to Reach Goal of 35 GWh of Battery Production." Electrek, 2018. 1. 3, electrek.co/2018/01/03/tesla-gigafactory-hiring-effort-battery-production.

19 Mack, Eric. "How Tesla and Elon Musk's 'Gigafactories' Could Save the World." *Forbes*, 2016. 10. 30, www.forbes.com/sites/ericmack/2016/10/30/how-tesla-and-elon-musk-could-save-the-world-with-gigafactories/?sh=67e44ead2de8.

20 "Welcome to the Gigafactory: Before the Flood." YouTube, 2016. 10. 27, www.youtube.com/watch?v=iZm_NohNm6l&ab_channel=NationalGeographic.

21 Frankel, Todd C., et al. "The Cobalt Pipeline." *Washington Post*, 2016. 9. 30, www.washingtonpost.com/graphics/business/batteries/congo-cobalt-mining-for-lithium-ion-battery.

22 Harvard John A. Paulson School of Engineering and Applied Sciences. "A Long-Lasting, Stable Solid-State Lithium Battery: Researchers Demonstrate a Solution to a 40-Year Problem." ScienceDaily, 2021. 5. 21, www.sciencedaily.com/releases/2021/05/210512115651.htm.

23 Webber, Michael E. "Opinion: What's Behind the Texas Power Outages?" MarketWatch, 2021. 2. 16, www.marketwatch.com/story/whats-behind-the-texas-power-outages-11613508031#.

24 "Texas: Building Energy Codes Program." U.S. Department of Energy, 2018. 8. 2. www.energycodes.gov/adoption/states/texas.

25 Steele, Tom. "Number of Texas Deaths Linked to Winter Storm Grows to 151, Including 23 in Dallas-Fort Worth Area." *Dallas News*, 2021. 4. 30. www.dallasnews.com/news/weather/2021/04/30/number-of-texas-deaths-linked-to-winter-storm-grows-to-151-including-23-in-dallas-fort-worth-area.

26 "Energy Storage Projects." BloombergNEF, www.bnef.com/interactive-datasets/2d5d59acd900000c?data-hub=17. 2021년 6월 14일 접속.

27 "Bath County Pumped Storage Station." Dominion Energy, 2020. www.dominionenergy.com/projects-and-facilities/hydroelectric-power-facilities-and-projects/bath-county-pumped-storage-station.

28 Energy Vault. energyvault.com.

29 Baker, David R. "Bloom Energy Surges After Expanding into Hydrogen Production." *Bloomberg Green*, 2020. 7. 15. www.bloomberg.com/news/articles/2020-07-15/fuel-cell-maker-bloom-energy-now-wants-to-make-hydrogen-too.

30 "Safety of Nuclear Reactors." World Nuclear Association, 2021. 3. www.world-nuclear.org/information-library/safety-and-security/safety-of-plants/safety-of-nuclear-power-reactors.aspx.

31 "Fukushima Daiichi Accident-World Nuclear Association." World Nuclear Association, www.world-nuclear.org/information-library/safety-and-security/safety-of-plants/fukushima-daiichi-accident.aspx. 2021년 6월 20일 접속.

32 "The Reality of the Fukushima Radioactive Water Crisis." Greenpeace East Asia and Greenpeace Japan, 2020. 10. storage.googleapis.com/planet4-japan-stateless/2020/10/5768c541-the-reality-of-the-fukushima-radioactive-water-crisis_en_summary.pdf.

33 Garthwaite, Josie. "Would a New Nuclear Plant Fare Better than Fukushima?" *National Geographic*, 2011. 5. 23. www.nationalgeographic.com/science/article/110323-fukushima-japan-new-nuclear-plant-design.

34 Bulletin of the Atomic Scientists. "Can North America's Advanced Nuclear Reactor Companies Help Save the Planet?" Pulitzer Center, 2017. 2. 7. pulitzercenter.org/stories/can-north-americas-advanced-nuclear-reactor-companies-help-save-planet.

35 "TerraPower, CNNC Team Up on Travelling Wave Reactor." World Nuclear News, 2015. 9. 25. www.world-nuclear-news.org/NN-TerraPower-CNNC-team-up-on-travelling-wave-reactor-250915.html.

36 "Bill Gates: How the World Can Avoid a Climate Disaster." *60 Minutes*, CBS News, 2021. 2. 15. www.cbsnews.com/news/bill-gates-climate-change-disaster-60-minutes-2021-02-14.

37 Gardner, Timothy, and Valerie Volcovici. "Bill Gates' Next Generation Nuclear Reactor to Be Built in Wyoming." Reuters, 2021. 6. 2. www.reuters.com/business/energy/utility-small-nuclear-reactor-firm-select-wyoming-next-us-site-2021-06-02.

38 Freudenrich, Patrick Kiger, and Craig Amp. "How Nuclear Fusion Reactors Work." HowStuffWorks, 2021. 1. 26. science.howstuffworks.com/fusion-reactor2.htm.

39 Commonwealth Fusion Systems, 2021, cfs.energy.

40 "DOE Explains... Deuterium-Tritium Fusion Reactor Fuel." Office of Science, Department of Energy, 2021. www.energy.gov/science/doe-explainsdeuterium-tritium-fusion-reactor-fuel.

41 Gertner, Jon. *The Idea Factory: Bell Labs and the Great Age of American Innovation*. New York: Penguin Random House, 2020.

42 "LCFS Pathway Certified Carbon Intensities: California Air Resources Board." CA.Gov, ww2.arb.ca.gov/resources/documents/lcfs-pathway-certified-carbon-intensities. 2021년 6월 24일 접속.

43 "Economics of Biofuels." U.S. Environmental Protection Agency, 2021. 3. 4. www.epa.gov/environmental-economics/economics-biofuels.

44 "Estimated U.S. Consumption in 2020: 92.9 Quads." Lawrence Livermore National Laboratory, 2020, flowcharts.

llnl.gov/content/assets/images/energy/us/Energy_US_2020.png.

45 "i3 and i3s Electric Sedan Features and Pricing." BMW USA, 2021, www.bmwusa.com/vehicles/bmwi/i3/sedan/pricing-features.html.

46 Boudette, Neal. "Ford Bet on Aluminum Trucks, but Is Still Looking for Payoff." *New York Times*, 2018. 3. 1, www.nytimes.com/2018/03/01/business/ford-f150-aluminum-trucks.html.

47 "LED Adoption Report." Energy.Gov, www.energy.gov/eere/ssl/led-adoption-report. 2021년 6월 24일 접속.

48 "Environmental Progress Report." Apple, 2020, www.apple.com/environment/pdf/Apple_Environmental_Progress_Report_2021.pdf.

49 Gannon, Megan. "Oldest Known Seawall Discovered Along Submerged Mediterranean Villages." *Smithsonian*, 2019. 12. 18, www.smithsonianmag.com/history/odlest-known-seawall-discovered-along-submerged-mediterrean-villages-180973819.

50 Oppenheimer, Clive. "Climatic, Environmental and Human Consequences of the Largest Known Historic Eruption: Tambora Volcano (Indonesia) 1815." *Progress in Physical Geography: Earth and Environment* 27, no. 2, 2003, 230-59, doi:10.1191/0309133303pp379ra.

51 Stothers, R. B. "The Great Tambora Eruption in 1815 and Its Aftermath." *Science* 224, no. 4654, 1984, 1191-98, doi:10.1126/science.224.4654.1191.

52 Briffa, K. R., et al. "Influence of Volcanic Eruptions on Northern Hemisphere Summer Temperature over the Past 600 Years." *Nature* 393, no. 6684, 1998, 450-55, doi:10.1038/30943.

53 "Volcano Under the City: Dealy Volcanoes." *Nova*, 2021, www.pbs.org/wgbh/nova/volcanocity/dead-nf.html.

54 "David Keith." Harvard's Solar Geoengineering Research Program, 2021, geoengineering.environment.harvard.edu/people/david-keith.

55 Kolbert, Elizabeth. *Under a White Sky*. New York: Crown Publishers, 2021.

56 Kolbert, Elizabeth. *Under a White Sky*.

57 "The World's Cities in 2018." United Stations, 2018, www.un.org/en/events/citiesday/assets/pdf/the_worlds_citites_in_2018_data_booklet.pdf.

58 Hawkins, Amy. "The Grey Wall of China: Inside the World's Concrete Superpower." *Guardian*, 2019. 2. 28, www.theguardian.com/cities/2019/feb/28/the-grey-wall-of-china-inside-the-worlds-concrete-superpower.

59 Campbell, Iain, et al. "Near-Zero Carbon Zones in China." Rocky Mountain Institute, 2019, rmi.org/insight/near-zero-carbon-zones-in-china.

60 Bagada, Kapil. "Pavala: An Innovative Answer to India's Urbanization Conundrum." Palava, 2019. 1. 21, www.palava.in/blogs/An-innovative-answer-to-Indias-Urbanization-conundrums; Stone, Laurie. "Designing the City of the Future and the Pursuit of Happiness." RMI, 2020. 7. 22, rmi.org/designing-the-city-of-the-future-and-the-pursuit-of-happiness.

61 Coan, Seth. "Designing the City of the Future and the Pursuit of Happiness." Rocky Mountain Institute, 2019. 9. 16, rmi.org/designing-the-city-of-the-future-and-the-pursuit-of-the-happiness.

62 Sengupta, Somini, and Charlotte Fuente. "Copenhagen Wants to Show How Cities Can Fight Climate Change." *New York Times*, 2019. 3. 25, www.nytimes.com/2019/03/25/climate/copenhagen-climate-change.html.

63 Kirschbaum, Erik. "Copenhagen Has Taken Bicycle Commuting to a Whole New Level." *Los Angeles Times*, 2019. 8. 8, www.latimes.com/world-nation/story/2019-08-07/copenhagen-has-taken-bicycle-commuting-to-a-new-level.

64 Monsere, Christopher, et al. "Lessons from the Green Lanes: Evaluating Protected Bike Lanes in the U.S." PDXScholar, 2014. 6, pdxscholar.library.pdx.edu/cgi/viewcontent.cgi?article=1143&context=cengin_fac.

65 O'Sullivan, Feargus. "Barcelona Will Supersize Its Car-Free 'Superblocks.'" *Bloomberg*, 2020. 11. 11, https://www.bloomberg.com/news/articles/2020-11-11/barcelona-s-new-car-free-superblock-will-be-big.

66 Burgen, Stephen. "Barcelona to Open Southern Europe's Biggest Low-Emissions Zone." *Guardian*, 2019. 12.

31. www.theguardian.com/world/2019/dec/31/barcelona-to-open-southern-europes-biggest-low-emissions-zone.

67 Ong, Boon Lay. "Green Plot Ratio: An Ecological Measure for Architecture and Urban Planning." *Landscape and Urban Planning* 63, no. 4, 2003, 197-211, doi:10.1016/s0169-2046(02)00191-3.

68 "Health and Medical Care." Urban Redevelopment Authority, 2020. 1. 15, www.ura.gov.sg/Corporate/Guidelines/Development-Control/Non-Residential/HMC/Greenery.

69 Wong, Nyuk Hien, et al. "Greenery as a Mitigation and Adaptation Strategy to Urban Heat." *Nature Reviews Earth & Environment* 2, no. 3, 2021, 166-81, doi:10.1038/s43017-020-00129-5.

70 The High Line, 2021. 6. 11, www.thehighline.org.

71 Shankman, Samantha. "10 Ways Michael Bloomberg Fundamentally Changed How New Yorkers Get Around." *Business Insider*, 2013. 8. 7, www.businessinsider.com/how-bloomberg-changed-nyc-transportation-2013-8?international=true&r-US&IR=T.

72 Hu, Winnie, and Andrea Salcedo. "Cars All but Banned on One of Manhattan's Busiest Streets." *New York Times*, 2019. 10. 3, www.nytimes.com/2019/10/03/nyregion/car-ban-14th-street-manhattan.html.

73 "Inventory of New York City Greenhouse Gas Emissions in 2016." City of New York, 2017. 12, www1.nyc.gov/assets/sustainability/downloads/pdf/publications/GHG%20Inventory%20Report%20Emission%20Year%202016.pdf.

74 "New York City's Roadmap to 80 × 50." New York City Mayor's Office of Sustainability, www1.nyc.gov/assets/sustainability/downloads/pdf/publications/New%20York%20City's%20Roadmap%20to%2080%20x%2050.pdf. 2021년 6월 23일 접속.

75 Sinatra, Frank. "(Theme from) New York New York." *Trilogy: Past Present Future*. Capitol, 1977. 6. 21.

제10장 투자하라!

1 Eilperin, Juliet. "Why the Clean Tech Boom Went Bust." *Wired*, 2021. 1. 20, www.wired.com/2012/01/ff_solyndra.

2 Marinova, Polina. "How the Kleiner Perkins Empire Fell." Fortune, 2019. 4. 23, fortune.com/longform/kleiner-perkins-vc-fall.

3 "The Iconic Think Different Apple Commercial Narrated by Steve Jobs." Farnam Street, 2021. 2. 5, fs.blog/2016/03/steve-jobs-crazy-ones.

4 Shanker, Deena, et al. "Beyond Meat's Value Soars to $3.8 Billion in Year's Top U.S. IPO." *Bloomberg*, 2019. 5. 1, https://www.bloomberg.com/news/articles/2019-05-01/beyond-meat-ipo-raises-241-million-as-veggi-foods-grow-fast.

5 Taylor, Michael. "Evolution in the Global Energy Transformation to 2050." International Renewable Energy Agency, 2020, www.irena.org/-/media/Files/IRENA/Agency/Publication/2020/Apr/IRENA_Energy_subsidies_2020.pdf.

6 "National Institute of Health(NIH) Funding: FY1995-FY2021." Congressional Research Service, 2020년 5월 12일 업데이트, fas.org/sgp/crs/misc/R43341.pdf.

7 Johnson, Paula D. "Global Philanthropy Report: Global Foundation Sector." Harvard University's John F. Kennedy School of Government, 2018. 4, cpl.hks.harvard.edu/files/cpl/files/global_philanthropy_report_final_april_2018.pdf.

8   Taylor, Michael. "Evolution in the Global Energy Transformation to 2050." International Renewable Energy Agency, 2020, www.irena.org/-/media/Files/IRENA/Agency/Publication/2020/Apr/IRENA_Energy_subsidies_2020.pdf.

9   Smil, Vaclav. *Energy Myths and Realities,* Washington, D.C., AEI Press, 2010.

10 "10th Annual National Solar Jobs Census 2019." Solar Foundation, 2020. 2, www.thesolarfoundation.org/wp-content/uploads/2020/03/SolarJobsCensus2019.pdf.

11 "Financing Options for Energy Infrastructure." Loan Program Office, Department of Energy, 2020. 5, www.energy.gov/sites/default/files/2020/05/f74/DEO-LPO-Brochure-May2020.pdf.

12 "TESLA." 2021, Loan Programs Office, Department of Energy, www.energy.gov/lpo/tesla.

13 Koty, Alexander Chipman. "China's Carbon Neutrality Pledge: Opportunities for Foreign Investment." China Briefing News, 2021. 5. 6, www.china-briefing.com/news/chinas-carbon-neutrality-pledge-new-opportunities-for-foreign-investment-in-renewable-energy.

14 Rapoza, Kenneth. "How China's Solar Industry Is Set Up to Be the New Green OPEC." *Forbes,* 2021. 3. 14, www.forbes.com/sites/kenrapoza/2021/03/14/how-chinas-solar-industry-is-set-up-to-be-the-new-green-opec/?sh=2cfec9f91446.

15 라이언 판차드사람(Ryan Panchadsaram)의 분석. 데이터 출처: Crunchbase.com.

16 Devashree, Saha and Mark Muro. "Cleantech Venture Capital: Continued Declines and Narrow Geography Limit Prospects." Brookings Institution, 2017. 12. 1, www.brookings.edu/research/cleantech-venture-capital-continued-declines-and-narrow-geography-limit-prospects.

17 Devashree, Saha and Mark Muro. "Cleantech Venture Capital: Continued Declines and Narrow Geography Limit Prospects."

18 "Technology Radar, Climate-Tech Investing." BloombergNEF, 2021. 2. 16, www.bnef.com/login?r=%2Finsights%2F25571%2Fview.

19 Special Purpose Acquisition Company Database: SPAC Research. www.spacresearch.com.

20 Guggenheim Sustainability SPAC Market Update. 2021. 6. 6.

21 Alm, Richard, and W. Michael Cox. "Creative Destruction." Library of Economics and Liberty, 2019. www.econlib.org/library/Enc/CreativeDestruction.html.

22 "Energy Transition Investment." BloombergNEF, www.bnef.com/interactive-datasets/2d5d59acd9000005. 2021년 6월 14일 접속.

23 "Achieving Our 100% Renewable Energy Purchasing Goal and Going Beyond." Google, 2016. 12, static.googleusercontent.com/media/www.google.com/en/green/pdf/achieving-100-renewable-energy-purchasing-goal.pdf.

24 Porat, Ruth. "Alphabet Issues Sustainability Bonds to Support Environmental and Social Initiatives." Google, 2020. 8. 4, blog.google/alphabet/alphabet-issues-sustainability-bonds-support-environmental-and-social-initiatives.

25 Kenis, Anneleen, and Mattias Leivens. *The Limits of the Green Economy: From Re-Inventing Capitalism to Re-Politicalising the Present*(Routledge Studies in Environmental Policy). Abingdon, Oxfordshire, U.K.: Routledge, 2017.

26 Roeyer, Hannah, et al. "Funding Trends: Climate Change Mitigation Philanthropy." ClimateWorks Foundation, 2021. 6. 11, www.climateworks.org/report/funding-trends-climate-change-mitigation-philanthropy.

27 "FAQ." IKEA Foundation, 2021. 1. 6, ikeafoundation.org/faq.

28 Palmer, Annie. "Jeff Bezos Names First Recipients of His $10 Billion Earth Fund for Combating Climate Change." CNBC, 2020. 11. 16, www.cnbc.com/2020/11/16/jeff-bezos-names-first-recipients-of-his-10-billion-earth-fund.html.

29 Daigneau, Elizabeth. "From Worst to First: Can Hawaii Eliminate Fossil Fuels?" Governing, 2016. 6. 30, www.

governing.com/archive/gov-hawaii-fossil-fuels-renewable-energy.html.

30 "Hawaii Clean Energy Initiative 2008−2018." Hawaii Clean Energy Initiative, 2018. 1, energy.hawaii.gov/wp-content/uploads/2021/01/HCEI-10Years.pdf.

31 "Hawaiian Electric Hits Nearly 35% Renewable Energy, Exceeding State Mandate." Hawaiian Electric, 2021. 2. 15, www.hawaiianelectric.com/hawaiian-electric-hits-nearly-35-percent-renewable-energy-exceeding-state-mandate.

결론

1 Bell Labs." Engineering and Technology History Wiki, 1 August 2016, ethw.org/Bell_Labs.

2 Herman, Arthur. *Freedom's Forge : How American Business Produced Victory in World War II.* New York: Random House, 2012.

3 Connolly, Kate. "'Historic' German Ruling Says Climate Goals Not Tough Enough." *Guardian,* 2021. 4. 29, www.theguardian.com/world/2021/apr/29/historic-german-ruling-says-climate-goals-not-tough-enough.

감사의 말

1 "Paul Simon-You Can Call Me Al (Official Video)." YouTube, 2011. 6. 16, www.youtube.com/watch?v=uq-gYOrU8bA.

Index

찾아보기

Image Credits

이미지 출처

서문

Page 23	Photo: President Franklin D. Roosevelt grabbed a cocktail napkin	Photo courtesy of Jay S. Walker's Library of Human Imagination, Ridgefield, Connecticut.
Page 26	Infographic: Carbon dioxide in the atmosphere has risen dramatically over the last 200years	Adapted from Max Roser and Hannah Ritchie, "Atmospheric Concentrations," Our World in Data, accessed June 2021, ourworldindata.org/atmospheric-concentrations.
Page 28	Infographic: Policy scenarios, emissions, and temperature range projections	Adapted from "Temperatures," Climate Action Tracker, 4 May 2021, climateactiontracker.org/global/temperatures.
Page 32	Infographic: How our greenhouse gas emissions add up	Adapted from UNEP and UNEP DTU Partnership, "UNEP Report—The Emissions Gap Report 2020," **Management of Environmental Quality: An International Journal,** 2020, https://www.unep.org/emissions-gap-report-2020.
Page 37	Photo: Slide from Exxon Research and Engineering Co. from 1978	Slide by James F. Black and Exxon Research and Engineering Co.

제1장: 교통을 전기화하라

Page 47	Infographic: Electric vehicles are growing in popularity	Adapted from "EV Sales," BloombergNEF, accessed 13 June 2021, www.bnef.com/interactive-datasets/2d5d59acd9000014?data-hub=11.
Pages 50–51	Photo: Cars on road	Photo by Michael Gancharuk/Shuttestock.com.
Page 54	Infographic: Miles driven by electric veicles lags across categories	Adapted from Max Roser and Hannah Ritchie, "Technological Progress," Our World in Data, 11 May 2013, ourworldindata.org/technological-progress; Wikipedia contributors, "Transistor Count," Wikipedia, 1 June 2021, en.wikipedia.org/wiki/Transistor_count.
Page 62	Photo: BVD fleet/charging in China	Photo by Qilai Shen/**Bloomberg** via Getty Images.
Page 71	Photo: Proterra bus	Photo courtesy of Proterra.
Page 73	Infographic: Moore's Law demonstrates exponential growth	Adapted from Max Roser and Hannah Ritchie, "Technological Progress," Our World in Data, 11 May 2013, ourworldindata.org/technological-progress; Wikipedia contributors, "Transistor Count," Wikipedia, 1 June 2021, en.wikipedia.org/wiki/Transistor_count.
Page 75	Infographic: Wright's Law in Action: Solar	Adapted from Max Roser, "Why Did Renewables Become so Cheap so Fast? And What Can We Do to Use This Global Opportunity for Green Growth?" Our World in Data, 1 December 2020, ourworldindata.org/cheap-renewables-growth.
Page 76	Infographic: Wright's Law in Action: Batteries	Adapted from "Evolution of Li-Ion Battery Price, 1995–2019–Charts–Data & Statistics," IEA, 30 June 2020, www.iea.org/data-and-statistics/charts/evolution-of-li-ion-battery-price-1995-2019.
Page 77	Photo: President Biden test-driving an all-electric F-150.	Photo by NICHOLAS KAMM/AFP via Getty Images.

제2장: 전력망을 탈탄소화하라

Page 84	Infographic: As solar prices fell, demand soared	Adapted from "The Solar Pricing Struggle," Renewable Energy World, 23 August 2013, www.renewableenergyworld.com/solar/the—solar—pricing—struggle/#gref.
Page 91	Infographic: Renewables are winning as prices drop and installed capacity grows	Adapted from Max Roser, "Why Did Renewables Become so Cheap so Fast? And What Can We Do to Use This Global Opportunity for Green Growth?" Our World in Data, 1 December 2020, ourworldindata.org/cheap—renewables—growth.
Page 93	Infographic: Europe generates more economic output with fewer emissions	Adapted from "Statistical Review of World Energy," BP, 2020, www.bp.com/en/global/corporate/energy—economics/statistical—review—of—world—energy.html; "GDP per Capita (Current US$)," The World Bank, 2021, data.worldbank.org/indicator/NY.GDP.PCAP.CD; "Population, Total," The World Bank, 2021, data.worldbank.org/indicator/SP.POP.TOTL.
Page 98	Photo: Sunrun	Photo by Mel Melcon/**Los Angeles Times** via Getty Images.
Page 104	Photo: Vindeby Offshore Wind Farm	Photo courtesy of Wind Denmark, formerly the Danish Wind Industry Association.
Pages108–09	Infographic: Size Matters: Ørsted's Wind Turbines Produce More Power as They Get Larger	Adapted from "Ørsted.Com—Love Your Home," Ørsted, accessed 13 June 2021, Orsted.com.
Page 116	Photo: Induction range	Photo by iStock.com/LightFieldStudios.

제3장: 식량을 바로잡아라

Pages 124–25	Photo: Al Gore from Edible	Photo by Hartmann Studios.
Page 126	Photo: Dust Bowl	Photo by PhotoQuest via Getty Images.

Page 130	Infographic: Less tilling creates healthier roots and soil	Adapted from Ontario Ministry of Agriculture, Food and Rural Affairs, "No—Till: Making it Work," Best Management Practices Series BMP11E, Government of Ontario, Canada, 2008, available online at: http://www.omafra.gov.on.ca/english/environment/bmp/no—till.htm (verified 14 January 2009). ©2008 Queen's Printer for Ontario. Adapted by Joel Gruver, Western Illinois University.
Page 131	Infographic: Regenerative agriculture explained	Adapted from "Can Regenerative Agriculture Replace Conventional Farming?" EIT Food, accessed 22 June 2021, www.eitfood.eu/blog/post/can—regenerative—agriculture—replace—conventional—farming.
Page 136	Infographic: Emissions by kilogram of food	Adapted from "You Want to Reduce the Carbon Footprint of Your Food? Focus on What You Eat, Not Whether Your Food Is Local," Our World in Data, 24 January 2020, ourworldindata.org/food—choice—vs—eating—local.
Page 141	Infographic: A climate-friendly diet: lots of fruits and vegetables, limited animal-based proteins	Adapted from "Which Countries Have Included Sustainability Within Their National Dietary Guidelines?" Dietary Guidelines, Plant—Based Living Initiative, accessed 22 June 2021, the mouthful.org/article—sustainable—dietary—guidelines.
Page 145	Photo: Beyond Burger	Photo courtesy of Beyond Burger.
Pages 150–51	Photo: Rice cultivation	Photo by BIJU BORO/AFP via Getty Images.

제4장: 자연을 보호하라

Pages 158–59	Infographic: Carbon moves through the land, atmosphere, and oceans	Adapted from "The Carbon Cycle," NASA: Earth Observatory, 2020, earthobservatory.nasa.gov/features/CarbonCycle.
Pages 166–67	Photo: Forest loss	Photo by Universal Images Group via Getty Images.
Page 168	Infographic: Tropical deforestation drives global forest loss	Adapted from Hannah Ritchie, "Deforestation and Forest Loss," Our World in Data, 2020, ourworldindata.org/deforestation.

Page 172	Photo: RainForest Alliance	Photo courtesy of the RainForest Alliance.
Page 182	Photo: Deep sea bottom trawling	Photo by Jeff J Mitchell via Getty Images.
Page 184	Photo: Kelp farm	Photo by Gregory Rec/**Portland Press Herald** via Getty Images.
Page 186	Photo: Peat	Photo by Muhammad A.F/Anadolu Agency via Getty Images.

제5장: 산업을 정화하라

Page 192	Photo: James Wakibia	Photo courtesy of James Wakibia.
Page 197	Photo: PLA	Photo by Brian Brainerd/**The Denver Post** via Getty Images.
Page 199	Infographic: Instructive labels can help consumers make the right recycling decisions	Adapted from "How2Recycle—A Smarter Label System," How2Recycle, accessed 17 June 2021, how2recycle.info.
Page 201	Infographic: Plastic pollutes at every stage of its lifestyle	Adapted from Roland Geyer et al., "Production, Use, and Fate of All Plastics Ever Made," **Science Advances**, vol. 3, no. 7, 2017, p. e1700782. Crossref, doi:10.1126/sciadv.1700782.
Page 205	Infographic: Replacing fossil fuels in many industrial processes is possible	Adapted from Occo Roelofsen et al., "Plugging In: What Electrification Can Do for Industry," McKinsey & Company, 28 May 2020, www.mckinsey.com/industries/electric-power-ad-natural-gas/our-insights/plugging-in-what-electrification-can-do-for-industry.

제6장: 탄소를 제거하라

Page 222	Infographic: Carbon removal: the many ways to do it	Adapted from J. Wilcox et al., "CDR Primer," CDR, 2021, cdrprimer.org/read/chapter-1.
Pages 228–29	Photo: Climeworks	Photo courtesy of Climeworks.
Page 235	Photo: Watershed	Photo courtesy of Watershed.

제7장: 정치와 정책을 끌어들여라

Pages 250–51 Photo: Paris Agreement		Photo by Arnaud BOUISSOU/COP21/Anadolu Agency via Getty Images.
Page 259	Infographic: Over two thirds of emissions come from just five countries	Adapted from UNEP and UNEP DTU Partnership, "UNEP Report—The Emissions Gap Report 2020," **Management of Environmental Quality: An International Journal**, 2020, https://www.unep.org/emissions—gap—report—2020.
Page 263	Photo: China	Photo by Costfoto/Barcroft Media via Getty Images.
Page 270	Photo: India solar	Photo by Pramod Thakur/**Hindustan Times** via Getty Images.

제8장: 운동을 행동으로 옮겨라

Pages 290–91 Photo: Greta Thunberg		Photo by Sarah Silbiger via Getty Images.
Page 300	Photo: Sunrise Movement	Photo by RachaelWarriner/Shutterstock.com.
Page 304	Photo: Beyond Coal	Photo courtesyof the Sierra Club.
Page 307	Photo: ArnoldSchwarzenegger meets with Michael Bloomberg	Photo by Susan Watts—Pool viaGetty Images.
Page 320	Photo: Walmart Sustainability	Graphic courtesyof Walmart.

제9장: 혁신하라!

Page 354	Photo: Breakthrough Energy Ventures	Photo courtesy of Breakthrough Energy Ventures.
Pages 378–79 Photo: New YorkCity's High Line		Photo by Alexander Spatari via Getty Images.

제10장: 투자하라!

Page 391	Infographic: The first decade of early stage cleantech investing: from boom to bust	Adapted from Benjamin Gaddy et al., "Venture Capital and Cleantech: The Wrong Model for Clean Energy Innovation," MIT Energy Initiative, July 2016, energy.mit.edu/wp-content/uploads/2016/07/MITEI-WP-2016-06.pdf.
Page 404	Infographic: Project financing for clean energy is on the rise	Adapted from "Energy Transition Investment," BloombergNEF, accessed 14 June 2021, www.bnef.com/interactive-datasets/2d5d59acd9000005.
Page 415	Infographic: Foundations are rising to the moment to fight climate change	Adapted from Climate Leadership Initiative, climatelead.org.

배출 목표 1

교통을 전기화하라

2050년까지 교통 부문 배출량을 8기가톤에서 2기가톤으로 줄인다.

KR 1.1	**가격** 전기차는 미국에서 2024년(3만 5,000달러), 인도와 중국에서 2030년까지(1만 1,000달러) 내연기관 차량과 가격 및 성능 면에서 동등한 수준에 이른다.	**KR 1.4**	**주행거리** 전 세계 모든 차량(이륜차, 삼륜차, 승용차, 버스, 트럭)이 달리는 주행거리 중에서 전기차의 주행거리를 2040년까지 50퍼센트, 2050년까지 95퍼센트로 만든다. ↓ **5기가톤**
KR 1.2	**승용차** 전 세계에서 구매하는 개인용 승용차 중에서 2030년까지 2대 중 1대를, 2040년까지는 95퍼센트를 전기차로 만든다.	**KR 1.5**	**항공기** 비행거리 기준으로 2025년까지 저탄소 연료 비중을 20퍼센트, 2040년까지 탄소중립 비행의 비중을 40퍼센트로 만든다. ↓ **0.3기가톤**
KR 1.3	**버스 및 트럭** 2025년까지 모든 신형 버스, 2030년까지 중대형 트럭의 30퍼센트, 2045년까지 모든 트럭의 95퍼센트를 전기차로 만든다.	**KR 1.6**	**해운** 2030년까지 새로 건조되는 모든 선박을 '제로레디'로 전환한다. ↓ **0.6기가톤**

배출 목표 2

전력망을 탈탄소화하라

전 세계의 발전 및 난방 관련 배출량을 2050년까지 24기가톤에서 3기가톤으로 줄인다.

KR 2.1	**제로 배출** 전 세계 전기에서 제로 배출 에너지원이 차지하는 비중을 2025년까지 50퍼센트, 2035년까지 90퍼센트로 늘린다(2020년 비중 38퍼센트). ↓**16.5기가톤**	**KR 2.5**	**항공기** 2025년까지 석탄, 석유, 천연가스 채굴지에서 누출, 배기, 연소에 따른 배출을 없앤다. ↓**3기가톤**
KR 2.2	**태양광 및 풍력** 태양광 및 풍력 발전설비의 건설과 운영비용이 탄소 배출 에너지원보다 저렴한 국가의 비율을 2025년까지 100퍼센트로 만든다(2020년 비율 67퍼센트).	**KR 2.6**	**난방 및 조리** 2040년까지 난방 및 조리를 하는 데 천연가스와 석유 사용을 줄인다. ↓**1.5기가톤**
KR 2.3	**저장** 2025년까지 단기 저장(4~24시간) 비용을 kWh당 50달러 이하로, 2030년까지 장기 저장(14~30일) 비용을 kWh당 10달러 이하로 만든다.	**KR 2.7**	**청정경제** clean economy 화석연료 의존도를 줄이고 에너지 효율을 높여서 2035년까지 청정에너지 생산성률(GDP÷화석연료 소비량)을 네 배로 높인다.
KR 2.4	**석탄 및 천연가스** 2021년 이후에는 신규 석탄 발전소 및 천연가스 발전소를 짓지 않는다. 또한 2025년까지 석탄 발전소, 2035년까지 천연가스 발전소를 폐쇄하거나 배출량을 제로로 만든다.*		

* 선진국에 적용되는 시한이다. 개도국의 경우 더 오래(5~10년) 걸릴 것으로 예상된다.

배출 목표 3

식량을 바로잡아라

농업 부문 배출량을 2050년까지 9기가톤에서 2기가톤으로 줄인다.

KR 3.1 농지 토양 표토층의 탄소 함량을 최소 3퍼센트로 늘리는 관행을 통해 토질을 개선한다. ↓ 2기가톤	**KR 3.4 쌀** 쌀 경작에 따른 메탄과 아산화질소 배출량을 2050년까지 절반으로 줄인다. ↓ 0.5기가톤
KR 3.2 비료 질소 기반 비료의 과다 사용을 중단하고 친환경 대체재를 개발하여 2050년까지 배출량을 절반으로 줄인다. ↓ 0.5기가톤	**KR 3.5 음식물 쓰레기** 음식물 쓰레기 비율을 전체 생산 식품의 33퍼센트에서 10퍼센트로 줄인다. ↓ 1기가톤
KR 3.3 소비 저배출 단백질 소비를 촉진하고 소고기 및 유제품의 연간 소비량을 2030년까지 25퍼센트, 2050년까지 50퍼센트로 줄인다. ↓ 3기가톤	

배출 목표 4

자연을 보호하라

2050년까지 탄소 배출량을 6기가톤에서 −1기가톤으로 줄인다.

KR 4.1 삼림 표토층의 탄소 함량을 최소 3퍼센트로 늘리는 관행을 통해 토질을 개선한다. ↓ 6기가톤	
KR 4.2 해양 2030년까지 넷 제로 삼림 벌채를 달성한다. 주요 삼림에서 파괴적 관행과 벌목을 중단한다. ↓ 1기가톤	
KR 4.3 대지 심해 저인망 어획을 중단하고 2030년까지 적어도 해양의 30퍼센트, 2050년까지 50퍼센트를 보호한다	

배출 목표 5

산업을 정화하라

2050년까지 산업 부문 배출량을 12기가톤에서 4기가톤으로 줄인다.

KR 5.1	**철강** 철강 생산 부문의 총 탄소집약도를 2030년까지 50퍼센트, 2040년까지 90퍼센트 낮춘다. ↓ 3기가톤	
KR 5.2	**시멘트** 시멘트 생산 부문의 총 탄소집약도를 2030년까지 25퍼센트, 2040년까지 90퍼센트 낮춘다. ↓ 2기가톤	
KR 5.3	**기타 산업** 산업 부문의 기타 배출원(예를 들어 플라스틱, 화학제품, 종이, 알루미늄, 유리, 의류)에서 나오는 배출량을 2050년까지 80퍼센트 낮춘다. ↓ 2기가톤	

배출 목표 6

탄소를 제거하라

해마다 10기가톤의 이산화탄소를 제거한다.

KR 6.1	**자연적 제거** 2025년까지 해마다 최소 1기가톤, 2030년까지 3기가톤, 2040년까지 5기가톤을 제거한다. ↓ 5기가톤	
KR 6.2	**공학적 제거** 2030년까지 해마다 최소 1기가톤, 2040년까지 3기가톤, 2050년까지 5기가톤을 제거한다. ↓ 5기가톤	

촉진제 목표 7

정치와 정책을 끌어들여라

KR 7.1 약속
각국은 2050년까지 넷 제로 배출량에, 2030년까지 최소한 절반에 이른다는 국가적 약속을 법제화한다.*

KR 7.1.1 전력
전력 부문의 배출량 감축 요건을 2025년까지 50퍼센트, 2030년까지 80퍼센트, 2035년까지 90퍼센트, 2040년까지 100퍼센트로 정한다.

KR 7.1.2 교통
2035년까지 모든 신규 승용차, 버스, 경트럭을, 2030년까지 화물선을, 2045년까지 대형 트럭을 탈탄소화하고, 2040년까지 항공 교통의 40퍼센트를 탄소중립으로 만든다.

KR 7.1.3 건물
제로 배출 건물 기준을 2025년까지 신규 주택, 2030년까지 상업용 건물에 적용하고, 2030년까지 비非전기설비의 판매를 금지한다.

KR 7.1.4 산업
2050년까지 산업 공정용 화석연료 사용을 단계적으로 폐지하고, 2040년까지 최소 절반을 폐지한다.

KR 7.1.5 탄소 라벨링
모든 상품에 배출 내역 라벨을 의무화한다.

KR 7.1.6 누출
연소를 억제하고, 배기를 금지하며, 메탄 누출을 즉각 봉쇄하도록 의무화한다.

KR 7.2 보조금
화석연료 기업과 유해한 농업 관행에 대한 직간접적 보조금을 중단한다.

KR 7.3 탄소 가격
온실가스에 대한 국가적 가격을 톤당 최소 55달러로 정하고, 해마다 5퍼센트씩 인상한다.

KR 7.4 국제적 금지
수소불화탄소HFC를 냉매로 쓰지 못하게 하고, 모든 비의료 목적 일회용 플라스틱 사용을 금지한다.

KR 7.5 정부 연구개발
연구개발에 대한 공공 투자를 두 배(최소치)로, 미국의 경우 다섯 배로 늘린다.

촉진제 목표 8

운동을 행동으로 옮겨라

KR 8.1 유권자
기후위기를 2025년까지 20대 배출국에서 2대 투표 이슈로 만든다.

KR 8.2 정부
대다수 정부 관료(선출직 및 임명직)가 넷 제로를 향한 노력을 지지한다.

KR 8.3 기업
《포춘》 500대 기업의 100퍼센트가 2040년까지 넷 제로에 이르겠다고 즉시 약속한다.

KR 8.3.1 투명성
《포춘》 500대 기업의 100퍼센트가 2022년까지 배출량에 대한 투명성 보고서를 발간한다.

KR 8.3.2 운영
《포춘》 500대 기업의 100퍼센트가 2030년까지 운영의 모든 측면(전기, 차량, 건물)에서 넷 제로를 달성한다.

KR 8.4 교육 평등
세계가 2040년까지 초등 및 중등 보통 교육을 달성한다.

KR 8.5 보건 평등
2040년까지 온실가스 관련 사망률에서 인종 및 사회경제 집단 사이의 간극을 제거한다.

KR 8.6 경제적 평등
전 세계에 걸친 청정에너지 전환으로 6,500만 개의 새로운 일자리가 창출되고, 공평하게 분배된다. 그 속도는 화석연료 일자리가 사라지는 것보다 빠르다.

촉진제 **목표 9**

혁신하라!

KR 9.1 배터리
2035년까지 연간 킬로와트시당 80달러 이하의 비용으로 1만 기가와트시의 배터리를 생산한다.

KR 9.4 탄소 제거
공학적 이산화탄소 제거 비용이 2030년까지 톤당 100달러, 2040년까지 톤당 50달러로 떨어진다.

KR 9.2 전기
2030년까지 제로 배출 전력의 킬로와트시당 비용이 기저부하基底負荷는 0.02달러, 최대 수요 시 전력은 0.08달러에 이른다.

KR 9.5 탄소중립 연료
2035년까지 합성 연료의 비용이 항공유는 1갤런당 2.5달러, 휘발유는 1갤런당 3.5달러까지 떨어진다.

KR 9.3 녹색 수소
제로 배출 에너지원에서 수소를 생산하는 비용이 2030년까지 킬로그램당 2달러, 2040년까지 킬로그램당 1달러로 떨어진다.

촉진제 **목표 10**

투자하라!

KR 10.1 금전적 인센티브
전 세계에 걸쳐 청정에너지에 대한 정부 보조금 및 지원금을 1,280억 달러에서 6,000억 달러로 늘린다.

KR 10.4 프로젝트 파이낸싱
제로 배출 프로젝트에 대한 투자를 연간 3,000억 달러에서 1조 달러로 늘린다.

KR 10.2 정부 연구개발 지원
미국에서 에너지 연구개발에 대한 공공 부문의 지원액을 연간 78억 달러에서 400억 달러로 늘린다. 다른 국가들은 현재 지원액을 세 배로 늘리는 것을 목표로 해야 한다.

KR 10.5 자선 투자
자선 기금을 연간 100억 달러에서 300억 달러로 늘린다.

KR 10.3 창업 투자
연간 투자 금액을 136억 달러에서 500억 달러로 늘린다.

교통을 전기화하라

 전력망을 탈탄소화하라

식량을 바로잡아라

 자연을 보호하라

산업을 정화하라

탄소를 제거하라

 정치와 정책을 끌어들여라

운동을 행동으로 옮겨라

 혁신하라!

투자하라!

Act now for our planet
at speedandscale.com.

Speed & Scale